选题策划：郭洁
咨询方式：（0411）84710519 / 13322255985@163.com

21世纪新概念教材
高等学校金融学教材新系
NEW CONCEPT TEXTBOOK TOWARDS THE 21ST CENTURY
NEW TEXTBOOK SERIES IN FINANCE

何孝星 ▰

　　1955年12月生，经济学博士，教授，博士生导师，国家级金融重点学科、厦门大学投资学学术带头人，厦门大学中国民营企业投资与资本运作研究中心主任。

　　长期从事货币银行理论与政策、证券市场理论与投资方法、投资基金理论与实务、投资银行理论与实务的研究，先后主持完成8项省部级及以上基金课题、20多项企业应用课题，获得省部级科研奖励10多项。迄今为止共出版《银行经营管理通论》《投资基金理论与实践》《证券投资基金运行论》《中国证券投资基金发展论》《证券投资理论与实务》等个人专著、教材9部，在《经济学动态》《金融研究》《投资研究》等权威学术刊物上发表140多篇论文。

　　在投资基金理论与实践、企业股份制改组与上市、并购重组理论与操作、企业内部股权激励设计、企业内部管理与流程设计等方面有较为深入的研究和实践，多项研究成果被政府部门、金融机构和企业采纳。

邱杨茜 ▰

　　厦门大学经济学博士，助理教授。在《经济学动态》《金融研究》《厦门大学学报》等学术期刊上发表了多篇学术论文；曾参与教育部"证券投资基金运行与资本市场稳定"的课题研究；主编与参编专业教材两部。长期从事投资与资本运作实践，负责并参与了许多来自企业、政府的各类重大横向课题的研究。主要教学研究领域包括资本市场、基金理论与实践、公司金融与治理等。

DUFEP
21世纪
新概念教材

省级优秀图书

高等学校金融学教材新系

证券投资基金管理学

MANAGEMENT OF SECURITIES INVESTMENT FUNDS

（第五版）

何孝星 邱杨茜 主编

东北财经大学出版社·大连
Dongbei University of Finance & Economics Press

图书在版编目（CIP）数据

证券投资基金管理学 / 何孝星，邱杨茜主编. —5版. —大连：东北财经大学出版社，2023.8（2025.1重印）
（21世纪新概念教材·高等学校金融学教材新系）
ISBN 978-7-5654-4885-0

Ⅰ.证… Ⅱ.①何… ②邱… Ⅲ.证券投资-投资基金-高等学校-教材 Ⅳ.F830.91

中国国家版本馆CIP数据核字（2023）第129040号

东北财经大学出版社出版
（大连市黑石礁尖山街217号 邮政编码 116025）
网 址：http://www.dufep.cn
读者信箱：dufep@dufe.edu.cn

大连东泰彩印技术开发有限公司印刷 东北财经大学出版社发行

幅面尺寸：185mm×260mm 字数：466千字 印张：22.25 插页：1
2023年8月第5版 2025年1月第3次印刷

责任编辑：郭 洁 石建华 孟 鑫 石真珍 责任校对：喜多多
封面设计：张智波 版式设计：原 皓

定价：57.00元

教学支持 售后服务 联系电话：（0411）84710309

如有印装质量问题，请联系营销部：（0411）84710711

经过多年的沉淀，本教材迎来了又一次的修订再版，自首次出版到现在已近20年。

过去的20年是我国经济金融飞速发展的时期，而资本市场和证券投资基金业也在不断发挥着支持实体经济发展的重要作用。然而，在上一版教材出版至今的这几年里，国内外经济形势发生了空前的重大变化，2020年初的一场席卷全球的疫情，进一步加剧了各种经济矛盾和区域摩擦。尽管如此，未来依旧可期。党的二十大报告对我国金融工作提出的更高水平、更现代化的要求，为新征程下金融事业的高质量发展提供了根本遵循和行动指南，同样引领着证券投资领域的工作。可以预期，随着产业升级与科技创新、国内经济大循环和各项金融制度改革的推进，未来资本市场将扮演更加重要的角色，而证券投资基金作为资本市场上最重要的投资机构，也将迎来更大的发展机遇。

立足党的二十大报告精神和国内外经济形势的变化对本教材修订工作提出的新要求，基于读者和出版社的积极反馈以及对未来证券投资基金发展前景的坚定信心，我们在保留第四版5篇结构的基础上，对各篇内部的章节都进行了全面彻底的修订。这些修订一方面是对不再适应当前发展的内容进行删减和调整；另一方面，在更多融入课程思政内容的同时，立足于新的政策规定和学术研究成果对证券投资基金的运作进行了更为全面的介绍。具体的修订内容如下：

第1篇入门概述篇，主要是根据现行的法律和行业发展情况进行了删改，使其更加贴近我国基金业发展的现状。

第2篇投资理论篇，先是删除了第四版中的第4章，并把第6章的内容归并到了第3篇中，从而将本篇的重点聚焦到基金投资业务所涉及的重要学术理论基础上面，其中不仅包括了经典的投资理论介绍，还引入了因素投资和行为金融学的相关理论，最后则是根据现有国内外基金业绩研究成果丰富了基金业绩评价的具体方法。

第3篇投资实务篇，立足于基金投资实践重新组织了章节内容，从投资管理概述到主动和被动投资介绍，最后是对冲基金投资策略分析。这些内容基本涵盖了市场上大部分基金的投资策略，同时也补充了不少新的投资理念和投资策略。

第4篇治理管理篇，保留并修订了上一版财务管理和营销管理章节的内容，新增了备受关注的基金管理公司治理的内容，并在其中融入了风险管理的相关内容。

第5篇发展展望篇，删除了已显陈旧的国内外证券投资基金市场发展趋势的内容，使该篇内容聚焦于基金监管问题和对我国基金发展的展望上。

相信，此次修订将大幅度提升本教材的适用性和先进性，不仅能为在校学生提供专业基础知识，也能为已经步入社会的有志于投身此行业的读者提供帮助。

本次修订虽由我主持，但大量实际的和具体的修订工作，是由长期担任本教材副主编的厦门大学经济学院邱杨茜助理教授负责的。为此，自这一版起，本书由我和邱杨茜博士并列主编，特此说明。此外，为了增强本书的实践性，这一版的修订工作我们还邀请了基金业的从业人员参与，他们是宋文博、吴烨斌、王子豪。主要参与者及具体分工如下：何孝星、王艺凝（第1～3章），邱杨茜（第4～6章），王子豪、邱杨茜、冯筱曼（第7～10章），吴烨斌、宋文博（第11～13章），何孝星、邱杨茜、冯筱曼（第14～15章）。另外，还要感谢辅助教材修订的两位同学：叶晓芬、王剑海。本书最终由邱杨茜助理教授做全面整理，由我最终定稿。

在第五版问世之际，我既感慨又感恩。如果不是广大读者、高校师生的支持，不是东北财经大学出版社的郭洁老师一直以来的关心和鼓励，本教材无法持续修订和再版。在此，深深感谢各位读者、感谢东北财经大学出版社、感谢郭老师以及修订团队的每位成员的付出和努力。最后，仍希望广大读者不吝赐教，提出改进意见。

何孝星

2023年6月于厦门

转眼之间，本教材自首次出版到现在已历经14年，并且经过了3次修订。教材的不断推陈出新，得益于广大读者、高校师生的鼓励，也是东北财经大学出版社这么多年来不断支持的结果。在教材出版的这些年中，尽管历经了金融危机的洗礼和各种内外部因素的影响，我国的经济还是在持续稳步的发展中，而金融市场的发展更是一个不断探索、不断改革的过程。证券投资基金作为资本市场上最具代表性的机构投资者之一，也经历了从无到有、从乱到治的过程，作为国内最早一批研究证券投资基金的学者，我有很深的感慨，也看到了证券投资基金还有很大的发展空间。

正是因为证券投资基金在快速持续发展，本教材的修订工作也必须随着行业的变化一直持续下去，给在校和走上社会的、希望深入了解证券投资基金以及有志于投身这个行业的人一个窗口。基于读者和出版社的积极反馈，今年我们对本书进行了一次比较大的改版，一方面根据实际发展情况扩充了证券投资基金投资管理方面的内容，另一方面对书的篇章进行了合理化调整，其他修订如错漏修订、案例更新、数据更新就不一一细数了。

经过调整，本书从第三版的4篇变为现在的5篇，主要是将第三版的第2篇"证券投资基金投资管理"进行了理论介绍和实务分析的分离，形成了第四版中的"投资理论篇"和"投资实务篇"两篇，并且形成了先理论铺垫后实务介绍的篇章结构。本次修订中新增的内容主要集中在"投资实务篇"中，为了让读者更好地了解实务中不同投资目标的证券投资基金的运作，该篇特别选取了市场上最具代表性的指数基金（ETF）和对冲基金进行详细介绍。

本次修订由我主持，由副主编、厦门大学经济学院邱杨茜助理教授具体负责。其他的主要参与人员和具体分工如下：何孝星、杨雅真（第1～3章），邱杨茜、黄泽宇（第4～7章），邱杨茜、朱玉清、李菱雷（第8～11章），邱杨茜、刘鹏飞（第12～15章），何孝星、杨雅真、刘鹏飞（第16～18章）。另外还要感谢辅助教材修订的几位同学：曾志鹏、杨颖、王若帆、陈晋恒、徐晨露。本书最终由邱杨茜助理教授做全面整理，由我最终定稿。

在第四版问世之际，再次感谢广大读者的支持，同时特别感谢东北财经大学出版社的郭洁老师，她一直鼓励本书的修订工作，在我们因为各种原因推迟修订的时候给予理解和支持，可以说这本教材所取得的各种成绩都离不开郭老师背后默默的工作。

未来我国经济和金融市场还将持续地改革和发展，证券投资基金作为整个系统中的子单元还有很长的路要走，希望本书能够伴随着行业的发展而不断完善，也希望广大读者能够不吝赐教，积极向我们反馈改进意见。

何孝星

2018 年 7 月于厦门

其他版次前言

目　录

第1篇

入门概述篇

第1章 绪 论

◇学习目标

- 掌握证券投资基金的基本概念
- 了解证券投资基金的发展历程
- 了解证券投资基金的主要参与者
- 掌握证券投资基金的功能和主要作用

我国的证券投资基金起步于20世纪80年代末至90年代初的试点阶段，而真正规范的证券投资基金直到1997年《证券投资基金管理暂行办法》实施后才正式出现。近年来，随着资本市场的深入发展和监管环境的完善，我国证券投资基金行业迎来了多层次、多元化的发展格局，并且成为资本市场中不可或缺的力量。随着证券投资基金实践和创新的不断深化，人们对它的认识逐步清晰，但由于市场环境和行业阶段的变化，人们对证券投资基金基础知识的理解与表述也呈现出动态发展趋势。正确理解证券投资基金的基本概念是认识和参与这一领域的基础。因此，本书第一篇将系统阐述证券投资基金的概念、发展历程、主要参与者、功能与作用，为读者提供全面而深入的基础知识。

1.1 证券投资基金的概念与发展历程

1.1.1 证券投资基金的概念

理论界和实务界对证券投资基金的概念主要有两种理解：一种观点是从投资者的角度，将证券投资基金视为一种投资工具或金融产品，强调其作为投资者分散风险、获取收益的理财手段的功能；另一种观点则将其定义为一种投资组织，侧重于其通过专业管理机构对资金进行集中管理和运营的组织形式。从促进机构投资者规范化运作和发展的角度来看，只有将证券投资基金理解为一种投资组织，我们对证券投资基金的管理和运作的研究才具有实际意义。

因此，本书给证券投资基金下的定义是：证券投资基金是指按照共同投资、共担风险、共享收益的基本原则，运用现代信托关系的机制，通过发行证券投资基金产品，将投资者分散的资金集中起来投资于有价证券以实现预期投资目的的一种投资组织。这一定义有以下五层含义：

（1）它是一种专门投资于股票、债券等有价证券的投资基金，即它的投资领域主要限于证券市场，或是我们一般所称的"二级市场"。

（2）证券投资基金设立的基本原则是共同投资、共担风险、共享收益。证券投基金是一种集合众多投资偏好相同的投资者进行共同投资的组织，投资者为此承担同样的风险、享受同样的收益。需要注意的是，基金财产的债务由基金财产本身承担，基金份额持有人以其出资额为限对基金财产的债务承担责任。

（3）现代信托关系是证券投资基金运行的基础。证券投资基金是在现代信托关系基础上建立的一种组织，它的运行本质是"受人之托，代人理财"，即众多投资者将资金集合起来成立一只证券投资基金产品，然后以信托关系将这些资金委托给基金管理人进行运作，并委托基金托管人（一般为依法设立的商业银行或者其他金融机构）管理基金资产和监督基金管理人对基金资金的使用。

（4）通过发行证券投资基金产品募集资金。投资者通过认购证券投资基金单位，从而成为基金份额持有人，同时也是基金的出资人、基金资产的所有者和基金投资收益的受益人，享有相应的参与权、收益权、剩余资产分配权等权益。

（5）证券投资基金是一种独立核算的投资组织。基金募集的资金虽然委托给基金管理人运作，但基金管理人应单列账户，进行独立核算，不能将这些资金与自身资产相混，也不能以这些资金作为抵押（或担保）来获得自身资产运作所需的借款。因此，证券投资基金既不同于一般的工商企业，又不同于商业银行和一般的非银行金融机构，它是一种专门将社会上的分散资金集中起来进行投资的独立核算的机构，是一种特殊的投资组织形式。

上述五个方面是证券投资基金的基本要素，贯穿于证券投资基金发起设立、运作和发展过程的始终。

1.1.2　证券投资基金的发展历程

任何事物的产生、发展、消亡都有其特殊的历史背景。为了更好地理解证券投资基金，我们首先回顾证券投资基金的发展历程。证券投资基金起源于19世纪60年代的英国，迄今为止已有160多年的历史，经历了创立、发展、成熟三个发展阶段。

1. 证券投资基金创立阶段（19世纪60年代至20世纪20年代）

19世纪60年代，随着第一次产业革命的成功，英国生产力水平大大提高，资本积累增加，成为世界上最富有的国家，它的工业总产值占世界工业总产值的1/3以上，国际贸易额占世界贸易额的25%。因此，国内资金充裕，公债利率较低（19世纪70年代，英国政府发行的"统一公债"利率低到只有2%），对投资者缺乏吸引力，这为其资本输出提供了客观条件。

与英国的情况相反，在欧洲大陆，此一时期产业革命刚刚开始，又经历1812年拿破仑兵败莫斯科，重建欧洲需要巨额资金，一些国家为此发行了大量高利率债券。同时，由于美国大规模发展铁路、通信、纺织等行业，开始了新的产业革命，资金需求更为旺盛，其公债利率高于英国1倍以上。在这种情况下，英国资本开始大量流往欧洲大陆和美国。但投资者始料未及的是，美国的铁路建设热潮以及南美的矿业热潮很快冷却，直接或间接投资于这些事业的投资者尤其是中小投资者，遭受了重大损失。惨痛的教训使投资者认识到，对外投资必须经过认真调查，要尽可能地汇集众多的小额资金并共同运用、分散投资，以减少投资风险。

正是在这一背景下，1868年，英国政府出面组织了专门投资于美国、欧洲大陆和殖民地国家证券的世界上第一个证券投资基金，即"海外及殖民地政府信托基金"。设立者明确宣布，该基金的宗旨在于："运用共同资金分散投资于国外及殖民地政府发行的债券，借以分散投资风险，使中小投资者能和大额投资者一样享受投资利益。"该基金由熟悉海外经济和市场的专家负责操作管理，持有18只证券。发行时每个受益凭证的面值是100英镑，销售费用是3%，管理费用是0.25%，保底年收益率是7%。该基金成立时，各国政府发行的债券收益率水平都比较可观。

【知识链接1-1】   证券投资基金初创时的收益水平

我们通过下面的表格来展示19世纪末至20世纪初主要国家和地区的公债利率，借以说明基金初创时期的债券收益率水平。

19世纪末至20世纪初主要国家和地区的公债利率

国家或地区	公债利率	国家或地区	公债利率
阿根廷	6%	埃及	7%
澳大利亚	5%	意大利	5%
巴西	5%	新斯科舍（加拿大省名）	6%
智利	6%~7%	秘鲁	5%
多瑙河流域	8%	土耳其	5%~6%
俄国	5%	美国	5%
葡萄牙	3%		

资料来源　国际货币基金组织（IMF）。

1873年美国爆发经济危机，许多企业陷入了债务危机甚至破产，一些公司债券到期无法兑付，使得英国证券投资基金管理机构难以再以固定利率向投资者提供回报。因此，一些基金管理机构开始将证券投资基金的固定利率制改为收益共享、风险共担的浮动收益制。1879年以后，随着股份有限公司法的实施，一些证券投资基金开始以公司制的形式出现，这一形式在美国也逐渐成为主流。

从19世纪80年代到20世纪20年代的40年间，证券投资基金得到了较快发展，1890年，英国的证券投资基金就已经达到了101家。但就投资基金发展的一般状况看，当时的投资基金数量很少，并且规模也很小，资产总值还不及当今一只基金资产的规模大；基金的设立也仅限于英国等很少的几个国家；其投资领域是海外一些国家有发展前景的产业如铁路等；投资地域涉及南北美洲、非洲、亚洲等一些殖民地国家。

总之，证券投资基金在创立阶段的主要表现是：数量极少，规模小，投资对象及领域单一，基金运行结构简单、封闭，在很多方面还不完善，不能满足投资者多方面的需求。与其他金融产品相比，证券投资基金无论在规模上还是在影响力上，对一国经济和金融市场来说都还只是一种无足轻重的金融产品。

2. 证券投资基金发展阶段（20世纪20年代到20世纪70年代）

第一次世界大战后，美国取代英国成为世界上经济实力最强的国家。同英国一样，随着经济的发展，美国国内的资金也充裕起来，要寻找更有效、风险更小的投资方式，证券投资基金在这样的背景下也就应运而生了。1921年4月，美国第一家证券投资基金——"美国国际证券信托投资基金"成立，但它还是英国式的证券投资基金。一般认为，真正具有现代意义的美国式证券投资基金是于1924年3月21日在美国波士顿成立的"马萨诸塞投资信托基金"（Massachusetts Investors Trust，MIT）。该基金由200名哈佛大学教授共同投资，由"马萨诸塞州金融服务公司"担任基金管理人，它与英国证券投资基金相比，突出了三方面的特点：一是组织体系上采取公司型模式；二是运作上采取开放式，即基金公司必须按基金的资产净值持续地出售股份给投资者或随时准备赎回发行在外的股份，并为投资者提供专业化投资管理服务；三是回报上采取风险共担、收益共享模式，而非固定回报方式。此种方式一经推出，立即得到了投资者的欢迎，"马萨诸塞投资信托基金"资产一年内就由5万美元增加到39.4万美元。

【知识链接1-2】　　　20世纪初美国比较有名的证券投资基金

20世纪30年代之前，即大危机爆发之前，美国已经出现多家比较有名的证券投资基金。我们以下表加以列示：

20世纪初美国比较有名的证券投资基金公司	成立年份
Railway Light and Securities Co.	1904
American International Corporation	1915
United States and Foreign Securities Corporation	1924
Massachusetts Investors Trust	1924
State Street Investment Company	1924
Industrial and Power Securities Co.	1928

资料来源　美国证券交易监督委员会（U.S.Securities and Exchange Commission）。

然而，由于证券市场的过度投机，股市的泡沫终于在1929年破灭了。随着1929年纽约股市大崩盘，美国大部分证券投资基金破产倒闭，剩余的也难以为继。

罗斯福就职总统后，为了振兴经济，开始推行"新政"，其中为了克服证券市场中存在的种种问题，稳定金融市场和促进证券投资基金的发展，美国自1933年始相继颁发了《证券法》(1933)、《证券交易法》(1934)、《投资公司法》(1940)[1]、《投资顾问法》(1940)[2]等法律法规。受战争的影响，这些法律法规虽然并未马上对证券投资基金的恢复与发展产生明显的影响，但却为日后证券投资基金的发展做了铺垫。尤其是《投资公司法》和《投资顾问法》，对证券投资基金的设立、管理运作、财务公开、信息披露、董事会任命、经理选择、销售费用标准等一系列问题都作出了明确规定，有效维护了投资者的权益，为证券投资基金的健康发展奠定了完备的法律基础。

第二次世界大战后，美国经济一枝独秀，加上有完备的法律作保障，美国证券投资基金再度活跃起来，尤其是进入20世纪70年代后，随着金融自由化和金融创新浪潮的兴起，证券投资基金发展得更加迅速。1940年，美国仅有证券投资基金68家，资产总额4.48亿美元；到1977年，美国证券投资基金已增至447家，资产总额约481亿美元；1979年，证券投资基金数量已发展到524家，资产总额达945.11亿美元。

综上所述，证券投资基金在美国的发展主要是凭借美国经济的快速发展和相应的法律制度的完善而获得的。在此发展阶段，证券投资基金数量及资产规模都有较快增长，投资领域也不断扩大，投资对象日趋多样化，基金运行形式呈现多元性，基金运作更趋规范化，并向开放型发展。尽管证券投资基金有了一定程度的发展，但由于这一时期世界经济处于发展阶段，金融市场也处于稳步发展过程中，故而证券投资基金的发展仍以稳定为其明显特征。

3. 证券投资基金成熟阶段（20世纪70年代后）

20世纪70年代后，随着经济一体化、金融自由化、资本流动国际化，证券投资基金不论是在规模上还是品种上都呈现出前所未有的发展速度，证券投资基金日趋成熟。证券投资基金在成熟阶段表现出以下几个方面的特点：

（1）规模化。据美国投资公司协会（Investment Company Institute，ICI）2022Factbook统计，在美国，各类开放式证券投资基金的总资产从1970年的476亿美元上升到2021年的27万亿美元，增长了566.23倍；证券投资基金只数则从1970年的361只上升到2021年的7 481只，增长了20多倍。世界各地的投资者对开放式基金表现出强烈的需求。在过去的十年中，全球开放式基金的净销售额总计达20.1万亿美元。截至2021年年底，全球受监管基金的总净资产为71.1万亿美元。证券投资基金已发展成为发达国家金融市场和国际金融市场中一支举足轻重的力量。

1　《Investment Company Act of 1940 and Related SEC Rules and Regulations》。
2　《Investment Advisers Act of 1940 and Related SEC Rules and Regulations》。

【知识链接1-3】   欧美主要国家以及我国和日本证券开放式基金的资产增长

2016年至2021年的6年间，一些欧美国家及日本、中国的主要开放式基金的资产增长一直呈曲线上升的态势，具体由下表即可显见。

美国、欧洲主要国家及日本、中国开放式证券投资基金资产增长情况   单位：百万美元

年份 国家	2016	2017	2018	2019	2020	2021
美国	18 866 822	22 151 020	21 068 674	25 672 999	29 332 419	34 154 972
英国	1 510 976	1 914 949	1 682 857	1 889 231	2 101 556	2 326 084
法国	1 880 335	2 313 588	2 074 766	2 202 190	2 536 411	2 527 382
德国	1 893 722	2 312 051	2 198 505	2 488 705	2 904 419	2 968 443
卢森堡	3 901 304	4 988 625	4 654 017	5 301 228	6 103 325	6 636 453
瑞典	286 412	355 957	336 156	412 641	518 243	609 506
奥地利	150 939	179 198	165 036	182 076	208 846	221 592
意大利	203 384	260 385	236 504	239 513	259 836	258 819
西班牙	280 826	351 307	324 856	340 883	370 066	389 221
瑞士	475 838	558 769	530 976	653 328	749 333	835 188
日本	1 470 910	1 759 449	1 804 509	2 064 166	2 392 869	2 414 976
中国	1 227 540	1 688 981	1 768 597	1 890 624	2 655 130	3 530 077

资料来源　U.S.A.ICI.2022. Factbook。

（2）大型化。就单只基金来说，其资产规模向大型化方向发展。例如，到2021年年底，美国单只基金资产的平均规模达到了36.04亿美元，有的高达上百亿美元。而在我国，大型的ETF基金单只规模已经超过千亿元人民币。

（3）多样化。随着投资者投资偏好的不断细分和竞争的加剧，为了满足各种投资偏好，各种金融创新品种不断涌现出来，如股指期货、股票期权、远期交易、互换交易等，从而为证券投资基金的资产组合提供了更广阔的空间，激发了证券投资基金创新品种的不断涌现。现在的基金品种可以按不同的标准分成很多类别，如从组织形式上分为开放式基金和封闭式基金；从投资对象上分为股票基金、债券基金、货币市场基金、混合基金。[1]证券投资基金的创新和其他金融产品的创新相互促进、相互推动，促进了金融运行机制的创新和发展。

（4）国际化。证券投资基金的投融资领域不再局限于某一国，而是进入国际资本

1　具体分类详见第2章。

市场寻找资金来源和投资目标，将国际资本在全球内进行配置，因而证券投资基金不仅会影响一国的金融市场，而且会影响全球的金融市场。特别是对冲基金，如量子基金、美洲豹基金A、长期资本管理基金等，通过杠杆原理，利用各种套利技术，在国际金融市场上从事套利投机活动，酝酿了"英镑阻击战""泰铢阻击战""港币阻击战"等著名的经典战役，并直接导致了1997年的"亚洲金融危机"，对各国金融市场造成了很大的影响。

（5）机构化。证券投资基金的投资者结构从过去以中小投资者为主向以机构投资者和中小投资者并重方向发展。在我国，2023年底公募基金年报统计显示，约有46%的份额由机构投资者持有，其中债券型基金的机构投资者比例高达84%。投资者结构的变化，一方面给投资基金带来了更多的资金增量；另一方面，由于机构投资者拥有更加专业的投研团队和更广泛的信息渠道，也使投资策略更加全面与理性，从而促进投资基金的发展。

1.2　证券投资基金的参与者

证券投资基金的参与者有基金的当事人、基金市场的中介服务机构，以及监管机构和自律组织，其中主要当事人又包括基金管理人、基金托管人、基金份额持有人三者，它们既相互合作，又相互制衡、相互监督。

1.2.1　基金管理人

基金管理人是指根据法律、法规及基金章程或基金契约的规定，凭借专业知识和经验，运用所管理基金的资产，按照科学的投资组合原理进行投资决策，谋求基金资产的不断增值，并为投资者带来更多收益的机构。换言之，基金管理人是负责基金的具体投资操作和日常管理的基金管理机构。《中华人民共和国证券投资基金法》[1]（书中简称《基金法》）第十二条规定，基金管理人由依法设立的公司或者合伙企业担任。公开募集基金的基金管理人，由基金管理公司或者经国务院证券监督管理机构按照规定核准的其他机构担任。基金管理公司在不同的国家和地区有着不同的称谓，英国将其称为"投资管理公司"，美国将其称为"投资顾问公司"或者"资产管理公司"，日本将其称为"投资信托公司"或者"证券投资信托委托公司"，我国台湾地区则将其称为"证券投资信托公司"。

我国基金管理公司的职责主要有以下几方面：

（1）依法募集基金，办理基金份额的发售和登记事宜。

（2）办理基金备案手续。

（3）对所管理的不同基金财产分别管理、分别记账，进行证券投资。

（4）按照基金合同的约定确定基金收益分配方案，及时向基金份额持有人分配

---

[1] 2003年10月28日第十届全国人民代表大会常务委员会第五次会议通过，2012年12月28日第十一届全国人民代表大会常务委员会第三十次会议修订，根据2015年4月24日第十二届全国人民代表大会常务委员会第十四次会议《关于修改<中华人民共和国港口法>等七部法律的决定》修正。

收益。

（5）进行基金会计核算并编制基金财务会计报告。

（6）编制中期和年度基金报告。

（7）计算并公告基金资产净值，确定基金份额申购、赎回价格。

（8）办理与基金财产管理业务活动有关的信息披露事项。

（9）按照规定召集基金份额持有人大会。

（10）保存基金财产管理业务活动的记录、账册、报表和其他相关资料。

（11）以基金管理人名义，代表基金份额持有人利益行使诉讼权利或者实施其他法律行为。

（12）承担国务院证券监督管理机构规定的其他职责。

我国《基金法》规定，设立管理公开募集基金的基金管理公司，应当具备下列条件，并经国务院证券监督管理机构批准：

（1）有符合本法和《中华人民共和国公司法》（书中简称《公司法》）规定的章程。

（2）注册资本不低于1亿元人民币，且必须为实缴货币资本。

（3）主要股东应当具有经营金融业务或者管理金融机构的良好业绩、良好的财务状况和社会信誉，资产规模达到国务院规定的标准，最近3年没有违法记录。

（4）取得基金从业资格的人员达到法定人数。

（5）董事、监事、高级管理人员具备相应的任职条件。

（6）有符合要求的营业场所、安全防范设施和与基金管理业务有关的其他设施。

（7）有良好的内部治理结构、完善的内部稽核监控制度和风险控制制度。

（8）法律、行政法规规定的和经国务院批准的国务院证券监督管理机构规定的其他条件等。

申请设立基金管理公司一般应向证券管理部门提交有关文件，由证券管理部门审核。符合条件的基金管理公司，只有在证券管理部门予以批准、注册后，才能开始营业。

我国申请设立基金管理公司的程序如下：

（1）由申请人负责，向中国证监会申请设立基金管理公司。申请人应当按照中国证监会的规定报送设立申请材料。审核材料包括申请报告、商业计划书、股东情况、发起协议、设立准备情况说明材料、公司章程（草案）、基金管理公司内部机构设置及职能和内部管理制度等。

（2）中国证监会依照《中华人民共和国行政许可法》和《基金法》的规定，受理基金管理公司的设立申请，并进行审查，然后作出决定。中国证监会应当自受理基金管理公司设立申请之日起六个月内依照法定条件和审慎监管原则进行审查，作出批准或者不予批准的决定，并通知申请人；不予批准的，应当说明理由。具体审核流程分为：接收申请材料、材料补正、受理通知、第一次反馈、反馈回复、第二次反馈、反馈回复、审查决定及公告、现场检查和高管谈话、许可开业等主要环节，如图1.1所示[1]。

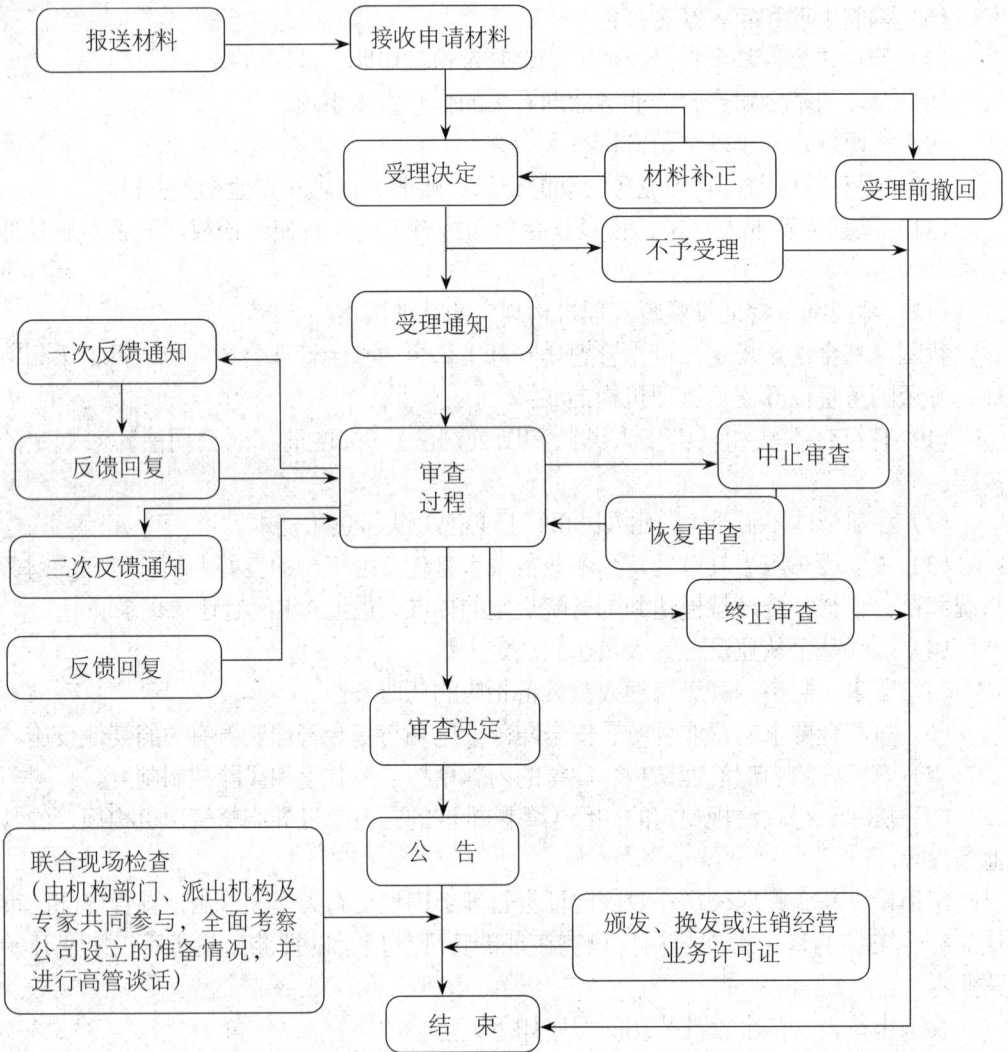

图1.1　基金公司设立申请审核流程图

（3）中国证监会批准设立基金管理公司的，申请人应当自收到批准文件之日起30日内到工商行政管理机关办理注册登记手续；凭工商行政管理机关核发的《企业法人营业执照》到中国证监会领取《基金管理资格证书》。此外，中外合资基金管理公司还应当按照法律、行政法规的规定，申领《中华人民共和国外商投资企业批准证书》，并开设外汇资本金账户。

（4）基金管理公司应当自工商注册登记手续办理完毕之日起10日内，在中国证

1　该图引自中国证监会发布的《公募基金管理公司设立、公募基金管理人资格审批指南》。

监会指定的报刊上将公司成立事项予以公告。

基金在运作过程中可以更换及退任基金管理人。在我国，更换基金管理人需要符合以下条件：

（1）被依法取消基金管理资格。

（2）被基金份额持有人大会解任。

（3）被依法解散、被依法撤销或者被依法宣告破产。

（4）基金合同约定的其他情形。

公开募集基金的基金管理人更换后，基金份额持有人大会应当在6个月内选任新基金管理人。新基金管理人产生前，由国务院证券监督管理机构指定临时基金管理人。

1.2.2 基金托管人

为了保证基金资产的安全，防止基金资产被挪作他用，按照资产管理和资产保管分开的原则运作基金，资产管理由基金管理公司负责，而资产的托管则由基金托管人负责。基金托管人是投资者权益的代表，是基金资产名义持有人或机构。

基金托管人通常由有实力的商业银行或证券公司等其他金融机构担任，基金托管人和基金管理人本着平等自愿、诚实信用的原则签订托管协议，在协议范围内履行职责并收取一定的报酬。

担任基金托管人，应当具备下列条件：

（1）净资产和资本充足率符合有关规定。

（2）设有专门的基金托管部门。

（3）取得基金从业资格的专职人员达到法定人数。

（4）有安全保管基金财产的条件。

（5）有安全高效的清算、交割系统。

（6）有符合要求的营业场所、安全防范设施和与基金托管业务有关的其他设施。

（7）有完善的内部稽核监控制度和风险控制制度。

（8）法律、行政法规规定的和经国务院批准的国务院证券监督管理机构、国务院银行业监督管理机构规定的其他条件。

我国基金托管人的主要职责是保管基金资产，执行投资指令并办理资金往来，监督基金管理人的投资运作，复核、审查基金资产净值及基金财务报告。具体的职责主要涉及以下几方面：

（1）安全保管基金财产。

（2）按照规定开设基金财产的资金账户和证券账户。

（3）对所托管的不同基金财产分别设置账户，确保基金财产的完整与独立。

（4）保存基金托管业务活动的记录、账册、报表和其他相关资料。

（5）按照基金合同的约定，根据基金管理人的投资指令，及时办理清算、交割事宜。

（6）办理与基金托管业务活动有关的信息披露事项。

（7）对基金财务会计报告、中期和年度基金报告出具意见。

（8）复核、审查基金管理人计算的基金资产净值和基金份额申购、赎回价格。

（9）按照规定召集基金份额持有人大会。

（10）按照规定监督基金管理人的投资运作。

（11）国务院证券监督管理机构规定的其他职责。

1.2.3 基金份额持有人

基金份额持有人即基金投资者和基金受益人，他们是基金单位的出资者、基金资产的最终拥有者。基金份额持有人享有基金资产的一切权益，但也承担着基金资产的投资风险。目前，我国的基金份额持有人主要有机构投资者和个人投资者，其中，机构投资者是指在金融市场从事证券投资的法人机构，主要有保险公司、养老基金和投资基金、证券公司、银行等。

基金份额持有人享有的权利包括：

（1）分享基金财产收益。

（2）参与分配清算后的剩余基金财产。

（3）依法转让或者申请赎回其持有的基金份额。

（4）按照规定要求召开基金份额持有人大会或者召集基金份额持有人大会。

（5）对基金份额持有人大会审议事项行使表决权。

（6）对基金管理人、基金托管人、基金份额发售机构损害其合法权益的行为依法提起诉讼。

（7）基金合同约定的其他权利。

公开募集基金的基金份额持有人有权查阅或者复制公开披露的基金信息资料；非公开募集基金的基金份额持有人对涉及自身利益的情况，有权查阅基金的财务会计账簿等财务资料。

基金份额持有人大会由全体基金份额持有人组成，行使下列职权：

（1）决定基金扩募或者延长基金合同期限。

（2）决定修改基金合同的重要内容或者提前终止基金合同。

（3）决定更换基金管理人、基金托管人。

（4）决定调整基金管理人、基金托管人的报酬标准。

（5）基金合同约定的其他职权。

按照基金合同的约定，基金份额持有人大会可以设立日常机构，行使下列职权：

（1）召集基金份额持有人大会。

（2）提请更换基金管理人、基金托管人。

（3）监督基金管理人的投资运作、基金托管人的托管活动。

（4）提请调整基金管理人、基金托管人的报酬标准。

（5）基金合同约定的其他职权。

前款规定的日常机构,由基金份额持有人大会选举产生的人员组成,其议事规则由基金合同约定。

1.2.4 其他证券投资基金参与者

除基金当事人三方外,各服务机构、监管和自律机构也是证券投资基金生态环境的重要构成部分。

证券投资基金的投资标的为各类证券,其自身也是一种受益凭证,自然受到证监会的监督管理。其下设基金管理部,负责草拟监管证券投资基金的规则、实施细则等。

中国证券投资基金业协会是基金行业相关机构自愿结成的全国性、行业性、非营利性的社会组织,属于证监会的监管单位,接受证监会的业务指导。

基金服务机构是指依法设立的从事基金服务业的法人机构,主要包括基金销售机构、基金销售支付机构、基金份额登记机构、基金估值机构、基金投资顾问机构、基金评价机构、基金信息技术系统服务机构,以及会计、律师事务所等。以下仅简单介绍基金销售机构和基金注册登记机构。

1. 基金销售机构

开放式基金的发行和交易涉及基金销售机构和基金份额登记机构。而就封闭式基金而言,它不涉及基金销售机构,只涉及基金份额登记机构。

《基金法》第六十五条规定,开放式基金的基金份额的申购、赎回、登记,由基金管理人或者其委托的基金服务机构办理。

2. 基金份额登记机构

基金份额登记机构负责投资者账户的管理和服务,负责基金单位的注册登记以及红利发放等具体的投资者服务内容。

我国《基金法》第一百零二条规定,基金份额登记机构应当妥善保存登记数据,并将基金份额持有人名称、身份信息及基金份额明细等数据备份至国务院证券监督管理机构认定的机构。其保存期限自基金账户销户之日起不得少于20年。基金份额登记机构应当保证登记数据的真实、准确、完整,不得隐匿、伪造、篡改或者毁损。

对于基金的注册登记机构,《基金法》没有明确规定,通常由基金管理人或其委托的商业银行以及中国证券登记结算责任有限公司等其他机构担任。我国的法律法规对注册登记机构有如下规定:开放式基金单位的注册登记业务可以由基金管理人办理,也可以委托商业银行或者中国证监会认定的其他机构办理。商业银行办理开放式基金的注册登记业务,应当经中国证监会和中国人民银行审查批准。

1.2.5 证券投资基金参与者的关系

在基金的运作中,各参与者之间的关系是一种既相互合作,又相互制衡、相互监督的关系。见图1.2。

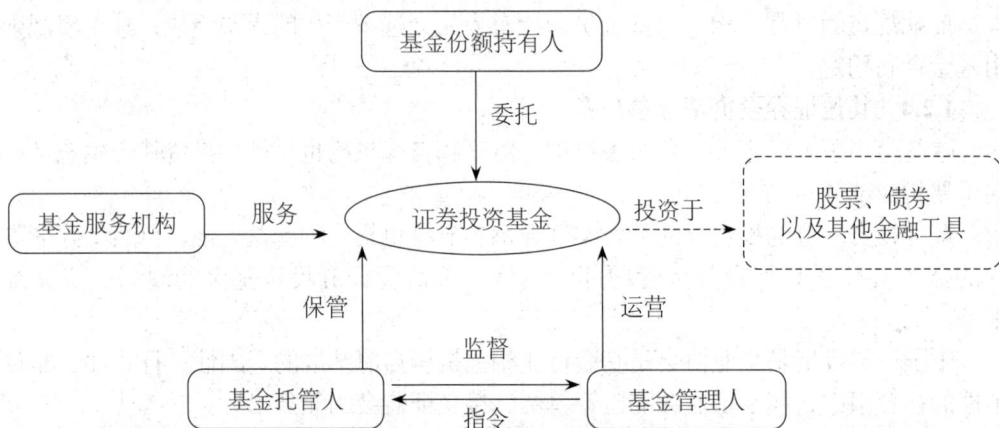

图1.2 基金参与者之间的关系

1. 基金管理人与基金份额持有人之间的关系

基金份额持有人即基金投资者和基金的受益人，而基金管理人是负责基金的具体投资操作和日常管理的基金管理机构，他们之间实际上是所有者和经营者之间的关系。在契约型基金中，基金管理人依据有关信托契约的规定文件，获得基金份额持有人所赋予的委托权，对基金资产进行运营，他们之间的关系又是委托人、受益人与受托人的关系。

2. 基金管理人与基金托管人之间的关系

基金管理人由投资专家组成，负责基金资产的经营，本身不拥有和接触基金资产，而基金资产的保管和清算则由基金托管人完成。两个当事人严格分开，由不具有任何关联的不同机构或公司担任，这符合资产管理和资产保管分开的原则，也能对基金资产实行有效的监管，保证基金资产的安全和资金运用的高效。

3. 基金管理人与其他参与者之间的关系

证监会与基金业协会并不是完全意义上的证券投资基金参与者，严格来说属于"裁判员"，即规则的制定者，基金管理人、托管人，以及基金各服务机构都受其监管，所以，它们之间是监督与被监督的关系。

基金管理人与基金各服务机构依然是委托与受托的关系。《基金法》第一百零一条规定："基金管理人可以委托基金服务机构代为办理基金的份额登记、核算、估值、投资顾问等事项，基金托管人可以委托基金服务机构代为办理基金的核算、估值、复核等事项，但基金管理人、基金托管人依法应当承担的责任不因委托而免除。"第一百零六条规定，律师事务所、会计师事务所接受基金管理人、基金托管人的委托，为有关基金业务活动出具法律意见书、审计报告、内部控制评价报告等文件，应当勤勉尽责，对所依据的文件资料内容的真实性、准确性、完整性进行核查和验证。其制作、出具的文件有虚假记载、误导性陈述或者重大遗漏，给他人财产造成损失的，应当与委托人承担连带赔偿责任。

现阶段，证券投资基金治理结构基本以基金管理公司为核心。在实践中，基金管理公司作为发起基金的基金管理人，负责基金资产的运作，包括托管人和各服务机构的选择，同时负责召集基金份额持有人大会。因此，基金管理公司在证券投资基金治理结构中担当不可或缺的重要角色。

1.3 证券投资基金的功能和主要作用

1.3.1 证券投资基金的功能

证券投资基金是证券市场融资的工具之一，是社会资源和资本市场资源有效配置的重要渠道。证券投资基金通过专业理财服务，为社会各界的理财需求提供了功能完善、品种齐全的理财产品。证券投资基金通过组合投资服务，为广大中小投资者较为安全地长期投资于证券市场提供了较为有利的选择。总体来说，证券投资基金具有以下几个基本功能：

1. 直接融资功能

证券投资基金是一种集中资金、专业理财、组合投资、分散风险的投资方式。证券投资基金的直接融资功能是指将欲投资于证券市场的社会闲散资金集中起来投资于各种有价证券，从而实现储蓄资金直接向产业资金的转换。

利用证券投资基金的直接融资功能，改革和完善中国金融体系的融资机制，是一项重要工作。20世纪90年代以来，随着国民经济的快速发展和收入分配格局的变化，中国经济运行中的资金供给格局发生了根本转变，即由原先的财政为主转变为居民为主。在经济进一步发展的过程中，如若仅靠原有的融资机制，资金紧缺格局将进一步加重，这不仅会严重制约企业的运行和发展，还会直接影响经济的可持续发展。要缓解经济运行和企业运作中的资金紧缺格局，一个极为重要的选择就是发展资本市场，将城乡居民和各类机构手中闲置的资金有效地转化为经济活动中所需的资本性资金及其他性质的资金。

2005年股权分置改革的实施，解决了中国资本市场的一大历史遗留问题，极大激发了市场的融资功能和提振了投资者的信心，上市融资也已经成为许多企业的首要选择。但是，对绝大多数居民和企业及机构来说，要直接从事证券投资仍存在种种困难，在这种条件下，通过投资于证券投资基金介入证券市场运作，就成为一个可供选择的途径。

2. 专业理财功能

将募集的资金以信托方式交给专业机构进行投资运作，既是证券投资基金的一个重要特点，也是它的一个重要功能。专业理财有着如下一些含义：

（1）理财是由专业机构运作

在证券投资基金中，基金管理人是专门从事基金资金管理运作的组织。在基金管理人中，设有层次不同的专业证券分析师进行宏观、微观信息的收集、跟踪和分析，捕捉各种稍纵即逝的投资机会，各种证券组合方案由专业人员进行研究、模拟和调整，投资风险及分散风险的措施由专业人员进行计算、测试、模拟和追踪，投资运作中需要的各种技术（包括操作软件）由专业人员管理、配置、开发和协调，基金资金调度和运用由专业人员管理和监控，市场操作由专业人员盯盘、下达指令和操盘，整个运作过程都有一套完整的程序和理论依据。在这种专业管理运作条件下，证券投资基金的运作费用明显小于由各个投资者分别投资所形成的总费用，因此，在同等条件下，投资成本较低而投资收益较高。

（2）理财的主要原则由投资者决定

在证券投资基金中，基金管理人的职能集中在理财的专业技术方面，而理财的各项主要原则是由投资者根据有关法律法规的规定，通过基金章程、信托契约等文件决定的。例如，在投资者选择股票基金的情况下，基金管理人不能将主要资金投入各种非股票的证券组合；在投资者选择开放式基金的情况下，基金管理人不能限制投资者购买基金单位或退回基金单位的自由。因此，基金管理人的专业理财业务不能违反基金持有人共同决定的基金理财原则。

（3）理财是一个资金再配置过程

如果说基金证券的发售过程是一个将分散在各个投资者手中的资金加以集中的过程，那么，把这些资金交给基金管理人进行投资运作，则是一个将集中的资金在所投资的各种证券中重新配置的过程。在发行市场上，基金管理人运用基金资金购买了哪家公司的股票或债券，就意味着将资金提供给了这家公司。在交易市场上，运用基金资金购买上市证券的同时，就是该证券卖出者收回投资资金的过程。在现代经济中，资金的配置引导着资源的配置，因此，基金管理人的专业理财，从市场角度上说，既是一个资金再配置的过程，也是一个引导资源再配置的过程。

（4）理财应当是一个完全竞争市场

基金管理人作为专门从事代客理财的机构，只有在接受基金持有人委托的条件下，才能从事基金资金的管理运作。由于可担任基金管理人职能的机构众多，包括各种金融机构、投资公司、咨询机构（如投资顾问公司）等，因此，一只基金究竟委托哪家机构担任管理人，在完全竞争的市场中，取决于各机构的管理运作能力和信用能力。在基金管理人的管理运作难以令基金持有人满意的情况下，基金持有人会"用脚投票"，赎回基金份额，使得基金规模大幅缩减，通过这种方式约束和激励基金管理人进行恰当的投资操作。

专业理财功能发挥得如何直接制约着证券投资基金的发展。随着证券市场的发展，在对金融专业人员的需求大幅增加的同时，对专业人员的素质要求也在逐步提高。目前，各类国际级别的专业人员也层出不穷，如特许金融分析师（Chartered Financial Analyst，CFA）、金融理财师（Associate Financial Planner，AFP）、国际金融理财师（Certified Financial Planner，CFP）等。

3. 风险分散功能

风险分散是证券投资基金理财的重要特征之一。单个的投资者资金量有限，不可能持有很多的股票来进行充分的分散化投资，通过持有证券投资基金份额就可以间接地持有一个分散化程度较高的组合，从而达到分散风险的目的。利用组合投资分散风险，是基金管理人专业理财的主要内容和主要过程。

在基金管理中，组合投资与分散风险是同一投资运作的两个方面。其基本要求是：在收益目标已定的条件下努力使投资风险最小，以确保收益目标的实现；在风险目标已定的条件下努力使投资收益最大，以体现专业理财水平，通过各类的投资组合及其风险组合，寻求投资与风险的最优组合，以保障运作目标的实现。

通过分散风险，基金管理人投资运作的长期总收益比大多数单个投资者（个人或机构）的投资收益更为稳定，尤其是带来高于银行存款利率的长期回报。这是证券投资基金吸引个人和机构的主要原因，也是证券投资基金得以快速发展的主要原因。但值得指出的是，这种较高的投资收益，一方面指的是长期总收益，而不是指每一次投资运作，也不是指"基金投资收益总能跑赢股市"；另一方面指的是资产多元化投资可以起到分散风险的作用，与银行存款（在某些情况下，还可包括公司债券）收益率相比，投资股票的运作收益可能较高。在1920—1990年的70年间，英国股票和债券的平均年度实际回报率为：在通货紧缩时期，股票10.0%，债券7.0%；在价格稳定时期，股票14.5%，债券4.5%；在适度通胀时期，股票8.7%，债券-1.6%；在急速通胀时期，股票4.5%，债券0。与单个投资者（个人或机构）相比，基金运作的优势不在于其投资收益率是否总是最高，而在于通过分散风险和组合投资来保证损失较少，从而可以在较长的一段时间里为基金持有人带来比较稳定的高于银行存款（或公司债券）的投资回报。

1.3.2 证券投资基金的主要作用

1. 促进证券市场规范化

证券投资基金的规范化发展，有利于促进我国机构投资者队伍的健康成长，可以促进上市公司的规范化建设，可以促进我国证券市场的规则体系进一步规范化。

（1）促进机构投资者的健康成长

中国证券市场是一个发展中的市场，发展时间不长又受到传统计划经济的严重影响。在这样一个市场中，国家管理部门和监管部门希望证券投资基金除了具有上述功能之外，同时具有由中国特殊条件所决定的特殊功能——促进证券市场的规范化建设，这一功能首先表现为促进机构投资者的成长。

中国股市从起步伊始就表现出以中小个人投资者为主的格局，据Wind数据库2022年报统计，我国机构持股市值776 837.46万元，仅占流通股的35.96%。以中小投资者为主的格局长期存在，不利于股市的健康发展。这是因为：一方面，中小投资者中的每一个体拥有的资金数量较少，难以有效地收集、分析和追踪股市信息，也难以选择分散风险的组合投资；另一方面，由于中小投资者资金实力和运作能力有限且彼此分散，很难在股市中形成投资者之间的约束制衡机制，由此，在一个不规范的股市中，就可能给个别机构投资者以不规范的行为操纵股市提供可乘之机。

（2）促进上市公司的规范化建设

规范化运作的证券投资基金作为机构投资者，通过以下三个机制可以对上市公司的规范化建设起到积极的促进作用：

首先，投资对象的选择。基金投资的过程也是基金资金在上市公司之间配置或为上市公司募集资金提供市场条件的过程。在以股票为主要投资对象的条件下，基金的投资一般倾向于选择那些运作较规范、资产质量较高、盈利能力较强、发展潜力较好的公司股票。在发行市场上，基金投资于这些公司股票，意味着将资金分配给这些公司。在二级市场上，基金投资于这些公司股票，为这些公司股票的活跃交投、股票流通、市价上扬提供了必要的支持，从而，为这些公司通过配股、增发新股等方式再次募集资金提供了良好的市场环境。由此，基金通过选择投资对象和配置资金来促使上市公司各方面的运作符合市场经济的规范。

其次，监督上市公司的运作。在长期投资的条件下，基金投资购买了公司股票后，能够以股东身份参加股东大会，以投资者身份向上市公司提出问题，就有关事项进行调查了解，对上市公司的某些运作发表评论，向上市公司股东大会、董事会等提出建议报告等。基金公司和基金管理人通常从基金持有人要求的角度监督上市公司的运作，以促使上市公司运作符合市场经济的基本规范、适应市场竞争的新变化并努力提高运作效率及发展能力为主要目的，因此，有利于提高上市公司运作的规范化程度。

最后，促进有关制度的调整。随着全面注册制的正式落地，A股上市流程进一步加快，越来越多的上市公司涌入市场。同时，退市制度逐步完善，经营状况差的公司将面临退市的危机，退市股数量激增将成为常态。因此，全面注册制背景下，上市公司之间的竞争会更为激烈。证券投资基金作为机构投资者，掌握着大量资金和筹码，可以通过优中择优的投资策略，对上市公司的规范化管理形成助力。

（3）促进证券市场的规范发展

证券市场（尤其是股票市场）的成长是一个"在发展中规范、在规范中发展"的过程。即便在发达国家，股票市场的运作也是一个不断发展规范的过程。与以往的股票市场相比，20世纪80年代以来的股票市场就其发展程度和规范化程度来说都已大大提高了，而证券投资基金在此期间的进一步规范化发展是引致这种变化的一个极为重要的因素。在促进股票市场发展方面，证券投资基金的功能主要通过资金供给、市场竞争机制发挥作用。

一方面，股票市场作为一个重要的投融资市场，不论是发行市场还是交易市场都需要有足够的资金供给。投资基金通过提供源源不断的资金支持，为股票市场的交投活跃、规模扩展创造了必要的基础性条件。

另一方面，在证券市场投资中，每只基金都与其他各只基金及其他投资者（包括个人投资者和机构投资者）处于竞争之中。虽然就总体而言，投资基金的资金总量较大，但就单只基金而言，它在证券市场中的能量依然十分有限，因此，在竞争中强调

"公开、公平、公正"成为各只基金的共同诉求。

2. 促进金融市场发展

金融市场主要由货币市场和资本市场组成，在传统的划分中，资本市场又分为股票市场和债券市场，但现在证券投资基金已经成为金融市场中的一股中坚力量，证券投资基金的发行、交易、赎回自然也形成了一个大的市场，因此，在资本市场中就又增加了一个新兴的市场——证券投资基金市场。证券投资基金市场的形成，对金融市场体系的结构和商业银行的业务产生了很大冲击，促进了金融市场体系的发展。

证券投资基金在促进金融市场发展的过程中有如下几个方面的作用：

（1）促进金融结构的调整

金融机构、金融市场和金融产品都是实现金融基本功能的载体，因而在金融机构与金融机构之间、金融机构与金融市场之间、金融市场的各个子市场之间、各种金融产品之间就存在着替代性和竞争性，而决定此消彼长的因素就是它们之间的比较成本。最优的配置状态就是由成本最低的主体提供金融功能，这个过程就是金融功能的竞争性配置，它将导致金融体系结构的变化。

随着电子网络技术的发展和金融管制的放松，具有比较成本优势的金融创新管理模式和金融创新工具不断涌现出来，这些新的金融功能载体一部分可以直接取代旧的金融功能载体，一部分则是对旧的金融功能载体的再细分，从而使得旧的金融功能载体的业务规模越来越小。同时，随着科技进步和金融自由化的发展，直接融资市场的运行成本也开始大大降低（如佣金自由化导致交易成本降低，电子技术的发展提高了信息传递方式和速率，降低了信息不对称成本等等），并逐渐低于间接融资市场的运行成本。证券投资基金就是为了降低交易成本而出现的一种金融创新品种。证券投资基金的快速发展，引起了金融资源（主要是资金和客户）在不同金融工具和金融机构之间的重新配置，由此引起了金融结构的重新调整。

（2）促进商业银行与证券公司的发展

存贷款是银行的基本业务，其中，存款属银行的负债业务，贷款属银行的资产业务，两者之间存在错配风险。解决这种不匹配造成的风险在金融市场上尤为重要。在现代金融体系中，可以利用证券市场中的共同基金、股票、债券等金融工具将银行的两项基本业务进行一定程度的分离。从过去40几年的历史来看，在美国，商业银行表内业务的地位在金融体系中已经下降许多，与此同时，资产证券化的趋势日益明显。

由商业银行担任基金托管人，这是各国证券投资基金中的普遍现象。从事这项业务，商业银行可以得到基金托管协议所规定的收入。但在美、德等国，商业银行不仅可以担任基金的托管人，还可担任基金的管理人。在美国，商业银行担任基金管理人的方式主要有两种情形：一是直接担任基金管理人，即在开放式基金条件下，由基金公司直接将基金资金交给商业银行管理，这种方式在货币市场基金中较常见；二是间接担任基金管理人，即由商业银行和其他机构共同发起设立投资顾问公司（或其他类似机构），然后接受基金公司的委托，担任基金管理人，这种方式在股票基金、混合基金等中较常见。

在我国，由于采取分业经营的管理模式，在证券投资基金业务中，商业银行主要涉及的是资产托管和代销业务，特别是开放式基金，客观上要随时满足投资者的要求进行基金证券的发售或赎回，而这些工作在业务技术上可以选择依靠商业银行系统。除此之外，我国商业银行也可以通过以银行为主体的金融控股公司设立基金管理公司的模式来开办基金业务，比如：招商基金在2002年获批成立，其第一控股股东是招商银行；2022年11月，中国证监会通过了苏州银行的《关于发起设立苏新基金管理有限公司的申请报告》，苏新基金成为我国第16家银行系基金。

（3）降低金融运行风险

在金融体系中，商业银行的存贷款业务长期占据着重要地位。中国家庭财富调查报告（2021）显示，"房产净值是家庭财富最重要的组成部分。在全国家庭的人均财富中，房产净值的占比为65.61%，在城镇和农村家庭的人均财富中，房产净值的比重分别为67.62%和57.60%"。而事实上，大部分的房产购置活动均形成了住房贷款，这样的金融资产结构意味着中国金融运行中存在着房贷集中化风险。通过基金行业的发展和住房信贷的控制，引导居民资产通过基金向资本市场进行配置，可以部分地缓解房贷风险。

3. 促进经济发展

中国证券投资基金业的规范化发展可以进一步推动中国经济的持续发展，它对促进经济结构调整，推动经济体制的进一步完善以及经济的可持续发展，都将产生积极影响。

（1）促进经济结构的合理化调整

对一国经济来说，经济结构是否优化直接影响着经济运行效率、国际竞争力和经济的可持续发展。调整经济结构，一个重要的条件是充足的资金投入。但过多地运用债务性资金进行经济结构调整，势必造成企业的资产负债率过高、商业银行的贷款资金风险过大等一系列问题。因此，积极将社会闲散资金有效地转化为资本性资金是一个极为重要的选择。

将社会闲散资金转化为资本性资金有着多种途径，其中，大力发展证券投资基金是一个不可忽视的政策选择。这是因为：在发行市场上，证券投资基金在投资于国债、股票、公司债券及其他证券的同时，其资金直接转化为资本性资金（或准资本性资金）。对比由各个投资者（尤其是个人投资者）分别投资购买证券的方式，这一发行证券的方式成本较低、市场需求较清晰，因此，社会长期性消费资金较容易转化为资本性资金；在交易市场上，证券投资基金投资于各类证券，促进了这些证券的活跃交投，为以这些证券为载体进行的资金募集提供了必要的二级市场条件。因此，证券投资基金在促进经济结构调整方面的间接作用是极为重要的。

（2）促进金融对经济转型的支持

金融业是数字经济的排头兵，证券数字化转型一直是金融业的重点方向。基金作为机构投资者，将率先进行数字化转型，制定并完善相关规划，投入使用相关软硬件，实现数字化转型升级。2021年3月，国家正式发布《中华人民共和国国民经济和社会发展第十四个五年规划和2035年远景目标纲要》，明确提出要"加快数字化发展，建设数字中国"。2022年1月国务院印发《"十四五"数字经济发展规划》，进一步对"十四五"时期我国数字经济的发展作出了整体性部署。在金融领域，继2019年8月发布《金融科技（FinTech）发展规划（2019—2021年）》，中国人民银行又于2022年1月发布《金融科技发展规划（2022—2025年）》，提出了新时期金融科技发展指导意见，明确了我国金融科技发展从"立柱架梁"全面迈入"积厚成势"新阶段的总体定位。

在金融科技生态建设方面，证券投资基金如何利用自身的业务场景打造金融科技生态，借助外力突破创新非常关键。通过与数据提供商、基础设施提供商、软件服务提供商、咨询公司、战略合作伙伴等建立深度的持续合作关系，进而引入先进的数字化技术和理念，证券投资基金有望在数字化转型的背景中高效地提升科技产能。

● **本章小结**

证券投资基金是指按照共同投资、共担风险、共享收益的基本原则，运用现代信托关系的机制，通过发行证券投资基金单位，将投资者的分散资金集中起来投资于有价证券以实现预期投资目的的一种投资组织。

与一般机构投资者或个人相比，证券投资基金在运作上有着鲜明的特点，包括资金规模大、专业化管理、通过组合降低风险、交易成本低、可介入更多的投资领域等等。但其在风险规避、投资领域和基金治理等方面也具有一定的局限性。

证券投资基金起源于19世纪60年代的英国，迄今为止已有160多年的历史，经历了创立、发展、成熟三个发展阶段。

证券投资基金在组织关系体系上，是由基金持有人、基金组织、基金管理人、基金托管人等通过信托关系构成的系统。

证券投资基金的资产关系，主要由基金资本、基金资产、基金管理人的管理费、基金托管人的托管费、基金收益及分配等内容构成。

证券投资基金是机构投资者的重要组成部分，它有着不同于其他机构投资者的独特功能；而且，随着这股机构投资者力量的快速发展，它还将对推动证券市场的规范发展，促进金融市场体系的完善和经济结构及经济体制的调整方面都产生积极的作用。

证券投资基金主要有三大基本功能，分别是直接融资的功能、专业理财的功能和风险分散的功能。

证券投资基金主要有三大作用，分别是促进证券市场规范化的作用、促进金融市场发展的作用和促进经济发展的作用。

● 思考题

1.什么是证券投资基金？它的几大基本要素是什么？

2.证券投资基金与证券市场互动发展关系是什么？

3.证券投资基金的主要参与者是谁？它们之间的关系是什么？

4.证券投资基金的三大主要功能是什么？

5.证券投资基金的三大主要作用是什么？

第2章 证券投资基金的类型

◇学习目标

- 了解目前我国证券投资基金的主要分类标准
- 掌握证券投资基金的各种类型
- 了解各种类型证券投资基金之间的联系和区别

证券投资基金有众多类型，理解和把握它们各自的特点，掌握它们之间的联系和区别，有助于我们进一步深入认识和准确把握各种证券投资基金的特点及内在规律。目前，各国的基金产品分类标准主要有两种：一是以美国市场为代表的分类，先将基金按其投资组合中的证券类型分为股票、债券、货币和混合基金（Hybrid Fund）几类，然后进一步根据投资目标、投资策略分类，比如将股票基金分为积极成长股票基金、成长股票基金等。这是主流的分类方法，绝大多数国家（地区）是以这种方法进行分类的，不论其是契约型基金还是公司型基金，只是具体的基金种类略有区别。另一种分类方法是很特别的英国市场分类法，先将基金按投资目标分为收益型、成长型、专门基金（Specialist Fund），然后再进一步按投资于债券或股票等的不同分类。本章将结合上述基金产品分类，从组织类型、运作方式、投资对象、组合管理方式等多个角度对证券投资基金的不同类型加以分析比较。

2.1 按组织形式分类的证券投资基金

按照组织形式和法律地位的不同，我们把证券投资基金划分为契约型基金、公司型基金以及合伙型基金三种。

契约型基金发源于英国，一般认为，最早的契约型基金就是由英国政府组织成立的"海外及殖民地政府信托基金"。而公司型基金则发源于美国，它是美国出台公司法后股份公司发展到一定程度才诞生的，一般认为，第一家较规范的公司型证券投资基金就是前面提到的"马萨诸塞投资信托基金"。

公司型基金一般容易在私人资本较发达、公司法贯彻较好、股份公司治理较有效、法律环境较好的国家产生和发展。另外，在基金业发展的初期，契约型基金较为常见，如美国于1921年4月成立的第一家证券投资基金——"美国国际证券信托投资基金"也是契约型基金，而其公司型基金到1924年才崭露头角。

合伙型基金是私募基金的主要组织形式，在我国指的是投资者依据《中华人民共和国合伙企业法》（书中简称《合伙企业法》）成立投资基金有限合伙企业，由普通合伙人对合伙债务承担无限连带责任，由基金管理人具体负责投资运作，这里的普通合伙人通常由基金管理人担任。

2.1.1　契约型基金

契约型基金，也称信托型基金，是按照信托契约原则，通过发行带有受益凭证的基金证券而形成的证券投资基金。它是由基金管理公司作为发起人发行的基金产品，基金管理公司与基金托管公司订立信托契约，双方形成委托代理关系，投资者通过购买基金单位成为基金的受益人。契约型基金的委托代理性质是其最主要的特点，它在组织上不是一个独立的法人机构，信托契约是契约型基金设立与运作的首要条件和必备文件。

契约型基金一般包括三个当事人：委托人（受益人）、受托人、托管人。委托人（受益人）即基金的持有人，投资者通过购买基金发起人发起的基金单位，成为基金的受益人；受托人即基金管理公司，也是基金的发起人，负责基金资产的实际投资经营，基金管理公司按照契约订立的比例从基金资产中提取一定的基金管理费；托管人即基金托管公司，一般也由银行担任，负责保管基金财产，办理证券、现金管理以及有关的代理业务等，基金托管公司也是按照契约订立的比例从基金资产中提取一定的基金托管费。

契约型基金又可分为两种类型：

（1）单位型投资基金。它设立一个基金规模筹集目标和一定的基金设立期限，规模不再扩大，期满信托契约解除，退还本金和收益。

（2）基金型投资基金。它的规模和期限以及筹资和投资活动均没有固定限制，代理机构根据所投资有价证券的价值计算出每一份基金产品的净值，再加上管理费、手续费等费用，及时公告基金产品单位的买价和卖价方便投资者购买。

2.1.2　公司型基金

公司型基金是指按照公司法规定设立的，通过发行股份来筹集资金，以投资营利为目的，具有独立法人资格的股份有限公司。公司型基金本身是一个股份公司，投资者购买基金股份成为公司股东，参与共同投资，按所持股份承担经营风险、分享投资收益和参与公司决策管理。公司型基金资产为投资者股东所有，由股东选举董事会，由董事会选聘基金管理公司，基金管理公司负责管理基金业务。

公司型基金最主要的特点是它的公司性质，即基金公司本身是独立法人机构。公司型基金的设立要在工商管理部门和证券交易委员会注册，同时还要在股票发行和交易所所在地进行登记。

公司型基金一般包括四个当事人：基金公司、基金管理公司、基金托管公司、基金承销公司。基金公司是公司型基金的主体，按照股份公司形式建立，基金公司股东就是基金股份的持有者；基金管理公司是实际管理和经营基金资产的一个独立公司，由专业人士组成，负责基金资产的投资操作，由基金公司每年从基金资产中提取一定比例作为基金管理费用，支付给基金管理公司；基金托管公司一般由基金公司指定的银行或信托公司充当，它负责基金资产的保管，办理基金资产净值的核算以及分红、过户等手续，同样由基金公司从资产中提取一定比例作为基金托管费用，支付给基金托管公司；基金承销公司主要负责基金股份的销售、赎回和转让等事宜，同样由基金公司从基金资产中提取一定比例作为基金承销费用，支付给基金承销公司。

美国的《投资公司法》将投资公司（公司型基金）分为三种类型：

（1）管理型投资公司。它又可以分成开放型投资公司和封闭型投资公司。

（2）单位投资信托公司。每个投资者持有一份证书，它代表一组或一个单位的证券。单位投资信托公司由受托人经营管理，他们代表投资者管理委托财产。

（3）面额证券公司。这种公司通过出售面额证券筹集投资基金。面额证券是一种无担保的证书，它约定如果持有人付清了所有款项，公司就按规定的日期向其支付规定的金额或者证券到期前退还原价款。

2.1.3　合伙型基金

合伙型基金主要是指有限合伙型基金，这类基金的特点是由普通合伙人（General Partner，GP）和有限合伙人（Limited Partner，LP）组成。根据我国的《合伙企业法》，有限合伙企业由2个以上50个以下合伙人设立，并且至少有一个普通合伙人。在有限合伙型基金中，投资人通常是有限合伙人，而基金管理人则由普通合伙人担任，合伙人大会类似于公司型基金中的股东大会，是最高权力机构。

整个合伙型基金的资产主要由投资人（LP）提供，但通常为了实现基金利益的统一，基金管理人也要进行一定比例的出资。投资人一般不参与日常的投资决策过程，主要由基金管理人负责，但是，如果出现了影响整个基金运作的重大事件，投资人可以召开合伙人大会进行决议。由于在有限合伙型基金中，基金管理人又出钱又出力，因此为了更好地激励基金管理人，通常会有超额收益分配约定，即基金投资回报率超过一定比例之后基金管理人可以获得较大比例的（通常为超额收益的20%）奖励。

合伙型基金良好的激励机制使其在私募基金领域比较多地被采用。另外，相比于公司型基金，其在税收方面有合伙层面不纳税仅在合伙人层面纳税的特点，使得合伙型基金在税收上也具有天然的优势。

2.1.4　三种基金的比较

契约型基金、公司型基金和合伙型基金在以下几个方面存在不同：

（1）法律依据不同。公司型基金依据公司法设立，合伙型基金依据合伙企业法设立，均具有独立法人资格，而契约型基金则依据信托法组建，不具有法人资格。

（2）运作依据不同。公司型基金依据公司章程的规定运作基金资产，像一般股份公司一样，理论上其存续期限是无限期的。合伙型基金与公司型基金类似，按照合伙企业章程运作投资，不过合伙型基金通常会对基金存续期进行约定。而契约型基金依据基金契约来运作基金资产，其一般有一定的契约期限。

（3）发行凭证不同。公司型基金通过发行普通股票（即基金股份）或者债券筹资建立起来，是一种所有权凭证。合伙型基金通过取得合伙人地位确认收益分配，根据所承担最终责任的不同，可以是普通合伙人（承担无限责任），也可以是有限合伙人（承担有限责任）。而契约型基金通过发行基金受益凭证（即基金单位）筹资建立起来，凭证反映的仅仅是一种信托关系。

（4）融资渠道不同。公司型基金发行股票、债券进行融资。合伙型基金通常采用债务融资或者新增合伙人的方式进行融资，因其具有法人资格，二者均可以向银行借款。而契约型基金通过发行基金单位筹资，由于其不具备法人资格，不能通过向银行借款来扩大规模。

（5）投资者地位不同。公司型基金的投资者是公司的股东，通过股东大会可以参与公司的重大决策，行使股东权利，通过分红形式获取投资收益。合伙型基金中的重要决策主要由普通合伙人执行，有限合伙人一般情况下不参与合伙基金的具体运作。而契约型基金的投资者购买基金单位后，成为基金契约的一个当事人（基金受益人），只能分享基金的收益。

总体而言，公司型基金的投资者可以参与公司的重大决策，能更有效地保护投资者的利益，公司型基金的理论存在期限为无限期，因此公司不会面临被解散的压力，比较稳定，有利于长期发展。契约型基金可以根据不同投资偏好设立不同的基金，比较灵活，契约型基金因为其不需要以公司实体存在，可以减少各种开支，提高基金持有人的投资收益。合伙型基金与公司型基金类似，拥有独立的法人地位，但是在基金的投资运作中却更接近契约型基金，普通合伙人即基金管理人对于基金的运作有较大权限，并且合伙型基金通常会设置更好的对于基金管理人的激励体系。

2.2　按运作方式分类的证券投资基金

根据基金单位是否可以赎回、规模是否固定，可以将证券投资基金分为开放式基金、封闭式基金和ETF基金。开放式基金为当今国际上基金发展的主流，如日本、我国香港的基金均为开放式基金，美国开放式基金的比例也高达80%以上。ETF又称"交易型开放式指数证券投资基金"，在交易方式上结合了封闭式基金和开放式基金的交易特点，既可以在交易所买卖交易，也可以进行申购、赎回。

2.2.1　开放式基金

开放式基金是指基金规模并不固定，投资者可以随时申购和赎回的证券投资基金。我国《基金法》（2015年修正[1]）中定义："采用开放式运作方式的基金（即开放式基金），是指基金份额总额不固定，基金份额可以在基金合同约定的时间和场所申购或者赎回的基金。"投资者申购和赎回开放式基金的价格根据基金净值加上一定的

1　本书中凡出现《基金法》而未做特别说明的，均指2015年修正后的本法。

手续费来确定，投资者可以根据市场行情和自己的投资决策决定是否申购或赎回，并在国家规定的场所办理手续。

2.2.2　封闭式基金

封闭式基金是相对于开放式基金而言的，是指基金规模在发行前已确定，在发行完毕后和规定的期限内基金规模固定不变的投资基金。我国《基金法》中定义："采用封闭式运作方式的基金（即封闭式基金），是指经核准的基金份额总额在基金合同期限内固定不变，基金份额可以在依法设立的证券交易场所交易，但基金份额持有人不得申请赎回的基金。"封闭式基金在基金成立后的一定时期内不再有新基金单位的追加，如果需要购买或者赎回基金单位需要到封闭式基金上市时的二级市场进行买卖，其价格随行就市，由基金的供求关系、基金业绩、市场行情等因素共同决定。

2.2.3　ETF基金

ETF又称"交易型开放式指数证券投资基金"（Exchange Traded Fund），简称"交易型开放式指数基金"，也称"交易所交易基金"。ETF是一种跟踪"标的指数"变化，并且在证券交易所上市交易的基金。

ETF属于开放式基金的一种特殊类型，它综合了封闭式基金和开放式基金的优点，既可以在交易所买卖交易，也可以进行申购、赎回。买进（申购）基金份额有两种方式，一是用现金，二是用一揽子股票。但在卖出或赎回时，投资者得到的只是一揽子股票而非现金。ETF最大的作用在于投资者可以借助这种金融产品具备的指数期货、商品期货的特性进行套利操作，有助于提高股市的成交量。

2.2.4　三种基金的比较

三种基金在以下几个方面存在不同：

（1）基金规模不同。封闭式基金的规模相对而言是固定的，在封闭期限内未经法定程序许可，不能再增加发行；而开放式基金和ETF基金的规模是处于变化之中的，没有规模限制，一般在基金设立一段时期后（多为3个月），投资者可以随时提出认购或赎回申请，基金规模将随之增加或减少。基金规模是否变化是封闭式基金与开放式基金的根本差别。

（2）存续期限不同。封闭式基金一般有明确的存续期限（我国规定为不得少于5年，一般为10年或15年），期满后封闭式基金一般有三种选择，即清盘、延期以及"封转开"；而开放式基金和ETF基金一般没有固定期限，投资者可随时向基金管理人赎回基金单位，基金可以一直存续。

（3）交易方式不同。封闭式基金在证券交易所上市买卖，投资者通过证券经纪商在二级市场上进行竞价交易的方式买卖基金；而开放式基金并不在交易所上市，投资者通过指定的中介机构提出申购或赎回申请的方式买卖基金。ETF基金既可以像封闭式基金那样在交易所买卖交易，也可以像开放式基金那样进行申购、赎回。

（4）交易价格不同。封闭式基金和ETF基金通过二级市场进行竞价交易买卖，价格随行就市，由基金的供求关系、基金业绩、市场行情等因素共同决定，常出现溢价或折价的现象；而开放式基金申购和赎回的价格是以每日计算的基金净值加上一定的费用决定的，这个价格不受市场供求影响。

（5）投资运作不同。封闭式基金由于在封闭期间内不能赎回，基金规模不变，这样，基金管理公司就可以制定一些长期的投资策略与规划；而开放式基金和ETF基金为满足投资者随时赎回基金单位变现的要求，就必须保持基金资产的流动性，要有一部分以现金资产的形式保存而不能全部用来投资或全部进行长线投资。

（6）信息披露不同。信息披露的监管包括基金净值的披露、关联交易的披露、基金管理费用、基金价格、投资组合比例、基金红利分配等多方面内容。在这些方面，封闭式基金和开放式基金都有所不同。如封闭式基金间隔较长时间（如一周、半年不等）公布一次资产净值，基金管理公司不直接受理基金的申购与赎回；而开放式基金应由基金管理公司连续性公布（如每一个交易日公布一次）资产净值，并按以资产净值为基础确定的交易价格每日受理基金的申购与赎回业务。

总的来说，封闭式基金适合于市场起步阶段，其稳定的规模既可以减少基金运作中频繁申购赎回的操作，又可以避免大量赎回造成基金规模不稳定，降低投资成本；相对而言，开放式基金和ETF基金允许投资者随时认购和赎回基金单位，在给予投资者更大的灵活性和便利性的同时，对基金经理行为的约束性较强，有利于基金的规范化运作。根据《中国证券投资基金业年报（2024）》的统计数据，截至2023年底，开放式基金占据我国公募基金市场规模的86.2%。

【知识链接2-1】　　　　　　　LOF基金

LOF基金（Listed Open-Ended Fund）又称上市型开放基金，是指上市型开放式基金发行结束后，投资者既可以在指定网点申购与赎回基金份额，也可以在交易所买卖该基金。

LOF基金的特点：

（1）上市型开放式基金本质上仍是开放式基金，基金份额总额不固定，基金份额可以在基金合同约定的时间和场所申购、赎回。

（2）上市型开放式基金发售结合了银行等代销机构与交易所交易网络二者的销售优势。银行等代销机构网点仍沿用现行的营业柜台销售方式，交易所交易系统则采用通行的新股上网定价发行方式。

（3）上市型开放式基金获准上市交易后，投资者既可以选择在银行等代销机构按当日收市的基金份额净值申购、赎回基金份额，也可以选择在交易所各会员证券营业部按撮合成交价买卖基金份额。

LOF兼具封闭式基金交易方便、交易成本较低和开放式基金价格贴近净值的优点，是交易所交易基金在中国现行法规下的变通品种，被称为中国特色的ETF，其具有与ETF相同的特征：一方面可以在交易所交易；另一方面又是开放式基金，持有人可以根据基金净值申购、赎回。

LOF 与 ETF 不同的是，LOF 的申购、赎回都是基金份额与现金的交易，可在代销网点进行；而 ETF 的申购、赎回则是基金份额与一揽子股票的交易，且通过交易所进行。

2.3　按资产类别分类的证券投资基金

证券投资基金投资于金融市场，因此它可以选择的投资对象是各类金融工具，包括股票、债券、货币市场（大额银行可转让存单、商业票据等货币市场短期有价证券）、期货、期权、指数、认股权证等。

根据所持有资产类别的不同，我们可以将证券投资基金划分为股票基金、债券基金、货币市场基金、期货基金、期权基金、指数基金和认股权证基金等，以及混合基金。

2.3.1　股票基金

股票基金是一种重要的基金品种，是指发行基金证券所筹集的资金主要投资于上市股票的证券投资基金。这类基金的证券组合主要以股票为对象，根据《公开募集证券投资基金运作管理办法》（2014 年 8 月 8 日施行）的规定，80% 以上的基金资产投资于股票的，为股票基金，但也不排除有一定数量（如 20% 以下）的非股票证券。股票基金按股票类型可划分为优先股基金和普通股基金。优先股基金是一种可获取稳定收益、风险较小的股票基金，其投资对象以各公司发行的优先股为主，收益分配主要是股利。普通股基金以追求资本利得和长期资本增值为投资目的，其投资对象大部分为各公司发行的普通股。股票基金的优点是资本成长潜力较大，投资者不仅可以获得资本利得，而且还可以通过该基金使得较少的资本能够分散投资于各类普通股票，这比投资者个人直接投资于普通股票的风险要小得多。

按照投资策略，股票基金可以进一步细分为主动管理股票基金、标准指数基金、增强指数基金、股票 ETF 及其联接基金，其中后三种均为被动投资策略类型。截至 2023 年底，我国市场上的股票基金资产净值为 2.8 万亿元，其中被动型基金占比超过 80%。

【知识链接 2-2】　　　　　我国股票基金的主要类别

以股票投资为主，股票等权益类资产占基金资产比例的下限大于等于 80% 或者在其基金合同和基金招募说明书中载明基金的类别为股票型。

（1）普通股票型

对属于股票型的基金，在基金公司定义的基金名称或简称中包含"股票"等字样的，则二级分类为普通股票型基金。

（2）指数型

·被动指数型，以追踪某一股票指数为投资目标的股票型基金，采取完全复制方法进行指数管理和运作的为被动指数型基金。

• 增强指数型，以追踪某一股票指数为投资目标的股票基金，实施优化策略或增强策略的为增强指数型。

资料来源　中国证券监督管理委员会官网《公开募集证券投资基金运作管理办法》及Wind数据库《Wind基金分类规则》。

2.3.2　债券基金

债券基金是指发行基金证券所募集的资金主要投资于债券的证券投资基金。这种基金的证券组合主要以不同期限、不同利率（甚至不同国家）的债券（国债、地方政府债券、金融债、企业债等）为对象，但也不排除有一定数量（如20%以下）的非债券证券。债券基金的规模仅次于股票基金，这类基金专为稳健型的投资者设计，它具有流动性强、安全性高、投资风险小、回报稳定的特点，债券基金的风险主要来源于市场利率、国家间债券市场汇率以及债券信用等级。因为投资风险比股票基金小，因此通常债券基金的回报率比股票基金低。截至2023年底，我国共有2 306只债券型基金，净值约为5.3万亿元，约占我国开放式基金资产净值的19.3%。

【知识链接2-3】　　　　　我国债券基金的主要类别

以债券投资为主，"债券资产+现金"占基金资产比例的下限大于等于80%或者在其基金合同和基金招募说明书中载明基金的类别为债券型。

（1）纯债券型

符合债券型条件，且不属于指数债券型基金。可在一级市场申购可转债，但不在二级市场投资股票、可转债等权益资产或含有权益的资产，且不参与一级市场的新股申购。一级市场申购的可转债转股获得的股票持有期不超过30个交易日。根据其债券久期配置的不同，可分为中长期纯债券型、短期纯债券型。

• 纯债券型，且在招募说明书中明确其债券的期限配置为长期的基金，期限配置或组合久期超过3年的为中长期纯债券型。

• 纯债券型，且在招募说明书中明确其债券的期限配置为短期的基金，期限配置或组合久期小于等于3年的为短期纯债券型。

（2）混合债券型

符合债券型条件，且不属于可转换债券型基金和指数债券型基金，可部分投资权益类资产的基金，根据其配置的权益类资产方式不同，可分为混合债券型一级、混合债券型二级。

• 可在二级市场投资可转债，以及持有可转债转股所形成的股票和股票派发或可分离交易可转债分离交易的权证等资产，或参与一级市场新股申购，但不可在二级市场投资股票以及权证等其他金融工具的基金为混合债券一级。•

可在二级市场投资股票以及权证等其他金融工具的基金，即为混合债券二级。

（3）可转换债券型

符合债券型条件且不属于指数债券型基金，主要投资标的是可转换债券，基金合同中明确可转换债券投资比例不低于固定收益类资产80%的基金或基金名称中明确该基金为可转债基金的基金为可转换债券型基金。

（4）指数债券型

•被动指数型债券基金，被动追踪投资于债券型指数的基金。

•增强指数型债券基金，以追踪某一债券指数为投资目标的债券基金，实施优化策略或增强策略的为增强指数型债券基金。

资料来源 中国证券监督管理委员会官网《公开募集证券投资基金运作管理办法》及Wind数据库《Wind基金分类规则》。

2.3.3 货币市场基金

货币市场基金是指发行的基金证券所筹集的资金主要投资于大额可转让定期存单、银行承兑汇票、商业本票等货币市场工具的证券投资基金。由于货币市场是一个风险低、流动性高的市场，因此货币市场基金具有流动性强、安全性高、投资成本低的特点，这类基金与银行等金融机构的各种现金投资工具相比，其收益率较高而风险较小。在发达国家中，货币市场基金在基金资产规模中占很大的比重。截止到2023年底，我国共有371只货币型基金，净值达11.2万亿元，占我国开放式基金净值的40.9%。

2.3.4 混合基金

混合基金主要是指发行基金证券所筹集资金的主要投资对象超过一种投资工具的证券投资基金。混合基金的投资对象可以是股票、债券或者货币市场工具等多个工具的组合，这类基金可以集合各类基金的优点，分散风险，提高基金资产收益率。

截止到2023年底，我国共有4 592只混合型基金，净值约为4万亿元，约占我国开放式基金净值的14.3%。

【知识链接2-4】我国法律规定的股票基金、债券基金、货币市场基金与混合基金

《公开募集证券投资基金运作管理办法》第三十条，基金合同和基金招募说明书应当按照下列规定载明基金的类别：

（一）百分之八十以上的基金资产投资于股票的，为股票基金。

（二）百分之八十以上的基金资产投资于债券的，为债券基金。

（三）仅投资于货币市场工具的，为货币市场基金。

（四）百分之八十以上的基金资产投资于其他基金份额的，为基金中基金。

（五）投资于股票、债券、货币市场工具或其他基金份额，并且股票投资、债券投资、基金投资的比例不符合第（一）项、第（二）项、第（四）项规定的，为混合基金。

（六）中国证监会规定的其他基金类别。

资料来源 中国证券监督管理委员会官网。

2.4　按组合管理方式分类的证券投资基金

　　一般而言，证券投资基金的投资标的为股票、债券等有价证券，基金管理人通过对有价证券进行投资组合与管理从而分散风险并取得目标收益。与之不同，组合型基金却主要以其他精选基金产品或管理人为组合管理对象，是一种"优中选优"的创新证券投资基金形式，主要分为基金中基金（Fund of Funds，FOF）与管理人中管理人（Manager of Managers，MOM）基金两类。

　　2016年9月，中国证监会对外公布了《公开募集证券投资基金运作指引第2号——基金中基金指引》（简称《基金中的基金指引》），并于2019年12月发布《证券期货经营机构管理人中管理人（MOM）产品指引（试行）》（简称《管理人中管理人（MOM）产品指引》），推动了我国市场上FOF和MOM基金产品的发展。

2.4.1　FOF

　　FOF是一种专门投资于其他证券投资基金的基金。根据《基金中基金指引》，FOF需将80%以上的基金资产投资于经中国证监会依法核准或注册的基金份额，但不得持有复杂、具备衍生品性质的基金份额，也不得持有其他基金中基金。同时规定，FOF持有单只基金的市值不得高于其资产净值的20%，且被投资基金（子基金）的运作期限不得少于1年、最近定期报告披露的规模应当高于1亿元。

　　FOF起源于20世纪70年代的美国，其最初形式是投资于一系列私募股权基金的基金组合。因为私募股权基金投资门槛较高，大多数投资者无法企及，后来第一只证券类FOF由先锋基金（Vanguard）于1985年推出，降低了投资的初始门槛，FOF进入普通投资者视野。得益于美国股市的繁荣以及监管政策的支持，美国FOF基金市场发展迅速，产品种类日益繁多。1990年，美国的FOF基金产品仅有20只，总规模仅为14.3亿美元。经过30多年的发展，截至2021年年底，美国基金市场上的FOF数量已达1 406只，总规模达到了32 409.63亿美元。促使美国FOF基金迅速发展的另一推手是401（K）计划的推出。该计划主要使用雇员与雇主共同缴纳养老金的模式，为之后养老金规模的扩大以及入市打下了基础。养老金资金对风险敏感度极高，与FOF分散风险、追求稳健收益的属性不谋而合。

　　2018年3月，中国证监会正式发布《养老目标证券投资基金指引（试行）》，明确了养老目标基金应当采用基金中基金即FOF形式。该指引指出，养老目标基金以追求养老资产的长期稳健增值为目的，鼓励投资人长期持有，采用成熟的资产配置策略，合理控制投资组合波动风险，而这些特征恰与公募FOF的特征较为一致。随着社保基金、企业年金、养老基金等追求长期稳定收益的资金的入市，为我国公募FOF带来了巨大的资金流量，也对FOF管理人的配置管理能力提出了更高要求。

【知识链接2-5】　　　　　　　　**先锋目标退休基金**

　　先锋集团（The Vanguard Group）成立于1975年，其创始人是被誉为美国指数基金教父的约翰·博格（John C. Bogle），总部位于美国宾夕法尼亚州。先锋集团是全球最大的基金公司之一，截至2022年6月底，先锋集团为全球3 000多万名投资者管理了超过7.1万亿美元的资产，基金产品数量（包括可变年金组合）多达411只。先锋集团在建立起共同基金产品线之后，可以根据投资者的不同需求进行产品选择，也可以将已有的共同基金进行组合形成新的产品，为投资者提供个性化的设计和一站式解决方案。

　　先锋基金的产品线始终以指数产品著称，其FOF产品也主要是被动管理型的，约占先锋FOF总规模的90%以上。先锋被动管理型FOF以Vanguard Target Retirement目标日期基金系列和Vanguard Life Strategy生活方式基金（先锋也称"目标风险基金"）系列为主。这里简单介绍目标退休基金系列：

　　先锋目标退休基金属于典型的FOF基金，该类FOF的母基金运作方式是依据资产下滑曲线调整股票、债券等类别资产的风险敞口，以满足投资者在生命周期不同阶段的风险收益要求：距离目标退休日期越远，权益类资产配置比例越高，产品的费率也相应提高；距离目标退休日期较近，固收类资产配置比例较高，产品费率相应较低。先锋目标退休FOF基金旗下包含22只产品，其中零售类11只，规模合计2 518.91亿美元，起投金额为1 000美元，产品设计细化到几乎可以满足任何年龄段的人群的养老储蓄需求。VANGUARD TARGET RETIRE 2025（VTTVX）为美国最大的个人养老目标日期FOF，规模为406.72亿美元，目标客户群的出生年份为1958—1962年。

　　依据先锋基金FOF产品的设计经验，可以得到的启示是：（1）丰富的基金产品线是挑选优秀基金组合的前提；（2）根据不同阶段客户需求定位细节化的产品设计；（3）可通过被动管理的方式尽量减少投资者的费用。

资料来源　海通国际、先锋集团官网（www.vanguard.com）。

2.4.2　MOM基金

　　MOM基金，是一种先通过长期跟踪、调研基金经理投资过程，挑选出长期贯彻自身投资理念、投资风格稳定并取得超额回报的基金经理，继而以投资子账户形式委托其进行具体账户管理的投资管理模式。

　　MOM模式的投资理念体现为"多元资产+多元风格+多元经理"，即在不同的市场周期配置不同的资产类别，采取不同的投资策略，配置不同风格的基金管理人。MOM基金的灵活配置要求有一个非常专业的投资顾问团队，每个优选基金经理人只需专注于适合自己风格的投资产品，而母基金管理人的核心功能在于挑选适合当下市场风格的经理人并且进行动态调仓。

　　优秀的投资顾问是MOM基金成功的基础。区别于FOF以现有基金产品为主要研究对象，MOM基金的主要研究单位是子基金经理人。既然是对人的判断，则不仅要对其历史业绩展开定量研究，更要进行在访谈和历史持仓数据定量分析基础上的定性分析，比如个性、操作风格、市场应变能力和心理抗压能力等，以预测投资管理人的未来业绩分布。

对目标经理人进行长期的跟踪和绩效的评估会耗费大量成本，当市场行情有变，对于经理人的配置调整甚至更换也将相应地增加操作成本。因此，相比较于FOF，我国的MOM基金发展缓慢，自2021年成立的首批5只MOM基金产品之后，就再无公募基金管理公司发行同类产品。

2.4.3　两种基金的比较

FOF基金和MOM基金在以下几个方面存在不同：

（1）组合对象不同。FOF的组合对象是基金产品，MOM则是集合优秀的基金经理人。通常来说，FOF与子基金是购买关系，即FOF是子基金的申购者；而MOM与经理人是雇佣关系，MOM聘请若干基金经理来构建投资组合。

（2）管理者角色不同。FOF管理人只在整体层面挑选基金产品进行资产配置，而具体基金的投资策略由子经理人制定。FOF对风险的把控也只能体现在对不同基金仓位的调整或者更换子基金上，子基金层面的风险不可控。MOM母基金的管理人对投资策略和风控的影响力更强，它负责制定产品的整体投资策略并把控风险，而优质子基金经理人则负责具体的操作和执行，起辅助作用。

（3）费率机制不同。FOF投资于现有市场上的基金产品，容易导致双重收费，即标的基金收费一次、FOF基金收费一次，增加了投资人负担。MOM通过专户、虚拟子账户运作，两类基金经理共享管理费与业绩费提成，相对费率较低。

（4）效率与透明度不同。FOF无法实时观测非内部子基金，获取的信息有一定的滞后性，且由于子基金具有确定的申购赎回日，导致FOF调仓较慢，一般一周左右才可以对子基金设立临时开放日进行申购赎回。而MOM可实时了解底层交易数据，也可灵活动态地调整资金和策略，提升投资的效率和准确率。

整体而言，FOF以合理配置和"优中选优"达到平滑极端净值波动、穿越周期获取稳健收益为目的，多采取被动管理的方式。MOM则更强调灵活配置与动态调整，是一种偏主动管理的投资方式。

【知识链接2-6】　　　　**建信智汇优选一年持有期混合型MOM**

基金全称：建信智汇优选一年持有期混合型管理人中管理人（MOM）证券投资基金

基金代码：011189（前端）

成立时间：2021-01-26

运作方式：契约型开放式

投资类型：混合型基金，偏股混合型基金

投资目标：通过优选投资顾问为特定资产单元提供投资建议和灵活的投资策略，捕捉市场中的投资机会，并且采用有效的风险管理措施，在降低波动风险的同

时，争取获取稳定的收益。

投资范围：主要为具有较好流动性的金融工具，包括国内依法发行上市的股票（包含中小板、创业板及其他经中国证监会批准上市的股票），港股通标的股票，债券（包括国内依法发行和上市交易的国债、金融债、央行票据、政府机构债券、地方政府债券、企业债、公司债、次级债、中期票据、短期融资券、超短期融资券），股指期货，国债期货，资产支持证券，债券回购，同业存单，银行存款，货币市场工具以及法律法规或中国证监会允许基金投资的其他金融工具，但须符合中国证监会的相关规定。如法律法规或监管机构以后允许基金投资其他品种，基金管理人在履行适当程序后，可以将其纳入投资范围。基金的投资组合比例为：股票资产投资比例为基金资产的30%~75%；港股通标的股票投资比例不超过全部股票资产的50%；每个交易日日终在扣除国债期货和股指期货合约需缴纳的交易保证金后，现金或到期日在一年以内的政府债券不低于基金资产净值的5%，其中，现金不包括结算备付金、存出保证金、应收申购款等。如果法律法规对该比例要求有变更，基金管理人在履行适当程序后，本基金的投资比例相应调整。

风险收益特征：本基金为混合型管理人中管理人（MOM）证券投资基金，其预期收益及预期风险水平低于股票型基金、股票型管理人中管理人基金，高于债券型基金、债券型管理人中管理人基金及货币市场基金及货币型管理人中管理人基金。本基金的基金资产如投资于港股，会面临港股通机制下因投资环境、投资标的、市场制度以及交易规则等差异带来的特有风险。基金管理人将参考各投资顾问的建议进行投资操作，因此投资顾问的投资管理水平和各资产单元的业绩表现将影响基金的业绩表现。基金管理人虽然对投资顾问进行了严格的尽职调查，但不能保证投资顾问的投资建议一定准确有效。

● **本章小结**

基金的分类对投资者、基金管理公司、基金评估机构、监管部门多方都有重要意义。本章从构成基金的组织特征、基金营销、投资风格、投资对象等多个角度对证券投资基金进行了分类比较。

按照组织形式和法律地位的不同，我们把证券投资基金划分为公司型基金、契约型基金以及合伙型基金三种，三种基金在法律依据、运作依据、发行凭证、融资渠道、投资者地位等方面存在区别。

根据基金单位是否可以赎回、规模是否固定，基金可以分为开放式基金和封闭式基金。开放式基金和封闭式基金在基金规模、存续期限、交易方式、交易价格、投资运作、信息披露等方面存在区别。

根据投资对象的不同，我们可以将证券投资基金划分为股票基金、债券基金、货币市场基金等。

按组合管理方式划分，传统证券投资基金以有价证券为组合管理对象，而FOF与MOM分别以基金产品和基金经理人为对象展开投资管理。两者都注重资产配置，通过"优中选优"达到稳定风险、获取长期收益的目标。但相对而言，FOF基金被动管理居多，MOM基金则强调灵活调整，偏向于主动管理。

● **思考题**

1.什么是公司型基金？什么是契约型基金？什么是合伙型基金？三者的主要区别是什么？

2.什么是开放式基金？什么是封闭式基金？目前我国开放式基金发展的现状如何？

3.什么是投资风格？如何划分和区别成长型基金、价值型基金和平衡型基金？

4.分析比较股票基金、债券基金、货币市场基金的主要特点。

5.什么是组合型基金？目前主要有哪些品种？它们的不同点是什么？

第3章　证券投资基金运行规则

◇学习目标

- 了解证券投资基金募集管理制度
- 了解证券投资基金上市交易规则
- 掌握开放式证券投资基金申购和赎回的
  流程和原则
- 了解证券投资基金终止与清算的程序

所谓证券投资基金运行规则，是指从证券投资基金的募集，到基金份额的申购、赎回和交易，再到基金财产的投资，最后到基金终止清盘的全部过程中，根据各国的法律和规范证券投资基金所执行的指定程序。本章将主要依照我国证券基金行业的有关规定，说明除基金财产投资之外的关键运行环节。

3.1　证券投资基金的募集

证券投资基金的募集是指基金管理公司根据有关规定向中国证监会提交募集申请文件，发售基金份额，募集基金的行为。我国基金的募集管理制度已经基本完成由审批制向注册制的转变，募集程序要经过申请、注册、发售以及基金合同生效四个步骤。募集方式按募集对象分类可分为公募发行与私募发行，按募集渠道分类可分为网上发行与网下发行。本节将对这些内容进行具体介绍。

3.1.1　证券投资基金的募集管理

根据各国证券市场发展程度和监管体制的不同，世界上对证券投资基金的设立与募集一般实行两种基本管理模式：注册制和审批制。

注册制是指基金的发起人只需向证券监督管理机构报送法律法规规定的有关材料，进行登记注册，即可设立证券投资基金。目前发达国家和地区一般采用注册制，包括英国、美国、我国的香港和台湾地区。在注册制下，证券监管当局只对申报材料做形式上的审查，不做实质性审查，实质性内容如材料的真实性、完整性和准确性由独立的中介机构鉴证。若证券投资基金发起人和鉴证中介机构存在弄虚作假等舞弊、欺诈行为，证券监管当局具有事后调查和处罚权。

审批制是指证券监管当局按照有关法律法规的规定，既对证券投资基金的发起设立所提供的材料在内容的真实性、完整性和准确性等方面做实质性审查，又对程序和形式的合法性进行审查，并决定是否同意设立该基金的制度。

一直以来，我国证券投资基金实行的都是审批制，对证券投资基金的设立进行如下实质性审查：一是审查申报文件是否全面，有无虚假陈述；二是审查文件内容是否符合法律规定。在审批制下，我国证券投资基金的发行一般分为三个步骤：申请前准备工作，提交申请设立基金的主要文件，申请的审核与批准。2013年6月1日我国《基金法》的施行，标志着我国基金发行由审批制向注册制迈进。2015年4月修正的《基金法》进一步推进了我国基金发行注册制的改革。《基金法》第五十条规定："公开募集基金，应当经国务院证券监督管理机构注册。未经注册，不得公开或者变相公开募集基金。"第五十四条规定："国务院证券监督管理机构应当自受理公开募集基金的募集注册申请之日起六个月内依照法律、行政法规及国务院证券监督管理机构的规定进行审查，作出注册或者不予注册的决定，并通知申请人；不予注册的，应当说明理由。"预计未来监管部门还将采取一系列措施，包括改进审核机制、简化审核程序、减少审核内容、增强审核透明度等，不断完善公募基金注册制度的发展，最大限度地发挥市场在资源配置中的作用。

我国《基金法》还规定，公开募集基金是指向不特定对象募集资金、向特定对象募集资金累计超过200人，以及法律、行政法规规定的其他情形。公募基金的募集一般要经过申请、注册、发售、基金合同生效四个步骤。下面对公募基金的募集程序加以说明：

（1）基金募集申请。我国基金管理人进行公募基金的募集，必须根据《基金法》的有关规定，向中国证监会提交以下申请文件：申请报告、基金合同草案、基金托管协议草案、招募说明书草案、律师事务所出具的法律意见书以及国务院证券监督管理机构规定提交的其他文件。

（2）基金募集申请的注册。《基金法》规定，中国证监会应当自受理公募基金的募集注册申请之日起6个月内依照有关法律法规对申请文件进行审查，作出注册或者不予注册的决定。基金募集申请经注册后，方可发售基金份额。

（3）基金份额的发售。基金管理人应当自收到准予注册文件之日起6个月内进行基金募集。基金募集期限自基金份额发售之日起计算，不得超过国务院证券监督管理机构准予注册的基金募集期限。基金管理人应当在基金份额发售3日前公布招募说明书、基金合同及其他有关文件。基金募集期间募集的资金应当存入专门账户，在基金募集行为结束前，任何人不得动用。

（4）基金合同生效。基金募集期限届满，封闭式基金募集的基金份额总额达到准予注册规模的80%以上，开放式基金募集的基金份额总额超过准予注册的最低募集份额总额，并且基金份额持有人人数符合国务院证券监督管理机构规定的，基金管理人应当自募集期限届满之日起10日内聘请法定验资机构验资。自收到验资报告之日起10日内，向国务院证券监督管理机构提交验资报告，办理基金备案手续，并予以公告。

投资人交纳认购的基金份额的款项时，基金合同成立；基金管理人依照《基金法》第五十八条的规定向国务院证券监督管理机构办理基金备案手续。

基金募集期限届满不满足有关募集要求的，基金募集失败，基金管理人应承担以下责任：

（1）以其固有财产承担因募集行为而产生的债务和费用。

（2）在基金募集期限届满后30日内返还投资人已交纳的款项，并加计银行同期存款利息。

【知识链接3-1】　　　　　　公募基金发行材料简析

公募基金募集申请阶段，基金管理人需向证监会提交有关申请材料，包括申请报告、基金合同草案、基金托管协议草案、招募说明书草案、律师事务所出具的法律意见书以及国务院证券监督管理机构规定提交的其他文件。基金发售阶段，基金管理人需在基金发售3日前公布基金份额发售公告、招募说明书、基金合同及其他有关文件。下表是对公募基金主要发行材料进行的简要介绍。

发布时间	材料名称	材料用途	材料内容
募集申请时提交给证监会	基金申请报告	基金发起人为设立基金向中国证监会提交的请示报告	主要包括拟募集基金的基本情况，拟募集基金符合有关规定条件的说明，拟任基金管理人、基金托管人符合有关规定条件的说明，拟募集基金的可行性，基金管理人签章等内容
草案：募集申请时提交证监会 确定稿：基金份额发售3日前公布	基金招募说明书	有关基金设立情况详细、全面的说明文件，基金募集申请、注册必须提交的最主要文件，基金最重要、最基本的信息披露文件	主要包括基金募集申请的准予注册文件名称和注册日期，基金管理人、基金托管人的基本情况，基金合同和基金托管协议的内容摘要，基金份额的发售日期、价格、费用和期限，基金份额的发售方式、发售机构与登记机构名称，出具法律意见书的律师事务所和审计基金财产的会计师事务所的名称和住所，基金管理人、基金托管人报酬及其他有关费用的提取、支付方式与比例、风险警示内容和国务院证券监督管理机构规定的其他内容
草案：募集申请时提交证监会 确定稿：基金份额发售3日前公布	基金合同	明确基金合同各方当事人的权利、义务，起到规范基金运作、保护投资人合法权益的作用	主要包括募集基金的目的和基金名称；基金管理人、基金托管人的名称和住所；基金的运作方式；封闭式基金的基金份额总额和基金合同期限，或者开放式基金的最低募集份额总额；确定基金份额发售日期、价格和费用的原则；基金份额持有人、基金管理人和基金托管人的权利、义务；基金份额持有人大会召集、议事及表决的程序和规则；基金份额发售、交易、申购、赎回的程序、时间、地点、费用计算方式，以及给付赎回款项的时间和方式；基金收益分配原则、执行方式；基金管理人、基金托管人报酬的提取、支付方式和比例；与基金财产管理、运用有关的其他费用的提取、支付方式；基金财产的投资方向和投资限制；基金资产净值的计算方法和公告方式；基金募集未达到法定要求的处理方式；基金合同解除和终止的事由、程序以及基金财产清算方式；争议解决方式和当事人约定的其他事项

续表

发布时间	材料名称	材料用途	材料内容
草案：募集申请时提交证监会 确定稿：基金份额发售3日前公布	基金托管协议	基金管理人与基金托管人就基金资产托管一事达成的协议书，以合同的形式明确他们之间的责任和权利、义务关系	主要包括基金托管协议当事人，基金托管协议的依据、目的和原则，基金托管人对基金管理人的业务监督和核查，基金管理人对基金托管人的业务核查，基金财产的保管，指令的发送、确认及执行，交易及清算交收安排，基金资产净值计算和会计核算，基金收益分配，基金信息披露，基金费用，基金份额持有人名册的保管，基金有关文件档案的保存等内容
基金份额发售3日前公布	基金份额发售公告	使投资者快速了解基金的基本情况以及认购基金的程序及渠道	主要包括基金募集的基本情况、认购方式与相关规定，机构投资者及个人投资者开户与认购程序，过户登记与退款，基金资产的验资与基金合同生效，与基金募集相关的基金管理人、基金托管人、销售机构的信息等内容

3.1.2　证券投资基金的募集方式

按照募集对象和募集范围的不同，基金的募集方式可以分为公募和私募两种形式；按照募集渠道不同，可分为网上和网下两种形式。

1.公募发行与私募发行

（1）公募发行

公募发行是指以公开的形式向广大社会公众发行基金的方式。

公募主要可采取包销、代销两种形式，包销、代销都需请证券经纪商或承销集团经销基金。包销是由承销商先用自己的资金将拟发行的基金全部购入，再根据定好的发行价格向投资者出售。若发行期过后证券机构未能将基金全部推销出去，余下的也只能自己持有。所以说，当采取包销方式时，基金管理人和承销商之间即确定了买卖关系，承销商必须承担发行的全部风险。相较之下，若采取代销方式，基金管理人和承销商之间则表现为纯粹的委托代理关系。在代销方式下，承销商只需尽最大努力推销基金，并不对基金的销售状况承担任何责任。同包销相比，基金管理人将承担因销售未达预定规模而创立失败的风险，但承销商却不必承担任何风险。这两种销售方式都需向承销商支付销售费用，尤其是包销方式下，承销商因承担风险而要求更高的报酬。如果基金公司采用直销方式募集基金，则无须请证券机构推销，由投资人直接到基金公司购买，因不经过中间环节，故无销售费用的支出。

我国开放式证券投资基金的发行主要通过代销途径。代销是指投资者通过代销机构购买基金单位，我国法律允许商业银行、证券公司、保险公司、证券投资咨询机构、独立基金销售机构以及期货公司担任代销机构。

公募发行具有以下三大优点：

一是安全。由证券机构组成承销商来发行基金，能使基金在整个发行过程中计划周密、组织灵活、管理严格，防止重大事故和收付款差错，确保资金和各种凭证的安全，保证社会安定。

二是经济。证券机构组成的承销团能做到职责明确、分工合理、密切配合，防止无效劳动返工，及时准确调度资金，最大限度地降低发行成本。

三是具有"三公"性，即"公开、公平、公正"发行基金。证券机构通过各类媒介广为宣传，使基金发行具有公开性；通过广设网点，给每一位投资者提供认购基金的公平机会；通过严肃工作纪律等各种措施杜绝营私舞弊等行为的发生。

（2）私募发行

所谓私募发行，即基金发起人面向少数特定的投资者发行基金的方式，基金发起人承担募集基金的全部工作。发行的对象一般是有资金实力的机构和个人。一般来讲，主管机关对私募的监管比较宽松，不必公开招募文件。在美国，为了保护普通投资者的利益，要求对冲基金这类投资风险较高的基金，只能采取私募发行方式。与公募发行不同的是，私募发行不得向合格投资者之外的单位和个人募集资金，不得通过报刊、电台、电视台、互联网等公众传播媒体或者讲座、报告会、分析会等方式向不特定对象宣传推介。

我国《基金法》对私募发行的定义是向合格投资者募集，并且合格投资者累计不得超过200人。2018年4月27日颁布的《关于规范金融机构资产管理业务的指导意见》规定，合格投资者是指具备相应风险识别能力和风险承担能力，投资于单只资产管理产品不低于一定金额且符合下列条件的自然人和法人或者其他组织：个人具有2年以上投资经历，且满足以下条件之一：家庭金融净资产不低于300万元，家庭金融资产不低于500万元，或者近3年本人年均收入不低于40万元，且具有2年以上投资经历；最近1年末净资产不低于1 000万元的法人单位。

2. 网上发行与网下发行

（1）网上发行

网上发行，是指将所要发行的基金单位与证券交易所的交易系统联网的全国各地的证券营业部向广大社会公众发售基金单位的发行方式。网上发行的优点是经济性和高效性。我国封闭式基金大多采取网上发行方式。

我国ETF的认购方式之一是网上现金认购，即通过证券交易所的网上系统以现金进行认购，这较网下认购更加简单和具有普遍性，只要拥有证券登记结算机构开立的证券账户的投资者，均可通过证券交易所的网上定价发行系统进行网上现金认购，认购流程与购买封闭式基金和新股相似。另外，我国的LOF也可进行网上认购，LOF是通过深交所交易系统定价发售的。

另外，网上发行也指通过各基金公司的"网上基金"业务或者"网上基金超市"认购基金。目前，我国各大基金公司均开通了网上销售系统，投资者在基金公司网站开户后，可通过开通网银的银行卡进行基金认购。"网上基金超市"将发行的多种开放式基金汇集到一起，投资者可根据自己的需要自由选择，投资者可通过关联银行卡以及第三方支付在基金超市进行基金认购（关于"基金超市"，详见本书13.2.2）。

（2）网下发行

网下发行，是指将所要发行的基金通过分布在一定地区的银行、证券公司及其他代销、直销机构的营业网点向社会公众发售的方式。通过网下方式认购基金，投资者需先到指定网点（基金管理公司、代销机构的营业网点等）办理对应的开放式基金账户卡，并将认购资金存入（或划入）指定销售网点，在规定的时间内办理认购手续并确认结果。

3.1.3　证券投资基金的投资范围

证券投资基金通过投资组合达到分散风险的目的，以保证基金投资人相对稳定的收益，不同类型的基金均有其特定的投资范围以及在相应标的资产上的投资比例限定。为了保护投资者利益以及避免机构投资者对市场的操纵，世界各国和地区均通过立法的方式对证券投资基金的投资范围与投资比例进行了限制。本节将以我国国内证券投资基金为例，介绍此方面的相关规定。

1. 证券投资基金的投资范围

证券投资基金的投资范围具体来看可以分为投资品种与投资区域两个方面，这两个方面的限制对基金的资产配置有重要影响。

（1）投资的品种限制

《基金法》第七十二条对我国证券投资基金可投资的范围作出了具体规定，基金财产应当用于投资上市交易的股票、债券以及国务院证券监督管理机构规定的其他证券品种及其衍生品种。《基金法》第七十三条还规定基金财产不得用于下列投资或者活动：

•承销证券。

•违反规定向他人贷款或者提供担保。

•从事承担无限责任的投资。

•买卖其他基金份额，但是国务院证券监督管理机构另有规定的除外。

•向基金管理人、基金托管人出资。

•从事内幕交易、操纵证券交易价格及其他不正当的证券交易活动.

•法律、行政法规和国务院证券监督管理机构规定禁止的其他活动。

相较于2013年《基金法》，2015年修正后的《基金法》在控制风险的基础上，扩大了基金财产的投资范围，适当放松了对基金关联交易和从业人员买卖证券的限制。允许运用基金财产买卖基金管理人、基金托管人及其控股股东、实际控制人或者与其有其他重大利害关系的公司发行的证券或承销期内承销的证券。从事其他重大关联交易的，应当遵循基金份额持有人利益优先的原则，防范利益冲突，符合国务院证券监督管理机构的规定，并履行信息披露义务。

（2）投资的区域限制

跨国配置资产对于大多数投资基金来说是非常具有吸引力的投资策略，但由于世界上大多数国家和地区均实行国民待遇原则，即对本国注册的基金与国外注册的基金实行差别对待，同时由于各国的资本市场开放与管制程度不同，基金往往无法自由地实现跨国资产配置。在我国，可进行跨国资产配置的机构投资者主要有QDII、RQDII、QFII、RQFII等。

《合格境内机构投资者境外证券投资管理试行办法》（2007年6月18日证监会令第46号公布，自2007年7月5日起施行）第二条规定：

本办法所称合格境内机构投资者（以下简称境内机构投资者），是指符合本办法规定的条件，经中国证券监督管理委员会（以下简称中国证监会）批准在中华人民共和国境内募集资金，运用所募集的部分或者全部资金以资产组合方式进行境外证券投资管理的境内基金管理公司和证券公司等证券经营机构。

QDII（Qualified Domestic Institutional Investor），即合格的境内机构投资者。是指在人民币资本项目不可兑换、资本市场未开放条件下，在一国境内设立，经该国有关部门批准，有控制地允许境内机构投资境外资本市场的股票、债券等有价证券投资业务的一项制度安排。

RQDII（RMB Qualified Domestic Institutional Investor），即人民币合格境内机构投资者。境内投资者在RQDII制度下可将批准额度内的人民币资金投资于离岸人民币市场。2014年11月央行发布《中国人民银行关于人民币合格境内机构投资者境外证券投资有关事项的通知》（银发〔2014〕331号）称，境内的合格机构投资者可采用人民币的形式投资境外的人民币资本市场，RQDII机制正式推出。

经国务院批准，2020年11月1日起施行的《合格境外机构投资者和人民币合格境外机构投资者境内证券期货投资管理办法》第二条规定：

本办法所称合格境外机构投资者和人民币合格境外机构投资者（以下统称合格境外投资者），是指经中国证券监督管理委员会（以下简称中国证监会）批准，使用来自境外的资金进行境内证券期货投资的境外机构投资者，包括境外基金管理公司、商业银行、保险公司、证券公司、期货公司、信托公司、政府投资机构、主权基金、养老基金、慈善基金、捐赠基金、国际组织等中国证监会认可的机构。

QFII（Qualified Foreign Institutional Investor）是指合格的境外机构投资者。QFII是一国在货币没有实现完全可自由兑换、资本项目尚未开放的情况下，有限度地引进外资、开放资本市场的一项过渡性的制度。这种制度要求外国投资者若要进入一国证券市场，必须符合一定的条件，得到该国有关部门的审批通过后汇入一定额度的外汇资金，并转换为当地货币，通过严格监管的专门账户投资当地证券市场

RQFII（RMB Qualified Foreign Institutional Investor）是指人民币合格境外机构投资者。RQFII境外机构投资人可将批准额度内的外汇结汇投资于境内的证券市场。对RQFII放开股市投资，是从侧面助力加速人民币的国际化。2019年9月16日，国家外

汇管理局已宣布，经国务院批准，决定取消QFII/RQFII的额度限制，RQFII试点的国家和地区限制也一并取消。

随着我国资本市场的逐步对外开放，越来越多的基金公司突破了原有的投资区域限制，截至2023年底，市场上已经存在281只QDII基金，合计资产净值达4 170亿元，这给了我国投资者更多的进行跨国资产配置的机会。

2. 证券投资基金的投资比例

根据《基金法》的规定，基金名称显示投资方向的，应当有80%以上的非现金基金资产属于投资方向确定的内容。同时明确指出，基金管理人运用基金财产进行证券投资，不得有下列情形：

（1）一只基金持有一家公司发行的证券，其市值超过基金资产净值的10%。

（2）同一基金管理人管理的全部基金持有一家公司发行的证券，超过该证券的10%；基金财产参与股票发行申购，单只基金所申报的金额超过该基金的总资产，单只基金所申报的股票数量超过拟发行股票公司本次发行股票的总量。

（3）一只基金持有其他基金（不含货币市场基金），其市值超过基金资产净值的10%，基金中基金除外。

（4）基金中基金持有其他单只基金，其市值超过基金资产净值的20%，或投资于其他基金中基金。

（5）基金总资产超过基金净资产的140%。

（6）违反基金合同关于投资范围、投资策略和投资比例等约定。

（7）中国证监会规定禁止的其他情形。

完全按照有关指数的构成比例进行证券投资的基金品种可以不受第（1）（2）项规定的比例限制。其他特殊基金品种如不受上述比例限制，由中国证监会另行规定。

当然，证券投资基金为保证基金投资计划的实施和贯彻分散化投资的原则，在上述法律限制的范围内，可以再自行设定自己的投资限制。一般来讲，基金的招募说明书、信托契约或保管协议均清楚地列明了基金经理人在运用基金资产投资于投资范围内各种证券时所受的数量和比例限制。这种投资限制是基金运作成功的保障，防止基金管理人让基金持有者承担过高的风险。

由于各基金的投资目标不同，在法律的框架下，各基金在其招募说明书中都进一步详细规定了自己的投资范围。下举两例：

中银基金管理有限公司旗下的"中银动态策略"开放式基金（A类：163805.OF；C类：015365.OF）为混合型基金，在其招募说明书中规定："本基金股票资产的核心组合将投资于沪深300指数的成分股或备选成份股，卫星组合的投资对象重点为经过数量模型筛选、严格基本面分析和价值评估，并配合持续深入跟踪调研的上市公司股票，这些公司具备良好的产业前景、雄厚的企业竞争力、持续的增长潜力、稳健的财务品质、健康的公司治理结构等特征。"同时规定："本基金投资组合中，股票投资的比例范围为基金资产的60%~95%；债券、权证、资产支持证券、货币市场工具及国家证券监管机构允许基金投资的其他金融工具占基金资产的比例范围为0~40%；其中现金或者到期日在一年以内的政府债券不低于基金资产净值的5%，持有权证的市值不超过基金资产净值的3%。对于中国证监会允许投资的创新金融产品，将依据有关法律法规进行投资管理。"

华安基金管理有限公司旗下的"华安稳定收益"（A类：040009.OF；B类：040010.OF）为债券型基金，对其投资范围的规定体现出了与"中银策略"不同的特色。该基金在招募说明书中规定的投资范围是固定收益类金融工具，包括国内依法公开发行、上市的国债、金融债、可转换债券、可分离债券、债券回购、央行票据、信用等级为投资级的企业（公司）债、股票等权益类品种和法律法规或监管机构允许基金投资的其他金融工具。该基金同时规定，基金对债券等固定收益类品种的投资比例不低于基金资产的80%；现金或到期日在一年以内的政府债券不低于基金资产净值的4%；股票等权益类品种的投资比例为基金资产的0~20%。

3.2 证券投资基金的上市交易

基金的上市，是指符合证券交易所上市条件的基金，经批准在证券交易所内挂牌交易。目前，我国基金的上市场所主要是上海证券交易所和深圳证券交易所。在交易所上市的基金种类包括封闭式基金、交易型开放式指数基金（ETF）、上市型开放式基金（LOF）、交易型货币基金、实时申赎货币基金、交易型货币基金、黄金ETF以及其他创新基金。以下重点介绍封闭式基金、ETF的上市交易规则与程序。

3.2.1 封闭式基金的上市交易

封闭式证券投资基金成功发行并完成资金募集后，经国务院证券监督管理机构核准，即可宣告成立并上市交易。封闭式基金可选择上海证券交易所或深圳证券交易所进行基金份额的上市交易。封闭式基金份额上市交易，根据2017年6月发布的《上海证券交易所证券投资基金上市规则（征求意见稿）》的规定应当符合下列条件：①基金募集经中国证监会注册且基金合同生效；②基金合同期限为5年以上；③基金募集金额不低于2亿元人民币；④基金份额持有人不少于1 000人；⑤上海证券交易所要求的其他条件。

1. 申请上市交易的程序

封闭式基金发行募集成功后，即可依法向有关证券交易所提出上市申请。基金管理公司申请基金上市需提交下列文件（上海证券交易所规定）：

（1）上市申请书。

（2）已发布的基金合同生效公告。

（3）其他文件。

证券交易所对基金管理人提交的基金上市申请文件进行审查，作出独立的专业判断并形成审核意见。获准上市的基金，基金管理人应在基金上市日前3个工作日，公开披露基金上市交易公告书。基金上市交易公告书的内容和格式应当遵守中国证监会和本所的相关规定。

2. 基金的证券账户、专用交易席位及资金账户

证券账户是指中国证券登记结算有限责任公司为申请人开出的记载其证券持有及变更的权利凭证。按证券账户的用途分为人民币普通股票账户（简称A股账户）、人民币特种股票账户（简称B股账户）、证券投资基金账户（简称基金账户）、其他账户等。投资者进行封闭式基金交易需开通A股账户或基金账户。

交易席位是证券经营机构在证券交易所进行交易的固定位置，实质上还包含了一种交易资格的意义，即只有取得交易席位后才能从事实际的证券交易业务。根据证监基金字〔2007〕48号《关于完善证券投资基金交易席位制度有关问题的通知》的规定：

（1）基金管理公司应选择财务状况良好、经营行为规范、研究实力较强的证券公司，向其租用专用交易席位。不同基金可以共同使用一个交易席位。

（2）一家基金管理公司通过一家证券公司的交易席位买卖证券的年交易佣金，不得超过其当年所有基金买卖证券交易佣金的30%。新成立的基金管理公司，自独自管理的首只基金成立后第二年起执行。

（3）基金管理公司应根据本公司情况，合理租用证券公司的交易席位，降低交易成本。基金管理公司不得将席位的开设与证券公司的基金销售挂钩，不得以任何形式向证券公司承诺基金在席位上的交易量。

（4）基金管理公司应继续按法规的规定在基金信息披露文件中披露选择证券公司的标准和程序、基金通过交易席位进行证券交易等信息。基金管理公司应保证不同基金份额持有人能够得到公平对待。对租用证券公司交易席位进行基金的证券投资时违反前述第（2）条规定的，应在基金年度报告的管理人报告中进行披露和说明。基金管理公司应于每个年度结束后30个工作日内向中国证监会报送上年度基金通过证券公司买卖证券的有关情况。

（5）基金托管银行应关注所托管基金的交易席位情况，发现不合理现象可能影响基金份额持有人的利益时，基金托管银行应及时提醒基金管理公司并向中国证监会报告。

（6）基金管理公司和基金托管银行应主动配合证券交易所推进交易席位制度的调整，协助中国证券登记结算有限公司做好相关制度与技术调整。基金管理公司和基金托管银行应就证券交易所的交易席位制度调整之后双方的具体职责签订协议，确保基金清算的及时、高效和基金财产的完整、独立。

资金账户是证券营业部为投资者开设的用于存放客户交易结算资金及办理结算划款的专用账户。基金账户开设后也需要与资金账户建立对应关系方能使用。同一基金账户可以在不同代销机构使用，但需要办理登记手续，否则不能申购和认购。相较之下，资金账户只能在开户的营业部使用，其他营业部和代销机构并不通用。

3.基金交易的委托与交收

在我国，同买卖股票一样，投资者可通过多种形式委托申报买卖封闭式基金单位，其委托、成交具有以下特点：

（1）基金单位的买卖委托采用"公开、公平、公正"的原则和"价格优先，时间优先"的原则。

（2）基金交易委托以标准手数为单位进行，价格变化单位为0.001元。

（3）在证券市场的营业日可以随时委托买卖基金单位。

封闭式基金的交收在我国同A股、国债、国债回购、债券等一样实行T+1交割、交收，即在达成交易后，相应的基金交割与资金交收在成交日的下一个营业日即T+1日完成。

4.市场价格的确定

封闭式基金上市后，其市场价格的确定主要受以下因素的影响：

（1）基金单位的资产净值。这是基金市场交易价格的价值基础，基金的市场交易价格以基金单位的资产净值为中心上下波动。

（2）基金的供求关系。因为封闭式基金的发行单位有限，投资者对基金单位的需求有可能超过或者低于市场的供应量，会因此导致基金交易价格的溢价或者折价。

此外，影响封闭式基金的市场价格的异常因素可能包括多方面的内容，如投资者对基金的不正确认识和人为的炒作，都有可能造成基金价格的上下波动。

5.上市交易费用

投资者在委托买卖封闭式基金时应支付各种费用，通常包括委托手续费[1]、佣金[2]、过户费[3]等。我国对上市封闭式基金的交易规定类似于股票的交易，但为了方便中小投资者投资基金，并体现对基金业发展的鼓励，还作出了以下具体规定：

（1）投资者可以开立专门的基金账户进行基金的买卖，收取5元人民币的开户手续费。

（2）对基金的交易行为免征印花税和过户费。

（3）基金的交易佣金上限为0.3%，起点为5元。

3.2.2 ETF的上市交易

ETF基金是交易所交易基金，同时实行一级市场与二级市场的交易制度。在一级市场上，只有资金达到一定规模的投资者（基金份额通常要求在50万份以上），才可随时在交易时间内进行以股票换份额（申购）、以份额换股票（赎回）的交易，而中小投资者只在二级市场上进行ETF份额的交易。因此，在一级市场上，ETF的参与者是资金达到一定规模的投资者，而二级市场则没有限制。

---

[1] 委托手续费是证券公司经当地有关部门批准，在投资者办理委托买卖时向投资者收取的，主要用于通信、设备、单证制作等方面的费用。

[2] 佣金是投资者在委托买卖证券成交后按成交金额一定比例支付的费用，此项费用一般由证券公司经纪佣金、证券交易所交易经手费及管理机构的监管费等组成。

[3] 过户费是委托买卖的股票、基金成交后，买卖双方为变更股权登记所支付的费用，这笔收入属于证券登记结算机构的收入，由证券公司在同投资者清算交割时代为扣收。

1. ETF份额折算与变更登记

ETF的基金合同生效后，基金管理人应逐步调整实际组合直至达到跟踪指数要求，此过程为ETF建仓阶段，ETF的建仓期不超过3个月。基金建仓期结束后，为方便投资者跟踪基金份额净值变化，基金管理人通常会以某一选定日期作为基金份额折算日，以标的指数的1‰或1%作为份额净值，对原来的基金份额进行折算。

ETF基金份额折算由基金管理人办理，并由登记结算机构进行基金份额的变更登记。基金份额折算后，基金份额总额与基金份额持有人持有的基金份额将发生调整，但调整后的基金份额持有人持有的基金份额占基金份额总额的比例不发生变化。基金份额折算对基金份额持有人的收益无实质性影响。基金份额折算后，基金份额持有人将按照折算后的基金份额享有权利并承担义务。

ETF基金份额折算方法如下：

假设基金管理人确定基金份额折算日为T日。T日收市后，基金管理人计算当日的基金资产净值X和基金份额总额Y。T日标的指数收盘值为I，若以标的指数的1‰作为基金份额净值进行基金份额的折算，则T日的目标基金份额净值为I/1 000，基金份额折算比例的计算公式为：

$$折算比例 = \frac{X/Y}{I/1000}$$

以四舍五入的方法保留小数点后8位。

折算后的份额=原有份额×折算比例

【例3-1】假设某投资者在基金募集期内认购了5 000份ETF，基金份额折算日的基金资产净值为4 127 000 230.95元，折算前的基金份额总额为4 010 345 000份，当日标的指数收盘值为970.35点。

折算比例 = (4 127 000 230.95 ÷ 4 010 345 000) ÷ (970.35 ÷ 1 000) = 1.06053339

该投资者折算后的基金份额= 5 000 × 1.06053339 ≈ 5 302（份）

2. ETF份额的上市交易

ETF的基金合同生效后，基金管理人可以向证券交易所申请上市，上市要遵循以下交易规则：

（1）上市首日的开盘参考价为前一工作日的基金份额净值。

（2）实行价格涨跌幅限制，涨跌幅设置为10%，从上市首日开始实行。

（3）买入申报数量为100份及整数倍，不足100份的部分可以卖出。

（4）基金申报价格最小变动单位为0.001元。

基金管理人在每一交易日开市前需向证券交易所提供当日的申购、赎回清单。证券交易所在开市后根据申购、赎回清单和组合证券内各只证券的实时成交数据，计算并每15秒发布一次基金份额参考净值（IOPV），供投资者交易、申购、赎回基金份额时参考。

【知识链接3-2】 　　　　　LOF份额的上市条件及交易规则

　　LOF基金全称为上市型开放式基金，这类基金的特点是基金发行结束后，投资者既可以在指定网点申购与赎回基金份额，也可以在交易所买卖该基金。以深交所颁布的LOF基金管理办法来看，LOF基金的上市及交易规则如下：

　　1. LOF份额的上市条件

　　LOF的上市须由基金管理人及基金托管人共同向深圳证券交易所提交上市申请。LOF基金申请在深交所上市应具备下列条件：

　　（1）基金的募集符合《中华人民共和国证券投资基金法》的规定。

　　（2）募集金额不少于2亿元人民币。

　　（3）持有人不少于1 000人。

　　（4）深交所规定的其他条件。

　　2. LOF份额的交易规则

　　基金上市首日的开盘参考价为上市首日前一交易日的基金份额净值。基金上市后，投资者可在交易时间内通过交易所各会员单位的证券营业部买卖基金份额，以交易系统撮合价成交。LOF在交易所的交易规则与封闭式基金基本相同，具体内容如下：

　　（1）买入LOF的申报数量应为100份或其整数倍，申报价格最小变动单位为0.001元人民币。

　　（2）深圳证券交易所对LOF交易实行价格涨跌幅限制，涨跌幅比例为10%，自上市首日起执行。

　　在日常交易中，于T日闭市后，中国证券登记结算有限责任公司深圳分公司根据LOF的交易数据，计算每个投资者买卖LOF的数量，并于T日晚根据清算结果对投资者的证券账户余额进行相应的计增或计减处理，完成LOF份额的交收。T日买入基金份额自T+1日起即可在深圳证券交易所卖出或赎回。

3.3　证券投资基金的申购与赎回

　　投资者在进行证券投资基金交易过程中的行为可分为五种：认购、申购、赎回、转换和变更。认购主要是指基金募集发行时投资者的购买行为；申购主要是指基金上市后的认购行为；赎回是指基金上市后的卖出行为；转换是指不同基金之间基金单位的转变，如投资者在伞形结构下进行基金之间的转换或在不同系列基金之间的转换；变更是指投资者的非交易过户行为，如继承、捐赠、司法执行等原因导致受益人的改变等。其中，申购与赎回是最基本的交易行为，而基金认购作为基金交易的基础，其适用的流程、原则、估值及认购价格的计算方法均与基金申购类似。因而本节只介绍证券投资基金申购、赎回的相关知识。

3.3.1　开放式证券投资基金的申购与赎回

开放式证券投资基金首次发行结束后，经过一个合约规定的短暂封闭期（1~3个月），就可进入基金的上市运行阶段。开放式基金的上市实际上就是基金的持续申购和赎回机制的启动。我国开放式基金的申购和赎回分为场外、场内两种形式。场外形式的交易途径又分为两种：一是以商业银行、保险公司、证券公司等机构作为中介代理，进行基金单位的交易；另一种是投资者和基金管理公司的基金经理人直接进行基金单位的交易。场内形式主要是投资者可通过上海证券交易所或者深圳证券交易所的交易系统办理基金的申购及赎回业务。一般不在交易所上市的开放式基金只能进行场外形式的申购、赎回；而上市型开放式基金（LOF）既可进行场内申购、赎回，又可进行场外申购、赎回。

1. 申购流程

投资者在开放式基金合同生效后申请购买基金份额的行为通常被称为基金的申购。

（1）开立账户。投资者凭身份证由本人或委托代理人开立基金账户和资金账户，用于基金单位清算和资金结算。值得注意的是，投资者通过场内申购、赎回应使用上海证券账户（或深圳证券账户）；通过场外申购、赎回应使用中国结算公司上海开放式基金账户（或深圳开放式基金账户）。

（2）确认申购金额或份额。对于场外交易而言，由于开放式基金的单位净值只有在投资者申购次日才会公布，所以投资者在申购时不可能知道自己可以申购到多少基金单位，只能确认要在基金上投入多少资金。所以，在进行场外申购时必须遵循"金额申购"的原则。而场内申购与买入股票的原理一致，投资者可通过券商的交易系统在二级市场上以电子撮合方式买入基金份额。申购以金额申报，申报单位为1元人民币。

（3）支付款项。若投资者申请场外申购，则在T日必须通过指定账号划出足额的申购款项。基金管理人办理开放式基金份额的申购，可以收取申购费；若投资者申请场内申购，则需于T日通过有资格的证券交易所会员营业部提交开放式基金的申购申请。作为结算参与人的证券交易所于T+2日通过其在中国结算公司开立的开放式基金结算备付金账户完成相关资金交收，并收取申购适用的代理费。

（4）申购确认。基金管理公司一般在T+2日前（包括该日）对该交易的有效性进行确认。从T+2日起，场外申购的投资者可向基金销售网点进行成交查询；场内申购的投资者可在提交申报的上证所会员营业部查询到申购处理结果和申购所得基金份额。投资人在申购基金单位时，采用全额缴款方式。若申购资金在规定时间内未全额到账，则申购不成功。

2. 赎回流程

开放式基金的赎回就是投资者售出基金、收回投资的行为。它是申购行为的反向操作。

（1）确认赎回份额。进行场外赎回时，投资者向基金销售机构发出赎回指令，由于基金净值要等到当日收市后才能计算出来，并于第二日公布，所以投资者能赎回的具体金额是不确定的，能确定的是投资者赎回多少份额。因此，基金销售机构在赎回环节确认的是基金份额而不是金额。

（2）计算赎回金额。基金管理公司根据计算的基金净值，扣除赎回手续费后，计算客户的赎回金额。基金管理公司一般会在T+2日对客户的赎回要求和金额进行确认。

（3）支付赎回款项。投资者的赎回申请成功后，赎回的款项将在T+7日之内向基金持有人（赎回人）划出。从T+2日起，投资者可在基金销售网点或者提交申报的交易所会员营业部查询到赎回处理结果。赎回款一般于T+3日内从基金的银行存款账户划出。货币市场基金一般在T+1日即可从基金的银行存款账户划出。开放式基金的申购赎回流程如图3.1所示。

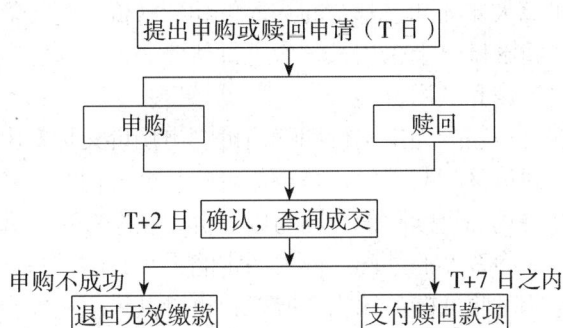

图3.1 开放式基金的申购赎回流程

3. 申购和赎回的原则

（1）"未知价"原则，即申购、赎回价格以申请当日的基金单位资产净值为基准进行计算。

（2）"金额申购、份额赎回"原则，即申购以金额申请，赎回以份额申请。场内申购申报单位为1元人民币，赎回申报单位为1份基金单位。因为投资者在当日申购、赎回基金单位时，所参考的基金单位资产净值是上一个基金开放日的数据，而基金单位资产净值在开放日当天所发生的变化，要在当天交易所收市后才能计算出来，这就使得投资者在申购时无法知道其申购的金额能够折合成多少基金份额，同样在赎回时也无法知道其持有的基金份额能够折算为多少金额，因此开放式基金实行"金额申购、份额赎回"原则。

（3）申购费率各不相同，根据不同的基金种类和不同的市场行情，基金公司可以调整其申购费率。

（4）当日的申购和赎回申请可以在基金管理人规定的时间前撤销。

（5）基金存续期间单个基金账户最高持有基金单位的比例不超过基金总份额的

10%。由于募集期间认购不足、存续期间其他投资者赎回或分红再投资等原因而使单个基金账户持有比例超过基金总份额的10%时，不强制赎回但限制追加投资。

（6）基金存续期内，单个投资者申购的基金份额加上上一开放日其持有的基金份额不得超过上一开放日基金总份额的10%，超过部分不予确认。

4. 开放式基金的估值

开放式基金的定价主要由其基金单位份额的资产净值（Net Asset Value，NAV）决定，因此基金估值技术或原则就会对开放式基金的定价产生很大的影响。计算单位基金份额资产净值的方法一般有两种：已知价（Known Price）或事前价（Historic Price）、未知价（Unknown Price）或事后价（Forward Price）。

已知价=（上一开放日的基金资产估值总额+现金）÷基金单位总数

未知价=（当日基金资产总额−当日基金负债总额）÷基金份额总数

采用已知价交易，投资者当天就可以知道基金的买入价或赎回价；而采用未知价交易，投资者要到第二天才能知道基金的买入价和赎回价，也才能确定自己能买到多少基金份额。目前，我国基本上采用未知价进行估值。

5. 开放式基金的申购和赎回价格

开放式基金的报价一般分为申购价和赎回价。申购价又称卖出价，是投资者认购基金单位的价格。赎回价又称买入价，是投资者向基金公司卖出基金单位的价格。同外汇买卖一样，申购价均高于赎回价，因为申购价要在净资产的基础上加上一定的手续费，而赎回价则要在净资产的基础上减去一定的手续费。在基金申购时，申购费可以采用在基金份额申购时收取的前端收费方式，也可以采用在赎回时从赎回金额中扣除的后端收费方式。

（1）基金申购价格

我国大部分基金的申购金额包括申购费用和净申购金额，申购份额采用外扣法计算。

净申购金额=申购金额÷（1+申购费率）

申购费用=净申购金额×申购费率

申购份额=净申购金额÷申购日基金份额净值

即：

申购份额=申购金额÷［（1+申购费率）×申购日基金份额净值］

当申购费用为固定金额时，申购份额的计算方法如下：

净申购金额=申购金额−固定金额

申购份额=净申购金额÷申购日基金份额净值

【例3-2】某投资者投资1万元申购某基金，对应费率为1.5%，假设申购当日基金单位资产净值为1.0168元，则其可得到的申购份额为：

申购份额 = 10 000 ÷［（1 + 1.5%）× 1.0168］= 9 689（份）

即：若投资者投资1万元申购某基金，假设申购当日基金单位资产净值为1.0168

元，则可得到9 689份基金单位。

（2）基金赎回价格

赎回金额的计算公式为：

赎回总金额=赎回份额×赎回日基金份额净值

赎回费用=赎回总金额×赎回费率

赎回金额=赎回总金额−赎回费用

【例3-3】某投资者赎回某基金1万份基金单位，赎回费率为0.5%，假设赎回当日基金单位资产净值是1.0168元，则其可得到的赎回金额为：

赎回总金额 = 1.0168 × 10 000 = 10 168（元）

赎回费用 = 10168 × 0.5% = 50.84（元）

赎回金额 = 10 168 − 50.84 = 10 117.16（元）

即：若投资者赎回1万份基金单位，假设赎回当日基金单位资产净值是1.0168元，则其可得到的赎回金额为10 117.16元。

【知识链接3-3】　　　　前端收费与后端收费

在实际运作当中，开放式基金申购费的收取方式有两种，一种称为前端收费，另一种称为后端收费。

前端收费指的是投资者在购买开放式基金时就支付申购费的付费方式，使用此种收费模式时，最终购买到基金份额的资金总数等于投资者总金额减去前端收费额。

后端收费指的则是投资者在购买开放式基金时并不支付申购费，等到卖出时才支付的付费方式。后端收费的设计目的是鼓励投资者能够长期持有基金，因此，后端收费的费率一般会随着持有基金时间的增长而递减。某些基金甚至规定如果投资人能在持有基金超过一定期限后才卖出，后端收费可以完全免除。使用这种收费模式时，投资者最终购买基金份额的资金总数等于投资者的总资金额。

不同的基金类别对应着不同的收费方式：

A类：采用前端收费模式，在认、申购基金时支付认、申购费用。鉴于其申购费会随着申购金额的递增而降低，A类收费模式适合资金量较大的投资者。

B类：采用后端收费模式，投资者在购买基金时并不需要支付申购费，直到赎回时再支付。B类收费模式更适合长期持有基金的投资人。

C类：区别于单一的前端收费和后端收费方式，其采用收取销售服务费模式，不收取申购费，按照投资人持有时间进行分类收取赎回费，并每日收取一定比例的销售服务费。销售服务费会从基金资产中每日计提，C类收费模式更适合短期波段投资者。

【知识链接3-4】　　　　　　　　开放式基金的巨额赎回

当基金经理公司遇到大规模赎回时，如赎回数额占基金总资产的比率超过管理当局规定的比率，经理公司可以暂停计算赎回价格，并延续给付赎价款。我国对巨额赎回的认定是：当本基金单个开放日基金净赎回申请（赎回申请总数扣除申购申请总数后的余额）超过上一日基金总份额的10%时，即认为发生了巨额赎回。我国对巨额赎回的处理方式是：

（1）全额赎回。当基金管理人认为有能力兑付投资者的赎回申请时，按正常赎回程序执行。

（2）部分延期赎回。当基金管理人认为兑付投资者的赎回申请有困难或为兑付投资者的赎回申请而进行的资产变现可能给基金的资产净值带来较大波动时，基金管理人在当日接受赎回比例不低于上一日基金总份额的10%的前提下，对其余赎回申请延期办理。对于当日的赎回申请，按单个账户赎回申请量占赎回申请总量的比例，确定当日受理的赎回份额；未受理部分可延迟至下一个开放日办理。转入第二个工作日的赎回申请不享有优先权并以该开放日的基金单位资产净值为依据计算赎回金额，以此类推，直到全部赎回为止。但投资者在申请赎回时可选择将当日未获受理部分予以撤销。

（3）巨额赎回的公告。当发生巨额赎回并延期支付时，基金管理人应当通过邮寄、传真或者招募说明书规定的其他方式，在3个交易日内通知基金份额持有人，说明有关处理方法，同时在指定媒介上予以公告。

开放式基金连续两个开放日以上发生巨额赎回，基金管理人可按基金合同的约定和招募说明书的规定，暂停接受赎回申请；已经接受的赎回申请可以延缓支付赎回款项，但延缓期限不得超过20个工作日，并应当在指定媒介上予以公告。

3.3.2　ETF与LOF基金的申购与赎回

1. ETF份额的申购、赎回

ETF采用实物申购、赎回机制。投资者向基金管理公司申购ETF，需凭该ETF指定的一篮子股票来认购；赎回时得到的不是现金，而是相应的一篮子股票；如果想变现，需要再卖出这些股票。ETF的申购、赎回只有场内形式，即只有资金在一定规模以上的投资者才能通过一级交易商在交易所办理申购、赎回业务，开放日为证券交易所的交易日。

投资者申购、赎回的基金份额须为最小申购、赎回单位的整数倍。一般最小申购、赎回单位为50万份或100万份。ETF份额的申购、赎回应遵循以下原则：

（1）基金份额的申购、赎回，按基金合同规定的最小申购、赎回单位或其整数倍进行申报。基金份额应当用组合证券、现金或以基金合同约定的对价进行申购、赎回。

（2）投资者申购基金份额时，应当拥有对应的足额组合证券、现金或其他约定对价。投资者赎回基金份额时，应当拥有对应的足额基金份额。

（3）申购、赎回基金份额的申报指令应当包括证券账号、交易单元代码、证券代码、买卖方向（申购为买方、赎回为卖方）、数量等内容，并按交易所规定的格式传送。申购、赎回申请提交后不得撤销。

ETF基金管理人每日开市前会根据基金资产净值、投资组合以及标的指数的成分股股票情况，公布证券申购与赎回清单。投资者可依据清单内容，将成分股股票交付ETF的基金管理人以取得"证券申购基数"或其整数倍的ETF。以上流程将创造出新的ETF份额，使得ETF份额总量增加，称为"证券申购"。证券赎回程序则与之相反，使得ETF份额总量减少。ETF的证券申购与赎回一般以证券交付，但为了在相关成分股股票停牌等情况下方便投资者的申购，提高基金的运作效率，也会采用现金替代的方式。

2. LOF份额的申购、赎回

LOF份额的场内、场外申购和赎回均采取"金额申购、份额赎回"原则，申购申报单位为1元人民币，赎回申报单位为1份基金单位。上海证券交易所已于2014年开放LOF业务，但由于深圳证券交易所开办LOF业务的时间更长，因此我们对LOF的介绍以深交所的相关规则为准。

其申购、赎回流程如下：

（1）T日，场内投资者以深圳证券账户通过证券经营机构向交易所交易系统申报基金申购、赎回申请；场外投资者以深圳开放式基金账户通过代销机构提交基金申购、赎回申请。

（2）T+1日，中国证券登记结算有限责任公司根据基金管理人传送的申购、赎回确认数据进行场内和场外申购、赎回的基金份额登记过户处理。中国结算公司深圳证券登记系统根据场内申购、赎回的确认数据在投资者的深圳证券账户中进行基金份额过户登记处理；中国结算公司TA系统[1]根据场外申购、赎回的确认数据在投资者的开放式基金账户中进行基金份额过户登记处理。

（3）自T+2日起，投资者申购份额可用。深圳证券账户中的基金份额可通过证券营业部向深交所交易系统申报卖出或赎回；开放式基金账户中的基金份额可通过基金管理人或代销机构申报赎回，但不可卖出。

（4）T+N日（N为基金管理人事先约定的赎回资金交收周期，2≤N≤6），赎回资金可用。

中国结算公司TA系统依据基金管理人给定的申购费率，以申购当日的基金份额净值为基准，按外扣法计算投资者申购所得基金份额。场内申购份额保留到整数位，零碎份额对应的资金返还至投资者的资金账户；场外申购份额按四舍五入的原则保留

---

1 中国结算公司TA系统是中国证券登记结算公司根据开放式基金市场需要推出的一套开放式基金登记结算系统。该系统依托中国结算深、沪分公司证券账户资源、资金交收系统和网络通信设施，为国内开放式基金交易、登记结算提供集中化、自动化和标准化服务。

到小数点后两位。LOF申购份额与赎回金额的计算与一般开放式证券投资基金相同（具体见3.3.1）。

3.4　证券投资基金的终止与清算

3.4.1　证券投资基金的扩募与续期

证券投资基金的扩募与续期是针对封闭式基金而言的。按照基金合同的约定或基金份额持有人大会的决议，基金可以转换运作方式或者与其他基金合同合并。因此，封闭式基金只要具备国家证券监管部门规定或基金契约规定的条件，就可以进行扩募或续期。我国《基金法》第七十九条规定，封闭式基金扩募或者延长基金合同期限，应当符合下列条件，并报国务院证券监督管理机构备案：

（1）基金运营业绩良好。

（2）基金管理人最近2年内没有因违法违规行为受到行政处罚或者刑事处罚。

（3）基金份额持有人大会决议通过。

（4）基金法规定的其他条件。

3.4.2　证券投资基金的终止、清盘与清算

1. 证券投资基金的终止

我国《基金法》第八十条规定，出现下列情形之一时，基金合同终止：

（1）基金合同期限届满而未延期。

（2）基金份额持有人大会决定终止。

（3）基金管理人、基金托管人职责终止，在6个月内没有新基金管理人、新基金托管人承接。

（4）基金合同约定的其他情形。

该规定适用于所有公开募集基金，包括公开募集的开放式基金及封闭式基金。

2. 证券投资基金的清盘

基金清盘是指基金资产全部变现，将所得资金分给持有人。清盘时间由基金设立时的基金契约规定，持有人大会可修改基金契约，决定基金清盘时间。

2004年颁布的《证券投资基金运作管理办法》[1]第四十四条规定，开放式基金的基金合同生效后，基金份额持有人数量不满200人或者基金资产净值低于5 000万元的，基金管理人应当及时报告中国证监会；连续20个工作日出现前述情形的，基金管理人应当向中国证监会说明原因和报送解决方案。

3. 证券投资基金的清算

我国《基金法》第八十一条规定，基金合同终止时，基金管理人应当组织清算组对基金财产进行清算。清算组由基金管理人、基金托管人以及相关的中介服务机构组成。清算组作出的清算报告经会计师事务所审计，律师事务所出具法律意见书后，报

---

[1]　2014年8月8日，中国证监会公布的《公开募集证券投资基金运作管理办法》开始施行，《证券投资基金运作管理办法》（证监会令第79号）同时废止。

国务院证券监督管理机构备案并公告。不论是封闭式基金还是开放式基金，在基金终止时，都要组织清算小组，按一定的清算程序，对基金资产进行处置。我国对基金进行清算的程序一般约定如下：

第一步：成立基金清算小组

（1）自基金终止之日起的规定时间内（一般为30个工作日之内）成立清算小组，基金清算小组必须在中国证监会的监督下进行基金清算。

（2）基金清算小组成员由基金发起人、基金管理人、基金托管人、具有从事证券相关业务资格的注册会计师、具有从事证券法律业务资格的律师以及中国证监会指定的人员组成。基金清算小组可以聘用必要的工作人员。

（3）基金清算小组负责基金资产的保管、清理、估价、变现和分配，编制基金清算报告，并将清算结果报中国证监会。基金清算小组可以依法进行必要的民事活动。

第二步：执行清算程序

（1）基金终止后，由基金清算小组统一接管基金资产。

（2）基金清算小组对基金资产进行清理和确认。

（3）对基金资产进行估价和变现。

（4）将基金清算结果报告中国证监会。

（5）参加与基金财产有关的民事诉讼。

（6）公布基金清算公告。

（7）进行基金剩余资产的分配。

第三步：计算清算费用

清算费用是指基金清算小组在进行基金清算过程中发生的所有合理费用，清算费用由基金清算小组从基金资产中支付。

第四步：基金剩余资产的分配

基金资产按下列顺序清偿：

（1）支付清算费用。

（2）交纳所欠税款。

（3）清偿基金债务。

（4）按基金持有人持有的基金份额比例进行分配。

基金资产未按前款（1）至（3）项规定清偿前，不分配给基金持有人。

第五步：基金清算的公告

基金终止并报中国证监会备案后5个工作日内由基金清算小组公告；清算过程中的有关重大事项将及时公告；基金清算结果由基金清算小组经中国证监会批准后3个工作日内公告。

第六步：清算账册及文件的保存

基金清算账册及有关文件由基金托管人按照国家有关规定保存15年以上。

● **本章小结**

所谓证券投资基金运行规则，是指从证券投资基金的募集，到基金份额的申购、赎回和交易，再到基金财产投资，最后到基金终止清盘的全部过程中，根据各国的法律和规范执行的指定程序。

证券投资基金的募集是指基金管理公司根据有关规定向中国证监会提交募集申请文件、发售基金份额、募集基金的行为。

我国证券投资基金的募集管理制度正处于由审批制向注册制转变的过渡阶段，募集程序要经过申请、注册、发售以及基金合同生效四个步骤。

按照募集对象和募集范围不同，证券投资基金的募集方式可以分为公募和私募两种形式；按照募集渠道不同，可分为网上发行和网下发行两种形式。

不同类型的基金均有其特定的投资范围，它的证券投资组合只能局限于既定的范围。投资范围关系到基金的投资收益和基金资产的风险，最终影响到基金投资目标能否实现。因此，各国或地区的法律通常对基金的投资范围予以明确规定。

为保证基金投资计划的实施和贯彻分散化投资的原则，招募说明书、信托契约或保管协议均清楚地列明了基金经理人在运用基金资产投资于投资范围内各种证券时所受的数量和比例限制。这种投资限制是基金运作成功的保障，防止基金管理人让基金持有者承担过高的风险。

证券投资基金的上市，是指符合证券交易所上市条件的基金经批准在证券交易所内挂牌交易。

投资者在进行开放式证券投资基金交易中的行为可分为五种：认购、申购、赎回、转换和变更。其中，申购与赎回是最基本的交易行为。

开放式基金的报价一般分为申购价和赎回价。同外汇买卖一样，申购价均高于赎回价，因为申购价要在净资产的基础上加上一定的手续费，而赎回价则要在净资产的基础上减去一定的手续费。

不论是封闭式基金还是开放式基金，在基金终止时，都要组织清算小组，按一定的清算程序，对基金资产进行处置。

● **思考题**

1.我国证券投资基金的募集程序是什么？募集方式有哪些？

2.简述我国2015年修正的《基金法》对证券投资基金投资范围和投资限制的规定。

3.比较我国香港和台湾地区与内地对证券投资基金投资限制的规定，并提出改进内地对证券投资基金投资限制的意见。

4.封闭式基金、ETF、LOF的上市交易包括哪些程序和内容？

5.什么是封闭式基金的折价现象？导致封闭式基金的交易价格与净值偏差的原因有哪些？

6.开放式基金申购和赎回的流程以及基本原则是什么？

7.LOF能同时进行场内和场外申购、赎回吗？ETF的申购、赎回机制是什么？什么是ETF的申购与赎回清单？

第 2 篇

投资理论篇

第4章 基金组合管理经典理论

◇学习目标

- 掌握投资组合分散风险的基本原理
- 理解有效边界并且与CAPM联系起来
- 熟悉 CAPM 和 APT 的基本假设和简单推导
- 掌握CAPM和APT的基本内容
- 理解有效市场理论的基本内容和面临的挑战

从这一章开始将逐步介绍基金组合管理的相关理论，该系列理论起源于上个世纪五六十年代的投资组合理论，并且发展出了理论资产定价、实证资产定价以及行为金融学等多个分支。为了更好地体现理论的发展脉络，本章将重点介绍上个世纪90年代以前的经典理论，这些经典理论构成了基金组合管理的基础，也是理解证券定价和市场价格波动的起点。

4.1 投资组合理论

投资组合理论是现代证券投资基金组合管理所依赖的基础性理论，该理论指出投资组合管理的目标就是解决如何建立最优投资组合的问题。在该理论框架下，本节将重点介绍从投资组合的收益和风险衡量出发到构建分散化投资组合，进一步推导出符合投资者基本风险偏好有效边界的相关内容。

4.1.1 投资组合与风险分散

为了实现构建最优投资组合的目标，首先要确定投资组合的收益与风险。投资组合的收益一般使用组合的期望收益率来代表，而投资组合的风险则有多种衡量方法，最常用的是用组合收益的方差来代表。

1. 投资组合的收益和风险衡量

假设一个投资组合由 n 只证券构成，X_i 为期初投资于第 i 只证券的资金比例，假设到期末第 i 只证券的收益率为 R_i。如果 W_0 表示期初投资组合的价值，那么第 i 只证券在期末的价值可以表示为 $(1 + R_i) X_i W_0$，因此投资组合的期末价值 W_P 可以表示为：

$$W_P = \sum_{i=1}^{n} (1 + R_i) X_i W_0$$

即

$$W_P/W_0 = \sum_{i=1}^{n}(1+R_i)X_i \tag{4.1}$$

观察式（4.1）可以发现，等式左边 W_P/W_0 等于 $1+R_P$（R_P 表示投资组合的收益率），右边则可以写为 $\sum_{i=1}^{n}x_i + \sum_{i=1}^{n}x_iR_i = 1 + \sum_{i=1}^{n}x_iR_i$，所以可得：

$$1+R_P = 1 + \sum_{i=1}^{n}x_iR_i$$

即

$$R_P = \sum_{i=1}^{n}x_iR_i \tag{4.2}$$

将等式（4.2）两边同时取期望值，得到：

$$E(R_P) = \sum_{i=1}^{n}x_iE(R_i)$$

其中 $E(R_P)$ 是投资组合的期望收益率，$E(R_i)$ 是第 i 只证券的期望收益率。由此看来，投资组合的期望收益率等于组合中各证券期望收益率的加权平均，因此要想计算投资组合的预期收益率，需要先知道每只证券的期望收益率。

投资组合的风险通常用组合收益的方差或标准差表示，要想求投资组合的风险，只需对（4.2）式两边同时取方差就可以得到：

$$\sigma_P^2 = \sum_{i=1}^{n}X_i^2\sigma_i^2 + \sum_{i=1}^{n}\sum_{\substack{j=1\\j\neq i}}^{n}X_iX_j\mathrm{Cov}(R_i,R_j) \tag{4.3}$$

如果将协方差 $\mathrm{Cov}(R_i,R_j)$ 表示为 $\rho_{ij}\sigma_i\sigma_j$（$\rho_{ij}$ 是证券 i 和证券 j 的收益率的相关系数），可以进一步得到：

$$\sigma_P^2 = \sum_{i=1}^{n}X_i^2\sigma_i^2 + \sum_{i=1}^{n}\sum_{\substack{j=1\\j\neq i}}^{n}X_iX_j\rho_{ij}\sigma_i\sigma_j \tag{4.4}$$

下面我们来看一种比较简单的情形，即假设证券之间的协方差或者相关系数都为零（这意味着证券之间是相互独立的），由（4.4）式不难看出此时等式右边的第二项为零。进一步假设将所有资金平均投资给组合中的第 n 只证券，那么等式右边第一项可以写成 $\sum_{i=1}^{n}(1/n)^2\sigma_i^2$，不难看出随着 n 增大，最终会导致投资组合风险趋近于零。当然现实中证券之间并不是相互独立的，同个市场上大部分证券收益之间都是正相关的。尽管如此，如表4.1第3列所示，随着证券数量的增加还是可以使得投资组合总风险水平下降。

为了更清楚地观察随着证券数量增加时，投资组合风险水平的变化，仍然假设平均投资于 n 只证券，此时（4.4）式可以写成：

$$\sigma_P^2 = \sum_{i=1}^{n}(1/n)^2\sigma_i^2 + \sum_{i=1}^{n}\sum_{\substack{j=1\\j\neq i}}^{n}(1/n)(1/n)\rho_{ij}\sigma_i\sigma_j \tag{4.5}$$

表4.1 证券数量与风险分散[1]

证券数量	收益率（%）	标准差（%）	非系统性风险占比（%）	系统性风险占比（%）
1	7	40.0	45	55
2	7	32.4	38	62
8	7	25.6	20	80
16	7	24.0	12	88
32	7	23.6	8	72
128	7	22.8	2	78
指数基金	7	22.0	0	100

进一步化简[2]后可以得到：

$$\sigma_P^2 = \frac{1}{n}\overline{\sigma_i^2} + \frac{n-1}{n}\overline{\rho_{ij}\sigma_i\sigma_j} \tag{4.6}$$

在（4.6）式中，等式右边第一项的 $\overline{\sigma_i^2}$ 表示平均方差，第二项的 $\overline{\rho_{ij}\sigma_i\sigma_j}$ 表示平均协方差，随着n增大可以看出第一项在组合风险中的占比越来越小，第二项则越来越大，这也是表4.1中第4、第5两列所呈现的情形。为了区分总风险中两种变化趋势风险类别，将随着证券数量增加而占比不断下降的风险叫做非系统性风险（Non-System Risk）或特质风险（Unique Risk），把占比不断增加的风险叫做系统性风险（System Risk）或市场风险（Market Risk）。

进一步地，当持有充分分散化组合的时候，投资组合的风险将仅剩下系统性风险，观察等式第二项会发现系统性风险的大小与证券之间的平均协方差（相关系数）有很大关系，也就是说分散化组合降低风险的程度在不同市场、不同时期都可能有很大差异。图4.1更加直观地表达出在一个特定的市场中，随着证券数量的不断增加，投资组合风险分散的情况。当然自行建立充分分散化组合对于绝大部分投资者来讲是成本非常高的，所幸的是现代金融市场上已经有了大量指数基金工具。通过投资指数基金，普通投资者也可以低成本地建立分散化投资组合。

4.1.2 投资组合的有效边界

在上一节中说明了投资组合的收益和风险，并且深入讨论了分散化是如何降低投资风险的，但是这么多分散化的投资组合，对于投资者而言最优选择是什么仍然没有得到解决。在本小节中，将引入有效边界的概念，帮助投资者从所有可能的分散化投资组合出发，逐步缩小选择范围。

---

1 资料来源：FISHER，LAWRENCE，LORIE. Some Studies of Variability of Returns on Investment in Common Stocks［J］. Journal of Business，1970，43（2）：99–134.
2 对（4.5）式第一项提取1/n，第二项提取（n−1）/n。

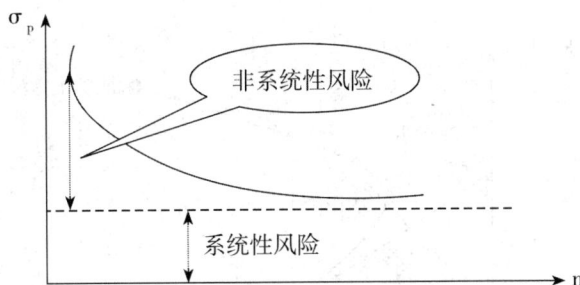

图4.1 系统性风险与非系统性风险

要得到所有可能的投资组合，需要先从风险证券构成投资组合[1]出发，假设组合中只有两只证券 1 和 2，并且不存在卖空，那么组合风险可以表示为：$\sigma_P^2 = X_1^2\sigma_1^2 + (1-X_1)^2\sigma_2^2 + 2X_1(1-X_1)\rho_{12}\sigma_1\sigma_2$，接下来考虑相关系数 ρ_{12} 不同取值下的组合风险：

（1）当 $\rho_{12} = 1$ 时，意味着两种证券的收益之间完全正相关，价格运动是同向的，此时 $\sigma_P^2 = [X_1\sigma_1 + (1-X_1)\sigma_2]^2$，即 $\sigma_P = X_1\sigma_1 + (1-X_1)\sigma_2$，可以看出投资组合的标准差等于两个证券标准差的加权平均值，此时投资组合起不到分散风险的作用。

（2）当 $\rho_{12} = -1$ 时，意味着两种证券之间完全负相关，即价格朝着相反方向运动，此时 $\sigma_P = X_1\sigma_1 - (1-X_1)\sigma_2$ 或者 $\sigma_P = -X_1\sigma_1 + (1-X_1)\sigma_2$[2]，可以看出投资组合的标准差等于两个证券标准差的线性组合并且小于当 $\rho_{12} = 1$ 的情形，这说明投资组合分散了风险。更为有趣的是，当 $X_1 = \sigma_2/(\sigma_1 + \sigma_2)$ 时组合的标准差等于零，意味着投资组合零风险。

（3）当 ρ_{12} 介于 -1 和 1 之间时，可知投资组合风险介于上述（1）和（2）两种情况之间，考虑到大部分情况下证券之间的平均相关系数都在这个范围内，证明了投资组合确实能够降低风险。

从上述分析结合图4.2可以直观地看出：首先投资组合的风险最大值在两个证券连线上（即相关系数为1时），其次相关系数越小（接近 -1）分散效果越好，最后投资组合的风险最小值可能为零。在上一小节中已经讨论过，大部分情况下相关系数的取值都不会那么极端，这意味着任意风险证券投资组合更可能落在两个极端情况的中间，即图4.2中的弧线上，这就是风险证券组合的可投资曲线（或称"可行集"）。

观察可投资曲线的形状会发现存在一个最小方差组合MP，它的特点是比其他任意组合的风险都小，而可投资曲线的形状也被该组合分成不同的上下两段。图4.2显示，在风险一样的情况下，总是上半段曲线的投资组合取得的预期收益更高。对于"多多益善"的投资者而言，显然下半段曲线都是不够好的，这就意味着尽管

---

1 事实上，由于任何风险证券构成的投资组合都可以被视为一个风险证券，分析两个风险证券构成的投资组合相当于在分析所有由风险证券构成的投资组合的情况。

2 此处两个方程并非同时成立（除非计算值都等于零），一般只有计算值大于等于零的方程是成立的。

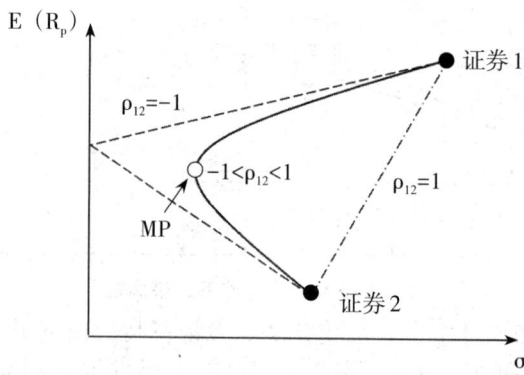

图4.2 两证券组合不同相关系数下风险与收益率的关系

面对很多选择，还是可以通过对投资者偏好的理解，建立简单规则从而减少选择。这样的规则也被称为均值方差标准，具体来说就是：相同的风险情况下，投资者总是会选择期望收益更高的组合；相同的期望收益下，投资者总是会选择风险较低的组合。

经过上述标准的筛选，如图4.3所示，MP-A曲线（实线部分）就是会被投资者选择的投资组合集合，这就是投资组合的有效边界（Efficiency Frontier），可以看出这是一个凹函数曲线[1]。投资组合A位于有效边界上，而与其对应的投资组合B由于风险相同但是期望收益更低而被忽略。在前面寻找有效边界的过程中，我们是从禁止卖空的风险证券组合出发的，那么如果允许卖空交易，有效边界会有什么变化呢？在卖空交易中，投资者可以通过卖空证券获得资金从而购买收益更高的证券，这意味着投资组合的期望收益被大大提高了，当然此时需要承担的风险也大大增加了，不过这将会使得由MP-A构成的有效边界向更高收益的组合C延伸[2]。

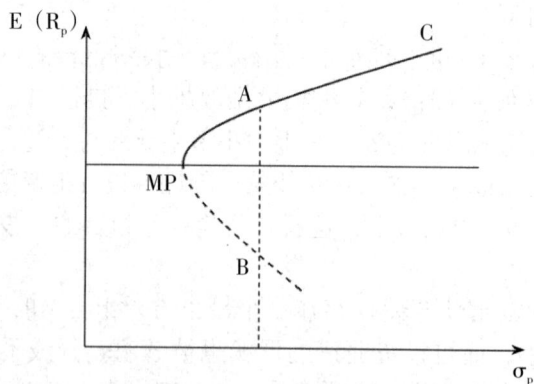

图4.3 投资组合的有效边界

除了允许卖空，如果引入无风险资产，投资组合的有效边界是否也要发生改变

---

1 证明可以联系图4.2中所示的投资组合的风险最大值在两个证券连线上这个性质。
2 理论上如果卖空不受限制，那么有效边界就没有上界。

呢? 无风险资产对于投资者而言, 既可以是一种可投资证券, 也可以是一种借款。假设投资者可以使用无风险利率进行投资或者借款, 那么这时加入无风险资产的投资组合收益和风险计算, 仍然可以使用前面两个风险证券组合的方法, 只是无风险资产的方差以及与风险证券组合的协方差都为零。假设 A 是风险证券组合, $E(R_A)$ 和 σ_A^2 分别是其期望收益和方差, R_F 是无风险资产的收益 (即无风险利率), X 是投入到风险证券组合的资金, 那么投入无风险资产的比例就是 1–X。需要注意的是此时由于投资者可以进行无风险借款, 所以 X 可以大于 1。投资组合的期望收益为 $E(R_P) = (1 - X)R_F + XE(R_A)$, 投资组合的方差为 $\sigma_P^2 = X^2\sigma_A^2$, 并且由此得知 $X = \sigma_A/\sigma_P$, 代入期望收益公式并且经过整理以后得到:

$$E(R_P) = R_F + \left(\frac{E(R_A) - R_F}{\sigma_A}\right)\sigma_P \tag{4.7}$$

从式 (4.7) 中不难看出, 这个时候投资组合的期望收益和标准差之间是线性关系, 截距就是无风险利率, 并且会经过点 $(\sigma_A, E(R_A))$, 这个点代表的是风险证券组合。结合前述风险证券组合的有效边界可知, 上面的每一个点都代表了某个特定的风险证券组合, 那么在加入了无风险资产之后的投资组合都可以表示为从 R_F 出发穿过有效边界的射线 (如图 4.4 所示), 这些射线都是可投资曲线。显然经过组合 B 和组合 C 的射线不如经过组合 A 的有效, 如果点 A 是由 R_F 出发与风险证券有效边界的切点, 不难发现原来的风险证券组合有效边界除了切点 A 之外, 全部无效了。这时候, 投资者将会选择在 R_F–A 射线上的投资组合, 在 A 点左侧, 投资者会选择投资一部分无风险资产, 而在 A 点右侧, 投资者则会以无风险利率借款的方式投资更多的风险证券。不管投资者是选择 A 点的左侧还是右侧组合, 他们都将持有风险证券组合 A, 这个发现将在下一节介绍资本资产定价模型的时候再次用到。

由上述寻找有效边界的过程可以发现, 随着允许卖空交易和无风险资产的加入, 投资组合的有效边界在发生改变, 理论上讲更少的投资约束、更多的可投资资产将会 "推高" 有效边界, 使得投资者在承担同样风险的时候有更高的预期收益。当然在现实中, 考虑到各种交易成本和摩擦以及对预期收益的估计偏差, 投资组合很难达到理论上有效边界的位置。比如, 现实中投资者很难以无风险利率投资和借款 (或者是以不同的利率交易), 这意味着不同的投资者在不同市场的不同时期所面临的有效边界很可能都不相同。但是理论上的有效边界仍然可以成为构建投资组合的起始点, 从这里出发再根据具体情况进行调整, 是很多大型资产管理机构进行资产配置的首要工作。

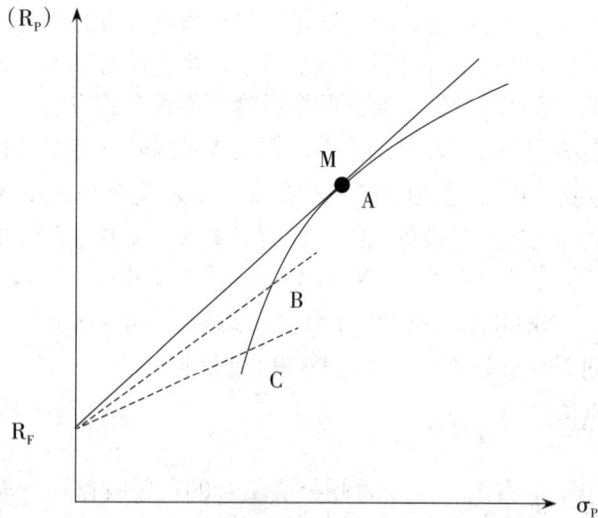

图4.4　加入无风险资产后的有效边界

4.2　资产定价均衡模型

在上一节投资组合理论中介绍了投资者可以根据均值方差分析来建立投资组合，而证券的价格取决于投资者的整体行为，通过建立一般均衡模型，可以探究在均衡状态下任意证券期望收益与风险之间的关系。本节将介绍资本资产定价模型（Capital Asset Pricing Model，CAPM）和套利定价理论（Arbitrage Pricing Theory，APT），尽管这两个模型的出现距今已经有较长时间，但是相关的理论研究创新仍在继续，同时模型的思想广泛渗透在现实投资管理中的产品设计、投资策略、业绩评价等多个方面。

4.2.1　资本资产定价模型（CAPM）

资本资产定价模型（以下简称CAPM）最早是由Sharp、Lintner和Mossin分别独立提出的，作为首个均衡模型，Sharp-Lintner-Mossin CAPM（亦称单因素CAPM或者标准CAPM）建立在非常严苛的假设条件之上，而随着理论研究的推进学术界逐步将更多现实条件纳入模型中，发展出各种非标准形态的CAPM。作为理解所有CAPM的出发点，本节将重点放在介绍单因素CAPM上，并且在正式介绍前，需要先说明其假设条件。

概括来说，单因素CAPM的假设条件主要有两点：投资者如何进行交易决策，以及不存在各种制度性摩擦。投资者交易决策的假设保证了对投资者群体行为的确认，而制度性摩擦的假设更多是为了剔除现实中影响较小的复杂因素以及保证模型的简洁直观，具体可见表4.2中的归纳。

1. 资本市场线

在4.1.2节中已述及，加入了无风险资产后的有效边界是一条从无风险利率出发的射线，经过与风险证券组合有效边界的切点，不管投资者的风险厌恶水平如何，都

表4.2 单因素CAPM的假设

	具体假设	说明
投资者决策	投资者通过对投资组合的均值方差分析进行决策	两项关于投资者决策的假设保证了从输入数据到分析结果都是可知的
	投资者进行均值方差分析时输入的期望收益、方差以及证券间的协方差具有一致性	
制度性摩擦	所有的证券都是可交易的,并且投资者不管财富多少都可以持有任意证券的头寸	市场完全竞争假设与一般均衡模型的基础设定一样
	投资者只能接受而不能影响证券价格	
	投资者可以进行任意的卖空交易	限制卖空交易并不会影响模型的均衡关系
	投资者可以进行无风险利率借贷	借贷条件修正会改变CAPM的形式(见知识链接4-1)
	不存在各种类型的税收	税收和交易成本的引入会使得模型变得复杂
	不存在交易成本	

会持有该切点上的风险证券组合。那么根据假设条件,所有投资者的交易决策行动都一样并且面临着同样的无风险利率借贷条件,说明每个投资者所面对的有效边界都如图4.4所示,这意味着所有投资者持有的风险证券组合也是完全相同的。

在市场均衡状态下,被所有投资者持有的风险资产组合(图4.4中的A点)中必然包含了所有的风险证券,否则,没有包含在该点的风险证券价格下跌,收益率将提高,理性的投资者将投资于该证券,从而该风险证券也进入组合。此时风险资产组合就是市场组合,为了与A点的有效组合进行区分,我们将其称为M点。市场组合中每个风险证券被投资者持有的比例等于其市值在所有风险证券市值中的比例,证明这一点,可以假设市场上有n种风险证券和m个投资者,每个投资者持有的风险证券组合的价值为 $u_i (i = 1, 2\cdots, m)$,第j种风险证券在第i个投资者的风险组合中的价值为 $u_{ji} (j = 1, 2\cdots, n)$,$\sum_{i=1}^{m} u_{ji}$ 是第j种风险证券被投资者持有的价值,而 $\sum_{i=1}^{m} u_i$ 是所有风险证券的总价值,由此在均衡状态下可以得到:

$$\frac{u_{j1}}{u_1} = \frac{u_{j2}}{u_2} = \frac{u_{j3}}{u_3} = \cdots = \frac{u_{jm}}{u_m} = \frac{\sum_{i=1}^{m} u_{ji}}{\sum_{i=1}^{m} u_i} \tag{4.8}$$

此时,图4.4中的射线 R_F-M就是资本市场线(Capital Market Line,CML),均衡状态下所有投资者持有的组合都将落在线上,并且投资组合由市场组合M和无风险资产共同构成。资本市场线的函数表达式（4.9）与式（4.7）非常相似，在这里斜率 $\dfrac{E(R_M) - R_F}{\sigma_M}$ 被称为风险价格（Price of Risk），表示每增加1单位风险所需给予的收益水平，而 σ_P 则可以视为风险数量。

$$E(R_P) = R_F + \left(\frac{E(R_M) - R_F}{\sigma_M} \right) \sigma_P \tag{4.9}$$

由此可见，资本市场线刻画的是均衡状态下一个投资组合的收益由无风险收益和超额收益构成，超额收益则是由风险价格和风险数量决定，其中决定风险价格的重要因素是市场组合。由市场组合理论带来的启发刺激了被动投资策略的发展，传统的主动策略需要耗费大量的精力构建风险证券投资组合，而建立市场组合理论上却简单很多，并且市场组合总是一个有效组合。越来越多市场指数和指数基金的出现，使得市场组合构建从理论走进了现实，指数基金也逐步成为个人和机构投资者的重要资产配置工具。

2. 证券市场线

从前面的论述可以看出，资本市场线研究的是市场均衡下投资组合的预期收益与风险以及市场组合的预期收益之间的关系，那么均衡状态下单个证券的预期收益与什么有关呢？这个问题需要由证券市场线（Security Market Line，SML）来回答。

先回顾一下加入无风险资产后的有效边界，在图4.4中可以看出是从一系列从 R_F 出发的射线中斜率最大的那一条，相当于我们求解斜率函数 $\theta = \dfrac{E(R_P) - R_F}{\sigma_P}$ 的最大值，通过选取组合中的每一只证券对 θ 求导[1]可以得到联立方程：

$$\lambda (X_1\sigma_{1i} + X_2\sigma_{2i} + \cdots + X_i\sigma_i + \cdots + X_N\sigma_{Ni}) = E(R_i) - R_F \tag{4.10}$$

式（4.10）对于市场组合中每一只证券都适用，观察可知等式右边表示的是单个证券的超额收益，因此对等式左边进行求解就可以得到我们想要的答案。事实上，等式左边括号会等价于 $\text{Cov}(R_iR_M)$[2]，即单个证券与市场的协方差，由此可以得到：

$$\lambda\text{Cov}(R_iR_M) = E(R_i) - R_F \tag{4.11}$$

由于（4.11）对所有证券都成立，那么也会对市场组合本身成立，因此用市场组合代替证券后式（4.11）可以表示为 $\lambda\text{Cov}(R_MR_M) = \lambda\sigma_M^2 = E(R_M) - R_F$，从这里就可以得到 $\lambda = E(R_M) - R_F/\sigma_M^2$，现在重新整理（4.11）式可以得到：$E(R_i) = R_F + \text{Cov}(R_iR_M)$，令 $\beta_i = \dfrac{\text{Cov}(R_iR_M)}{\sigma_M^2}$ 可以进一步得到：

$$E(R_i) = R_F + \beta_i \left[E(R_M) - R_F \right] \tag{4.12}$$

至此可以看出，单个证券的预期收益与无风险利率、市场超额收益以及证券 β 系

1　即求 $d\theta/dX_i = 0$，其中 X_i 为i只证券在组合中的比例。

2　篇幅关系这里不详细展开证明，读者可以自行将 $R_M = \sum\limits_{i=1}^{N} R_iX_i$（市场组合收益由其所包含的证券收益组成）代入证券与市场协方差中计算可得。

数有关，这就是证券市场线。从图4.5中可以看出这是一条截距项是R_F，斜率是β的直线，特别的，如果β系数等于1，证券的预期收益率等于市场组合的预期收益率。由于在证券市场线中，无风险收益率和市场预期收益率水平都是给定的，均衡状态下唯一影响证券收益的因素就是β系数，β系数越大证券的预期收益就越高。结合在4.1.1中所论证的充分分散化组合中仅存在系统性风险的观点，可以知道β系数就是系统性风险的度量指标，而证券市场线进一步说明了均衡状态下，投资者应该只因承担系统性风险而获得回报。

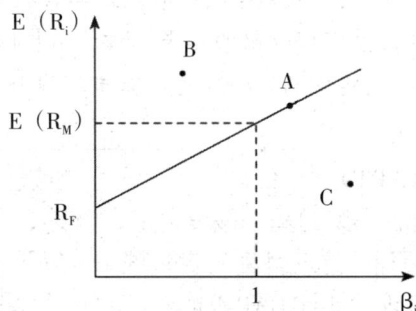

图4.5 证券市场线

特别需要说明的是，CAPM描述的都是均衡状态下的组合和证券定价关系，但是由于市场总是经常性地偏离均衡，这种均衡关系可能在短期窗口内与理论预期并不一致。比如在图4.5中，证券B的β系数更低收益却更高，证券C的β系数更高收益却更低。但是如果认为市场偏离均衡是短暂现象，那么可以预期证券B和C都将回归到证券市场线上，如果对它们的β系数估计正确的话，可以预计证券B的收益水平将下降而证券C将上升。有了这样的预期，投资者可以考虑在适当的时机买入证券B或者卖空证券C来获利，而这部分短期获利并不是来自承担系统性风险，恰恰是利用了"市场错误"。由此可知投资者收益可能来自两个部分，一个是承担系统性风险的部分，也叫β收益，另一个则是来自偏离均衡的获利，也叫α收益。正是由于CAPM等均衡定价模型的出现，我们才能够将两种收益分开，并且由此产生了千变万化的投资策略。

【知识链接4-1】 **双因素CAPM**

单因素CAPM是基于严格的假设条件推导出来的，而现实中这些条件常常无法达到，特别是投资者可以进行无风险利率借贷这一点。无风险利率借贷的条件包括了两个要素：第一是借贷方向，即借入资金还是贷出资金，在现实中贷出资金比借入资金更加容易；第二是借贷利率，即借入或者贷出资金的利率水平是多少，通常而言受到投资者个人信用的影响，借入资金的利率水平要更高。下面介绍的双因素CAPM，考虑的是另一种极端情况下的均衡资产定价，即完全禁止投资者进行无风险借贷。该模型最早由Black（1972）提出，也被称为零贝塔CAPM。

回顾在单因素CAPM中，均衡时任意证券或投资组合包括市场组合在内都位于证券市场线上。两点确定一条直线，因此借助市场组合以及截距项（即证券市场线与纵轴的交点，此处的β为零）两个点，可以得到直线方程。此时，在期望收益贝塔坐标上，通过市场组合M $(E(R_M), 1)$ 和零贝塔投资组合z $(E(R_z), 0)$，可以得到的直线公式如下所示：

$$E(R_i) = E(R_z) + \beta_i[E(R_M) - E(R_z)]$$

仔细观察不难发现这个公式与式（4.12）形式上非常接近，最大的差别就是使用了 $E(R_z)$ 替换了 R_F。根据大量实证数据的结果，由于借贷限制，$E(R_z)$ 通常会高于无风险利率水平，也就是说现实中的CAPM的证券市场线会比单因素CAPM模型所预测的更加平坦。

4.2.2　套利定价理论（APT）

CAPM是建立在对投资者决策的基本假设之上，而对于均衡状态下的资产定价，还有一种基于套利行为的解释，这就是套利定价理论（以下简称APT）。APT最早是由Ross（1976）提出的，该理论相比CAPM而言，减少了对投资者决策行为的依赖，而是从对证券交易中的套利行为出发进行解释。套利行为本质上是基于一价定律的获利行为，即两个相同的证券应当有相同的市场价格，证券市场上大量的机构尤其是对冲基金，常常使用这种策略进行投资，这种行动策略的特点是不需要依赖均衡模型，只需要确定可替代证券即可执行。APT的建立正是基于这种对证券市场交易的观察，指出均衡状态下不存在无风险套利机会（行动）。

该理论中的无风险套利实际上是一种最为理想的套利机会，其基本要素包括两点：第一是零投资条件，即进行这样的套利无须新增投资，现实中许多套利策略需要新增投资的支持，这无形中会制约套利行动；第二是零风险条件，这里的零风险条件主要是说套利组合对于系统性风险的暴露为零，由前面的投资组合分散风险可知，系统性风险是分散化的投资组合承担的风险，这意味着分散化组合获得的收益是承担系统性风险的收益，而套利组合零风险则意味着其获取的收益不是承担系统性风险的收益，而是证券定价偏离产生的收益。

无风险套利的两个条件尽管在现实中显得过于理想化，但是不妨碍利用这样的思想去推导均衡状态下的资产定价模型。为了推导出APT的具体模型形式，结合无风险套利假设，还需要对证券收益进行一些设定，即如下的线性方程：

$$R_i = \alpha_i + \beta_{i1}I_1 + \beta_{i2}I_2 + \cdots + \beta_{ij}I_j + \varepsilon_i \qquad (4.13)$$

这个线性方程表示证券i的收益与一系列因素I相关，其中β表示证券i对某个因素的敏感度，而 α_i 可以看成是证券i不受因素影响的收益，ε_i 则表示均值为零的误差项。在第5章介绍因素投资的时候将再次看到以这样线性方式表达的定价模型，届时将更为深入地讨论作为资产定价使用的因素模型具体性质。在这里仅仅是使用式（4.13）作为起点，来推导APT下的资产价格的均衡状态。为了完成推导，还需要对上述模型进行一些假设，即任意两个证券之间的误差项不相关以及任意证券的误差项和因素也不相关。

假设现在影响证券定价的因素只有两个（I_1和I_2），那么相当于如果投资者持有一个足够分散化的组合，影响该组合期望收益的属性就是对两个因素的敏感度（β_{i1}和β_{i2}）。根据三点确定一个平面可知，均衡状态下所有分散化投资组合都将位于由期望收益$E(R_p)$和敏感度β_{i1}、β_{i2}所构成空间的一个平面上。当某个证券不在该平面上时，将出现无风险套利机会，接下来将引入具体数值说明这一点。如表4.3所示，有三个分散化投资组合A、B、C和由它们所构成的等权重组合D^1，通过简单计算可以得知它们都位于相同的平面方程上。

表4.3　　　　　　　　　　　　　分散化投资组合

投资组合	$E(R_p)$	β_{p1}	β_{p2}
A	9	0.5	0.6
B	14	0.7	0.8
C	16	0.6	1
D	13	0.6	0.8
F	15	0.6	0.8

此时如果存在一个投资组合F，其风险与投资组合D一样，但是期望收益却不相同，说明组合F并不在平面方程上。那么同样的风险组合期望收益却不相同，这显然不符合一价定律，这种情况下套利者将卖空组合D获得资金，并且用这些资金买入组合F。如表4.4所示，在T=0进行套利交易时新增投资为零，同时由于组合D和组合F有同样的风险敏感度，则套利交易面对的系统性风险也为零，这就是典型的无风险套利活动。由于存在盈利，这种行为会一直持续下去，直到组合F落在由ABC组合确定的平面上，此时组合D和组合F的期望收益相等，不存在无风险套利机会。

表4.4　　　　　　　　　　　　　无风险套利交易

	T=0	T=1	β_{p1}	β_{p2}
D	+1 000元	−1 130元	−0.6	−0.8
F	−1 000元	+1 150元	0.6	0.8
套利交易	0	20元	0	0

从上面这个例子可以很直观地看出，只要有任何一个投资组合不在平面上，就存在无风险套利机会。由于均衡状态下不存在无风险套利机会，也就说明所有的组合都

1　等权重组合的风险和期望值都是构成其组合的风险和期望的线性组合，在本例中组合D的期望收益=$1/3E(R_A) + 1/3E(R_B) + 1/3E(R_C)$，其风险敏感度也是类似算法。

在一个平面上。这个平面方程可以写成：

$$E(R_i) = \lambda_0 + \beta_{i1}\lambda_1 + \beta_{i2}\lambda_2 \qquad (4.14)$$

在这个方程中可以看到 λ_0 表示与因素无关的收益，而 λ_1 和 λ_2 则表示承担因素风险给予的收益补偿。既然所有的证券以及投资组合在均衡时都满足式（4.14），可以很容易构造出对两个因素不同敏感度的特殊组合，比如对两个因素的敏感度都为零的零贝塔组合，该组合的期望收益率就是 λ_0，还有只对某个因素完全敏感对另一个因素完全不敏感的纯因素组合。如果知道这些特殊组合的期望收益率，就可以很方便地得到 λ_0、λ_1 和 λ_2 的数值，从而写出方程的具体形式。至此已经通过两因素模型的例子，说明了 APT 理论是怎样推导出均衡状态下证券期望收益与风险的关系，进一步地，可以把这种逻辑拓展到多个因素的情形，并且最终得到 APT 理论模型：

$$E(R_i) = \lambda_0 + \beta_{i1}\lambda_1 + \beta_{i2}\lambda_2 + \cdots + \beta_{ij}\lambda_j \qquad (4.15)$$

可以看出，在整个 APT 的推导过程中，仅仅是利用了证券收益的线性表达式和均衡时不存在无风险套利交易两个重要假设就完成了。这使得 APT 比起 CAPM 而言更加一般化，特别是，当证券收益仅受市场因素影响的时候，APT 与 4.2.1 介绍的单因素 CAPM 是一致的。不过，APT 的一般化既是优势也存在问题，不像 CAPM 那样清晰，式（4.15）中并没有明确有哪些具体的因素，自然也没有关于 λ_i 的大小和正负，这造成了对理论检验的困难。尽管如此，APT 的产生对资产定价理论和实际投资都产生了很大的影响，最典型的是促进了实证资产定价理论以及因素投资的发展，这些将在下一章节中具体介绍。

4.3　有效市场理论

在介绍完资产定价均衡理论之后，将介绍另一个关于证券价格波动的重要理论，即有效市场理论。该理论的提出，不仅得到了许多实证研究的支持，同时大大推动了被动投资的兴起。然而随着越来越多实证证据的出现和理论研究的发展，有效市场理论也受到了越来越多的挑战。

4.3.1　理论的发展

有效市场的研究始于 20 世纪 50 年代对股票价格变动规律的观察，英国统计学家 Maurice Kendall（1953）对股票价格进行分析后发现，股价的变动没有任何规律可循，完全是随机的，过去的数据也无法为将来预测提供依据。这一结论被称为"随机漫步"（Random Walk）假说，表明股票价格的变动没有规律性。但是，Kendall 的研究主要建立在实验观察的基础上，并没能够对这些假设进行合理的经济学解释，因而缺乏一个完善的理论基础。此后直到 1970 年，美国芝加哥大学经济学家 Eugene Fama 发表了《有效资本市场：理论和实证研究回顾》一文，并通过一个公平博弈模型（Fair Game Model）首次完整地提出"有效市场假说"（Efficient Market Hypothesis，EMH）。与"随机漫步"假说不同，公平博弈模型是通过定义某一特定时点上的信息集，从而研究在对应时点上的证券价格是否完全反映了全部可获得信息，这意味着不能根据当前的信息来设计一种投资策略以获得超过与证券风险相对应的收益率。可以说，在一个有效资本市场中，信息的披露和传递是充分的，即好消息会立即导致价格的上升，坏消息会使价格立即下降。如果信息已经在证券价格中全部得到反映，那么证券价格的变动将不存在内在联系，因而表现出随机变动的走势特征。

除了通过建立公平博弈模型来阐述有效市场理论以外，Fama 把该模型中的信息集分为历史信息、公开信息和内幕信息三种，按照市场有效性的衡量标准，信息集范围的不同代表不同程度的市场效率。于是，根据证券价格对上述信息集合反应的差别，将市场有效分为弱有效、半强有效和强有效三种。

（1）弱有效市场（Weak Form Efficiency）

弱有效市场是指证券价格已经反映了从市场交易数据中可以得到的全部信息，即所有的历史信息，如证券的价格、收益率、交易量等。既然价格已经反映了所有的历史信息，过去的市场交易数据对将来的证券价格预测就没有任何作用，因此，按照由历史信息得出的交易规律进行证券买卖，将无法获得超额利润。

（2）半强有效市场（Semi-Strong Form Efficiency）

半强有效市场认为证券价格除了反映历史信息外，还包含市场上所有其他的公开信息，如公司的盈利预测、股息分配方案、财务报表等。与弱有效相比，半强有效对市场效率的要求较高，不仅所有关于证券价格的历史信息对估计证券的未来价格变动没有作用，而且所有其他公开信息对价格预测也没有作用。

（3）强有效市场（Strong Form Efficiency）

强有效市场在三种有效市场中对信息集的要求最为严格，它要求所有有用的信息都在证券价格中得到反映。强有效市场认为证券价格不仅仅反映历史信息和公开信息，还反映内幕信息。所谓内幕信息指的是公司内部人员掌握的、公司还没有公开的信息，如公司未来的发展计划、高级管理人员的变动安排。强有效市场假设意味着任何投资者都不可能持续地获得超额利润，当然这可能只是一种理想状态。目前，世界上没有哪一个国家的资本市场可以有效地杜绝公司内部人员在关键信息被公布前，利用这些信息进行买卖以获利的情况发生。

随着有效市场理论的发展以及信息经济学的引入，有效市场理论的研究开始分为三个学派，分别是经验主义学派、信息经济学派以及市场微观结构学派。三个学派都为有效市场理论的进一步发展作出了巨大的贡献。经验主义学派承认市场并不是完全的有效，允许市场存在一定的可预测性，他们认为金融市场上存在一定程度的可预测性并不是非理性的征兆，相反可预测性所带来的收益激励投资，将市场推向更有效的方向。信息经济学派则通过使用带噪声的理性预期模型，证明了价格只能反映知情交易者所拥有的部分信息，说明市场不可能完全有效。但在信息经济学派的研究中，不知情交易者可以通过付出一定的成本成为知情消费者，市场价格对信息的反映将取决于这部分信息成本，所以市场是部分有效的。市场微观结构学派则从两个方面改进了有效市场假说：一是引入了流动性交易成本；二是提出市场价格中存在着价格发现的风险溢价。

总的来说随着理论的发展，有效市场假说的表述也在发生变化，特别是考虑了信息成本和交易成本之后，对于有效市场理论更好的表述应该是：证券价格充分反映投资者可获得的信息，直到信息和交易的边际成本等于其边际收益为止。同时，有效市场检验中价格对于信息的反应也不仅仅局限在反应速度上的证据，更需要关注反应的准确性，即价格是否反映基本面信息的问题。

4.3.2 面临的挑战

有效市场理论提出之后不久就面临着来自理论基础和实证证据的重要挑战，恰恰也是在关于市场有效性的各种论战中，行为金融学理论得到快速发展。可以说，有效市场理论所面临的挑战，不仅仅是关于理论本身，也与第5章中所介绍的现代理论有千丝万缕的联系。

首先，有效市场的理论基础主要是建立在对"套利交易"这个令市场有效的关键力量之上。针对这一点，有效市场理论有三个逐步放松的假设：一是最为严格的假设。投资者是理性的，能够根据信息合理地评估证券价值并且进行交易。二是更为宽松的假设。尽管投资者可能存在非理性行为，但是投资者之间的交易决策是独立的，最终的结果是非理性行为相互抵消。三是最宽松的假设。即使非理性投资者的交易无法抵消，市场上存在的套利者会受利益的驱使采取行动从而消除非理性偏差。从中可以看出，有效市场成立与否在理论上并不依赖于投资者是否理性，甚至投资者是否独立都不是那么重要，真正重要的是套利交易。然而令人感到困惑的是，套利交易和价格偏差应该是同时存在的，现实中观察到大量的套利交易，似乎说明价格偏差总是存在，即市场在大部分时候并非有效。在第5章关于有限套利理论的研究介绍中，将进一步指出套利交易本身也存在局限性，因而指望依靠套利交易来抵消非理性行为带来的价格偏差，本身也是靠不住的。

其次，有效市场的实证检验也出现了很多"异象"，这些不符合有效市场假说的证据逐渐积累，有许多在行为金融学理论中得到了解释，进一步说明了有效市场理论本身的局限性。由于不同强度有效市场的实证检验本身存在差异，早期支持有效市场假说的证据主要集中在弱有效市场和半强有效市场，所以这里重点就这两类市场所面临的挑战进行介绍。

对于弱有效市场的检验关注点在于是否存在利用历史信息获得超额收益的投资策略，即对证券收益可预测性的检验。其中最为典型的研究是关于收益的周期性模式检验，如果市场是弱有效的，那么周期性模式不应该长期存在。Lakonishok和Smidt(1988)对收益周期性模式进行了总结，并且指出市场或者市场的某个板块，会根据每日、每周以及每个月和季度以及天气出现一定的波动模式。不过反驳的声音认为，考虑到现实中的交易成本，即使周期性模式存在也不能代表市场就是无效的。然而，更大的挑战来自证券价格的"反转效应"和"动量效应"的存在证据。DeBondt和

Thaler（1985）发现在一个较长的周期内，过去表现最差的公司在未来的投资收益往往大于过去表现最好的公司，即证券收益水平出现了反转；而Jegadeesh和Titman（1993）的研究则基于较短的时间发现了单个证券过去6～12个月的价格走势会进一步延续，即"动量效应"，该效应是如此的明显以至于发展为资产定价中著名的动量因子。

对于半强有效市场的检验主要是基于"事件研究法"来检验公开信息前后证券价格对信息的反应是否及时准确。在这个方面，最为著名的异象就是盈余公告后收益漂移现象（Post Earnings Announcement Drift，PEAD），如果市场是有效的那么在盈余公告后价格应该迅速调整并且反应到位，不应该出现公告日后较长窗口期内的超额收益。Bernard和Thomas（1990）研究指出由于投资者错误估计了当前公告盈余对未来盈余的信息作用，从而出现对盈余公告的反应不足，而随着后续盈余公告的出现投资者才逐步修正偏差，从而出现了价格漂移现象。除了直接检验公告效应之外，另一类特殊的检验则是关注非基本面信息（Non-Information）事件中证券价格的反应，比如股票分拆事件、被纳入证券指数的事件等，证券价格对这些事件的过度反应似乎也在说明市场并非有效。

最后，关于证券价格过度波动的检验成为有效市场理论最难以解释的一个现象，过度波动检验是基于价格反映了证券的基本面价值，那么证券价格的波动就应该与基本面指标的波动差别不大。然而Shiller（1981）的检验结果是价格的波动远远大于基本面指标的波动，表明价格中包含的不只是基本面信息，为了解释过度波动的成因，Shiller进一步开发出了噪声交易者模型，将在下一章中介绍。

当然有效市场检验中仍然存在很多问题，使得这些证据不够充分。其中最为关键的问题是Fama（1970）提出的"联合假说问题"（Joint Hypothesis Problem），即检验有效市场理论依赖于均衡的资产定价模型。这意味着，很多"异象"本身既可以说是对有效市场理论的挑战，也可以说是定价模型本身不够完整的证据。比如，关于公司特征和超额收益关系的检验，本身可以说挑战了半强有效市场中价格反应公开信息这一假设，也可以说是CAPM模型不够完善所致。因此，以Fama为代表的学者仍然坚持有效市场理论，同时利用发现的"异象"修正资产定价模型，而以Shiller为代表的行为金融学研究者则认为有效市场理论有很强的局限性，从而不断发展出新的理论来解释"异象"。不管是新的资产定价模型，还是新的解释理论的出现，都为投资组合管理带来了更多可用的工具和理论支持，这也是下一章将重点介绍的内容。

● **本章小结**

投资组合理论通过输入证券的风险和收益数据，计算出投资组合的收益与风险，并且最终帮助投资者进行组合选择。

通常而言，用组合的期望收益率来代表组合的收益，用组合收益的方差代表组合的风险。随着证券数量的增加，投资组合中的非系统性风险占比逐步下降，最终在充分分散的投资组合中仅剩下系统性风险。

投资组合的有效边界极大地缩小了投资者所面临的投资选择，但是有效边界的形状会随着投资限制和资产种类不同而发生改变。

资本资产定价模型（CAPM）通过一系列假设推导出均衡时投资组合期望收益与风险的表达式（资本市场线），同时也得到了证券市场线，描述了均衡时证券期望收益与市场因素之间的关系。

套利定价理论（APT）通过更加一般化的方法，推导除了均衡时证券期望收益与一系列因素之间的线性关系表达式，尽管这种方法对检验模型造成了阻碍，但是也极大地促进了实证资产定价理论的发展。

有效市场理论是关于证券价格是否反应基本面信息以及如何对信息作出反应的理论，该理论根据不同的信息类型将市场的有效性划分为强式、半强式和弱式三种类型。在考虑了信息成本、套利限制等现实因素后，有效市场理论受到很大的挑战，而这也促进了行为金融学的发展。

● 思考题

1. 为什么说构建投资组合可以降低投资风险？
2. 对比纯风险组合的有效边界和加入了无风险资产的有效边界形状差异。
3. 如何从加入无风险资产的有效边界推导出证券市场线？
4. APT中的无风险套利指的是什么？
5. 比较CAPM和APT的假设条件和最终模型的形式。
6. 如何理解有效市场假说面临的挑战？

第5章 基金组合管理现代理论

◇学习目标

- 掌握因素模型的基本形式和有关性质
- 熟悉经典的因素模型以及因素投资的应用
- 掌握噪声交易者模型和模型对现实的解释
- 了解现实套利交易中所面临的限制
- 熟悉投资者情绪和投资者决策偏差

第4章重点介绍了基金组合管理的经典理论,随着资产定价实证研究的深入以及行为金融学的发展,越来越多新的理论模型和实证证据被提出。随着这些学术研究成果对资产定价的解释力不断增强,基金组合管理实践中也开始大量地使用学术研究成果构建、改进和评价投资组合。本章将重点介绍已经在实践中大量使用的因素投资,被广泛接受的有限套利理论,以及正在蓬勃发展的投资者行为研究。

5.1 因素投资

在实际应用投资组合理论过程中,单因素模型(Single-Factor Model)应运而生,大大简化了证券之间相关性预测的工作,同时随着套利定价理论被广泛接受,关于资产定价的多因素模型(Multi-Factor Model)成为理论和实践共同关注的焦点。本节将在对因素模型基本假设和经典因素模型介绍的基础上,进一步扩展到因素模型的投资实践,即因素投资[1](Factor Investing)。

5.1.1 因素模型基础

通常情况下,能够观察到证券价格之间存在着相同的变动趋势,当证券的回报可以用正态分布进行刻画时,我们认为证券是服从联合正态分布(Joint Normally Distribution)的,这意味着单个证券的回报会受到一个或多个共同因素的影响,而利用这些影响因素表达单个证券收益生成过程的线性模型即是因素模型(Factor Models)。单因素模型是最简单的因素模型,经典的单因素模型认为影响证券之间协同变动的是市场因素,在实际应用中,常常使用证券市场指数作为市场因素的代理变量,所以也称为单指数模型[2](Single-Index Model)。与单因素模型相比,多因素模型

1　因素模型和因素投资在国内也被译为因子模型和因子投资。
2　如无特殊说明,因素模型与指数模型在本书中意思等同。

认为影响证券收益的因素除市场因素外，还包括许多非市场因素，以下我们将以多因素模型为例，介绍因素模型的基本性质。

$$R_i = \alpha_i + \beta_{i1}F_1 + \beta_{i2}F_2 + \cdots + \beta_{ik}F_k + e_i \tag{5.1}$$

在式（5.1）的多因素模型中，α_i表示不受因素影响的证券独立收益期望值，e_i表示证券独立收益的随机部分（残差），F_k表示影响证券协同收益的因素，而β_{ik}则表示证券i对因素F_k的敏感度。为了更好地应用多因素模型进行资产定价，通常还需要有如下的模型设定和假设条件：

（1）对于所有证券而言，残差的均值为零（即$E(e_i) = 0$），特别关键的是任何两个不同证券残差的协方差为零，即$E(e_ie_j) = 0$。该假设条件保证除了当前模型中的因素之外，没有其他因素会影响证券之间的协同变动，这是应用和比较多因素模型在资产定价方面有效性的重要条件。

（2）对于所有因素而言，两个不同因素之间的协方差为零，即$E\left[(F_l - \bar{F}_l)(F_k - \bar{F}_k)\right] = 0$。该假设条件意味着因素之间不相关，为多因素模型带来了简化风险计算的便利数学性质，在后文介绍经典因素模型的时候，将能够具体看到该条件如何实现。

（3）对于所有的证券和因素而言，任一证券残差和因素之间的协方差为零，即$E\left[e_i(F_k - \bar{F}_k)\right] = 0$。该假设条件意味着个别证券风险与任何因素都不相关，同样，该性质也便利了风险计算。

在上述的模型设定下，可以计算出多因素模型刻画下的证券期望收益、方差以及证券协方差，如式（5.2）到（5.4）所示。从中不难看出：证券的期望收益由两个部分组成，一部分是由因素敏感度决定，另一部分是证券独立收益，证券方差也有类似的结构。不同的是，证券之间的协方差仅仅与因素风险相关，这意味着根据多因素模型，投资组合风险可以由因素风险估计得到，不仅大大简化了计算，更是为各种投资策略和投资组合风险管理提供了基础。

期望收益：$E(R_i) = \alpha_i + \beta_{i1}\bar{F}_1 + \beta_{i2}\bar{F}_2 + \cdots + \beta_{ik}\bar{F}_k \tag{5.2}$

证券方差：$\sigma_i^2 = E(R_i - \bar{R}_i)^2 = \beta_{i1}^2\sigma_{F1}^2 + \beta_{i1}^2\sigma_{F2}^2 + \cdots + \beta_{ik}^2\sigma_{Fk}^2 + \sigma_{ei}^2 \tag{5.3}$

协方差：$\sigma_{ij}^2 = E\left[(R_i - \bar{R}_i)(R_j - \bar{R}_j)\right] = \beta_{i1}\beta_{j1}\sigma_{F1}^2 + \beta_{i2}\beta_{j2}\sigma_{F2}^2 + \cdots + \beta_{ik}\beta_{jk}\sigma_{Fk}^2 \tag{5.4}$

下面将通过三个从现实中简化的实例，来具体说明因素模型在确定证券和投资组合收益与风险特征方面的作用。

【例5-1】表5.1是三个满足单因素模型$E(R_i) = \alpha_i + \beta_{i1}\bar{F}_1$的证券相关数据，求出证券2的期望收益率和证券1的独立收益。

解：由已知条件可得：

$25\% = 10\% + 1.5 \times \bar{F}_1$

$20\% = \alpha_i + 0.5 \times \bar{F}_1$

由以上两个方程解出证券1的独立收益$\alpha_i=15\%$以及因素$\bar{F}_1=10\%$，将$\bar{F}_1$值代入单因素模型可以计算得到证券2的期望收益率为$E(R_2) = 12\% + 1.2 \times 10\% = 24\%$。

表5.1 三个满足单因素模型的证券

	1	2	3
$E(R_i)$	20%	?	25%
β_{i1}	0.5	1.2	1.5
α_i	?	12%	10%

【例5-2】表5.2描绘了一个由三只股票组成的股票市场，市场指数（市值加权）组合的标准差为25%，且该市场满足单因素模型。

表5.2 三只股票的基本信息

股票	市值（元）	市场贝塔 β_{iM}	收益率 R_i	标准差 σ_i
A	3 000	1	10%	40%
B	1 940	0.2	2%	30%
C	1 360	1.7	17%	50%

请问：

（1）市场指数投资组合的超额收益率为多少？

（2）股票A与股票B之间的协方差为多少？股票B与指数之间的协方差为多少？

（3）将股票C的总风险（方差）分解为市场风险和公司独立风险两部分，分别为多少？（计算保留四位小数）

解：（1）由题意知，市值加权的市场组合中三种股票占比分别为：

$$W_A = \frac{3\,000}{3\,000 + 1\,940 + 1\,360} = \frac{3\,000}{6\,300} \quad W_B = \frac{1\,940}{6\,300} \quad W_C = \frac{1\,360}{6\,300}$$

故市场指数投资组合的超额收益率R_M为：

$$R_M = W_A \times R_A + W_B \times R_B + W_C \times R_C$$
$$= \frac{3\,000}{6\,300} \times 10\% + \frac{1\,940}{6\,300} \times 2\% + \frac{1\,360}{6\,300} \times 17\% = 9.05\%$$

（2）将指数也看成一个证券时，利用公式（5.4）计算A和B之间的协方差，与计算B与指数之间的协方差的方法是一样的：

$$\sigma_{AB}^2 = \beta_{AM}\beta_{BM}\sigma_M^2 = 1 \times 0.2 \times 0.25^2 = 0.0125$$
$$\sigma_{BM}^2 = \beta_M\beta_{BM}\sigma_M^2 = 1 \times 0.2 \times 0.25^2 = 0.0125$$

（3）根据公式（5.3）可以知道C的总风险=市场风险+独立风险，由此可以先计算出C的市场风险为：

$$\beta_{CM}^2\sigma_M^2 = 1.7^2 \times 0.25^2 = 0.1806$$

根据题意我们知道股票C的标准差为0.5，因此公司独立风险为：

$$0.5^2 - 0.1806 = 0.0694$$

尽管因素模型看起来形式简洁、使用方便，但是确定一个因素模型本身是艰难的工作，具体来看有三种方法：第一，同时确定因素和因素敏感度。第二，通过指定因素估计出因素敏感度。指定因素的过程通常依赖于经济理论，比如通货膨胀率、利率等宏观因素会影响证券估值，当然也可以采用"间接"方式通过构建证券投资组合捕捉因素，在下一节经典因素模型介绍中将详细展开。第三，如果把因素敏感度看成由某个证券特有属性导致的对因素变化反应程度，那么通过指定证券特有属性（比如股利收益率）的方法指定因素敏感度，也可以获得因素模型。从上述方法可以看出，不管是单独确定因素还是因素敏感度，或者是同时确定二者，都可以得到因素模型的具体形式，到底是依据经济理论来确定因素模型，还是采用类似因素分析（Factor Analysis）这种统计手段，这构成了实证资产定价领域和投资管理实践中的核心争论。值得一提的是，如果把CAPM看成是单因素模型的话，其市场因素是明确定义的（即市场组合的超额收益），但APT并未明确给定因素，这意味着确定多因素模型的具体形式也是对APT进行实证检验的重要工作。

5.1.2 经典因素模型介绍

在实证资产定价领域，早期的因素模型几乎都是在对CAPM和APT的检验中产生的，这些模型几乎都是以包含CAPM中市场因素的多因素模型的形式出现。在本节中将介绍两个不同的经典模型，一个是构建影响证券定价宏观因素的Chen、Roll和Ross（1986）模型，另一个则是大名鼎鼎的使用投资组合构建因素的Fama和French（2015）五因素模型。虽然研究方法不尽相同，但是这两个模型都属于基本面多因素模型。当前学术界研究因素模型的目标是找到最能够解释证券回报的具体定价模型，同时关注因素背后的经济解释。尽管具体定价模型尚未统一，但是在持续发现影响证券回报的各种共同因素过程中，学术界已经积累了丰富的实证结果，同时形成了较为成熟的研究方法，在本节的末尾将会试图进行总结。

1. 宏观因素模型

Chen、Roll和Ross（1986）的宏观因素模型从证券现金流折现（DCF）定价理论出发，认为不管是影响未来现金流价值还是影响折现率的因素，都会影响该证券的价值。进一步地，基于有效市场假说，证券当前的价格已经包含了上述影响因素，只有这些影响因素的非预期变动才会引起证券价格波动从而影响收益。在指定因素的时候，Chen等人主要从宏观经济对证券价值带来的系统性风险进行考察，使用了五个宏观经济指标代理非预期的系统性风险，具体包括：

（1）工业生产增长率的变化（IP）。该变量用于代理影响未来现金流价值的实际生产水平的非预期变化。

（2）实现消费者价格水平与预期水平之差（UI）。该变量用于代理非预期的通货膨胀水平，在以实际价值定价系统中该因素将对未来现金流产生系统性的影响。

（3）短期利率（国库券）水平变化（DEI）。该变量用于代理预期通货膨胀率（或无风险利率）的变化，是同时影响名义预期现金流以及名义利率，进而影响未来现金流价值的因素。

（4）风险债券（BAA及以下）与长期政府债券利差（URP）。该变量用于代理风险溢价的非预期变化，这是影响贴现率水平的重要因素。

（5）长短期政府债券利差（UTS）。该变量用来代理期限溢价的非预期变动，与URP一样，这也是影响贴现率水平的重要因素。

为了更好地检验上述的宏观因素对证券定价的有效性，在多因素模型中，Chen等人同时引入了市场指数[1]（M）。实证中采用的多因素模型如下：

$$R = \alpha + \beta_M M + \beta_{IP} IP + \beta_{UI} UI + \beta_{DEI} DEI + \beta_{URP} URP + \beta_{UTS} UTS + e \qquad (5.5)$$

根据论文最终的检验结果，在解释证券价格的横截面差异时，纳入宏观因素的模型中市场指数的影响力大幅度下降。与Chen等人的宏观因素模型相似，还有不少使用宏观经济变量作为因素的模型，比如Berry、Burmeister和McElroy（1988）的宏观因素模型中除了包含上述宏观因素中的非预期的通货膨胀、风险溢价和期限溢价之外，还纳入了销售增长率的非预期变化和市场组合。但是受制于宏观经济变量的观测频率、检验中证券分组等问题，后续更多的学者采用的是宏观因素模拟组合（Macro Factor Mimicking Portfolios）方法来捕捉宏观因素。

2. Fama 和 French（2015）的五因素模型

除了宏观因素对证券回报产生影响之外，大量的微观数据研究中也发现了不少影响横截面回报差异的证券特征。按照特征进行证券分组构建特定投资组合来捕捉潜在风险因素的方法由Fama 和French在上世纪90年代开创，现在已经成为当前实证资产定价中的主流方法。本节将介绍在三因素模型（Fama and French，1993）基础上改进的五因素模型，与宏观因素模型对应，这些从证券微观特征出发的因素模型也常常被称为微观基本面因素模型。

五因素模型具体形式如式（5.6）[2]所示，其中市场组合（R_m）、规模因素（SMB）、价值因素（HML）是三因素模型中所包含的因素，而盈利因素（RMW）和投资因素（CMA）是为了更好地解释证券横截面收益差异而新增的因素。

$$R_{it} = \alpha_i + \beta_{im} R_{mt} + \beta_{is} SMB_t + \beta_{ih} HML_t + \beta_{ir} RMW_t + \beta_{ie} CMA_t + e_{it} \qquad (5.6)$$

与宏观因素模型直接使用宏观经济指标作为因素所不同的是，Fama 和French（2015）使用投资组合模拟得到的收益率构成因素。概括来说，因素构建分为三个步骤[3]：首先，根据某个证券特征变量进行独立排序，比如先对规模（市值）变量按照纽约证券交易所的市值中值分为大小两个组，然后再分别根据账面市值比（B/M）、经营利润率（Operating Profitability）和投资（Investment）[4]进行排序分为高中低三个组[5]；其次，根据独立排序的结果进行交叉分组，比如构建"规模–账面市值比""规模–经营利润率""规模–投资"三个2×3组合；最后，根据组合平均收益水平差异

构建因素，比如规模因素是利用小市值9个组合收益均值减去大市值9个组合收益均值，价值因素则是利用2个高价值组合收益均值减去2个低价值组合收益均值，盈利因素是2个高经营利润率组收益均值减去2个低经营利润率组收益均值，投资因素则是2个低投资组收益均值减去2个高投资组收益均值。

实证结果表明，五因素模型中价值因素基本上被两个新增因素替代，这也是对三因素模型提出后价值因素的有效性一直受到各种挑战的回应。此后在2018年，Fama和French继续对五因素模型进行更新和检验，将Carhart（1997）提出的动量因素（UMD）加入模型中，形成了最新的六因素模型。

近些年来随着可观测数据的增加，实证检验和统计分析方法的进步，以及下一节提到的因素投资的兴起，越来越多的因素模型被提出。如何识别因素，如何检验因素模型并且进行模型之间的优劣比较，以及因素背后的经济解释成为学术界关注的核心问题。首先，新的因素往往来自成熟的因素模型所无法解释的异象（Anomalies），然而从异象到因素并没有那么容易，Hou、Xue和Zhang（2018）的研究总结了学术研究中提出的452个异象，通过提高显著性水平以及更换因素模型进行检验，会发现绝大部分异象都不再存在。其次，由于新的因素模型应该提供证券定价的增量贡献，因此其检验必须包括与成熟因素模型之间的优劣比较，在这个方面GRS检验（Gibbons等，1989）、均值方差跨度（Mean-Variance Spanning Tests）检验（Huberman and Kandel，1987）、贝叶斯方法等主流检验方法已经日趋成熟。最后，对于因素背后的经济解释，主要有两个方向，一种是传统的风险承担解释，即因素代表了某种系统性风险；另一种则是行为金融学提出的错误定价解释（Mispricing），即认为因素代表了某种系统性行为偏差。总的来说，因素模型及其检验和评价已经逐渐形成了统一的方法系统，尽管关于因素的理论解释仍有分歧，但是并不妨碍其在投资管理、业绩评价等具体实践中的应用。

5.1.3　因素投资的应用及实践

从CAPM提出到百花齐放的多因素模型，带来的不仅仅是实证资产定价学术研究的进步，更重要的是因素投资作为一种方法正在逐渐被各类投资机构所重视和采用。那么因素投资到底是什么意思，或者说包含了哪些具体内容，以及不同领域、不同投资者在关注和应用因素投资时有何不同。本节将从以上问题出发，借鉴学术研究成果和投资机构的实践，介绍方兴未艾的因素投资。

先回顾一下本节开始时介绍的多因素模型（5.1），模型中的证券收益总是可以分为两个部分：一部分是来自对因素的敏感度（或称暴露），另一部分则与因素无关，即独立收益。对于学术研究而言，"最好的"因素模型总是可以使得证券的独立收益尽可能地接近零，即该模型中的因素对各类证券的定价解释力度越强越好。然而在实践中，投资机构则同时关注决定证券收益的因素部分和与因素无关的独立收益部分。关注因素部分的策略通常被称为β策略，关注独立收益部分的策略则被称为α策略。显然当所使用的因素模型不同时，两个策略在实践中就会存在重大差异，比如使用

CAPM和使用Fama和French（2015）五因素模型，前者的β策略只是在承担市场风险，而后者的β策略则需要考虑包括市场因素在内的五个因素，这同时意味着前者的α策略很可能就是后者β策略所包括的内容。从上述的分析中不难看出，因素模型是因素投资中策略制定的基础，而学术研究的推进，使得因素投资策略更加复杂和多变，同时传统意义上的主动策略和被动策略的界限变得模糊。除了影响投资策略之外，因素模型的发展还影响了业绩评价，使用何种因素模型对管理人的主动管理能力进行评价，得到的结果可能大不同，关于这个部分的内容本书将在第6章详细说明。接下来，我们将具体谈谈因素投资从理论走向实践的广阔应用空间和所需要面对的复杂现实。

1. 因素投资的应用

站在投资机构优化自身投资能力的角度来看，拥有清晰的可改进的投资策略是非常重要的，但是一直以来很多投资机构都非常依赖明星投资经理的个人发挥，而借助因素模型开发出来的投资策略则可以更好地平衡这种对于个人能力的依赖，并且由于因素投资策略兼具了灵活性和透明度，更加方便投资机构对策略开发、执行和演进的跟踪。具体到策略层面，因素投资可以对传统的主动和被动策略都会产生重大的影响。

对于主动策略而言，因素投资既可以从获取收益也可以从风险管理的角度来改进策略，但是不管哪个角度，因素投资都能够帮助投资机构从复杂多维的证券特征中解放出来，"降维"或者集中关注与因素暴露有关的特征即可。从获取收益的角度来看，如果证券来自因素暴露获得收益是可以预期的，那么机构就可以利用这种暴露构建投资组合获得预期收益，或者可以发现主要因素所不能解释的异象，从而获取α收益；从风险管理的角度来看，因素本身如果视为一种系统性风险，那么投资机构可以选择承担或者回避这种风险，从而避免过度的波动或者损失。特别值得一提的是，上述策略构建是可以单独针对某个或者某几个因素进行的，这也是因素投资相比传统被动投资更加灵活主动的地方。

对于被动策略而言，因素投资不仅可以优化现有指数复制的具体工作，还可以推动指数创新进而创造出更多适合各类投资者的产品。在传统的指数类产品中，指数复制往往是影响跟踪误差的最主要原因，特别是那些在指数中占比很小并且流动性较差的证券，往往会给指数复制带来困难。如果把目标指数看成一个证券组合，利用因素模型构建的模拟投资组合应该是尽可能在多个系统性因素上与其有相同的暴露程度，从而实现复制指数的目的。这种方法不仅对于那些本身跟踪指数成分股很多的产品有效，对于那些由于投资限制（或要求）而不能（或者必须）纳入某些证券的产品而言同样有效。在推动指数创新从而实现产品创新方面，知识链接5-1中提到的smart β产品就是典型的例子。具体来说指数本身就是根据某种证券选择标准建立的投资组合，并且指数价格是以组合内证券价格变动按照不同加权方式获得的，这意味着证券选择、加权方式等构建步骤就已经决定了指数对某些因素的暴露程度。比如传统的市场指数通常包括了全市场证券（或者全市场中市值最大、最有流动性的证券），并且按照市值加权的方式计算指数价格，以这种方式构建的指数基本上就是模拟了 CAPM 中的市场组合。由此可知，当多因素模型开始广泛出现之后，根据对不同因素的暴露选择就可以构建出不同的指数及其投资产品，对市场上的投资者而言这无疑是获取因素收益的最为便利且成本最低的方式。

【知识链接5-1】　　　　纯因素组合与 smart β

以下我们将通过一个简单的构建纯因素组合的例子来形象地解释 smart β 产品在设计上的基本理念：假设在两因素模型下，三种证券对因素 F1 和 F2 的敏感度如下表所示，请构造一个因素 F1 的纯因素组合。

三种证券对两因素的敏感度

证券	β_{i1}	β_{i2}
1	0.80	1.50
2	1.20	−1.56
3	0.80	1.60

纯因素组合指的是对某个因素敏感度为 1（或称完全暴露）而对其他因素敏感度为零的组合，那么假设 Wi 为证券权重，根据题意可知由三只证券构成的因素 F1 的纯因素组合必须满足下列方程组：

$$0.8W1+1.2W2+0.8W3=1$$
$$1.5W1-1.56W2+1.6W3=0$$
$$W1+W2+W3=1$$

解方程组得到：

$$W1=0.2 \quad W2=0.5 \quad W3=0.3$$

从上述简单构建纯因素组合的过程中可以看到，只要获得证券对于不同因素的敏感度，理论上都可以创造出一个组合令其符合纯因素组合的要求，而这正是 smart β 产品设计的基本原理。不同的 smart β 产品本质上就是选择性获取对特定因素进行暴露的证券组合收益，其好处是与所有传统指数产品一样策略高度透明，更有利于投资者进行灵活的资产配置和业绩评价。截至 2022 年年底，根据 wind 数据库统计，我国市场上已有的 smart β 基金产品不到 200 只，规模最大的是华泰柏瑞红利 ETF（510880）。该基金密切跟踪上证红利指数，与传统的市值加权指数不同，红利指数是通过对过去三年平均现金股息率由高到低排名，选取排名靠前的 50 只证券并且使用股息率加权的方式获得。由于股息率体现的是相对于股价的分红水平，高股息率就是公司盈利水平稳定性的体现，又是公司估值水平之锚，根据股息率构建的因素也被称为"红利因素"。

2.因素投资的实践

因素投资尽管有大量的实证证据支持和广阔的应用空间，然而现有实证结果中的因素收益大多数是多空组合收益，并且不考虑投资约束和摩擦成本。这意味着在实践中，因素收益的可得性成为首要问题。具体而言，任何因素投资策略都要同时面对两个方面的问题：一方面是如何选择证券构成对因素有足够暴露的组合，另一方面则是怎样面对和解决现实投资约束，最为困难的是上述两个问题之间还存在权衡取舍，即高暴露组合通常面临较大的投资约束而不可行，低暴露组合虽然没有太多投资约束但是其收益也没有吸引力。尽管当前因素投资策略的相关实践还有很多需要完善之处，但是大部分关键问题已经比较明确，接下来就具体谈谈这些问题。

首先是因素选择和配置问题。该问题是目前理论和实践的共同焦点，即选择捕捉哪些因素收益以及将资产如何在不同因素之间分配。因素选择在实践中也被称为"因素择时"，尽管实证中不少因素在长期都能够提供正的平均收益，但事实上任何一个因素收益都存在周期性变动。因素收益的周期性变动一方面来自驱动收益的基本面，比如宏观经济上行期价值因素、规模因素通常表现较好，而下行期质量因素、低波动因素则表现更佳；另一方面则来自市场对因素交易导致的估值变化，即存在"反转效应"。因素配置对于大型机构投资者而言是一个全新的构建分散化投资组合的策略，具体而言传统的资产分散是将资金投入在不同资产类别之间实现的，但是这些大类资产收益可能受到共同因素影响，分散化的效果就会打折扣。因素配置正是从因素选择出发，通过各类资产对因素的暴露构建因素模拟组合、预测因素组合收益，最后就可以根据投资目标（或者约束）利用组合优化模型来构建最优因素组合，以上的过程虽然看上去烦琐，但实质上却与第4章中获得最优投资组合基本流程一致。当然在现实中，可以直接将最优因素组合转化为资产组合，也可以利用最优因素组合的信息在贝叶斯方法下调整和更新现有资产组合（Bender、Sun和Thomas，2019）。

其次是因素代理变量选择问题。从5.1.2节经典模型介绍中可以看出，不管是宏观还是微观基本面模型，构建因素的过程中都涉及代理变量选择。事实上，同一个因素通常有多个代理变量可供选择，比如著名的价值因素，在Fama和French（2015）五因素模型中使用的是账面市值比（B/M），而其他一些研究则使用的是盈利价格比（E/P）。可以预测，根据由不同代理变量构建的策略很可能导致的最终收益有所差异。为了缓解依赖单个代理变量存在的偏差，构建基于多个代理变量的因素是更为稳健的选择，比如著名量化基金AQR就提倡使用多个代理变量方法。

再次是证券选择组合构建问题。在实践中为了选择对因素暴露程度最高的证券，以及为了兼顾证券的可投资性，往往使用排序法或者优化法，其中排序法因为其操作的简便性而被广泛使用。以单因素策略为例，排序法实际上是以证券对某个因素暴露作为主要标准，兼顾考虑市值、行业、流动性等因素并进行评分，再根据评分高低筛选入池证券进行投资组合。当实施多因素策略时，选择证券会变得更加复杂，可以重复单因素策略的做法对证券进行独立选择后进行组合，也可以对证券各个因素暴露进行评分，根据总分来选择证券构建组合。可以推测，不同的方法得到的组合往往是不一致的，这意味着投资管理者需要在方法之间进行权衡。

最后是持续的风险管理问题。持续的风险管理除了包括与其他主动策略类似的风险管理内容，对于因素投资而言更重要的是管理投资组合对非目标因素的风险暴露。定期评估投资组合的动态暴露水平，采取一定的措施降低对非目标因素暴露造成的损失是因素投资风险管理的核心内容，当前最被广泛使用于因素暴露评估的是明晟（MSCI）提供的Barra纯因素模型。

5.2　有限套利

在上一节中所介绍的因素投资策略之所以可以获得超额收益，本质上需要利用市场定价的非有效性，而市场有效性跟投资者结构、套利限制等因素息息相关。本节将专门讨论上述因素是如何让证券的价格偏离其均衡位置的，以及套利限制下如何对证券定价即有限套利理论，该理论与5.3中的投资者行为共同构成了行为金融理论的重要组成部分，是现代投资管理实践中不可忽视的内容。

5.2.1　噪声交易者模型

在第4章中介绍过有效市场理论遇到各种挑战，其中最强烈的挑战来自诺贝尔奖获得者Robert Shiller，为了更好地解释各种"市场失灵"现象，他提出了早期的噪声交易者模型（Noise Trader Model）。尽管这个模型对于刻画套利行动所面临的各种限制，比较简单和笼统，但是它奠定了行为金融学理论对有效市场理论进行修正的基本框架。顾名思义，噪声交易者的引入是模型的最大特点，这里的噪声交易者并没有特指某一类确定的投资者，而是指交易行为没有基于证券基本面价值估计（即使用预期现金贴现最优估计方法）的投资者。与噪声交易者相对应的是信息交易者，或称套利者，显然噪声交易者的存在以及行为的不可预测，使套利者面临着巨大的投资风险，这种特定的投资风险也被称为"噪声交易风险"。

从证券收益率不确定性出发，Shiller、Fischer和Friedman（1984）定义 $E_t(R_t) = \delta$，E_t 表示以t时刻所有公开信息为条件的数学期望值，δ 是一个常数，R_t 表示证券的实际收益率，即 $R_t = (P_{t+1} - P_t + D_t)/P_t$，其中 P_t 是t时刻观察到的证券的价格，D_t 是期间支付的实际股利。经过多期迭代并且假设终值趋于零，得到了关于证券价值表达式[1]：

$$P_t = \sum_{k=0}^{\infty} \frac{E_t(D_{t+k})}{(1+\delta)^{k+1}} \tag{5.7}$$

从中可以看出，证券价格是在考虑t时刻所有公开信息下对未来支付红利的最佳估计，这也是我们所熟知的基于基本面信息的定价公式。Shiller等人在式（5.7）的基

1　具体推导细节可以参见 SHILLER R J, FISCHER S, FRIEDMAN B M. Stock Prices and Social Dynamics. Brookings Papers on Economic Activity [J], 1984.

础上引入了两类投资者：噪声交易者和套利者[1]，并且认为均衡条件下，证券价格 P_t 应该使得两类投资者需求总和等于证券供给（表示为流通证券总价值 $S_t \times P_t$）。具体而言，噪声交易者如前文所述并不是基于基本面信息作出投资决策，可以认为他们的需求随时间变化，如果 Y_t 是其要求的每单位证券价值，S_t 是总的流通证券数量，那么噪声交易者需求可以表示为 $V_{nt} = Y_t \times S_t$。套利者的需求可以表示为 $V_{at} = Q_t \times S_t \times P_t$，即套利者对证券需求是整个供给的一部分，其中 $Q_t = (E_t[R_t] - \rho)/\varphi$，$\rho$ 为使套利者需求为零的预期收益率，φ 表示套利者愿意持有全部证券而要求的预期收益率[2]，这意味着 $Q_t = 1$ 时 $E_t[R_t] = \rho + \varphi$。这时候的均衡条件可以表达为 $V_{nt} + V_{at} = S_t \times P_t$，即 $Q_t + (Y_t/P_t) = 1$，将 Q_t 的表达式代入后同样利用迭代的办法，就得到噪声交易者模型：

$$P_t = \sum_{k=0}^{\infty} \frac{E_t(D_{t+k}) + \varphi E_t(Y_{t+k})}{(1 + \rho + \varphi)^{k+1}} \tag{5.8}$$

观察（5.7）和（5.8）的区别，不难看出分母的折现率变成了 $1 + \rho + \varphi$，分子项目上增加了 $\varphi E_t(Y_{t+k})$，二者都受到了 φ 变量的影响。根据 φ 在上文中的定义，结合套利者的交易行为受到各种限制的事实，可以将 φ 认为是对套利成本的估计。那么，当 φ 较小的时候，可以看出噪声交易者模型与基本面定价模型差异不大，意味着当套利者面对更少的套利限制或者更低的套利成本时，证券价格更接近基本面定价的情况，也可以理解为套利者行动纠正了噪声交易者需求对证券定价的影响。同理可知，当 φ 很大的时候，证券价格将更多地受到噪声交易者需求的影响，而大幅度偏离基本面定价的位置，可以用于解释现实中经常可以观察到的资产泡沫现象。由此可见，套利成本对于资产定价起到关键性作用，在下一小节将专门对其进行深入分析。

除了套利成本 φ 之外，噪声交易者模型中另一个关键变量就是 Y_t，代表了随时间变化的噪声交易者需求。但是，这种随时间变化的趋势究竟是什么呢？有效市场理论认为 Y_t 的变化是随机的，因此证券定价应该遵守（5.7）式的情况，即 $E_t(Y_t) = 0$。但是现实中观察到的情况是 Y_t 往往是有趋势性变化的，这种趋势性的变化常常可以在公告后证券价格反应过度或反应不足的事实中观察到。到底什么因素驱动了噪声交易者需求，或者说噪声交易者是如何进行投资决策的，这些关键问题对于进一步理解噪声交易者对证券定价造成的影响至关重要，这也是5.3节想要探讨的主要问题。

总的来说，噪声交易者模型向我们揭示了证券定价主要受到三个方面因素的共同影响，除了基本面因素之外，套利成本和噪声交易者需求是传统理论中被忽视的部分。对于套利者而言，一方面要面对各种套利成本（限制），另一方面则要预测噪声交易者需求的变化，也就是说套利者并不像传统理论所描述的那样当证券价格偏离其基本面价值的时候就采取行动。该模型对现实投资实践的启示是，基本面分析只是投

1　原文中使用的称呼是"ordinary investors"和"smart-money investors"。
2　在原文中也被看成是给套利者的风险溢价。

资决策中的一部分（即投资者所指的"价值投资"），这也是大量分析师的工作内容，而投资经理更多的工作是预测噪声交易者行为（即投资者所指的"趋势投资"），另外套利成本也常常会发生剧烈的变化，套利成本的降低有利于"价值投资"，反之则有利于"趋势投资"。

5.2.2　套利成本分析

噪声交易者模型指出套利成本的存在导致证券价格偏离其基本面定价，理论上套利成本似乎很好理解，但是现实中套利成本却因为投资策略、管理资产规模等特征的差异而变化，同时市场平均意义上的套利成本也会受到诸如交易制度、货币政策等宏观因素的影响而随时间发生变化。为了更好地理解现实投资管理中的套利成本影响因素，本节将以专业投资者进行资产管理的必要环节作为分析框架，需要说明的是对于特定的投资机构而言，在必要环节中受到的制约不同而且也可能存在一些其他特殊的制约。

专业资产管理的必要环节包括：构建投资策略、筹集投资资本以及实施投资策略，上述环节中任何一个导致套利成本过高，都会使得套利交易很难发生，此外这些环节之间并不是相互独立的，而常常是互相影响的。暂且抛开它们之间的相互影响不论，下面将重点就每个环节中的套利限制进行单独分析。

1. 构建投资策略

对于主动策略投资者而言，关于资产定价一切的努力都要转化为对定价偏离的识别，并且在此基础上建立可行的交易策略。然而造成定价偏离的原因可能来自市场的错误定价，也可能来自定价模型本身的不足，区分二者是相当困难的事情。假设公认的定价模型没有问题，证券定价即是将所有可得信息转化为估值的过程，这其中包含了大量的信息成本，粗略地可以分为获取成本和处理成本。

信息获取是一个信息可得性问题，相比于普通投资者，专业投资机构拥有更多信息来源并且会斥资进行信息购买。Grossman 和 Stiglitz（1980）在其理性预期模型（Rational Expectations Equilibrium，REE）中解释了专业投资机构受到利益激励获取私人信息的行为，包括订购数据服务和分析师服务，甚至是内幕交易。这些行动会持续地造成投资者之间的信息不对称，极端情况下会导致流动性问题，在实施投资策略部分将会提到流动性丧失会反过来增加套利成本。成熟的市场制度往往会在打击内幕交易的同时，重视塑造公平的信息披露环境和提升信息披露质量，这些制度虽然降低了投资者整体的传统财务类和经营类信息获取成本，但是为了获得信息优势，专业投资机构则更多地开始关注另类信息，另类信息的获取成本更高并且通常充满了噪声，信噪比问题将引起后续信息处理难度的增加。

信息处理是一个降噪和转换过程，这个过程充满了挑战，最大的挑战可能来自信息不确定性和任务复杂度。Jiang（2005）将信息不确定性解释为"估值模糊"，即高信息不确定性的证券预期现金流困难，因此当使用基本面估值的时候其结果易变且不可靠。另一种信息不确定性的解释来自Stein（2009），他指出对于交易策略"拥挤度"（即投资者不确定有多少其他投资者会同时进行相似的交易）信息的不确定性也会形成套利限制。任务复杂度指某些特定信息很难"琢磨"和"解读"，导致了拥有这些信息的证券在信息公开后价格调整非常缓慢。关于任务复杂度导致的套利限制，得到了众多实证研究的支持，被验证会导致任务复杂度增加的信息种类繁多。最典型的例证是在会计信息解读中，人们更重视财务报表中的科目，而往往忽视了报表附注中的信息。不管是信息不确定性还是任务复杂度都跟行为金融学提出的有限注意力理论相关，即投资者精力和注意力有限，很难在作出决策的时候考虑所有相关信息，关于这一点将在下一小节针对投资者行为偏差分析中专门讲述。

除了上述信息成本带来的制约之外，现实中利用可比证券之间相对价值变化进行投资，是比直接使用定价模型进行绝对估值更为普遍的办法，特别是在对冲基金各类策略中更为常见。这种基于相对定价的策略除了要面对信息成本制约之外，还要面对证券替代品不可得的限制。由于现实中证券完美替代品几乎不存在，大部分专业投资者会使用5.1节中介绍的因素模型，只对影响证券价值的共同因素进行套利。使用因素模型的好处是替代品可以是证券组合，避免依赖单个证券导致的限制，但是即便如此仍然需要面对剩余风险，而采取对冲方式进行管理就会增加后面谈到的实施投资策略成本。

2. 筹集投资资本

现实中的专业投资机构通常管理着大量投资人的资金，而不是完全使用自有资金，资本与管理的分离自然就会产生典型的委托代理问题。投资人由于缺乏专业知识无法深入理解专业投资机构的投资策略，更为重要的是会担心这些代理人的道德风险。因此，投资人会频繁地关注业绩，并且通过业绩表现来评估代理人的能力和尽责程度。专业投资机构为了应对投资人的评价，会为了实现这种评价业绩而进行投资，即业绩导向型套利（Performance Based Arbitrage，PBA）。这种情况下，投资者根据过去的实现业绩决定是追加投资还是撤资，而深知这一点的专业投资机构遇到套利机会时，会因为担心在评估期内该策略未能如期获利（或者是偏差进一步扩大导致损失）而变得非常"谨慎"。

业绩导向型套利问题在筹集（追加）新的资本金时表现得更为明显，特别是当套利机会出现而专业投资机构已经接近满仓的情况下，需要依靠新的资金来执行策略，而投资人未必会愿意追加资金，这使得专业投资机构要么面临着融资限制从而放弃机会，要么提前预留部分资金来灵活应对，不管哪一种都降低了市场上可用于套利的资金额度。Shleifer 和 Vishny（1997）的研究指出，当套利机会最好的时候（即证券价格偏离最大的时候）预期投资收益最高，但是基于过往业绩评价的结果导致此刻融资限制最严重。

当然由于专业投资机构之间存在差异，在正常情况下总是会有机构可以获得追加资本，从而对套利机会进行投资，尽管这种情况下也不能完全对证券价格纠偏。但是关于大甩卖（Fire Sale）的研究表明，某些专业投资机构遭遇了清算，而市场上其他专业投资机构如果也在同一时间面临融资约束，对证券的抛售行为反而会导致价格偏差扩大。近些年来的研究比如 Brunnermeier 和 Pedersen（2009）将证券交易流动性与专业机构的融资限制联系起来，指出二者之间存在相互加强的"流动性螺旋"，即专业机构的投资行为提供了证券交易所需的流动性，而证券交易流动性下降又反过来加剧了融资限制。考虑到部分专业投资机构还使用杠杆资金，市场剧烈波动的时候，也是杠杆资金提供者（比如银行）回收资金的时候，这种情况下尽管投资人还没有行动，融资限制的影响已经存在了。

3. 实施投资策略

实施投资策略环节中的交易成本是导致实证资产定价研究中预期收益与现实投资收益差距的重要因素，常见的交易成本可以分为直接成本和间接成本两类。

最常见的直接交易成本包括佣金税费、买卖价差和价格冲击，前两者相对而言比较稳定，但是价格冲击带来的影响却比较难以估计。价格冲击指的是大规模交易证券对证券价格带来的不利影响，这种成本与交易订单规模、证券流动性、交易执行速度等因素相关，同时这些因素之间还可能存在相互影响，比如为了消除大订单带来的负面影响，通常交易员会进行拆单交易，而拆单交易本身又会影响交易执行速度。随着市场的发展和技术的推动，上述这些直接交易成本总体上来说都呈现下降趋势，相对于间接成本而言，造成的套利限制也较小。

间接交易成本主要包括上文中提到的对冲成本，还有杠杆融资成本以及卖空交易成本。这些间接成本的共同特征是在不同投资策略之间差异很大，比如对冲基金的对冲成本往往高于主动管理的共同基金，债券基金则通常存在杠杆融资成本。卖空交易成本则是学术界近些年来关注的重点，原因在于普遍研究认为实施卖空策略的投资者是专业机构中具有更强信息处理能力的一批人。但是卖空交易本身依赖市场是否开放卖空交易以及能否低成本地借入证券卖空，比如我国的融资融券市场，相比融资市场，融券市场的规模太小，这意味着卖空交易策略会受到严重制约。

除了上述常见的交易成本之外，还有许多市场制度和政府政策也会造成套利限制。这些制度中最常见的是提高交易税费以及限制交易制度，比如在 2015 年我国股票市场下跌的时候，就曾经对金融期货实施过交易限制。在短期内，限制交易等非常规政策可能会起到一定的打击投机和缓解恐慌作用，但是同时也造成了流动性进一步的降低以及交易成本激增。

5.3　投资者行为

噪声交易者模型中指出证券价格偏离其基本面价值的重要影响因素之一就是"噪声交易者需求"，如何衡量和预测噪声交易者需求成为理论和实践共同关注的重点。研究投资者决策的行为金融学，提供了很多来自其他学科诸如心理学的研究支持，逐步形成了自己的体系，不少行为因素已经进入了多因素模型中形成对资产定价的重要解释。由于行为金融学覆盖范围广，理论分支多，受制于篇幅，本节将重点介绍投资者情绪和决策偏差两个部分，前者是对噪声交易者需求及其影响的深入研究，后者则是解释投资者情绪产生的心理学微观基础。

5.3.1　投资者情绪

投资者情绪（Investor Sentiment）刻画的是"非基本面"驱动的投资者需求，与"噪声交易者需求"相比其内涵更加广泛，既不限于噪声交易者，也可以不限于市场层面定价偏差。投资者情绪研究的起源是关于非基本面信息是否影响了证券价格，代表性研究成果即上一节中介绍的早期噪声交易者模型，而后不断涌现出各种类型的基于投资者情绪的行为金融模型，并且开始由资产定价领域向公司金融领域延伸。大量的实证证据识别出了越来越多的"非基本面"需求，并且这些需求都影响证券价格，当套利者行为无法消除这些影响的时候，证券价格就会偏离其基本面价值。现今关于投资者情绪的存在已经形成共识，本小节中将会首先介绍一些经典的证据，并且在此基础上引入投资者情绪的度量。

1. 投资者情绪证据

证明投资者情绪的存在并不是一个简单的工作，最大的难点是必须将基本面和非基本面需求分离，但是结合此前介绍的各类定价模型可以知道，基本面定价衡量本身都没有完全达成共识，因此投资者情绪验证是从间接证据开始的。真正具有说服力的早期研究是针对"封闭式基金定价之谜"的行为金融学解释。简单来讲，"封闭式基金定价之谜"就是封闭式基金二级市场交易价格相对于投资者所持有的投资组合价值在基金存续期内的波动情况：在基金募集初期则表现为溢价，在封闭期内存在显著且波动的折价，而基金到期前折价消失。相比其他更难定价的资产，封闭式基金简单而透明，其价值就是持有的证券组合的价值，理论上讲如果投资者按照基本面价值进行交易，那么考虑到交易成本等因素封闭式基金的交易价格不应该大幅度偏离其所持有的资产价值。不少非行为金融学的研究也提供了关于折价交易的解释，比如指出封闭式基金持有非流动性资产，这些资产的估值不准确，或者封闭式基金存在代理成本问题等，但是这些研究都没有办法解释在存续期内封闭式基金交易价格变动的所有事实。

想要解释封闭式基金定价之谜，首先可以把封闭式基金当做证券来看，使用5.2.1中的噪声交易者模型可以看出，交易封闭式基金需要面对难以预测的噪声交易者需求，同时持有封闭式基金还要承受其所投资证券组合的风险，从这个角度来说，封闭式基金只有折价才能吸引到足够的投资者来交易。当封闭式基金即将到期时，套利者承担的噪声交易风险迅速减少，从而理性交易降低了折价水平。此外，在封闭式基金发行的时候由于某种乐观情绪，噪声交易者可能会过于积极地购买基金而造成溢价。当然，上述解释还需要明确噪声交易者群体才算"证据确凿"，Lee、Shleifer和Thaler（1991）的研究显示，封闭式基金之间有共同的折价变动趋势，并且这些基金的主要投资者是个人，进一步的分析还表明被个人投资者所持有的其他证券（比如小公司股票）也存在与封闭式基金折价共同的波动。这些证据指向个人投资者作为噪声交易者的代表，他们的非基本面需求变动影响了所投资证券价格的共同变动。

后续研究还关注了投资者资本流动与证券价格变动之间的关系，大量实证结果表明，投资者资本流动方向与证券过去的收益正相关（即过去表现好的证券有更多资金流入，反之则是资金流出），但与未来证券的收益却是负相关。不仅在个别证券上如此，在资产管理行业也有类似的情况，不管是共同基金还是对冲基金，资金净流入的基金未来收益表现不佳，而资金净流出的基金表现突出。这种特别的现象看起来是投资者总是选择了"坏的时机"，但是也可以理解为投资者过分重视过往表现，而忽略了影响未来收益水平的基本面价值。

2. 投资者情绪度量

既然投资者情绪是存在的，那么关键的问题就是如何度量这种情绪，对于套利者而言，如果能够很好地捕捉投资者情绪会大大提高他们的套利策略有效性。假设投资者情绪受到非基本面因素的影响，那么当此类事件发生的时候（比如知识链接5-2中提到的阳光效应），投资者会首先更新自己的信念，这些信念最终会体现在交易决策上，导致非基本面需求增加，而套利成本的存在无法消除证券价格的偏差。从上述过程可以看出，测量投资者情绪可以从投资者如何更新信念、投资者的交易决策以及证券的价格偏差三个方面来考虑，比如使用调查问卷方式了解投资者的信念，利用前面所说的投资者资金流动来观察交易决策，最后可以利用多因素资产定价模型来衡量证券价格偏差。另外，市场上普遍存在信息不对称，而公司内部人总是有更多的信息优势，当市场情绪变化的时候通常也能观察到这些内部人的行动，包括利用市场情绪高涨进行股权融资或者卖出私人持有的股票等。

早期的投资者情绪度量都是来自投资者情绪存在的实证证据，比如把封闭式基金折价水平作为投资者情绪的代表。Baker和Wurgler（2006）在前期研究的基础上，综合考察了投资者交易决策、证券价格偏差以及内部人行动，并使用六个代理投资者情绪的变量构建了一个市场情绪指数，成为目前最为广泛使用的观察市场层面投资者情绪的指标，这六个变量分别是：封闭式基金折价率、股票换手率、IPO募集规模、IPO首日平均收益、股权融资占总融资比重[1]，以及股利支付证券溢价率[2]。当封闭式基金折价率低、股票换手率高、IPO募集规模和首日平均收益高、股权融资占比高、股利支付证券溢价率低，代表了市场上投资者总体的正面（积极）情绪，反之则是负面（消极）情绪。为了缓解这些指标所包含的非投资者情绪信息（比如反映了宏观经济、制度变化等），Baker和Wurgler（2006）将每个代理变量对一组宏观经济指标进行回归[3]，并使用这些回归的残差作为更新后的情绪代理变量，最后再对残差时间序列提取第一主成分构造了情绪指数。利用情绪指数对横截面资产定价进行实证的结果表明，难被套利的证券[4]收益率对情绪指数有正的因素暴露，反之容易被套利的证券

---

[1] 总融资规模是股票融资规模加上长期债务融资规模。
[2] 溢价率计算：支付股利证券和不支付股利证券的平均市账比率的对数差。
[3] 具体宏观经济指标包括：工业生产的增长，耐用、非耐用和服务消费的实际增长，就业的增长以及美国经济研究局的衰退指标。
[4] 这些证券通常是市值规模小、波动率高、流动性差的证券。

收益率则是负的因素暴露，以上证据符合有限套利理论的分析。

【知识链接5-2】　　　　　　　　**阳光效应**

　　早期获得投资者信念更新的信息，采用的大部分是问卷调查方法，而通过捕捉一些具有普遍影响力的外生冲击事件，来测试投资者是否受其影响是一种更为有意思的做法，比如阳光效应。Saunders（1993）的研究首次发现，当纽交所所在地阴天的时候，指数收益率常常是负的，随后Hirshleifer和Shumway（2003）将研究覆盖到了全球26个证券交易所，即使在考虑交易成本的情况下阳光与股票日收益率之间也存在密切关系。Kamstra等人（2003）则另辟蹊径，基于心理学研究指出日照时间与人的情绪（主要是抑郁）之间的关联，指出短日照会导致投资者更大的风险厌恶，因此在秋冬季节股权投资收益水平更高。

5.3.2　投资者决策偏差

　　投资者情绪的存在和对资产价格影响已经是公认的事实，不过这些情绪的来源是什么或者说投资者是如何形成基于非基本面信息投资决策的，只有理解了这些问题才能通过建立行为金融模型，更好地对投资者情绪以及资产价格作出预测。本节将在回顾传统金融学理论对投资者决策的严格假设基础上，介绍引起投资者决策偏差的心理学基础，最后以行为金融学在资产定价领域的发展和前景作为本部分的结尾。

　　传统的金融学理论对投资者决策有严格的限制，即投资者都是"理性"的，具体包括两个假设（Barberis，2018）。第一个假设是关于信念的，即投资者是"贝叶斯式"的：当新的信息到来时，他们会根据贝叶斯法则及时准确地更新他们对未来结果的信念。第二个假设是关于偏好的，即投资者是根据"预期效用"作出决定：在信念基础上，他们选择具有最高"预期效用"[1]的行动。有效市场假说正是建立在这些假设基础之上，因而当越来越多来自心理学和决策科学的研究指出关于投资者"理性"假设可能过于"美好"的时候，也就不难理解为什么有效市场假说会常常受到实证发现的挑战[2]。当前用于解释投资者决策偏差的心理学理论纷繁复杂，这里使用Hirshleifer（2001，2015）研究综述的分类方法，按照启发式简化、情感捷径和自欺欺人三个类别进行介绍。启发式简化产生的原因是人们应对自身有限的注意力与信息处理能力而发展出一组快速决策机制，情感捷径指出人们的感受是比理性思考更加快速且强势的评判机制，而自欺欺人则是基于人们对自我的过度关注和维护自身价值的需求作出的选择。三个类别中，启发式简化和自欺欺人两个类别已经相对成熟并且拥有大量可操作理论模型，而对情感捷径的研究则仍处于发展阶段。在这三个类别的框架之下，还有许多细分的决策偏差种类，具体参见表5.3的归类说明[3]。尽管关于人们的决策偏差来源还在持续发现中，但是目前已经发现的因素可以很好地对投资者行为

---

　　[1]　这个效用函数是以消费效用为基础的，数学性质上看是递增并且凹性的。
　　[2]　必须指出是，投资者个体层面的决策偏差证据并不足以撼动有效市场假说，只有投资者群体或整体层面的强有力的证据结合有限套利理论才有较强的说服力。
　　[3]　受制于篇幅，表5.4并未列举全部的决策偏差来源，而是选择其中被广泛认可的类别。

进行解释，并且已经积累起大量的实证证据。

表5.3 决策偏差的来源归类

类别	细分	解释现象举例
启发式简化	显著性偏差	人们倾向于忽视低显著性的信号，而对显著的或最近发生事件反应过度，常常与投资者分心一起用于解释盈利公告后的漂移现象，以及投资者为什么忽略了基本面信息而关注了非基本面信息
	框架效应	框架效应指人们使用不同的参考进行决策会导致结果差异很大，前景理论的一个关键内容正是基于回报与参考点的偏差，该理论可用于解释货币幻觉（Fisher，1928），即人们在投资决策中使用名义价格，而不是实际价格
	心理账户	心理账户是指人们内心存在一个分类账户系统，他们基于相对于参考点的收益和损失对不同类别账户进行分类处理。该理论建立在前景理论的基础上，强调了不同心理账户之间的损失和收益不可以等价替代
	损失厌恶	损失厌恶是前景理论中的重要组成部分，指的是投资者对于确定性的小损失（负向偏离参考点）的回避。该理论可用于理解股票预期收益相对于债券的长期溢价
	启发式学习	启发式学习指人们信念更新时启动的一组快捷方式，其中最为出名的是代表性启发式（Kahneman 和 Tversky，1973），即人们对某一证据的信念更新往往基于典型性而不是基础概率。例如基于小数法则（人们对分布进行推断时倾向于高估小样本），可以解释对公共信号趋势（如盈利新闻序列）的过度反应以及后续股价反转
情感捷径	熟悉与喜爱	熟悉与喜爱基于接触效应，即反复接触没有明显不良后果的事物往往会使人们更喜欢它，该理论可以部分解释禀赋效应，即人们倾向于保留自己拥有的事物，而不是换取更好的替代品
	模糊厌恶	模糊厌恶指人们厌恶模糊性，导致非理性的选择（Ellsberg，1961），对模糊厌恶的一个可能的解释是决策时可识别参数的明显缺失意味着更高的风险或者恶意操纵，因此模糊厌恶可能会不适当地增加风险溢价
	自我控制	自我控制常指在跨期决策中人们控制短期倾向的行动，然而常常观察到的现象是人们对自我控制所要求的补偿（贴现率）随着环境的变化而变化，其中包括了大量的情绪和情感变动，而贴现率波动可被应用于解释比如储蓄、流动性溢价和股票溢价之谜等问题

续表

类别	细分	解释现象举例
自欺欺人	过度自信	过度自信指人们高估了自己对事情的判断准确度，特别是对于有挑战性任务而言，过度自信程度更高，常常被用于和归因偏见一起解释交易的积极性和股票价格的过度反应和反应不足模式
	归因偏见	归因偏见指将好的结果归因于自己的能力，将坏的结果归因于外部，归因偏见的存在使得人们很难从过往经验中学习，因此常常被用于过度自信的动态模型中解释股票收益的短期延续和长期逆转
	过度乐观	过度乐观指对自己能力过度自信的人常常会对前景更加乐观，被用于解释企业或者机构管理者的决策行动以及分析师的乐观评级倾向
	确认偏见	确认偏见指人们倾向于以符合自己先前信念（判断）的方式收集相应的证据进行合理化解释，而忽略其他证据，确认偏见的存在被用于解释某些投资者坚持错误的交易策略

由上述导致投资者决策偏差的心理学基础可以看出，行为金融学的确对很多市场"异象"具备较强的解释能力，但是行为金融学理论也遭到了不少批评。比如Fama就认为由于人们偏离完全理性的方式很多，很容易找到对观察到事实的"解释"，而这样的理论建构方式是"缺乏纪律的"。的确对比传统金融理论，到目前为止行为金融研究尚未构建出一个基于心理学的投资者信念和偏好的统一模型，但是分别针对投资者信念和偏好的行为模型（Behavioral Models）已经出现，比如使用推断性信念替代埋性信念的外推模型，以及使用前景理论解释偏好的主观效用模型。除了建立统一模型之外，在研究基础上，行为金融学的未来也不仅仅依赖心理学研究，而是更为广泛地吸收诸如神经科学、社会学等其他领域的研究成果对投资者决策偏差进行解释；在研究层面上，相比于当前根植于个体的研究，投资者之间的信息传递、社会道德规范等社会互动分析的引入能够为投资者更新信念提供更深的见解（Hirshleifer，2015）。

● **本章小结**

因素模型捕捉了影响证券价格共同变动的驱动因素，这些因素可以是宏观因素也可以是微观因素，确定因素模型的具体形式有多种途径，也是实证资产定价研究的核心问题。

在因素模型基础上建立的因素投资，不仅在传统的主动投资和被动投资策略中都有广泛的应用空间，同时也模糊了主动和被动投资策略的界限。

因素投资实践最关键的难点在于权衡因素暴露和投资可行性，同时还要逐个解决比如因素选择、因素配置、因素代理变量、组合构建以及持续风险管理等问题。

有限套利理论的出现是为了解释有效市场理论无法解释的证券价格偏离现象，最早的有限套利理论构建了噪声交易者模型，提出了基于噪声交易风险和套利成本两个方向的思考框架。

套利成本是影响套利者行动的重要因素，套利成本一方面受到宏观和制度的影响，另一方面则是与投资策略相关，从而使得专业投资机构在构建投资策略、筹集投资资本以及实施投资策略不同阶段面临的套利成本有明显差异。

投资者情绪是对噪声交易风险的深度刻画，证实投资者情绪的存在以及建立投资者情绪度量方法是更好地理解噪声交易风险并且度量其影响的重要工作。

投资者情绪的来源是投资者的决策偏差，包括启发式简化、情感捷径和自欺欺人三个主要类别，尽管相关研究已经基于这些心理学理论发展出多个行为模型，但是基于投资者信念和偏好的统一模型还未形成。

● **思考题**

1. 使用因素模型进行资产定价，投资组合的风险如何度量？

2. 经典因素模型中使用的宏观因素模拟组合（Macro Factor Mimicking Portfolios）方法指的是什么？

3. 因素投资在主动和被动投资策略中的应用分别有什么？

4. 为什么说因素投资模糊了主动和被动投资的界限？

5. 噪声交易者模型是如何解释证券价格偏离其基本面价值的？

6. 套利成本是什么意思？套利成本包括了哪些内容？

7. 如何度量市场层面的投资者情绪？

8. 影响投资者情绪的心理学因素有哪些？

9. 行为金融学取得的成果和发展前景如何？

第6章 基金组合管理业绩评价

基金业绩评价是基金组合管理过程中的重要环节，能够为基金管理者提供指导意见，并为投资者选择基金提供一个合适的标准。站在基金管理者的角度，业绩评价的重要作用不仅在于评估某个阶段投资策略是否有效，更是一种改进组合管理的反馈机制。站在投资者的角度，业绩评价一方面帮助投资者筛选出最合适的基金产品，另一方面则是缓解委托代理问题的重要工具。本章将在介绍基金业绩评价常用方法的基础上，立足于学术研究成果对基金业绩归因和影响基金业绩的因素进行分析。

6.1 基金业绩评价

基金业绩评价的起点是基金投资所获取的收益，而理解这些收益的关键是将基金所承担的风险纳入评估，即如何对基金收益进行风险调整是理解基金业绩的关键所在。同时，投资者对业绩可持续性的关注，不仅是对过去基金取得业绩的持续性评价，也是预测基金未来业绩的基础。

6.1.1 业绩评价方法

收益衡量是对评估期内基金实现的收益进行计算，在此基础上，常用的业绩衡量方法都需要结合对风险的衡量，从而对风险调整后的业绩进行评价。在本小节中，将首先介绍基金单位净值、投资收益率等收益衡量指标，进而介绍常用的单一指标业绩评价方法。

1. 基金收益衡量

在所有衡量基金收益的方法中，最简单、直观的方法是比较基金的单位净值（Net Asset Value，NAV），即在某时点上每份基金的市场价值。通常而言，基金单位净值等于该基金的净资产总值除以发行的总份额。其中，净资产总值是该基金在计算日持有证券的总市值与持有现金之和，再扣除各种交易费用（包括发行费用、销售费用和各种税金等）和负债总额。基金单位净值最经常被用来确认开放式基金投资者申购、赎回基金时的最终价格。

使用基于单位净值计算的简单收益率可以表示为式（6.1），其中 NAV_t 表示基金在第 t 期期末的单位净值，D_t 表示在第 t 期内基金发放的红利。

$$R_t = \frac{NAV_t - NAV_{t-1} + D_t}{NAV_{t-1}} \tag{6.1}$$

然而，这种收益衡量方式存在许多缺点：首先，单位净值仅用来表示基金的绝对收益，可以用于观察单个基金在不同时期的业绩变化，但是不能在基金间作横向比较；其次，大部分开放式基金都面临着资金的流入和流出，这种只比较期初和期末价值确定收益的方式，特别是在评估时间较长的时候（比如季度、年度），会因为资金流动带来的影响而出现误判；最后，这种指标没有综合权衡收益与风险，因此不能判断基金的收益是否能补偿该基金所面临的风险。

为了衡量较长周期内的收益或者多期投资收益，可供选择的收益包括：算术平均收益率、时间加权收益率以及货币加权收益率。算术平均收益率是投资组合在评估投资期间子期收益率的非加权平均；时间加权收益率也称几何平均收益率，衡量的是在评估期内投资组合市场价值的增长率；货币加权收益率也称内部收益率，是使在投资评估期内各子期的现金流以及投资组合的最终市值的现值之和等于投资组合期初市场价值的收益率。三种收益率的计算公式如下：

算术平均收益率：$R_A = \dfrac{R_1 + R_2 + \cdots + R_N}{N}$ （6.2）

时间加权收益率：$R_T = \left[(1 + R_1)(1 + R_2)\cdots(1 + R_N)\right]^{1/N} - 1$ （6.3）

货币加权收益率：$V_0 = \dfrac{C_1}{1 + R_D} + \dfrac{C_2}{(1 + R_D)^2} + \cdots + \dfrac{C_N + V_N}{(1 + R_D)^N}$ （6.4）

其中，R_A 为算术平均收益率，R_T 为时间加权收益率，R_D 为货币加权收益率，R_N 为基金在各子期的收益率，V_0 是基金投资组合期初市场价值，V_N 是基金投资组合期末市场价值，C_N 表示基金投资组合在每个子期间的净现金流入。

一般来说，对于评估基金投资组合的收益而言，货币加权收益率并不是很恰当。因为货币加权收益率是以资金量的大小为权重计算收益率，所以即使两只基金投资组合在子期收益完全相同，但如果在投资期间内投资者撤回或增加投资资金，这两只基金的货币加权收益率也会有差异。因此，货币加权收益率的最大缺陷是把投资者重新分配资金（这是管理者无法控制的）对基金的影响加在基金管理者身上。尽管有这些限制，货币加权收益率还是有其特殊意义的——它在衡量基金投资收益的同时包含了投资组合市场价值增长的信息。通常对于同一评估期内的投资组合，算术平均收益率一般来说大于时间加权收益率。这是因为在计算算术平均收益率时，投资的数额假定固定不变在投资组合的初始市场价值的水平上（尽管期间内有追加或撤回）。而时间加权收益率则假定所有期间内的收益都用于再投资，即各子期内投资组合的规模不断变化，且较低的子期收益率对时间加权收益率的影响更大。只有在所有的子期收益率都相等时，算术平均收益率和时间加权收益率才相等。

那么，哪种方法能更好地测算基金的投资业绩？对于测算过去业绩而言，时间加权收益率是一个好方法，因为它意味着我们必须保持一个稳定的收益率，以配合过去几年投资的实际业绩。而要预测未来的投资业绩，算术平均收益率则是更好的选择。因为算术平均收益率假定未来的期望收益不变动，从而该收益率是投资组合期望收益的无偏估计。相反，因为长样本期的几何平均收益率往往低于算术平均收益率，几何平均收益率就成为基金投资组合预期收益的保守估计。

2. 单一指标评价方法

投资者在投资时不仅要考虑基金投资组合的收益，也要考虑所承担的风险。一般而言，风险可以分为总体风险以及系统性风险，前者通过收益率的标准差度量，后者则是通过在第4章和第5章中介绍的β系数来衡量。为了将收益和风险更好地结合起来，出现了众多衡量指标，下面将介绍最为常用的夏普指标、特雷诺指标和詹森α指标。

（1）夏普指标

Sharp（1966）通过对34只基金在1944—1953年以及1954—1963年间的业绩进行研究，发现基金间的业绩存在差别，而且很大程度上是由于基金费用的差别，扣除基金费用之后，大部分基金的业绩劣于道琼斯指数。他采用总风险所对应的超额收益率来评价基金的业绩，即夏普指标：

$$SR = \frac{\overline{R_p} - R_F}{\sigma_p} \tag{6.5}$$

其中，分子项目为投资组合的平均收益率减去无风险利率，代表超额收益，分母则是用标准差表示的总风险。不难看出，夏普指标测度的是承担单位总风险所带来的回报，该值越大说明基金的业绩越好。

回顾在第4章中介绍CAPM时，在期望收益-风险坐标系内从R_F出发与风险证券组合有效边界可以构成无数条射线，并且资本市场线（CML）的斜率最大，这里的斜率就是夏普比率。从图6.1中可以看出，投资组合A位于比资本市场线更低的位置，斜率更低意味着投资组合A夏普指标更低，而投资组合C在资本市场线上，说明其用夏普指标衡量的业绩等同于市场组合，投资组合B在比资本市场线更高的位置，说明夏普指标衡量下该组合战胜了市场组合。

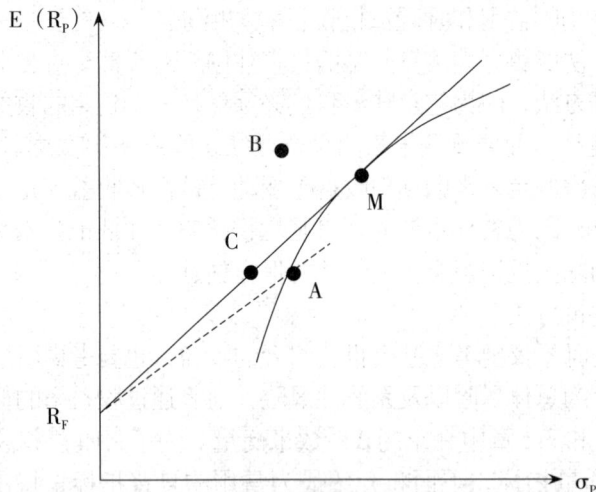

图6.1　用夏普指标衡量的基金组合

【知识链接6-1】　　　　　　一般化的夏普指标

受到APT和因素模型的影响，Sharp（1992）构建了一般化的夏普指标来替代传统夏普指标，该指标公式如下：

$$\frac{\frac{1}{T}\sum_{t=1}^{T}(R_{Pt}-R_{Bt})}{\left[\frac{1}{T}\sum_{t=1}^{T}(R_{Pt}-R_{Bt})^2\right]^{\frac{1}{2}}} \quad \text{其中：} R_{Bt}=\sum_{j=1}^{J}\beta_{Bj}I_{kt}$$

虽然看上去一般化的夏普指标较为复杂，但其思想仍然是在衡量单位风险对应的超额收益，只是在这里超额收益不再是简单的超过无风险利率的收益，而是超过因素组合的收益，这里的风险也不再是简单的投资组合总风险，而是相应的调整为用于业绩评估的因素模型回归残差的标准差。

（2）特雷诺指标

Treynor（1965）首次提出一种经风险调整后的投资基金业绩的评价指标，即我们现在所谓的"特雷诺指标"。Treynor认为根据CAPM，基金构建的分散化投资组合应消除所有的非系统风险，因此用每单位系统风险系数所获得的超额收益率来衡量投资组合的业绩是恰当的，即：

$$TR=\frac{\overline{R_p}-R_F}{\beta_p} \tag{6.6}$$

对比夏普指标可以看出，特雷诺指标在分子项目即超额收益的衡量上与夏普指标是完全一样的，差别仅在于对风险的不同度量。因此，特雷诺指标衡量基金承担的每单位市场风险的超额收益率，该值越高基金的业绩越好。

（3）詹森α指标

Jensen（1968）提出通过计算差额收益率的方法来衡量基金的业绩。回到资本市场线上，基金管理者可以通过调整市场组合与无风险资产的比例来进行投资组合管理，而这种管理方式下并不需要进行风险证券选择，因而是相对被动的投资策略。但是大部分基金本身是执行主动管理策略，因此它们的业绩表现应该至少与相同风险下的被动策略组合相同，投资者才会购买这些主动管理的基金。基金组合实现收益与相同风险下被动策略组合收益率之差，就是差额收益率，也就是詹森α指标。

【例6-1】假设市场组合收益率为8%，无风险利率为4%，基金A的β值为0.8，实现收益率为8%，基金B的β值为0.6，实现收益率为6%，求两个基金的詹森α指标。

解：先计算两个基金组合对应的被动策略组合收益

对于基金A而言：$\overline{R_A} = 4\% + (8\% - 4\%) \times 0.8 = 7.2\%$

对于基金B而言：$\overline{R_B} = 4\% + (8\% - 4\%) \times 0.6 = 6.4\%$

因此可以得到：$\alpha_A = 8\% - 7.2\% = 0.8\%$　$\alpha_B = 6\% - 6.4\% = -0.4\%$

根据例6-1可以看出，计算詹森α指标是用基金实现收益率减去相同风险（β值）被动策略组合收益率，而计算后者需要借助资本市场线求解，因此詹森α指标具体计算公式如下：

$$\alpha_P = R_P - \left[R_F + (R_M - R_F) \times \beta_P \right] \tag{6.7}$$

计算出来的α_P显著大于零，说明该基金的主动管理超过了被动策略的收益，比如例6-1中的基金A，反之则如基金B的投资收益低于被动策略的收益，因此可以说基金A的业绩表现比基金B要好。

（4）三个指标的比较

从上述介绍不难看出，三个指标都与CAPM有很强的联系，夏普和特雷诺指标都是计算相对于风险的超额收益率，而詹森α指标则是直接利用资本市场线来计算差别收益率水平。尽管如此，在实际应用中三个指标都各自存在局限性：

首先，夏普指标是站在投资者角度的衡量标准，即投资者都是从承担的总风险出发去考虑收益的，而特雷诺指标和詹森α指标则更适用于对基金管理者的横向比较和评价，特别是主动管理策略的基金，是否能够超越市场（或模拟市场组合收益的被动策略组合）成为衡量基金管理者能力的重要指标。

其次，现实中不少基金因为策略的关系，会刻意地建立相对集中的投资组合[1]，那么对于这样的非分散化的投资组合评价，夏普指标和特雷诺指标会显示出较大差异。从资本资产定价模型出发，证券市场只应对系统风险进行补偿，但实际上，如果投资者承担了非系统风险也会得到额外的补偿。一般认为，在基金的投资组合风险没有充分分散的情况下，采取夏普指标或者詹森α指标是更为恰当的。

再次，特雷诺指标和詹森α指标几乎是直接使用CAPM进行业绩评价，而随着实证资产定价的不断发展，当前对于系统性风险因素的理解已经超越了CAPM。这意味着在这些传统评价指标下，容易将投资组合对市场因素以外的已知因素暴露而产生的收益，归于基金管理者良好的主动管理能力。虽然在这点上夏普指标使用总风险衡量相对较好，但是夏普指标过于笼统的风险衡量，也使得无法进一步地分析基金管理者

1　关于这一点可以参考后文6.3.3部分内容。

"做对"或"做错"了什么（也就是业绩归因）。因此，引入因素模型来更为全面地对基金业绩进行评价而不是简单对比市场组合表现，逐步成为流行的做法，具体将在下一节中展开介绍。

最后，不管三个指标之间的差异是什么，总体来看三个指标都是以市场组合作为业绩评估基准，而理论依据就是资产定价均衡模型。这意味着当资产定价模型本身存在不确定性的时候，这类业绩衡量方法难免会存在问题。因此，不少研究者认为应该直接对基金业绩进行评价，并且发展出知识链接6-2中所示的基于持仓数据的业绩评估方法。

【知识链接6-2】   基于持仓数据的业绩评估

Cornell（1979）率先提出一种无须依赖资产定价均衡模型的基金业绩评价方法——事件研究模型（Event Study Model，ESM）。Grinblatt 和 Titman（1993）则在ESM的基础上进一步提出投资组合变动评估模型（Portfolio Change Model，PCM）。

（1）ESM评估

Cornell（1979）认为任何基于特定模型的业绩衡量都需要先确定模型是否合适，考虑到没有一个稳定的资产定价模型，从而提出不依赖于模型而是直接观察持仓收益的业绩评估方法。该方法以均值方差模型（Mean Variance Model）为基础，具体来讲分为四个步骤：第一步需要计算出评估期以前的单个证券平均回报率；第二步把评估期划分成若干个期间，并得到每个期间内投资组合的证券持仓比例；第三步从评估期的第一个期间开始利用第一步计算的证券平均回报率和该期间内证券持仓比例，计算出组合期望收益率，进而和该期间内实际收益进行比较得到意外收益率；第四步则是重复第三步得到评估期内多个期间的意外收益率，再检验其均值是否为零。

ESM具体形式如下所示：

$$\text{ESM} = \frac{\sum\limits_{t=1}^{T}\sum\limits_{i=1}^{N}[w_{it}(R_{it}-\overline{R_i})]}{T}$$

其中，w_{it}表示第t期证券i在投资组合中的占比，R_{it}表示第t期证券i的实际收益，$\overline{R_i}$表示评估期之前证券i的平均收益。由上述评估过程可知，基金持仓证券及其权重是ESM评估方法中的关键数据，这意味着如果基金不对外公布持仓或者公布的持仓只是某个时点数据，都会导致该评估方法出现偏差。另一个存在的问题是，该评估虽然没有使用模型，但是采用了事前（历史）收益率作为基准，意味着认为历史收益已经包含了证券定价的各种因素，显然这种假设也存在局限性。因此在后续的改进中，Coperland 和 Mayers（1982）改用事后（评估期内）收益率来计算期望收益。

（2）PCM评估

不同于ESM的静态评估，PCM将基金组合中持仓比例的变化视为事件，如果基金中持仓比例的变化能带给基金显著的超额收益，则我们有理由认为该基金的仓位变动效果好，该只基金的管理者具有较强的管理能力。反之，则说明基金管理者的管理能力不佳。模型的具体形式如下所示：

$$PCM = \frac{\sum_{t=1}^{T}\sum_{i=1}^{N}[R_{it}(W_{it} - W_{i(t-k)})]}{T}$$

PCM用基金投资组合中证券在最近一期的投资比例与评估期的前k期（假定的基准期）投资比例之差来衡量基金持股比例的变动。

对比两个公式可以看出，ESM评估与PCM评估最大的差异是，前者依赖对证券期望收益的计算，后者则是将基金投资组合的权重改变视为信息，这样的改进显然可以使ESM方法中存在问题的概率降低。但是，尽管PCM利用了组合中各资产的持仓比例信息，但该方法只是使用了持仓比例的相对大小。因此，某基金即使增加了很小比例的表现很差的证券，也有可能使基金投资组合的PCM为负值，这与基金事实上的收益状况不相符。

6.1.2 业绩可持续性

对于投资者来说，进行基金业绩评价都是基于历史业绩表现，但是对于投资决策而言，重要的是预测未来业绩表现。因此仅仅对基金历史业绩进行评价并不足够，深入研究基金历史业绩的成因以及对历史业绩和未来业绩的关联性进行分析，才能更好地作出预测性判断。基金历史业绩的成因和影响因素将在6.2和6.3中重点分析，本小节中主要关注的是基金业绩可持续性问题，即检验前期业绩好的基金在未来一段时期内是否仍有较好的业绩，而前期表现差的基金是否在未来一段时期内仍表现较差。如果基金的业绩具有持续性，则投资者就可以根据基金的前期表现来选择基金。反之，则基金的历史业绩信息对于未来的投资决策就缺乏参考价值。本小节在介绍国外基金业绩持续性的检验方法基础上，进一步对目前实证研究中的主要结论加以说明。

1. 参数检验法

参数检验法假设基金业绩服从正态分布，通常使用的参数检验法是横截面回归法。横截面回归法一般将整个样本期分为相等的两个子样本期，通过检验基金持续期（即后期）业绩对评价期（即前期）业绩的横截面回归的斜率系数是否显著对业绩持续进行判断。检验可以通过三个步骤进行：

第一步，将整个样本期间分为两个子期间，分别称为评价期和持续期。由于持续性检验结果可能对不同的期间具有敏感性，因此通常利用"滚动窗口"（Rolling Window）进行构造。

第二步，计算基金在各个子期间的业绩。业绩通常采用未经风险调整收益、詹森α指标或者经过因素模型调整后的α指标[1]来衡量。

第三步，利用持续期的基金业绩对评价期的基金业绩进行如下方程的横截面回归：

$$R_{i1} = a + bR_{i0} + \varepsilon_i \tag{6.8}$$

其中，R_{i1}表示基金i在持续期的业绩表现，R_{i0}表示基金i在评价期的业绩表现，而系

---

1 该指标将在下一节介绍业绩归因的时候详细说明。

数b是判断业绩是否可持续的关键。如果系数b显著，则表示基金历史业绩和未来业绩之间存在关联：当斜率系数b显著为正，则表明基金业绩具有持续性；当斜率系数b显著为负，则表明基金业绩出现反转。

2. 非参数检验法

与参数方法相比，非参数方法不需要对基金收益的正态分布的假定，考虑到对于不少基金而言正态分布是个比较苛刻的假设，非参数方法具有更广泛的适用性。非参数检验法包括：基于双向表的检验方法和Spearman等级相关系数检验法[1]。

（1）基于双向表[2]的检验方法

根据Malkiel（1995）的研究，基金业绩持续性可以通过双向概率表，利用非参数方法来评价。该方法首先定义在第t期内收益率高于中位数的基金为"赢家"，收益率低于或等于中位数的基金为"输家"。其次用p表示赢家（输家）基金在下期继续成为赢家（输家）基金的概率，并且假定基金横截面收益是不相关的。

由于表示持续成为赢家（或输家）基金个数的随机变量Y满足二项分布b（n，p），我们能够构建一个二项检验，即当n足够大（n≥20）时，随机变量 $Z = \dfrac{Y - np}{\sqrt{np(1-p)}}$ 服从标准正态分布N（0，1）。此时可以对随机变量Z进行检验，原假设为p=0.5，即基金业绩不具备持续性，如果拒绝了p=0.5的假设，则表明赢家（输家）基金业绩具有持续性或出现反转。

（2）Spearman等级相关系数[3]检验法

基于双向表的检验方法由于只做了简单的业绩分组，从而可能会丢掉反映业绩变化更为丰富的信息，而Spearman等级相关系数检验法可以弥补这一缺陷。该方法首先是对基金前、后期的业绩[4]进行排序，然后用Spearman等级相关系数检验法检验前、后期基金业绩排名顺序是否有变化。如果前、后期业绩排名显著正相关，即Spearman相关系数接近1，则表明基金业绩具有持续性。如具有显著负相关关系，则表明基金业绩出现反转。Spearman等级相关系数的计算公式如（6.9）所示：

$$\rho_s = \sum_{i=1}^{N}(r_{i0} - \bar{r}_0)(r_{i1} - \bar{r}_1) / \left[\sum_{i=1}^{N}(r_{i0} - \bar{r}_0)^2 (r_{i1} - \bar{r}_1)^2\right]^{\frac{1}{2}} \tag{6.9}$$

其中，r_{i0}表示评价期（前期）基金i的秩，r_{i1}表示持续期（后期）基金i的秩，$\bar{r}_0$和$\bar{r}_1$则分别表示所有基金在评价期和持续期的秩均值。

检验构造的t统计量[5]为$|\rho_s| / \sqrt{(1-\rho_s^2)/(N-2)}$，原假设为基金业绩不存在持续性（即相关系数为零），如果t值小于临界值，则接受原假设，认为不存在持续性；否则拒绝原假设，认为基金业绩具有持续性或出现反转。

1　除了本节介绍的方法外，还有Brown和Goetzmann（1995）的交叉积比率检验方法。
2　也称业绩二分法。
3　也称秩相关系数。
4　业绩衡量方法主要是詹森α指标或者经过因素模型调整后的α指标。
5　自由度为N-2。

【知识链接6-3】 **Hurst-Holder指数**

基金投资者往往还关注基金是否每年都能为其持续取得收益，这时可以使用Hurst-Holder指数（H指数）来衡量基金业绩持续能力。H指数最初由英国水文学家Harold Edwin Hurst运用于分析尼罗河的水文情况，后被广泛应用于资本市场的混沌分形分析，成为判断时间序列数据是否遵循有偏随机游走过程的指标。一个具有Hurst统计特性的系统，不需要通常概率统计学的独立随机事件假设，它反映的是一长串相互联系事件的结果，亦即过去发生的事会影响现在，今天发生的事将影响未来。计算H指数通常采用R/S方法，如下所示：

$$X(t) = R_t - \frac{1}{T}\sum_{i=1}^{T}R_i$$

$$Y(t) = \sum_{j=0}^{t}X(j)$$

$$H = \frac{1}{\ln T}\ln\frac{\max Y(t) - \min Y(t)}{\left(1/T\sum_{j=1}^{T}[X(j)]^2\right)^{1/2}}$$

其中，R_t表示基金投资组合的当期收益率，R_i表示基金投资组合的每期收益率。

H指数有以下三种解读方式：

（1）0.5<H<1，表明时间序列具有正向的持续性，即未来的变化将与过去的变化趋势一致，且H指数越接近1，持续性越强。

（2）H = 0.5，表明时间序列是标准的随机游走，趋势不具备记忆性。

（3）0<H<0.5，表明时间序列是个回归均值的过程，即未来的变化将与过去的变化趋势相反，且H指数越小，回归均值的动力越大。

对H指数进行解读，当H指数越接近于1，则说明基金的业绩持续能力越强；相反，越低的H指数则说明基金的业绩出现反转。

3. 业绩持续性研究

业绩持续性检验的各种方法为投资者是否可以根据基金历史业绩来预测未来业绩提供事实依据，早期使用Spearman检验的文献如Sharpe（1966）和Jensen（1968）均发现基金业绩并没有持续性，而后来的研究如Goetzmann和Ibbotson（1994）以詹森α指标衡量业绩并通过横截面回归方法进行检验，发现检验期内大多数时期都存在业绩可持续性。Brown和Goetzmann（1995）使用双向表方法对美国共同基金业进行检验，结果发现不论采用未经风险调整的收益还是詹森α指标衡量业绩，基金业绩在大多数的时期都具有可持续性，但是在1980—1981以及1987—1988年间却有显著的反转效应。

由于我国的基金市场发展较晚，对于基金业绩可持续性的研究都是在2000年以后才陆续开展，并且实证的结果差异较大。早期研究中，庄云志和唐旭（2004）对国内22家封闭式基金在2000—2003年[1]的业绩持续性进行了实证研究，得到的结果为基金业绩在中长期表现出持续性；而林竞和陈树华（2011）利用59只开放式基金样本在2005—2009年[2]的业绩表现进行检验，发现不管是长期还是短期都没有业绩持续性。近期研究中，张永冀等（2022）基于2005—2020年中国权益类公募基金数据研究，得到的结果是短期内基金业绩对过去一年业绩表现出显著的反转效应。

尽管大部分的研究都表明了基金业绩存在可持续性，但是对于业绩可持续性是短期还是长期，以及造成业绩可持续性的原因的解释还存在很多问题。这就自然引出了对于影响基金业绩（可持续性）的因素研究，其中基金规模和资金流量得到了最多的实证证据，相关内容将在6.3中进行介绍。

6.2　基金业绩归因分析

除了通过总体评价来判断一个基金业绩的优劣，对基金业绩的成因进行分析也十分重要，只有更加科学地进行归因分析才能对基金管理者（团队）管理能力以及局限有更深入的理解，从而更好地预测未来基金业绩表现。本节中根据归因分析所依据的方法不同，分为基于收益和基于持仓两种归因分析。基于收益的归因分析是泛指将基金收益的时间序列数据进行分析研究从而获得对业绩结果解释的方法；而基于持仓的归因分析顾名思义就是通过分析基金组合中持有的证券类别来对业绩结果进行解释。

6.2.1　基于收益的归因分析

在前面的小节中主要介绍了如何衡量基金业绩，而理解基金业绩是怎么形成的或者由哪些部分构成，是投资者挑选基金和评估基金管理者能力更需要知道的信息。因此当通过各种方法对基金进行业绩衡量之后，就需要对其进行"分解"，从而判断构成业绩的各个部分究竟有多大的贡献。本小节中将介绍两种主要的基于收益的归因分析：择时选股分析以及多因素模型分析。

1. 择时选股分析

择时选股分析将基金的业绩分为两个部分：证券选择（Security Selection，也称选股能力）和市场时机选择（Market Timing，也称择时能力）。所谓证券选择就是通过购买被市场低估的证券，或者卖出市场高估的证券，从中获得超过平均水平的收益。市场时机选择是指积极预期市场发展趋势，在市场上涨时期通过调整证券组合提高系统风险暴露从而获得高额收益，而在市场下跌时期主动降低系统风险暴露。通常而言，基金管理者通过调节基金投资组合中股票、债券和现金的比重或调节所持各行业股票的比重，来获取择时收益。在下面介绍的模型中，将看到基金收益[3]被分解为选股和择时两个部分，其中择时能力关注的是基金管理者如何通过调整投资组合对市

1　文中的实证期间是1999年12月31日至2003年6月27日。
2　文中实证期间是从2005年1月7日至2009年7月31日。
3　一般使用的是经无风险收益率调整后的投资组合收益。

场风险的暴露程度来获得收益，而选股能力关注的是市场风险暴露之外的收益部分，诸多方法的差异集中在如何衡量择时能力上。

（1）T-M模型

Treynor和Mazuy（1966）提出了T-M模型，该模型的基础思想是考虑到大部分基金都是通过预测市场整体行情走向来进行择时交易的，那么如果进行了成功择时的基金应该会在牛市的时候提高组合的β值，从而获得更高的承担市场风险的收益，而在熊市的时候降低组合的β值，从而降低承担市场风险的损失。如图6.2所示，如果基金并没有择时，那么通过观察多个投资期间，可以看到基金收益相对于市场组合收益是一条直线，而如果基金具备择时能力，那么投资组合收益和市场收益之间就不会是单纯的线性关系。

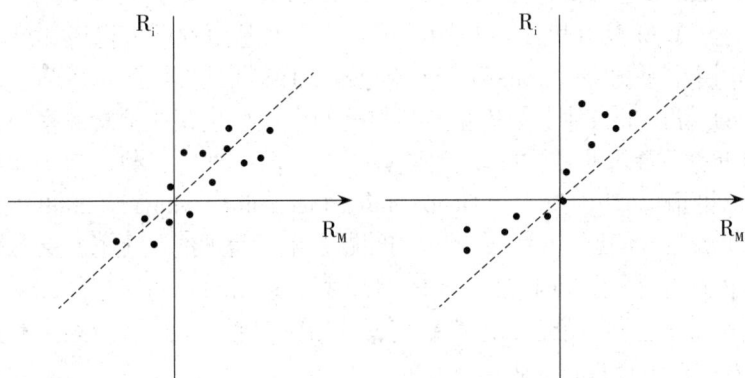

图6.2　不具备择时能力（左）和具备择时能力（右）的基金收益率分布

因此，T-M模型使用如下形式进行检验：

$$R_{it} - R_{Ft} = \alpha_i + \beta_i(R_{mt} - R_{Ft}) + \gamma_i(R_{mt} - R_{Ft})^2 + \varepsilon_{it} \qquad (6.10)$$

其中，R_{it}表示基金i在t期的收益水平，相应的，R_{mt}和R_{Ft}分别表示t期市场收益和无风险收益率水平，α_i就是承担市场风险之外基金获得的收益即选股能力，β_i和γ_i是该模型中检验基金管理者择时能力的关键所在。

就选股能力而言，通过回归得到的α_i如果显著大于零，就说明基金管理者有较强的选股能力，反之则选股能力较差。就择时能力而言，如果γ_i显著为零，那么表示式（6.10）中增加的平方项并没有太大意义，这种情况下说明基金没有择时收益；如果γ_i显著大于零，那么说明通过择时交易给基金带来了超过市场收益的超额收益部分，基金管理者有较强的择时能力；当然也可能出现γ_i显著小于零的情况，这说明尽管基金管理者试图择时，但是从最终收益结果来看反而比不择时更糟了。

（2）H-M模型

Henriksson和Merton（1981）提出了H-M模型，其基本思想与T-M模型一致，只是在模型设计上不是通过增加平方项，而是通过加入市场状态系数来对不同市场周期下择时能力分别进行检验，具体模型如下所示：

$$R_{it} - R_{Ft} = \alpha_i + \beta_i(R_{mt} - R_{Ft}) - S\gamma_i(R_{mt} - R_{Ft}) + \varepsilon_{it} \tag{6.11}$$

其中，R_{it}、R_{mt} 和 R_{Ft} 的定义与式（6.10）一致，α_i 仍然代表了选股能力，S 为虚拟变量，用于表示市场周期，当 $R_{mt} \geq R_{Ft}$ 时，S=0 表示市场上行周期，当 $R_{mt} < R_{Ft}$ 时，S=1 表示市场下行周期。因此根据 S 取值的不同，在不同市场周期中检验择时能力的模型也不一样：

上行周期：$R_{it} - R_{Ft} = \alpha_i + \beta_i(R_{mt} - R_{Ft}) + \varepsilon_{it} \tag{6.12}$

下行周期：$R_{it} - R_{Ft} = \alpha_i + (\beta_i - \gamma_i)(R_{mt} - R_{Ft}) + \varepsilon_{it} \tag{6.13}$

从式（6.12）和（6.13）中不难看出，β_i 是上行周期的市场 β，而 $\beta_i - \gamma_i$ 是下行周期的市场 β。如果基金管理者具备判断市场时机的能力，体现在 H-M 模型中则为：在市场上涨时期的 β 值（β_i）将高于市场下跌时期的 β 值（$\beta_i - \gamma_i$），即 γ_i 显著大于零。

综上所述，T-M 模型和 H-M 模型都可以用于对基金管理者选股和择时能力的评价，在 H-M 模型基础上，Chang 和 Lewellen（1984）建立了 C-L 模型，Ferson 和 Schadt（1996）提出了条件业绩模型。当然这两个模型也存在检验效率问题，比如模型中使用的投资组合观测数据频率较低（比如月度、季度数据），与实际基金管理者的交易行为不匹配，基于这一点 Goetzmann、Ingersoll 和 Ivkovic（2000）提出了修正方法。除了检验效率问题，另一个棘手的问题是主动管理的基金通常会有随时间变化的投资组合 β 值，这将导致 T-M 或者 H-M 模型所采用的时间序列回归得到的 β 估计值非常不准确。在这个问题上，不少研究者认为应该通过观察投资组合的实际持仓的证券 β 值来对投资组合进行 β 估计。

2. 多因素模型分析

择时选股能力分析的经典模型都是基于 CAPM 对基金收益进行归因分析，而在第 4 章和第 5 章中所介绍的 APT 和与之相关的众多因素模型，开始更广泛地关注除市场风险以外其他可能影响投资组合收益率的风险因素。使用多因素模型进行业绩评价，其模型一般化形式如下：

$$R_{it} - R_{Ft} = \alpha_i + \sum_{J=1}^{J} \beta_{iJ} I_{Jt} + \varepsilon_{it} \tag{6.14}$$

通过观察式（6.14）可以看出，最大的差别在于等式右侧中出现多个因素超额收益 I_{Jt}，因此使用多因素模型进行业绩评价的关键步骤在于模型选择，即确定因素 I 上，可以预见到的是，业绩评价结果与所选择的因素模型将高度相关。在第 5 章介绍因素模型的时候，曾经指出过确定因素 I 的几种方法，也指出实证资产定价领域关于因素模型的具体形式并未形成共识。值得一提的是，在 CAPM（或单因素模型）评价中，基金管理者的主动管理能力被分解为选股和择时两个方面，在多因素模型的设定下，择时能力被细化成对不同因素的择时管理（即因素择时），而选股能力被认为是超越所选择多因素模型系统性收益的部分，可以看出单因素模型评价下的选股能力在多因素模型下，将部分转化成择时能力。因此，在引入多因素模型进行业绩评价的时候，往往不再刻意强调择时和选股，而是转向更为一般化地将主动管理业绩分为来自因素承担的部分（β_{ij}）和来自因素之外的部分（α_i）。下面将通过一个例子来简单地说明多因素模型的业绩归因分析过程。

【例6-2】假设使用一个四因素模型对基金进行业绩评估，其中I_M是市场因素。已知该基金的超额收益率（已经扣除无风险利率）是15%，其他信息如表6.1所示。根据已知模型和数值，将基金业绩分解为三个组成部分：来自系统性风险（因素）承担的部分；来自基金调整组合对系统性风险暴露的部分（即择时收益）；最后剩余的收益就是来自基金证券选择的收益部分（即选股收益）。

表6.1　　　　　　　　　　　　业绩评估期内敏感性和因素收益

	市场指数β值	基金组合β值	因素期望收益（%）	评估期因素收益（%）
I_1	−0.5	−0.6	−4.5	−4
I_2	2	2.5	1.5	2
I_3	0	1	0	0.5
I_M	1	1.2	3	4

（1）在计算系统性风险承担收益时，将使用市场指数作为基准进行计算，特别需要说明的是在多因素模型中均衡时的因素收益是表格中的因素期望收益，但是在基金评估期内因素收益本身也可能偏离均衡（如第五列），这意味着在评估期内也需要考虑由因素收益偏离其均衡状态带来的收益，该收益也属于承担系统性风险的收益部分。

计算市场指数期望超额收益：
$$\overline{R_{Mt}} - R_{Ft} = (-4.5) \times (-0.5) + 1.5 \times 2 + 0 \times 0 + 3 \times 1 = 8.25$$

计算因素偏离收益：
$$R_{Mt} - \overline{R_{Mt}} = [-4 - (-4.5)] \times (-0.5) + (2 - 1.5) \times 2 + (4 - 3) \times 1 = 1.75$$

由上述两部分计算可以得知，基金收益中有（8.25+1.75）%的部分来自系统性风险承担。

（2）计算基金主动调整对因素的暴露获得收益中，需要比较基金与市场指数的β值差异，并在此基础上根据因素期望收益水平计算出均衡状态下的择时期望收益，但是由于评估期内因素收益也偏离了期望水平，此时还需要进一步计算由该部分偏离带来的收益。具体计算过程如表6.2所示。根据表中第三和第六列计算出来的收益水平可知，由基金主动调整因素暴露水平获得的收益为（1.8+0.45）%。

（3）将基金实际获得的15%的收益扣除（1）和（2）计算得到的收益，就是基金证券选择的收益（15−10−2.25）%。

经过上述业绩分解，可以得到最终该基金收益归因如表6.3所示，其中可以看出总收益中超过六成的收益来自系统性风险的承担，而衡量主动管理能力的择时收益和证券选择收益的部分不到四成。如果该基金的业绩基准就是市场指数，那么显然基金

管理者应该获得衡量主动管理能力这部分收益的奖励。值得一提的是，现实中许多基

表6.2　　　　　　　　　　　　　主动调整因素暴露收益

	β值差异	因素期望收益（%）	择时期望收益（%）	因素偏离水平（%）	因素偏离收益（%）
I_1	−0.1	−4.5	0.45	0.5	−0.5
I_2	0.5	1.5	0.75	0.5	0.25
I_3	1	0	0	0.5	0.5
I_M	0.2	3	0.6	1	0.2
合计	—	—	1.8	—	0.45

金的业绩基准并不是市场收益，比如是要与某一类成长型基金做比较，那么刚才进行
业绩评估的过程中第（1）步骤就应该将市场指数换成相应的业绩基准组合，再重复
整个分解过程，就可以得到不同业绩基准下的评估。

表6.3　　　　　　　　　　　　多因素模型下基金业绩分解

	收益水平（%）	收益占比
来自系统性风险承担	—	—
1.市场指数期望超额收益	8.25	55%
2.因素偏离收益	1.75	12%
来自主动调整因素暴露水平	—	—
1.择时期望收益	1.8	12%
2.因素偏离收益	0.45	3%
来自证券选择收益	2.75	18%
	15	100%

6.2.2　基于持仓的归因分析

不同于直接使用基金投资组合收益的时间序列数据，基于持仓的归因分析是利用
基金投资组合的实际持仓数据来进行分析，这类分析的好处是可以更加直观地得到基
金投资行为的有关信息，并且分析准确度会随着得到的数据质量[1]的提高而大幅度改
进。在本小节中，将介绍两种不同的基于持仓的归因分析，分别是 Brinson、Hood 和
Beebowe（1986）提出的业绩归因方法（BHB 方法）和 Daniel 等（1997）提出的
DGTW 方法。

1. BHB 方法

BHB 方法提出的背景是为那些大型投资者（比如养老金、捐赠基金等）提供有
效且可行的业绩评估工具。在现实中，大型投资者通常都有自己的长期投资目标并以

1　数据质量指的是更为频繁的截面数据以及截面数据是否公布全部持仓数据。

此建立大类资产的投资基准，而受托管理的基金管理者则会通过择时和选股偏离基准获得收益，在BHB评估中前者称为投资政策（Investment Policy），后者称为投资策略（Investment Strategy）。对于某个基金所获得的实际业绩而言，BHB方法将其分为四个部分：政策回报、择时回报、选股回报、其他回报[1]，后三个部分合起来就是投资策略产生的回报，图6.3对各个回报部分进行了直观说明。

	选股策略	
择时策略	实际回报 $\sum\limits_{i=1}^{N} W_{ai}R_{ai}$	择时与政策回报 $\sum\limits_{i=1}^{N} W_{ai}R_{pi}$
	选股与政策回报 $\sum\limits_{i=1}^{N} W_{pi}R_{ai}$	政策回报 $\sum\limits_{i=1}^{N} W_{pi}R_{pi}$

W_{pi}和R_{pi}表示证券（资产）i在基准组合中的权重和收益

W_{ai}和R_{ai}表示证券（资产）i在评估期实现的权重和收益

图6.3 BHB业绩归因方法分解图

根据图6.3中对每个象限的回报定义，在已知基金持仓数据和基准组合数据的情况下，可以很便利地计算出投资策略回报及其各个组成部分：

投资策略回报：$\sum\limits_{i=1}^{N} W_{ai}R_{ai} - \sum\limits_{i=1}^{N} W_{pi}R_{pi}$ (6.15)

择时回报：$\sum\limits_{i=1}^{N} W_{ai}R_{pi} - \sum\limits_{i=1}^{N} W_{pi}R_{pi}$ (6.16)

选股回报：$\sum\limits_{i=1}^{N} W_{pi}R_{ai} - \sum\limits_{i=1}^{N} W_{pi}R_{pi}$ (6.17)

其他回报：$\sum\limits_{i=1}^{N} (W_{ai} - W_{pi})(R_{ai} - R_{pi})$ (6.18)

【例6-3】假设某基金在股票、债券、货币三类资产中进行配置，基准投资组合中三类资产的权重和收益以及在评估期内该基金资产持仓和资产实际收益如表6.4所示，使用BHB方法进行归因分析。

表6.4 **基准组合与基金持仓信息**

	股票		债券		货币	
	权重	收益	权重	收益	权重	收益
基准	60%	12%	30%	5%	10%	−3%
组合A	65%	11%	30%	6%	5%	−2%
组合B	65%	13%	15%	4%	20%	−1%

根据表6.4所提供的信息可以很容易地计算出政策回报和各个组合的实际回报：

政策回报=60% × 12% + 30% × 5% + 10% ×（−3%）= 8.40%

组合A实际回报=65% × 11% + 30% × 6% + 5% ×（−2%）= 8.85%

---

1 其他回报也常被称为"交互回报"。

组合B实际回报=65% × 13% + 15% × 4% + 20% × (−1%) = 8.85%

由上述计算可以看出，对于组合A和B而言投资策略的回报都是正的且相等，这个时候就需要进一步对其进行分析评估（如表6.5所示）。可以看出，在择时回报上组合A显然要大大超过组合B，但是组合B在选股上更加厉害，同时组合B还有比较大的正向其他回报。

表6.5　　　　　　　　　　　　**基准组合与基金持仓信息**

	策略回报	择时	选股	其他
组合A	0.40%	0.73%	−0.25%	−0.08%
组合B	0.40%	−0.40%	0.45%	0.35%

尽管例6-3是基于大类资产持仓的计算，但是BHB方法可以用于各种大类资产内部的归因分析。不过从例子中也可以看出该方法存在的一些问题，首先是其他回报没有明确的解释，比如组合B中0.35%的其他回报没有明确的来源，因此无法就其作出评价；其次是当投资组合超配不及基准收益的证券（资产）时得到的择时回报是正的，这是因为只要超配基准收益为正的资产[1]，都会得到正的择时回报，那么基金管理者在了解投资政策的时候也可以利用这一点来为自己争取有利的业绩评估结果，比如组合A的择时回报更多的是依靠超配了股票资产而低配了货币资产得到的。相比之下，Brinson和Fachler（1985）发表的论文所使用的BF方法更加完善一些：一方面是将其他回报纳入选股回报中，另一方面则是在计算择时收益的时候采用新的计算方法[2]来避免BHB方法存在的弊端。

2. DGTW方法

与BHB方法不同的是，另外一些研究者在多因素模型所揭示的证券特征与超额收益关系基础上，通过将基金持有的股票回报与具有同等特征的股票组合回报进行比较，从而实现对基金的业绩评估和归因。这类方法常被统称为特征（组合）分析，主要的差异在于选取的特征和建立特征组合方式的不同，其中最为经典的DGTW方法就是Daniel等（1997）在融合了Grinblatt和Titman（GT，1993）与Grinblatt、Titman和Wermers（GTW，1995）研究的基础上形成的。在DGTW方法中，通过对规模（市值）、账面市值比（BM）和动量（上一年回报）三个特征进行排序，将在纽约证券交易所、美国证券交易所和纳斯达克上市的普通股票分为三个五分位组，最终形成125个特征组合（5×5×5），并且计算这些特征组合收益[3]的时间序列值。

DGTW方法的归因分析将总收益（Gross Return）分解为三个部分：选股能力（Characteristic Selectivity）、择时能力（Characteristic Timing）和平均风格收益（Average Style）。其中，选股和择时能力与前文所述一致，平均风格收益则是指基金

1　同样的道理，只要超配了基准收益为负的证券（资产），该部分的择时回报一定为负。
2　即 $\sum_{i=1}^{N}(W_{ai}-W_{pi})(R_{pi}-R_p)$，其中 R_p 代表基准组合的整体收益。
3　收益计算时采用市值权重。

系统地持有具有某些特征的股票（比如一直持有高账面价值的股票）而产生的回报，可以看成多因素模型中的因素收益。下面将逐个介绍这三个部分的计算指标：

衡量选股能力的方法是将每季度与基金所持股票相匹配的特征组合收益率作为基准，匹配的维度包括规模（市场价值）、账面市值比率（BM）和动量（前一年的收益），然后使用式（6.19）计算一组时间序列CS值：

$$CS_t = \sum_{i=1}^{N} w_{i(t-1)}\left(R_{it} - R_t^{b_{i(t-1)}}\right) \tag{6.19}$$

其中，$w_{i(t-1)}$表示在t−1期股票i在组合中的持仓比例，R_{it}表示股票i在t期的收益，$R_t^{b_{i(t-1)}}$表示在t−1期匹配股票i的特征组合在t期的收益。如果CS值为零，则说明基金的业绩平均来说可以通过购买与基金持有的股票具有相同规模、账面市值和动量特征的股票来复制，而CS值为正且显著，则说明基金管理者具有额外的选股能力。

衡量择时能力则是考虑到规模、账面市值或动量特征组合可能具有随时间变化的预期收益，基金管理者可以通过改变股票在组合中的权重来获取更高收益。通过式（6.20）可以计算出一组时间序列的CT值，可以直观地看出计算方法是将股票i在t−1期的特征组合权重配置收益与该股票t−13期的权重配置收益进行比较。

$$CT_t = \sum_{i=1}^{N}\left(w_{i(t-1)}R_t^{b_{i(t-1)}} - w_{i(t-13)}R_t^{b_{i(t-13)}}\right) \tag{6.20}$$

衡量风格收益最为简单，如式（6.21）所示，t期的AS值是t−13期股票i的持仓乘以t−13期特征组合收益，在这里通过将持仓和特征组合收益滞后一年，以避免错误、重复计算择时回报。

$$AS_t = \sum_{i=1}^{N} w_{i(t-13)}R_t^{b_{i(t-13)}} \tag{6.21}$$

根据上述过程可以看出，包括使用DGTW方法在内的特征组合分析进行行业业绩评价的工作量非常大，远没有多因素模型分析来得简便，但是基于特征的方法在归因分析方面的能力和直观性则远远高于多因素模型方法。近期的研究如Busse、Jiang和Tang（2021）指出，考虑到平均而言基金投资组合的因素暴露同其组合平均股票特征之间的相关性只有约0.6，显然因素模型和组合特征包含着不完全相同的信息。据此，他们指出应同时用因素模型和特征调整方法对基金业绩进行调整，来计算基金的真实业绩。

6.3　影响基金业绩的重要因素

对基金业绩进行整体评价和归因分析能够帮助投资者对基金业绩建立更科学有效和全面的认识，同时也形成了对基金管理公司和基金管理者努力获取更高业绩的激励。但是这些评价系统并没有指出影响基金业绩的潜在因素，理解这些潜在因素不仅对于投资者来讲是更好地预测基金未来业绩的基础，同时也是基金管理者本身追求业绩可持续性的需要。本小节将主要介绍学术研究中积累较多实证证据的因素，具体包括基金特征、资金流动和交易行为。

6.3.1 基金特征

基金规模指基金管理的资产规模，是基金的最主要特征之一，在我国资本市场上有规模低于5亿元人民币的迷你基金，也有规模超过百亿元的超级基金。基金规模到底对基金业绩有何影响，以及是否存在最优基金规模这些问题不仅是学术研究问题，更是基金管理者产品设计以及监管机构对金融市场稳定的关注要点。

对于基金规模如何影响业绩问题，学术研究的基本共识是存在边际规模报酬递减效应，即随着规模的增大基金业绩水平下降，并且这种效应不仅存在于单只基金，还存在于基金家族和整个基金行业中。Chen等（2004）是首个提出有力证据表明基金规模对业绩有负向影响的研究，并且指出基金所投资资产流动性缺乏和组织管理成本高都是造成规模不经济的原因，具体来说就是当基金所投资证券是小型和缺乏流动性股票时、当基金由多个经理管理时业绩表现更差。后续研究也提出了解释规模不经济的其他原因，比如Pástor、Stambaugh和Taylor（2018）认为交易成本，包括基金交易对价格影响和执行成本是主动管理型股票基金规模收益递减的重要原因。

早期研究尽管确认了基金业绩具有边际规模报酬递减效应，但是大部分实证检验忽视了基金管理者的管理技能与基金规模和业绩均相关，从而影响了二者之间的关系。近些年来，Reuter和Zitzewitz（2015）运用断点回归方法、Phillips、Pukthuanthong和Rau（2018）使用与规模相关但与近期业绩无关的工具变量检验规模对业绩的影响，得到的共同结论是尽管业绩仍然随着规模增长而减少，但是这种影响并不显著。而Mclemore（2019）则是以基金合并为背景，检验合并方基金的规模扩大对业绩的影响，得到的结论支持早期研究，即基金规模显著负向影响了业绩。因此，可以说尽管存在各种干扰因素，基金规模和业绩之间的负向关系还是比较稳定的，这也就意味着当基金规模扩张过快之后往往伴随着业绩水平下降。

边际规模报酬递减效应的存在，一方面可能使得基金管理者出于业绩表现考虑主动限制基金规模扩张，但是另一方面由于管理者的薪酬水平与管理资产规模正相关，从管理者利益来看又很难拒绝规模扩张。基于这种自相矛盾的局面，探讨基金最优规模问题就需要同时考虑投资者利益和管理者利益，即使基金管理者收益最大的规模（也叫"管理者最优规模"）和使基金投资者收益最大的规模（也叫"投资者最优规模"）。一般而言，相较于私募基金（或对冲基金），公募基金（或共同基金）由于管理人缺乏额外的激励，私人收益与管理资产规模挂钩更加紧密，管理者更会为了自身利益进行规模扩张从而使得投资者回报下降。然而，Yin（2016）对美国对冲基金的实证检验发现，当基金资产规模扩张带来管理者收益快速增长时，即使拥有额外的激励机制，对冲基金也依然表现出与共同基金一样的追逐规模行为。针对我国市场情况，近期研究如张琳琳、沈红波和范剑青（2022）通过构建管理者和投资者最优规模模型提出了基金适度规模[1]测度，并对我国市场上公募基金进行检验，得到的结果是：

---

1 基金适度规模处于两个最优规模之间。

我国基金平均管理规模在2015年之前过大，而在2019年之后偏小，同时规模适度基金的业绩表现远好于规模不足或规模过大基金。

6.3.2　资金流动

目前不管是国内还是国外主流的基金产品都是开放式基金，即在一般情况下允许投资者自由申购和赎回，即使是封闭式基金或者具有封闭期的私募基金也会通过定期开放或者彻底转化为开放式基金的形式，让投资者在预期的时间窗口内决定是追加资本还是撤回资金。上一小节中提到对基金业绩产生负向影响的基金规模，其变化正是投资者资金流动的结果，投资者资金流动的特征是什么以及如何影响基金未来业绩是本小节关注的重点问题。

大部分研究指出投资者追逐优秀历史业绩，即偏好买入那些过去一段时间业绩特别好的基金，而对于那些历史业绩表现差的基金，Sirri和Tufano（1998）则发现资金流动和基金历史业绩之间没有关系，这种非对称性是资金流动的最基本特征。关于资金流入和基金业绩二者关系的解释，Berk和Green（2004）构建了经典的"业绩资金流量关系"（Performance Flow Relationship，PFR）模型，用于解释基金业绩不持续性的现象。该理论模型认为管理好投资组合的能力是稀缺资源，而基金优秀的历史业绩被投资者合理地解释为基金管理者能力超群的证据，从而出现了业绩追逐，最终资金流入导致的规模不经济降低了投资者未来回报水平。关于资金流出和基金业绩二者关系的解释，Chen等（2010）发现持续的业绩不佳和资金流出会形成恶性循环，并对投资者的心理预期造成不良影响，特别是当收益水平下降到一定程度时，可能导致投资者进行大规模净赎回，最终使基金管理者和投资者双方利益皆受损。在基于我国市场数据的近期研究中，李志冰和刘晓宇（2019）采用CAPM以及三因素和五因素模型计算基金收益并发现：投资者会根据历史收益确定是否投入资金，而根据当期收益确定是否撤出资金。

由上述研究可以看出，资金流动与基金业绩之间存在复杂的相互影响，即资金流动（尤其是流入）受基金历史业绩影响，同时资金流动对基金未来业绩也会造成影响，大部分研究对于资金流出对未来业绩产生的负面影响没有异议，但是对于资金流入对未来业绩产生的影响则有"聪明钱效应"（Smart Money）和"愚钱效应"（Dump Money）两种说法。对于"聪明钱效应"而言，早期的研究中Zheng（1999）发现资金净流入的基金在之后的表现要显著好于资金净流出的基金，然而这种效应是短暂的，并且获得更多资金的基金随后并不会击败市场。对于"愚钱效应"，Frazzini和Lamont（2008）检验了资金流入和未来回报的负相关关系，并指出这种关系是因为资金流入代表了投资者情绪，而引起投资者情绪高涨的股票往往是成长股，大量资金追逐成长股的结果是当前过高的估值和未来更低的回报。在基于我国市场的研究中，Feng等（2014）发现机构投资者显示出"聪明钱效应"；个人投资者则显示出"愚钱效应"。总体来看，资金流入会导致基金规模的增长，尽管在短期内基金业绩表现还不错，但是受到规模不经济的影响更长期的基金业绩表现不佳，而资金流出特别是持续流出则会造成严重的负反馈，给未来投资者带来严重损失。

6.3.3 交易行为

不管是基金特征还是投资者资金流动对业绩产生影响的机制都比较复杂，相对而言基金通过各种交易行为获得收益，因而对基金交易行为的观察是研究影响业绩因素更为直观的方式。基金的交易行为观察始于个体层面，而随着行为金融学的兴起，对群体层面交易行为的研究逐渐丰富起来。

1. 基金个体行为

基金个体行为的研究受制于可观测的基金交易行动，各国监管层要求基金定期对其持仓证券进行详细披露，这使得基金持仓集中度和交易频率（换手率）的研究有了比较好的数据基础，从而相关的研究成果也更为丰富。

经典投资组合理论提倡分散化组合策略，但是观察现实中不少基金的投资组合有较高的集中度，同时即便是看上去分散的投资组合，根据区域、行业、风格等不同视角的观察也能得到不同的持仓集中度指标。信息优势理论认为基金集中投资策略是一种理性选择，该理论假设基金管理者总是对某些证券（比如本国或者区域、某些行业或者某类风格）拥有初始的信息优势，即使他们可以对其他类型证券进行了解，但由于初始信息不对称的比较优势，他们选择不这样做。随着专业化和对具有初始比较信息优势的证券的更多了解，基金投资组合会向这些证券倾斜，整个过程不断放大信息优势，导致更高的风险调整后的回报（Van Nieuwerburgh 和 Veldkamp，2009）。在实证方面，Kacperczyk、Sialm 和 Zheng（2005）发现，基金持仓的行业集中度越高，则基金未来业绩也越好。近期研究中，Choi 等（2017）利用72个国家的机构投资者数据进行区域和行业集中度检验，结果支持信息优势理论，即在国际投资中本国、外国和行业集中度都与机构投资组合风险调整后收益较高有关。

在基于交易频率的研究中，直觉上来看交易频率高的基金总体而言会产生更高的交易成本并且降低基金收益水平，但是对于主动管理的基金而言，交易本身也是捕捉盈利机会的行动。大部分关于基金换手率与业绩之间关系的早期研究都是基于横截面的，即比较不同基金之间的差异，但是这些研究的结论并不一致：比如 Elton 等（1993）发现基金换手率对业绩有负面影响，Wermers（2000）的研究则指出二者没有明显的联系，而 Chen、Jagadeesh 和 Wermers（2001）发现基金换手率对业绩有正面影响。然而，基金交易行为对业绩的影响可能是滞后的，即某个交易（成本）的发生降低了当前的收益，但该交易的利润则增加了未来的收益，说明交易成本对业绩在横截面上的影响比在时间序列上要大。近期研究中，Pástor 等（2017）建立了一个存在时变盈利机会的基金交易模型并且进行了时间序列上的实证研究，研究结论是主动管理基金的换手率与其基准调整后的业绩之间存在正的时间序列关系，同时在收费较高的、流动性较差的股票基金中这种关系更强，从侧面说明了在基金管理者技能较高或者持有证券盈利机会随时间变化更明显的情况下，基金的主动交易能够带来更好的收益。

【知识链接6-4】 基金管理公司与基金交易行为

除了基金个体的交易行为对业绩影响的直接研究之外，不少学者想要探究引起基金交易行为（变化）的原因有哪些，这些因素中比较受关注的问题是属于同一基金管理公司下的基金交易行为到底是出于合作还是竞争。支持合作的研究比如Gaspar、Massa和Matos（2006）发现，基金公司中的"明星基金"（即有良好的历史业绩或能为公司带来更多收入的基金）往往表现得更好，而这背后是以牺牲"非明星基金"为代价的，这是典型的基于基金管理公司利益最大化激励导致的结果。支持竞争的研究比如Alexander和Ruenzi（2007）则指出同一基金管理公司内部（特别是大型基金管理公司）不同基金之间存在相互竞争，这导致了基金管理者的风险偏好和他们的过去表现之间具有一定的关联，这意味着处于暂时落后位置的基金管理者为了迎头赶上会愿意承担更高的风险。

2. 基金群体行为

在基金个体行为研究中，通常假设基金管理者是独立进行决策的，但是行为金融学的研究则关注到基金管理者之间也存在持仓或投资策略趋同，说明基金管理者的决策很可能并不完全是独立的。关于基金群体行为特征的研究成果最多的是羊群效应（Herding），在国内市场上也常常被称为"基金抱团"，该现象是指基金管理者出于从众心理或其他原因而采用与其他基金相同的投资策略（比如直接选择模仿其他基金持仓）。关于羊群效应的研究当前主要集中在三个问题上：首先是如何衡量羊群效应，可以预见羊群效应衡量方法的不同将直接影响相关研究的结果；其次是羊群效应存在性检验以及理论构建，这部分研究理论主要来自行为金融学和激励理论；最后则是羊群效应究竟对基金业绩有什么影响。限于篇幅和本章主题的相关性，本小节将重点介绍最后一个问题的相关研究。

早期研究如Wermers（1999）指出共同基金的羊群行为主要体现在小市值股票和成长型基金的交易中，同时基金羊群性买入股票的同期和未来回报率平均高于基金羊群性出售股票的回报率，这种回报差异在小市值股票中更为明显[1]，这些结果指向羊群效应对基金业绩有正向促进作用。但是近期研究如Jiang和Verardo（2018）则通过创建了一个动态的基金层面羊群行为衡量标准进行检验，表明羊群基金业绩每年的表现比反羊群的同行差2%以上，并指出这些差距源自管理者技能的差异并且是长期存在的。

基于我国市场的研究如许年行、于上尧和伊志宏（2013）使用2005—2010年我国A股上市公司和机构投资者持股数据为研究样本，发现机构投资者的羊群行为提高了公司股价未来崩盘的风险。朱菲菲等（2019）使用A股市场2009—2012年日内高频交易数据进行研究发现，基于高频数据度量的羊群行为伴随着明显的价格反转，羊群行为程度越大，之后的价格反转也越强。罗荣华、田正磊和方红艳（2020）以

1　作者也指出无法确认这种回报差异的原因主要是季度内的反馈策略还是羊群对股票价格的影响。

2005—2017年中国开放式基金的半年度持股数据为基础对基金网络中信息使用进行衡量[1]，实证结果表明对网络中信息的使用程度越低的基金拥有显著更高的超额收益，该研究的结论也从一个侧面说明了不从众的基金业绩更高。

　　总体来看，羊群行为的测度对其是否对基金业绩产生影响是关键性的，基于不同的测度方法得到的结论很可能不一致。不过从我国的实证研究来看，尽管直接的证据不多，但是大部分研究都指向羊群行为对基金个体业绩乃至市场稳定存在负向影响，这也是为什么"基金抱团"行为在我国市场备受关注的原因之一。

● 本章小结

　　基金业绩评价是基金资产管理过程中的重要环节。它不仅是资产管理过程结束后的总体评价，同时也存在于资产管理全过程之中，以动态方式对资产管理人的行为进行实时评价。另外，基金业绩评价还是联系前、后资产管理过程的纽带，为基金管理者提供指导意见，以及为投资者选择基金提供一个合适的标准。

　　基金单位净值是最简单直观的基金收益衡量方法，而算术平均收益率、时间加权收益率或货币加权收益率用于评估多期收益水平。夏普指标、特雷诺指标和詹森α指标是最常用的考虑风险因素的单一业绩衡量指标。

　　基金业绩是否可以持续是对基金管理者能力评价的关键指标，具体方法包括参数检验和非参数检验两大类方法，现有大部分研究都表明了基金业绩存在可持续性，但是对于业绩可持续性是短期还是长期还存在分歧。

　　基金的业绩归因分析是对基金所取得收益的分解，根据其数据基础可以分为基于收益的归因和基于持仓的归因分析。基于收益的归因分析有基于单因素（CAPM）模型的择时和选股能力分析T-M和H-M模型，也有现在逐步被推广的多因素模型；基于持仓的归因分析大部分是通过建立基准组合对基金持仓证券进行归因分析，代表性的方法包括BHB方法和DGTW方法。

　　影响基金业绩的重要因素有很多，从基金特征来看基金业绩具有规模报酬递减性质，从基金投资者的资金流动来看，资金流入的研究结果更多支持"愚钱效应"，资金流出的研究则基本认为会进一步恶化基金业绩；从基金交易行为来看，基金的持仓集中度和交易频率对基金业绩的影响仍然存在分歧，而基金羊群行为则更多地被认为是对业绩有负向影响的行为。

● 思考题

　　1. 货币加权法和时间加权法有什么区别？实际应用中哪一种比较合适？为什么？

　　2. 衡量基金业绩的单一指标评价方法有哪几类？它们之间有哪些差异？

　　3. XY基金单位净值信息如下表所示。假定基金分红在每期的期末进行，时间0

1　采用基金自身交易与其所处网络中其他基金平均交易的偏离程度。

代表第一期期初，时间1代表第一期期末及第二期期初，并依此类推：

时间	单位净值（元）	每份分红（元）
0	1.00	0.00
1	1.11	0.10
2	1.35	0.10
3	1.50	0.00
4	1.73	0.10

（1）分别计算此基金每个子期的收益率。

（2）计算此基金的算术平均收益率。

（3）计算此基金的几何加权收益率。

4. 资产组合A与B的期望收益率分别为14%及15%，A的β值为0.8，B的β值为1.5。在此期间，无风险利率为5%，市场指数组合收益率为12%。A的超额收益标准差为每年20%，而B的超额收益标准差为28%。

（1）如果你现在拥有市场指数组合，你愿意在你所持有的资产组合中加入哪一个组合？请详细说明理由。

（2）如果你只能投资于A、B组合中的一种（假设A、B投资组合特有风险未被完全分散），你会如何选择？使用特雷诺、夏普、詹森α指标中的哪一种进行业绩比较最为合适？请说明理由。

5. 什么是证券选择能力和时机选择能力？T-M和H-M模型分别是如何衡量两种能力的？

6. 结合本书例6-2中的设定，利用下表包括市场因素在内的三因素模型信息对基金组合（超额收益率为14%）进行归因分析，并解释你的分析结果。

	市场指数β值	基金组合β值	因素期望收益（%）	评估期因素收益（%）
I_1	−0.5	−0.6	−4	−4.5
I_2	0.5	1	0	1
I_M	1	1.2	2	1.5

7. 简述基于持仓的归因分析BHB方法的基本思想和可能存在的问题。

8. 对比DGTW方法的归因分析和用多因素模型进行归因分析的优劣。

9. 根据你对市场的观察结合6.3介绍的影响基金业绩的因素，找一些市场上的基金进行跟踪和比较，看看这些因素是否与基金未来业绩表现有关。

第 3 篇

投资实务篇

第7章　证券投资基金投资管理概述

◇学习目标

- 掌握资产配置的概念和基本方法
- 了解资产配置的类型及目的
- 了解不同投资风险管理方法和主要工具

证券投资基金投资管理中面临的首要问题是如何进行资产配置，即将所要投资的资金在各大类资产中进行分配。具体而言，基金管理公司在资产配置当中需要考虑的主要问题包括：投资于哪些种类的资产以及投资于各类资产的比例。除了考虑资产配置获取收益之外，对于证券投资基金整体运作而言，如何进行风险管理同样重要。

7.1　证券投资基金资产配置策略

7.1.1　证券投资基金资产配置概述

证券投资基金资产配置不仅包括大型机构的大类资产配置，也涵盖了基金在大类资产中的配置。相对于股票投资决策与债券投资决策来说，资产配置决策是投资决策过程中较高层次的决策，考虑的是比较宏观的问题，也是投资策略最重要的基础，决定投资组合的长期收益和风险。

1. 资产配置的概念

在理想情况下，如果投资者可以准确而及时地知道所有可供投资的单个资产预期收益的均值、方差、协方差以及自身的效用函数，并且具备足够的决策能力，那么，投资决策不过就是一个求解效用最大化的直接而简明的过程。但现实中资本市场充斥着大量的不确定性和随机性，投资者往往难以预期未来的资产价格走势，这使资产配置问题变得更具挑战性也更加复杂。现实中较优策略的步骤是：

（1）将资产分成几大类；

（2）预测各大类资产的未来收益；

（3）根据投资者的偏好选择各大资产的组合；

（4）在每一大类资产中选择最优的单个资产的组合。

前三步的工作就是资产配置。资产配置在不同层面有不同含义。从范围上看，可分为全球资产配置，股票、债券资产配置和行业风格资产配置等；从时间跨度和风格类别上看，可分为战略性资产配置、战术性资产配置和资产混合配置等；从配置策略上可分为买入并持有策略、恒定混合策略、投资组合保险策略和动态资产配置策略等。

【知识链接7-1】　　　　　　　嘉实领先成长股票基金资产配置

1. 大类资产配置

在大类资产配置上，该基金首先参考公司投资决策委员会所形成的大类资产配置范围，重点评估以下几个因素：

宏观因素——包含重要经济数据以及货币和财政政策的变化。

市场因素——包含货币供给指标以及流动性的变化对资本市场的影响。

估值因素——包含不同市场之间的相对估值变化。

同时，该基金作为主动管理的成长性股票基金，也将参考宏观策略部门提供的研究分析建议，并结合投资组合超额收益获取能力，综合考虑作出大类资产配置决策。在控制风险的前提下，该基金将优先配置股票资产，并将80%以上的股票资产投资于快速成长行业中的领先成长公司。

2. 行业资产配置

该基金将通过以下三个步骤来寻找快速成长行业：

（1）预判宏观经济与外部环境趋势。该基金将依托基金管理人强大的研究平台，包括宏观、策略、行业、定量等团队，对经济周期和产业结构的发展趋势进行预判，结合对科技、社会、人口、政策等变量的跟踪分析，建立寻找快速成长行业的分析框架。

（2）确定快速成长行业的投资方向。该基金将通过科学的行业对比和分析流程，综合考虑备选库中各行业的成长空间、成长速度、可持续性等指标，选择具备足够投资广度和深度的快速成长行业，并根据外部环境、估值对比等进行动态调整。

（3）建立快速成长行业的备选库。某些行业之所以领先经济整体增速，在于其前瞻性地顺应了社会发展趋势。通过对经济周期、外部变量、产业结构的趋势预判，基于中长期跨度，该基金对快速成长行业进行财务指标筛选，选择预期未来3年主营业务收入和净利润增长率超出GDP增长率的行业来建立快速成长行业的备选库。

3. 股票资产配置

在股票选择层面，该基金将在快速成长行业备选库中寻找市场占有率较高、具有较强竞争优势的领先成长公司，并结合团队实地调研、定性定量分析以及市场情绪等因素，对股票配置策略进行动态调整。主要通过挑选领先成长公司股票，并通过成长股估值评价体系对投资组合进行动态调整，同时根据市场经济短期波动对其进行平衡管理。

资料来源　嘉实基金管理有限公司。

2. 资产配置的过程

资产配置的过程是指在投资者的风险承受能力与效用函数的基础上，根据各项资产在持有期间或计划范围内的预期收益及相关关系，构造能够提供最优回报率的投资组合的过程。一般来说，具有最好的长期收益前景的投资项目或目标市场是有风险的，而具有最大安全程度的投资项目和目标市场则只能提供相对较低的收益前景。资产配置作为投资组合管理中的核心环节，其目标在于长期内协调提高收益与降低风险之间的关系，这也就是说资产配置往往更符合长期投资者的需要。

投资者的风险承受能力与资产的预期风险收益状况是资产配置的基础，只有在此基础上才能构造出一定风险水平下的最优投资组合。因此，资产配置需要考虑以下三方面的因素：

（1）确定投资者的风险承受能力与效用函数。

（2）确定各项资产在持有期间或计划范围内的预期风险收益及相关关系。

（3）在可承受的风险水平上构造能够提供最优回报率的投资组合。

其中，影响各类资产的风险收益状况以及相关关系的资本市场环境因素包括国际经济形势、国内经济状况与发展动向等。影响投资人风险承受能力的因素则包括投资人的资产负债状况、风险偏好等因素。最终形成的最优投资组合所产生的投资收益既是资产配置的最终结果，也影响着投资人的资产负债状况、各类资产的市场环境，由此形成系统的动态的资产配置过程，并针对情况的变化进行综合性调整。资产配置过程如图7.1所示。

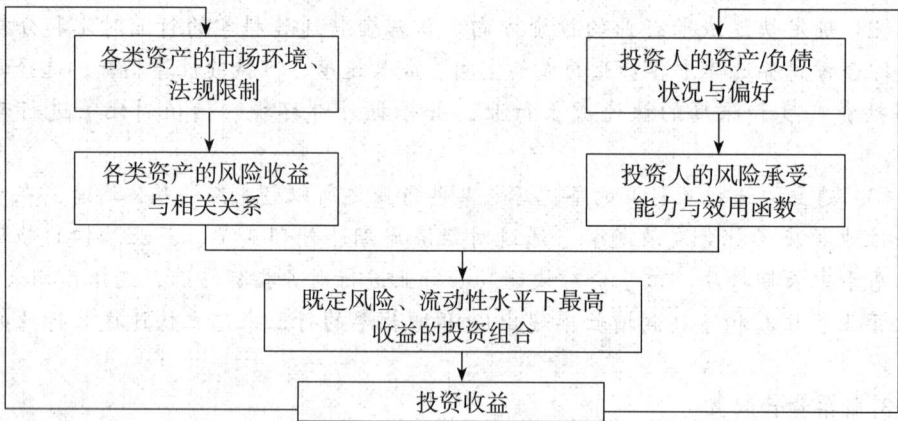

图7.1　资产配置的过程图

在这一资产配置过程中，由于市场条件的变化和投资人的影响，其内容会随之变化，但其中所涉及的决策原则、过程和方法相对较为稳定。完整的资产配置过程不仅需要综合各方面的情况，还需要根据情况的变化进行动态调整。系统化的资产配置是一个综合的动态过程，它是在与投资者（或资产拥有者）的风险承受能力一致、投资者长期成本最低、投资组合能够履行义务的基础上进行的理想化预测，即集控制风险和增加收益于一体的长期资产配置决策。对于不同的投资人来说，风险的含义不同、资产配置的动机不同，因而资产配置也各不相同。

3. 资产配置的基本方法

（1）确定投资者的风险承受能力

投资者的效用函数主要取决于投资者对待资产风险和收益的态度，对不同的投资者而言，同一个资产组合给他带来的预期效用不同。这种预期效用的不同，原因一方面在于不同的投资者对同一资产组合有不同的风险收益预期，另一方面在于投资者的风险承受力。一般来说，某个投资者 k 的效用函数可以简洁地表示为：

$$U_{pk} = R_{pk} - \frac{\sigma_{pk}^2}{\tau_k} \tag{7.1}$$

其中：U_{pk}——资产组合对投资者 k 的预期效用；

R_{pk}——投资者 k 对资产组合 p 的预期收益均值；

σ_{pk}——投资者 k 对资产组合 p 的预期收益的标准差；

τ_k——投资者 k 的风险承受力。

投资者对待风险和收益的态度不仅取决于投资者的年龄、性格、处境等因素，而且受投资者的资产、负债、资产净值等财务状况的显著影响。对投资者效用函数的估计要充分考虑这些因素。例如，对于养老基金而言，其风险承受力相对较小，因而承担风险会很大程度地减少其效用。对于积极进取型的投资者而言，其风险承受力相对较大，承担风险不会显著减少其效用。

在实际的分析过程中，我们在假定投资者的风险承受力 τ_k 暂时不变的情况下，使用等效用曲线描述投资者的效用函数。图 7.2 给出了投资者 k 和投资者 j 分别在三个效用水平下的等效用曲线（这里，投资者 k 和投资者 j 都是典型的风险厌恶型投资者）。图中的等效用曲线都是二次曲线，实线表示投资者 j 的等效用曲线族，虚线表示投资者 k 的等效用曲线族。其中 $U_{k3}=U_{j3}>U_{k2}=U_{j2}>U_{k1}=U_{j1}$，而且投资者 j 的风险承受力 τ_j 大于投资者 k 的风险承受力 τ_k。

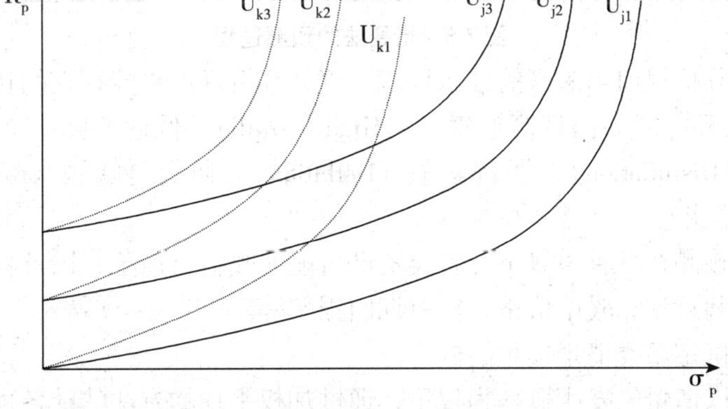

图7.2 不同投资者的等效用曲线

（2）估计各类资产的收益与风险

准确确定各类资产的预期收益与风险是构建最优资产配置组合的前提。现阶段国内分析各类资产预期收益与风险的方法主要有历史数据法和情景分析法两类。

历史数据法假定未来与过去相似，以长期历史数据为基础，根据过去的经验推测未来的资产类别收益。有关历史数据包括各类型资产的收益率、以标准差衡量的风险水平以及不同类型资产之间的相关性数据，并假设上述历史数据在未来仍然能够继续保持。在进行预测时，一般需要按照通货膨胀预期进行调整，使调整后的实际收益率与过去保持一致。

与历史数据法相比，情景分析法在预测过程中的分析难度高，预测的时间范围也不同，这要求更高的预测技能，由此得到的预测结果在一定程度上也更有价值。一般来说，情景分析法的预测时间为3~5年，这样既可以避免季节因素和周期因素的影响，也能更有效地着眼于社会政治变化趋势及其对股票价格和利率的影响，同时也为短期投资组合决策提供了适当的视角，为战术性资产配置提供了运行空间。

运用情景分析法进行预测的过程如图7.3所示。其基本步骤包括：

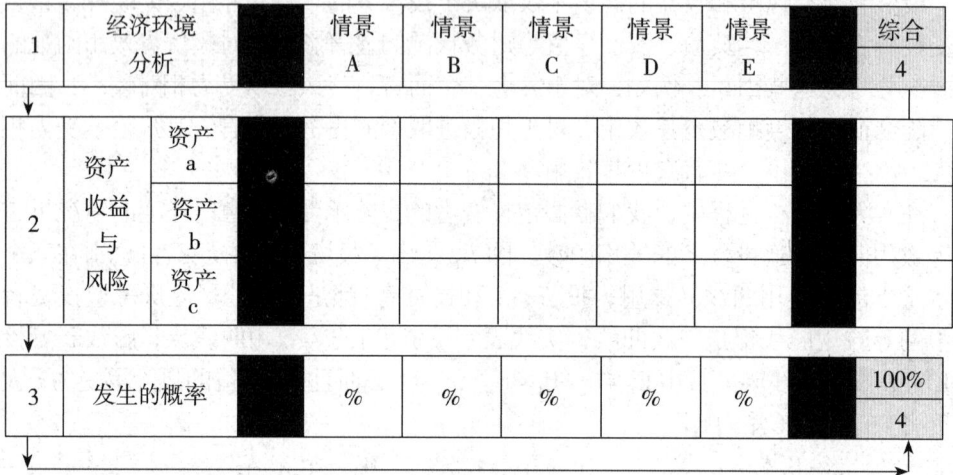

	经济环境分析		情景A	情景B	情景C	情景D	情景E		综合4
1	经济环境分析		情景A	情景B	情景C	情景D	情景E		综合 4
2	资产收益与风险	资产a							
		资产b							
		资产c							
3	发生的概率		%	%	%	%	%		100% 4

图7.3   情景法的预测过程

第一步，分析目前与未来的经济环境，确认经济环境可能存在的状态范围，即情景。例如，经济可能会出现高速增长（High Growth）、低通货膨胀（Low Inflation）、反通货膨胀（Disinflation）、通货紧缩（Deflation）、通货再膨胀（Reflation）、滞胀（Stagflation）等状态。

第二步，预测在各种情景下，各类资产可能的收益与风险，以及各类资产之间的相关性，例如利息率、股票价格、持有期回报率等。

第三步，确定各类情景发生的概率。

第四步，以情景的发生概率为权重，通过加权平均的方法估计各类资产的收益与风险。

（3）确定最优资产配置组合

确定最优资产配置组合的基本原理是马科维茨的投资组合理论。依据该理论，构建最优资产配置组合，首先要在给定的各大类可投资资产上求出有效前沿组合。该问题可以简化为一个简单的数学规划问题，即在给定的效用水平下求方差最小的资产配置组合或者在给定的方差水平下求效用最大化的资产配置组合。其过程如下：

在预测了各大类资产的收益情况并估计了投资者的效用函数后，就可以进行资产配置组合的最优化选择，以实现投资者效用的最大化。最优化的选择技术很多，规划法是其中比较有效的方法。其实质是最大化期望效用——$\text{MAX}\{U_{pk}\}$，即：

$$\text{MAX}\left\{R_p - \frac{\sigma_p^2}{\tau_p}\right\} \tag{7.2}$$

其中：

$$R_p = \sum_{i=1}^{n} X_i P_i \tag{7.3}$$

$$\sigma_p^2 = \sum_{i=1}^{n}\sum_{j=1}^{n} X_i X_j \sigma_i \sigma_j \rho_{ij} \tag{7.4}$$

约束条件为：$X_i \geq 0$。

在许多基金管理中，约束条件可能更加严格，比如，我国规定，证券投资基金投资于债券的比例不得少于20%。

图7.4说明了上述资产配置组合的最优化选择过程。首先是根据几大类资产的预期收益情况，求出这几类资产的组合的有效边界。其次是根据对投资者效用函数的估计给出等效用曲线族。最后是求出有效边界与等效用曲线的切点。该切点A就是能给投资者带来最大效用的资产配置组合。

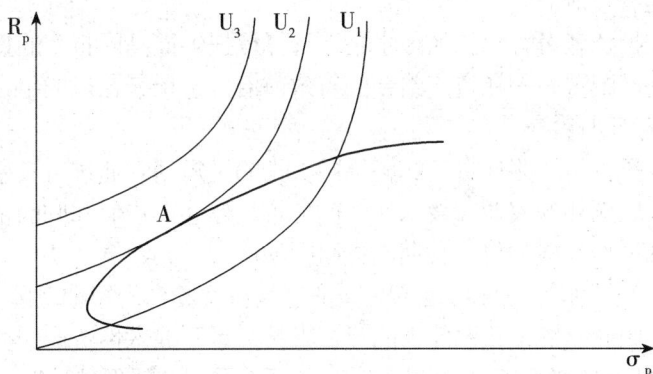

图7.4 资产配置组合的最优化选择

在许多情况下，资产配置不仅要考虑到资产，还要考虑到负债，即在上述的收益预期、效用函数的估计、最优化选择的过程中，考虑的是净资产（资产减去负债）的收益与风险，而并非只是资产的收益与风险。这当中最关键的是求解负债的收益（Liability Return）与风险。一般的解法是运用情景法将未来可能的现金支付（负债）进行贴现，然后考察负债现值的可能变化，由此求出负债的收益与风险。

当然，上述的求解过程是非常复杂的，现在这项工作只能通过计算机来完成。这些计算机程序所要求的基本输入数据包括各类资产的预期收益率、预期现金流、预期风险水平，以及每两类资产收益率之间的协方差。这些数据往往是从历史数据中通过统计方法得到的。

7.1.2　基于时间跨度的资产配置类型

1. 战略性资产配置

证券投资基金资产配置的关键一步就是进行战略性资产配置。战略性资产配置，可以理解为一种长期的资产配置决策，即通过为基金资产寻找一种长期的在各种可选择的资产类别上"正常"分配比例来控制风险和增加收益，实现基金的投资目标。战略性资产配置结构一旦确定，在较长时期内（如5～10年）不再调节各类资产的配置比例。一般认为，战略性资产配置是实现基金投资目标最重要的保证，从基金业绩的来源来讲，战略性资产配置是业绩首要的、最基本的源泉。战略性资产配置突出体现了基金在风险和收益之间的权衡结果，即按一定的方式将资产配置在一起，以满足基金投资者在可承受的风险水平上最大化收益的目标。

对于战略性资产配置而言，最值得关注的是战略性资产配置的基本要素。具体包括四个：

第一步，确定投资组合里面可以包括的合适资产——投资范围。

第二步，确定这些合适的资产在基金的计划持有期内的预期回报率和风险水平。

第三步，在估计各种资产的预期回报率和风险之后，利用投资组合理论和资产配置优化模型及相关软件，找出在每一个风险水平上能够提供最高回报率的投资组合，确定资产组合的有效前沿。

第四步，在投资者可容忍的风险水平上选择能提供最高回报率的投资组合，作为基金的战略性资产配置——在资产组合的有效前沿上选择最合适的组合点。

2. 战术性资产配置

战术性资产配置与战略性资产配置不同，指的是短期内通过对长期资产配置比例的某种偏离来获取额外的收益。战术性资产配置是建立在均值回归的基础之上的，就是认定不论短期证券价格如何，长期都将回归均值。

战术性资产配置作为一种积极策略，是建立在对资产的短期风险-收益特征的预测能力之上的，因此，短期预测能力的强弱直接关系到战术性资产配置的成败。而对短期内资产的风险-收益特征的预测，实际上可以看作对"偶然性"的预测，其本质是通过捕获市场上的短期偶然变动来增加获利。

战术性资产配置决策涉及三个基本步骤：首先是价值评估；其次是周期性的考虑；最后是前面两者的结合并考虑交易成本后作出决定。

价值评估就是要用一定的评估方法来确定资产类别的相应价值，从而判断一个资产类别何时昂贵、何时廉价，因为战术性资产配置的实质就是要卖出昂贵的资产，买入廉价的资产。价值评估的方法有很多，常用的有风险报酬法（Risk Premium Approach）和利差法（Spread Approach）。

周期性考虑的假定前提是股票价格和债券收益率在很多方面受到宏观经济因素的影响，从而表现出一定的周期性，并且这种周期性与宏观经济周期存在一定的联系。

结合价值评估和周期性研究，基金的管理者对某些资产类别的短期或者中期收益及风险水平进行预测，如果这种预测偏离了长期平均的预期水平，则可以利用短期或者中期预测作出战术性资产配置，调整资产类别的权重。当然，在实际操作过程中，需要考虑到调整投资组合所涉及的交易成本，有些战术性调整在考虑了交易成本之后变得无利可图了。

3. 战术性资产配置与战略性资产配置的比较

首先，对投资者的风险承受和风险偏好的认识和假设不同。与战略性资产配置过程相比，战术性资产配置在动态调整资产配置状态时，需要根据实际情况的改变重新预测不同资产类别的收益，而不是再次估计投资者偏好与风险承受能力是否发生了变化。在风险承受能力方面，战术性资产配置假设投资者的风险承受能力不随市场和自身资产负债状况的变化而改变。这一类投资者将在风险-收益报酬较高时比一般投资者更多地投资于风险资产，因而从长期来看，他将取得更丰厚的投资回报。

其次，对资产管理人把握资产投资收益变化的能力要求不同。战术性资产配置的风险-收益特征与资产管理人对资产类别收益变化的把握能力密切相关。如果资产管理人不能准确预测资产收益变化的趋势，或者即使能够准确预测但不能采取及时有效的行动，则将给投资者带来较差的收益，甚至很可能会劣于买入并持有最初的市场投资组合时的情况。因此，运用战术性资产配置的前提条件是资产管理人能够准确地预测市场变化并且能够有效实施战术性资产配置的投资方案。

7.1.3 基于配置策略的资产配置类型

从具体的配置策略的角度出发，资产配置类型可分为买入并持有策略、恒定组合策略、投资组合保险策略和动态资产配置策略等。

1. 买入并持有策略

买入并持有策略的特点是购买初始资产组合，并在长时间内持有这种资产组合。不管资产的相对价值发生了怎样的变化，这种策略都不会特意地进行主动调整，因此这是分析和操作都十分简单的一种策略。

在买入并持有策略下，投资组合具有最小的交易成本和管理费用的优势，但放弃了从市场环境变动中获利的可能，同时也放弃了因投资者的效用函数或风险承受能力的变化而改变资产配置状态，从而提高投资者效用的可能。因此，买入并持有策略适用于资本市场环境和投资者的偏好变化不大，或者改变资产配置状态的成本大于收益时的情况。

一般而言，采取买入并持有策略的投资者通常忽略市场的短期波动，而着眼于长期投资。就风险承受能力来说，由于投资者投资于风险资产的比例与其风险承受能力正相关，一般社会投资大众与采取买入并持有策略的投资者的风险承受能力不随市场的变化而变化，其投资组合也不随市场的变化而变化。因此，买入并持有策略的投资组合价值与股票市场价值保持同方向、同比例的变动，并最终取决于最初的战略性资产配置所决定的资产构成。

【例7-1】假设某只基金的总资金是100万元，战略性资产配置的结果是60%的股票，40%的货币市场工具。这样，如果实行买入并持有策略，该组合的价值满足如下等式：

投资组合价值=100×40%+100×60%×（1+股票市场行情上涨率）

=100×（1+0.6×股票市场行情上涨率）

从图7.5中可以看出，该投资组合的价值下跌有一个下限，那就是图中的截距项40万元，但是该投资组合的升值潜力是无限的，可以分享股票市场上升所带来的收益。如果相对于初始建立投资组合时股票市场的行情上涨了，则该投资组合的价值也会跟着上涨，而且股票市场行情每上涨1%，该投资组合的价值就上涨0.6%。当然，该组合的收益对股票市场变化的敏感程度取决于初始投资时股票资产在组合中所占的份额，该组合投资于股票的比例越大，在股票市场行情上涨的过程中的业绩就越好，在股票市场下跌过程中的业绩就越差。总之，买入并持有策略带来的是线性支付模式。

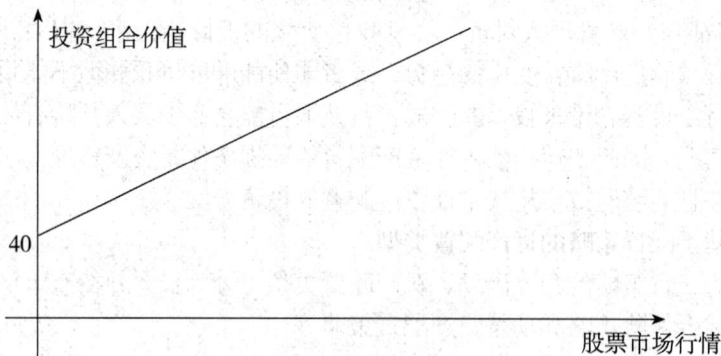

图7.5　买入并持有策略支付图

另外一个值得注意的问题是，买入并持有策略意味着投资组合中各类资产市值的相对权重会随着市场的变化而改变。比如，上述投资组合在股票市场行情上涨的情况下，股票所占的比重就会上升，货币市场工具所占的比重就会下降；而在股票市场行情下降的情况下，股票所占的比重就会下降，货币市场工具所占的比重就会上升。这是买入并持有策略的一个基本特征。

2. 恒定组合策略

与买入并持有策略正好相反，恒定组合策略保持组合中各类资产市值的固定比例。例如，某基金的投资组合是60%的股票、40%的货币市场工具，为保持这一比例，要根据股票市场的变化而相应调整。如果股票市场上涨了，则该组合中股票资产相对于货币市场工具的比例也上升了，基金管理人要主动进行调整，卖出部分股票而投资于货币市场工具，以保持初始的相对比例。相反，当股票市场下跌时，基金管理人要卖出部分货币市场工具而投资于股票。

恒定组合策略与买入并持有策略的支付模式有很大的区别。在股票市场行情上涨时期，恒定组合策略的收益低于买入并持有策略的收益，因为在股票市场上涨时，恒定组合策略要求卖出部分股票转而投资于货币市场工具，减少了较高收益率的股票资产的比例。在股票市场行情下跌的过程中，恒定组合策略的收益率也低于买入并持有策略的收益，因为在股票市场下跌时，恒定组合策略要求卖出货币市场工具转而投资于股票资产。如图7.6所示，当股票市场表现为强烈的上升趋势或者强烈的下降趋势的时候，恒定组合策略的收益都要低于买入并持有策略，因为恒定组合策略要求在市场上升时期卖出而在市场下降时期买入。

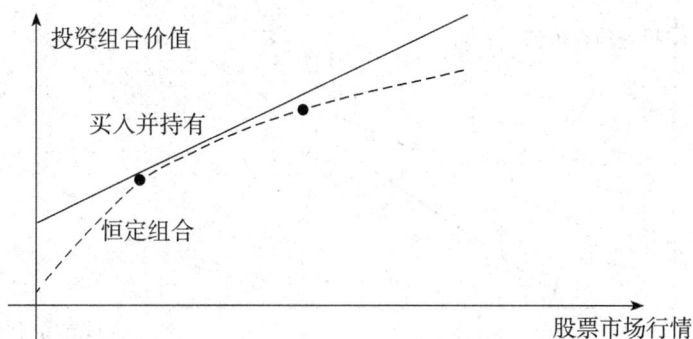

图7.6 恒定组合策略支付图（市场保持上升或下降趋势）

恒定组合策略对资产配置的调整并非基于资产收益率的变动或者投资者的风险承受能力的变动，而是假定资产的收益情况和投资者偏好没有大的改变，因而最优投资组合的配置比例不变。恒定组合策略适用于风险承受能力较稳定的投资者，在风险资产市场下跌时，他们的风险承受能力没有像一般投资者那样下降而是保持不变，因而其风险资产的比例反而上升，风险收益补偿也随之上升。反之，当风险资产市场价格上升时，投资者的风险承受能力仍然保持不变，其风险资产的比例将下降，风险收益补偿也下降。

但是，如果股票市场价格处于震荡、波动状态之中，恒定组合策略就可能优于买入并持有策略。例如，当股票市场下降从而增加股票持有比例以保持资产配置比例不变之后，由于股票市场转而上升，投资组合的业绩因股票投资比例的提高而出现更快的增长（如图7.7所示）。

图7.7中，投资组合价值首先因股票市场价值的下降而沿A—B下降，并同时提高了股票投资比例，使投资组合线的斜率提高。随着股票市场的回升，投资组合业绩将沿着斜率更高的B—C直线上升，从而使恒定组合策略的表现优于买入并持有策略的表现。反之，当股票市场先上涨后下降时，恒定组合策略的表现也将优于买入并持有策略（如图7.8所示）。

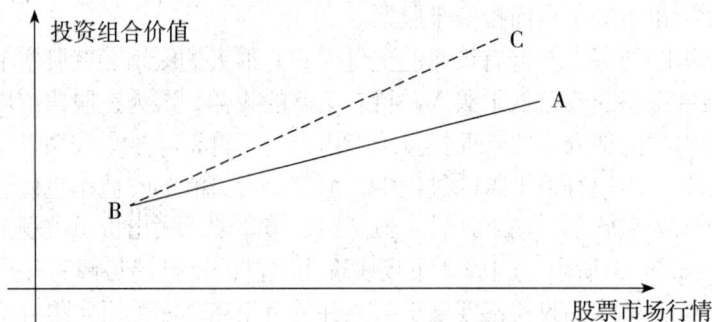

图7.7　恒定组合策略支付图（市场先下降后上升）

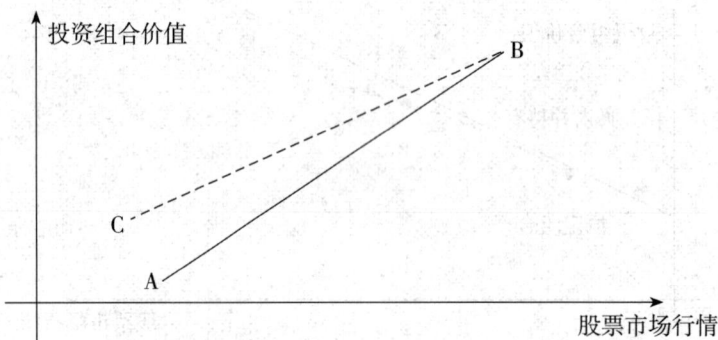

图7.8　恒定组合策略支付图（市场先上升后下降）

3. 投资组合保险策略

投资组合保险策略是在将一部分资金投资于无风险资产从而保证资产组合的价值不低于某个最低价值的前提下，将其余资金投资于风险资产，并随着市场的变动调整风险资产和无风险资产的比例，从而不放弃资产升值潜力的一种动态调整策略。当投资组合价值因风险资产收益率的提高而上升时，风险资产的投资比例也随之提高，反之则下降。

投资组合保险策略包括的具体策略比较多，其中，投资组合保险策略的一种简化形式是著名的恒定比例投资组合保险策略（Constant Proportion Portfolio Insurance，CPPI）。恒定比例投资组合保险策略的一般形式是：

股票金额=M×（全部投资组合价值−保障价值）

运用这一策略时，投资者要确定表示投资组合保障价值的一个最小倍数（即公式中的M，取值大于1），全部投资组合价值与这个保障价值的差额表示对最低价值提供有效保护的保护层。

根据恒定比例投资组合保险策略，当风险资产收益率上升时，风险资产的投资比例随之上升，如果风险资产市场趋势继续上升，投资组合保险策略将取得优于买入并持有策略的结果（如图7.9所示）。而如果市场趋势转而下降，则投资组合保险策略的结果将因为风险资产比例的提高而受到更大的影响，从而劣于买入并持有策略的结果

（如图7.10所示）。反之，如果风险资产市场趋势持续下降，则投资组合策略的结果较优（如图7.9所示），而如果风险资产市场趋势由降转升，则投资组合策略的结果劣于买入并持有策略的结果（如图7.11所示）。

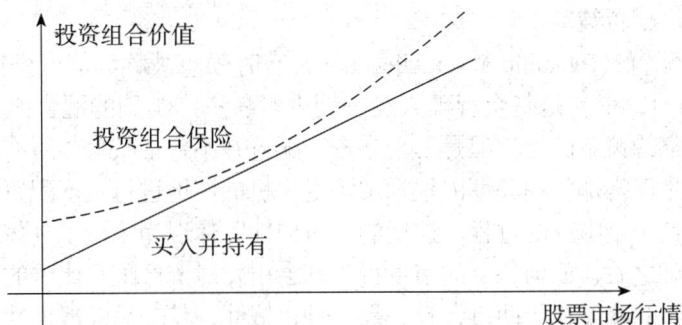

图7.9　投资组合保险策略支付图（市场保持上升或下降趋势）

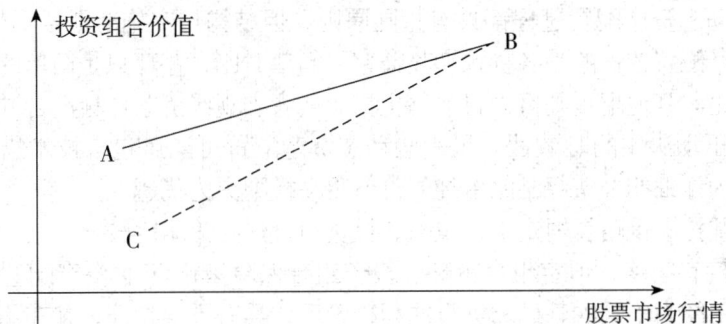

图7.10　投资组合保险策略支付图（市场趋势先上升后下降）

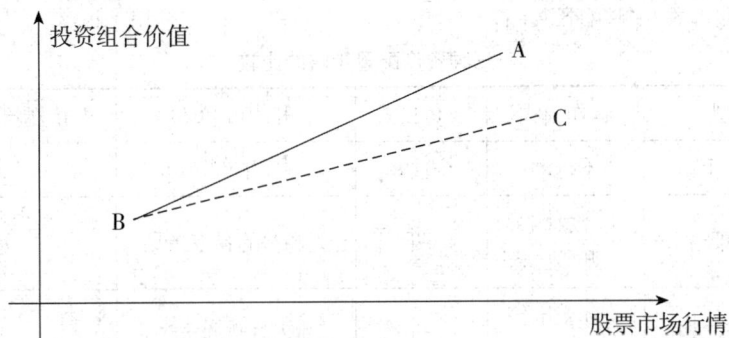

图7.11　投资组合保险策略支付图（市场趋势先下降后上升）

　　与恒定组合策略相反，投资组合保险策略在股票市场上涨时提高股票投资比例，而在股票市场下降时降低股票投资比例，从而既保证资产组合的总价值不低于某个最低价值，同时又不放弃资产升值潜力。在严重衰退的市场上，随着风险资产投资比例的不断下降，投资组合能够最终保持在最低价值的基础上。

　　显然，恒定组合策略的运动方向与市场运动方向相同，其绩效受到市场流动性影响的可能性更大，尤其是在股票市场趋势急剧下降或缺乏流动性时，投资组合保险策略至少保持最低价值的目标可能无法达到，甚至可能由于投资组合保险策略的实施反而加剧了市场向不利方向的运动。

4.动态资产配置策略

动态资产配置（Dynamic Asset Allocation）有时候也被称为混合资产管理（Asset Mix Management），指的是基金管理人在长期内对各资产类别的混合比例进行调整与否以及如何调整的策略问题。但是，动态资产配置并不包括长期内所有的资产配置比例的调整，而是仅指那些在长期内根据市场变化机械性地进行资产配置比例调整的方法，一般指的是一个中期的过程。这里的"机械性"体现为采用了具体的某一种动态资产配置的策略之后，任何特定的市场行为都会引发对资产配置比例的特定改变。动态资产配置策略的本质在于两点，其一是这种机械性，其二是对战略性资产配置将产生直接影响。

大多数动态资产配置过程都具有相同原则，但结构与实施准则各不相同。例如，一些动态资产配置依据的是各种预期收益率的简单对比，甚至只是简单的股票对债券的单变量对比。其他配置则努力将情绪化措施或者宏观经济条件标准合并在内，以提高这些价值驱动决定的时效性。另一些动态资产配置可能还包含技术措施。一般来说，一些更为详细的办法经常比单纯的价值驱动模型更为优越。

5.买入并持有策略、恒定组合策略、投资组合保险策略比较

买入并持有策略、恒定组合策略、投资组合保险策略[1]三种资产配置策略是在投资者风险承受能力不同的基础上进行的积极管理，具有不同特征，并在不同的市场环境变化中具有不同的表现，同时它们对实施该策略提出不同的市场流动性要求（见表7.1），具体表现在以下3个方面：

表7.1 三种资产配置策略的比较

策略类型	运作模式	支付模式	有利的市场环境	对市场流动性的要求
买入并持有策略	不行动	直线	牛市	小
恒定组合策略	下降就购买 上升就出售	凹	无趋势的易变市场	适度
投资组合保险策略	下降就出售 上升就购买	凸	强烈趋势的市场	高

（1）支付模式

恒定组合策略和投资组合保险策略为积极性资产配置策略，当市场变化时需要采取行动，其支付模式为曲线。而买入并持有策略为被动性资产配置策略，在市场变化时不采取行动，支付模式为直线。恒定组合策略在下降时买入股票并在上升时卖出股

---

1 这里主要指的是恒定比例的投资组合保险策略。

票，其支付曲线为凹形。反之，投资组合保险策略在下降时卖出股票并在上升时买入股票，其支付曲线为凸形。

（2）收益情况与有利的市场环境

当股票价格保持单方向持续运动时，恒定组合策略的表现劣于买入并持有策略，而投资组合保险策略的表现优于买入并持有策略。当股票价格由升转降或由降转升，即市场处于易变的、无明显趋势的状态时，恒定组合策略的表现优于买入并持有策略，而投资组合保险策略的表现劣于买入并持有策略。反之，当市场具有较强的保持原有运动方向的趋势时，投资组合保险策略的效果将优于买入并持有策略，进而优于恒定组合策略。

（3）对市场流动性的要求

买入并持有策略只在构造投资组合时要求市场具有一定的流动性，恒定组合策略要求对资产配置进行实时调整，但调整方向与市场运动方向相反，因此对市场流动性有一定的要求但要求不高。对市场流动性要求最高的是投资组合保险策略，它需要在市场下跌时卖出而在市场上涨时买入，该策略的实施有可能导致市场流动性的进一步恶化，甚至最终导致市场的崩溃。1987年美国股票市场中众多投资组合保险策略的实施就加剧了当时的市场环境恶化过程。

另外需要注意的一点是，我们在讨论这三种策略的时候，没有考虑到实行每种策略所花费的交易成本是不同的这一点。概括地说，买入并持有策略是一种被动策略，不进行任何相机调整和再平衡，因此涉及的交易成本是最低的，而后两种策略都属于积极策略，要求根据市场变化适时调整组合比例，因此需要花费一定的交易成本。具体投资管理的过程中考虑到交易成本的因素，三种策略的支付情况要做适当的调整。

7.1.4 基于投资风格的资产配置类型

1. 投资管理的过程

总体来看，投资管理可以分为主动型和被动型两大类，其根本区别在于对"是否获得超越市场收益"这一问题，也就是对股票市场的效率问题的不同回答。

综合来说，主动型投资管理是指投资管理人依靠基金经理对证券市场的研究和分析，用可以获得的一切信息和预测技术，对投资组合中各种证券的类别和具体品种的表现进行预测，希望通过主动地进行证券类别的调整、证券品种的选择以及对买卖时机的把握，选择投资标的形成基金组合，来获取超过市场平均水平的收益率。被动的投资管理是指投资者完全放弃对证券价格进行系统预测的努力，并根据证券价格的某一基本特征选择自己的投资策略，该策略最重要的一种方式是指数化投资，经由配置特定指数中的成分股来构建基金组合，力求与指数的变化保持一致，以期获得与市场指数相当的收益。

主动型管理和被动型管理只是两种极端情形，现实中的基金经理所使用的投资管理策略要复杂得多，很多时候是介于两种极端情形之间的策略，我们称之为混合型管理。比如，有的基金对投资组合里面的核心资产进行被动管理，对其他资产则进行主动管理；有的基金对资产类别实行被动管理，对每个资产类别内的具体资产选择则实行主动管理。因此，我们可以分别考虑主动、混合以及被动的投资管理策略。见表7.2。

表7.2　　　　　　　　构造投资组合各阶段投资管理策略的选择

投资策略阶段	主动投资策略	混合投资策略	被动投资策略
股票配置阶段	战术性股票配置	恒定组合战略	买入并持有策略
细分市场选择阶段	多种风格之间转换	选择并保持某种投资风格	构造整个市场指数基金
个股选择阶段	个股间选择与转换	买入并长期持有某些个股	构造细分市场指数基金

债券型基金与股票型基金类似，主动型债券基金通常由基金经理主动进行个券选择和资产配置，力争实现超越业绩比较基准的投资回报。而被动型债券基金同样会根据制定的规则和策略管理基金，最常见的即为指数型债券基金，其以标的债券指数作为追踪对象，通过购买该指数的全部或部分成分券构建投资组合，以追踪标的指数表现，获得市场平均收益。跟踪指数常包括全债指数、利率债指数和信用债指数等。

3.主动和被动管理的基金表现

结合上节内容，基金管理人对主动管理与被动管理的选择取决于以下两个因素：

其一，该基金的投资目标，尤其是风险容忍程度。如果该基金是追求高风险高收益的，可以容忍较高的风险水平，那么基金经理实行主动投资管理策略，牺牲一定程度上的分散化要求，进行积极的资产品种选择和对市场时机的把握才是有可能的。如果基金的投资目标决定了该基金不能承担高风险，那么，主动的策略就并非上策，因为主动投资决策往往会加大风险。

其二，基金经理对市场有效性的看法和态度。如果基金经理认为市场的定价效率（Price Efficiency）较低，存在通过积极预测获得超额收益的空间，则其更可能会采用主动型投资管理策略。相反，如果基金经理认为市场定价效率很高，那就意味着实行一项主动策略所带来的超额收益扣除由此产生的风险和交易成本之后所剩无几，从而就会实行被动策略。

西方学者对主动管理的投资策略的评价分成截然不同的两派。大部分的基金业绩分析文章认为，主动管理的基金不能为投资者带来更多的收益。如Davis（2001）将美国的基金业绩情况作为重点研究对象，研究的基金时间跨度跨越了36年，从1962年到1998年，他研究的结论是被动型基金相比主动型基金，可以获得更高的收益。S.P.Kothari和Jerold B.Wamer（2004）对美国1991年至2001年10年间的数百只股票型基金收益风险调整后进行分析，得出了被动型基金的收益全部高于主动型基金的收益的结论。龙先文（2009）采用两样本推论对9家指数基金和85家股票基金进行研究，发现指数基金投资业绩高于股票基金。

之所以出现这种情况，可能的原因是：

（1）主动管理的基金经理比被动管理的基金经理面临更多的搜寻信息和交易成本，这些成本对基金业绩造成负面影响。

（2）如果主动管理的基金经理不能比被动管理的基金经理拥有更多的信息，或者说他们不能有效地运用这些信息，那么，前者的业绩必然低于后者的业绩。

而 Edelen（1999）、Ferson 和 Schadt（1996）等学者认为，开放式基金的管理人能够通过积极投资来获得超过市场基准的回报，但为了满足投资者的流动性需求（申购、赎回），开放式基金不得不进行流动性交易（Liquidity-Motivated Trading）来调整其投资组合，使基金的实际投资组合与主动管理的基金经理所认为的最优投资组合不一致。Wermers（2000）对共同基金投资收益的研究发现，主动型共同基金能够实现高于市场 1.3% 的超额收益率。

7.2　证券投资基金风险管理

风险管理是证券投资基金运作过程中不可或缺的一环，本节将介绍证券投资基金的风险管理系统、风险的衡量指标以及风险管理工具，最后结合 ESG 投资分析风险管理的新趋势。

7.2.1　风险管理系统与指标

对投资风险进行防范与管理最重要的是建立一套从风险识别到风险测量再到风险报告最后到风险控制的规范系统，并要求各个部门严格按照这个系统进行投资活动。证券投资基金将建立相关的计算机网络系统、数据库、应用软件工具来实现系统化的风险管理，该管理系统的结构如图 7.12 所示。

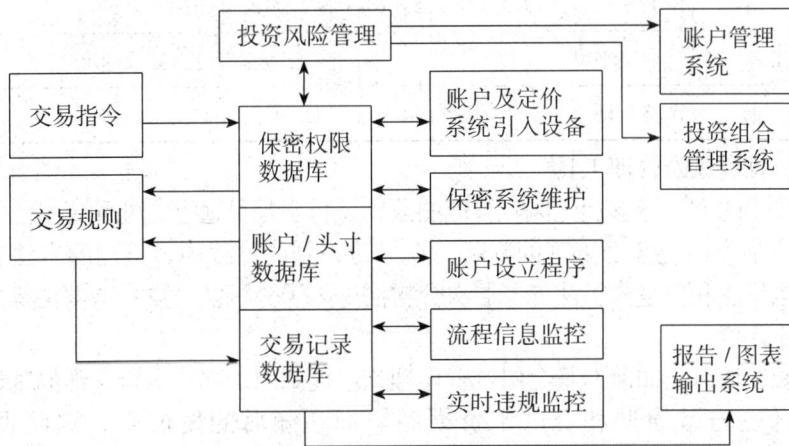

图 7.12　证券投资基金投资风险管理系统示意图

有了这样的系统，证券投资基金就可以对投资风险进行完整的防范与管理。在具体的管理过程中，证券投资基金一般都设定了自己关注程度不同的指标体系，采用定量和定性相结合的方法确定各种投资行为的风险水平。当指标达到控制标准时，则为绿灯；如果未达到控制标准且需要修正，则为黄灯；如果严重未达到控制标准，则为红灯，需要立刻采取行动。表7.3是一个典型的证券投资基金风险监控表。

表7.3　　　　　　　　　　证券投资基金风险监控指标体系

重点关注指标		参考指标	
1.合规指标	股票比例	1.市场风险	LPM0
	债券比例		LPM2
	单一股票持有量占其总股本比例		VaR
	单一股票持有市值占基金总值比例	2.行业风险	行业偏离度
2.市场风险	标准差	3.个股风险	β系数
	β系数		一定期限内累计涨跌幅
	跟踪误差（TE）		一定期限内累计涨跌幅与市场同期涨跌幅比例
3.流动性指标	个股集中度	4.流动性风险	大盘股持有市值占基金股票市值比例
	单日变现力		小盘股持有市值占基金股票市值比例
	出清率	5.债券利率风险	凸性
4.行业配置指标	行业集中度	6.宏观指标	经济发展速度
5.债券利率风险	调整久期		通货膨胀率

7.2.2　投资风险管理工具

利用科学的方法能够优化风险管理的效率，特别是可通过定性和定量的技术对风险识别和评估作出更全面直观的判断。在风险识别的过程中，常用的方法有德尔菲法、头脑风暴法和情境分析法等，层次分析法、因子分析法、蒙特卡罗法等方法则常常用于风险评价。

在金融领域，正如前面基金组合管理理论中提到的，现代风险管理的基础是马科维茨的均值–方差模型和资产定价模型。而在随后的发展中，风险调整收益（RAROC）、VaR模型、压力测试，以及全面风险管理（ERM）都受到了很多关注与应用。以下主要对VaR、压力测试和一些风险度量指标做简单介绍。

1. VaR模型

VaR又称在险价值，自20世纪90年代被引入风险管理，已成为国内外金融机构和监管当局广泛应用的风险管理工具，它是指在一定的概率水平（置信度）下，投资组合在未来一定时期内可能遭受的最大损失。其数学定义如下：

$$P\{V_{\Delta t} > VaR\} = 1 - c \qquad (7.5)$$

其中：c——置信度；

$V_{\Delta t}$——投资组合在Δt时间内的价值损失量。

上式表示投资组合在Δt时间内的价值损失量大于等于VaR的概率为（1-c）。按投资组合价值损失的比较基准的不同，VaR又分为绝对VaR和相对VaR。如果以投资组合的绝对价值来衡量损失，就称为绝对VaR；如果以投资组合的收益率来衡量损失，就称为相对VaR。VaR一个很重要的优点就是直观，它将风险转化为人们易于理解的在一定概率保证程度下的损失的最大可能绝对（或相对）数量。VaR模型不仅适用于市场风险评估，其扩展模型后来也被应用到信用风险和流动性风险的度量中。

2.压力测试

压力测试衡量的是资产损失分布超过风险价值的部分，可以发现金融机构和系统在极端市场情形下的风险传导机制和风险承受力，被视为VaR等模型方法的重要补充，也是金融系统稳定性分析中的关键因素。

压力测试包括敏感性测试和情境测试等具体方法。敏感性测试旨在测量单个重要风险因素或少数几项关系密切的因素由于假设变动对基金风险暴露和承受风险能力的影响。情境测试是假设分析多个风险因素同时发生变化以及某些极端不利事件发生对基金风险暴露和承受风险能力的影响。

压力测试的优点是显而易见的，它关注那些极少发生的可能性事件，能一定程度上预防厚尾（Fat Tails）风险。更进一步，加总的压力测试结果可暴露出许多在单个经营中并不严重的风险，全面体现风险。但压力测试的质量依赖合理、清晰、全面的情境，这些小概率情境的提出又十分考验管理者的专业判断。更多时候，这种极端小概率事件甚至不能引起管理层的重视。

当压力测试的结果超过管理者的可接受范围时，可以采取如下手段进行风险控制：购买保险合约、信用违约互换以及采用其他衍生品来提供保护，但须注意这样可能将市场风险转化为对手风险；修正投资组合以减少风险敞口或分散化；制订触发事件出现时的或有计划；保证流动性压力出现时的融资能力等。

3.其他风险度量指标

（1）方差（标准差）

金融资产价格的波动是投资活动最重要的风险来源。波动性的最常用的度量方法就是用金融资产价格的标准差来表示：

$$\sigma_i = \left(\frac{1}{T-1}\sum_{t=1}^{T}(r_t - \mu)^2\right)^{1/2} \qquad (7.6)$$

其中：r_t——投资组合在t时期的收益率；

μ——投资组合的收益率均值。

σ_i的平方称为该金融资产总风险，它又可以分解为系统风险和非系统风险，式中

的 β 系数由以下单指数模型（$R_i = \alpha + \beta R_m + \varepsilon_i$）获得：

系统风险 = $\beta^2 \sigma_m^2$（σ_m^2 为市场指数的方差）

非系统风险 = $\sigma_i^2 - \beta^2 \sigma_m^2$

单个金融资产的系统风险是指其价格波动随市场总体波动的情况，它的大小受其 β 系数和市场波动两个因素的影响，而市场的波动则主要受宏观经济以及政策的影响，这一点我们将在宏观风险中介绍。非系统风险则是单个金融资产价格波动中与市场无关的部分，它主要来源于公司的经营风险。

近几十年来，随着人们对风险管理的日益重视，衡量资产价格波动性的指标层出不穷。除了 σ_i 和 β 以外，还有其他许多度量波动性风险的指标，比如 LPM（Lower Partial Moment）、TE（Tracking Error）、Semi-Volatility、Downside Volatility、VaR 等。下面介绍的是几种比较常用的指标。

（2）LPM

LPM（Lower Partial Moment）是一个衡量风险的组合指标，其公式如下：

$$LPM_m = \sum_{r_i = -\infty}^{TH} P_i (TH - r_i)^m \tag{7.7}$$

其中：P_i——组合回报率等于 r_i 的概率；

　　　TH——组合的目标回报率。

该指标指的是组合回报率低于目标回报率的概率。当 m=0 时，LPM_0 表示组合回报率低于目标回报率的概率；当 m=1 时，LPM_1 表示组合回报率低于目标回报率的预期偏差；当 m=2 时，LPM_2 表示组合回报率低于目标回报率的预期平方偏差。将其取平方根就是 Downside Volatility 指标，该指标还有如下计算公式：

$$\sigma = \left(\frac{1}{T-1} \sum_{t=1}^{T} (r_t^{<TH} - \mu)^2 \right)^{1/2} \tag{7.8}$$

若 m=2 且 TH 取组合期望收益率 μ 时，LPM_2 就为半方差，将其取平方根就是 Semi-Volatility 指标，该指标还有如下计算公式：

$$\sigma = \left(\frac{1}{T-1} \sum_{t=1}^{T} (r_t^{<\mu} - \mu)^2 \right)^{1/2} \tag{7.9}$$

LPM 的每一种变化都能从一个方面体现资产（组合）的波动性风险。它还原了人们对风险的直观理解，即达不到目标回报率的收益率波动，只关注 Downside Volatility 这一边是目前风险测量的新理念。另外，它对组合的回报率分布没有特别的要求，而且比较适合于中长期投资组合整体风险的评估。

（3）TE

TE（Tracking Error）称为跟踪误差，它是反映特定投资组合的收益率与其业绩比较基准之间的偏离度波动的指标。跟踪误差的计算方法有很多种，最常用的两种计算方法为：

$$TE1 = \left[\frac{\sum_{t=1}^{n}(R_{pt} - R_{bt})^2}{n-1}\right]^{1/2} \tag{7.10}$$

其中：R_{pt}——投资组合在t时期的收益率；

R_{bt}——市场比较基准在t时期的收益率。

$$TE2 = \sigma(\varepsilon_p) = \sigma(R_p)\sqrt{1 - P_{pb}^2} \tag{7.11}$$

其中：$\sigma(\varepsilon_p)$——投资组合单因素模型残差的标准差；

P_{pb}^2——投资组合收益率与比较基准收益率的相关系数。

（4）ES

ES（Expected Shortfall）称为期望损失，它是投资组合在给定置信水平决定的左尾概率区间内可能发生的平均损失。ES的计算方法如下：

$$ES_{\alpha} = \frac{1}{\alpha}\int_0^2 VaR_{1-x}dx \tag{7.12}$$

其中：VaR_{1-x}——投资组合的VaR；

α——显著性水平或置信系数。

ES对于损失的分布没有任何要求，这使得它可以用来衡量任何类型和任何分布的风险。适用性广泛是ES的最大优点。

7.2.3 ESG投资评估体系

ESG投资是环境（Environmental）、社会责任（Social）、公司治理（Governance）投资的总称。2004年，联合国全球契约组织（UN Global Compact）首次提出ESG概念，此后ESG逐渐受到各国政府和监管部门的重视，近年来因其长期风险评估机制被越来越多的企业和投资者重视，ESG投资也逐渐得到主流资产管理机构的青睐。海外方面，2008年国际金融危机、英国BP石油泄漏危机等多次偶发事件让机构投资者认识到长期投资风险及"黑天鹅"事件可能带来的重要影响，特别是加强对环境等非财务社会风险的识别、评估、管理的紧迫性。

国内方面，目前我国上市公司并未强制披露ESG或企业社会责任报告，但有很多企业出于自愿或被动需求已连续发布多年。一般来讲，ESG表现良好的企业，其风险管理体系也较为完善，能够及时识别并应对企业经营中的环境、社会责任和治理风险，可以有效降低企业风险。企业积极履行环境责任，能够向外界提供更加可靠的环境信息，提高信息透明度，信息不对称程度降低，公司面临的信息风险更小。因此，企业ESG表现越好，越能强化企业与利益相关者之间的关系，有助于减少经营中的不确定性，降低企业风险，增强企业的营利能力。ESG投资评估作为一种长期风险评估机制，具有筛选非财务风险、提高长期收益的优势，日益成为国际机构投资者的新兴投资策略。尤其是欧美主流资产所有者对ESG关注度较高，已有25%的资产所有者将ESG相关指标纳入投资框架。

机构投资者通过将ESG评估融入投资决策以增强资产组合的风险控制能力，平滑投资组合波动，提升长期收益能力。如以养老金为代表的机构投资者一方面将被投资对象的环保、社会责任表现纳入投资决策议程，逐步从"价值导向型（Value-based）投资"转向"价值驱动型（Value-driven）投资"；另一方面则通过股东身份积极影响被投资企业经营，提高企业可持续发展能力，降低"闪崩"（Flash Crash）可能性。

国际机构投资者如养老金、公司年金等资产所有者在 ESG 投资中常常从目标设定、机会评估、投资决策制定、投资方法和产品设计、被投项目管理等层面融入 ESG 理念，抓住价值投资机遇，应对环境、社会、治理层面带来的新的挑战。联合国负责任投资原则组织（UN PRI）针对投资者如何开展 ESG 投资的治理，提出了 ESG 投资实操指南和最佳实践的关键七步，见表7.4。

表7.4 ESG 实践关键七步

了解投资环境	考虑投资相关的法律要求和规定，以及机构章程现行规定
明确投资目标	确定纳入 ESG 后对流动性的影响、风险调整后的收益目标
明确投资理念	制定并发表正式的说明，以阐明其 ESG 投资定位
就投资战略达成一致	针对不同资产类别投资策略、风险管理机制等进行协商
确立投资治理流程	将 ESG 纳入自身投资和委外投资的管理机制
贯彻投资使命	在投资和委外管理中纳入薪酬激励等机制，并促进与公司沟通
监督、考核与报告	定期回顾 ESG 投资实践和市场最佳实践保持一致

ESG 投资根据具体投资策略主要分成以下几类：

（1）ESG 整合投资。ESG 整合投资指将 ESG 纳入原有的投资分析方式，从而获得更高的风险调整后收益，其正成为 ESG 主流投资方式。在 ESG 整合投资中，资产所有者往往会参考 MSCI、Trucost 等机构提供的 ESG 主题指数的细分指标测算结构或原始数据，将相关指标纳入自己的投资流程中。

（2）正面筛选/负面筛选投资。正面筛选、负面筛选和国际惯例筛选是 ESG 较早被应用在资产所有者投资过程中的一种投资方式。主权基金等机构出于价值观、伦理、社会影响考量等多种因素，负面筛选曾一度成为全球最为热门的 ESG 投资策略之一。随着 MSCI、S&P 等机构对 ESG 相关数据工具的补充日益完善，如今的正（负）面筛选投资策略已从以前的基于主题、伦理、观念等定性指标，逐渐转化为基于对被投资标的 ESG 评级的定量分析。

（3）直接参与公司治理。投资者直接参与被投资公司的 ESG 治理，如通过建议和投票来影响公司行为。

（4）可持续主题投资。可持续主题投资直接投资于有益可持续发展的资产，常见的主题包括新能源、可持续农业等。

（5）影响力投资。影响力投资则直接投资于可产生环境、社会影响力的机会，并常常会要求衡量投资所产生的影响力。

（6）ESG指数化投资。随着越来越多的高质量ESG指数产品问世，配置ESG相关的指数产品、搭建ESG或气候变化主题的ETF产品也是资金方常见的投资方式之一，而这种方式可以和不同的ESG投资策略结合，常见的是ESG负面筛选、正面筛选、国际惯例筛选和可持续主题投资。

从结果来看，ESG投资策略可以降低投资组合风险并获得更好的投资收益。根据国际主流评级机构明晟（MSCI）的跟踪统计，2015—2020年新兴市场的ESG领先指数的表现优于新兴市场指数，波动率更低，夏普比率更高，具有显著收益增强效果。日本政府养老金投资基金（GPIF）一直积极与指数提供商和ESG评级机构进行合作，2017—2020年间GPIF选择的ESG指数表现优于市场平均水平，并且提高了夏普比率。

从全球视野来看，海外ESG发展时间长，ESG投资实践经验相对丰富。一方面，欧美机构投资者对ESG投资实践关注度高，越来越多的投资者将ESG融入其内部管理机制，建立ESG相关专业委员会；另一方面，欧美相关监管部门积极推动投资者开展ESG投资，如欧盟委员会通过的《欧洲职业退休规定指令II》（IORP II）、美国加州通过的《第964号参议院法案》等规定都包含要求资产所有者建立一系列与ESG相关机制的内容，包括在投资决策中考虑ESG并定期内部审查、披露与气候相关的财务风险等信息。

从规模来看，近10年全球ESG投资规模增速远超全球资产管理行业的整体增速（如图7.13所示）。从地区分布来看，美国市场2020年占比达到48%，一举超过一直排名第一的欧洲市场，成为ESG投资最大的市场；日本市场份额提升较快，2020年达到8%，排名第三。

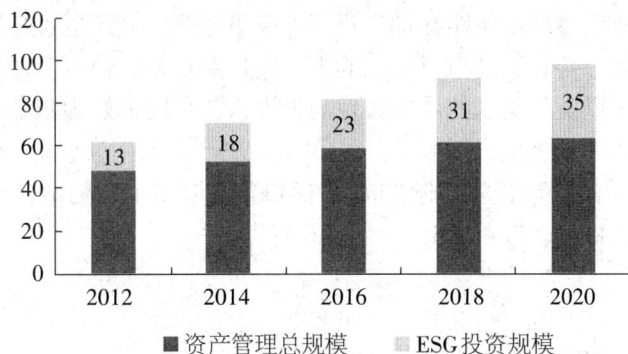

图7.13 全球主要市场资管规模及ESG投资规模[1]（单位：万亿美元）

中国尚处于ESG发展的早期阶段，"双碳"目标将加速ESG投资发展。过去我国信息披露、ESG评估、监管手段等基础设施不足，资产所有者开展ESG投资存在一定困难。当下国家提出"双碳"战略目标，指出了高质量发展阶段的新需求，将对产业

---

1 资料来源：GSIA。每年数据为当年年初的管理规模，GSIA主要市场统计口径包括欧洲、美国、加拿大、日本、大洋洲。

结构和区域经济产生较大的中长期影响，使得能源、科技、消费乃至地缘比较优势都将产生深刻改变，与ESG理念中的环境因素有较高契合度。政府相关部门与机构投资者也相继积极响应，ESG投资发展开始加速。

2021年11月，中国投资有限责任公司发布可持续投资政策，强调从四个方面推进可持续投资。2022年4月，中国证监会发布《关于加快推进公募基金行业高质量发展的意见》，强调"推动公募基金等专业机构投资者积极参与上市公司治理，既要'用脚投票'，更要'用手投票'，助力上市公司高质量发展。引导行业总结ESG投资规律，大力发展绿色金融，积极践行责任投资理念，改善投资活动环境绩效，服务绿色经济发展"。2022年6月，财政部等四部门发布了《社会保险基金预算绩效管理办法》，其中第九条指出，社保基金的"效益指标主要包括经济效益、社会效益、可持续发展、满意度等方面"。截至2023年底，国内成立的ESG主题的公募基金有129只，采用ESG作为投资策略的基金有210只[1]，ESG基金资产管理规模超过5 000亿元[2]。

● **本章小结**

资产配置就是将投资分配到各大类资产中，它是基金管理公司在进行投资时首先碰到的问题。资产配置的目标在于以资产类别的历史表现与投资人的风险偏好为基础，预期未来各类资产的投资风险与收益，构造最优的投资组合。

资产配置在不同层面有不同含义。从范围上看，可分为全球资产配置，股票、债券资产配置和行业风格资产配置等；从时间跨度和风格类别上看，可分为战略性资产配置、战术性资产配置和资产混合配置等；从配置策略上可分为买入并持有策略、恒定组合策略、投资组合保险策略和动态资产配置策略等。资产配置是决定投资组合相对业绩的主要因素，其意义随市场范围的扩大而日益重要，但复杂性也随之提高。资产配置的目标在于以资产类别的历史表现与投资人的风险偏好为基础，降低风险、提高收益，构造最优的投资组合。

目前比较常用的管理投资风险的方法有VaR模型和压力测试，其他风险度量指标主要有：方差、LPM、TE和ES，它们各有特点。

● **思考题**

1.什么是资产配置？为什么要进行资产配置？

2.资产配置有哪几种类型？它们的分类依据是什么？

3.确定资产类别预期收益的方法有哪两种？它们各有什么特点？

4.买入并持有策略、恒定组合策略和投资组合保险策略三者的区别有哪些？

5.如何做战术性资产配置？哪些投资者适合进行战术性资产配置？

6.用VaR（在险价值）度量股票价格波动风险有什么优缺点？试了解和讨论VaR模型在我国证券投资基金风险管理中的运用。

7.某基金经理的公告阐明，其管理基金1个月展望期的95%VaR等于资产组合价值的6%。如果你有10万美元基金投资，你将如何理解基金经理的公告？

8.假设某两项投资中的任何一项都有0.9%的可能触发损失1 000万美元，有99.1%的可能触发损失100万美元，并且有正收益的概率为零，这两项投资相互独立。

（1）对应于99%的置信水平，任意一项投资的VaR是多少？

（2）选定99%的置信水平，任意一项投资的预期亏损是多少？

（3）将两项投资叠加在一起所产生的投资组合对应99%的置信水平的VaR是多少？

（4）将两项投资叠加在一起所产生的投资组合在99%的置信水平下的预期亏损是多少？

（5）请对此例的VaR不满足次可加性条件，但是预期亏损满足次可加性条件进行说明。

第8章　主动型基金投资管理

◇学习目标

- 掌握主动型基金投资管理的概念及其与被动型基金投资管理的差别
- 掌握股票定价的基本方法
- 掌握债券收益率计算与其风险的度量
- 了解主动型股票和主动型债券投资管理的主要类型
- 了解 ETF 产品主动投资管理的主要策略

基金投资管理可以分为主动型投资管理和被动型投资管理，其根本区别在于对"是否获得超越市场收益"这一问题，也就是对市场有效性的不同理解。债券市场与股票市场共同构成了证券市场的基础，也是证券投资基金的重要投资对象。本章将分别介绍股票市场和债券市场的主动投资管理。此外，作为经典的被动投资工具，ETF也可以作为主动投资管理工具，本章也将对 ETF 产品的主动投资管理进行介绍。

8.1　股票市场主动投资管理

8.1.1　股票定价

对股票进行投资管理的前提是对股票合理定价。股票的定价方法主要有以现金流折现估值为代表的绝对估值法和基于可比对象的相对估值法两种。绝对估值法中本节主要介绍经典的股利贴现模型、现金流折现模型和以现金流折现模型为基础的剩余收益模型。

1.绝对估值法

（1）股利贴现模型

股利贴现模型（Dividend Discount Model，DDM）以现值分析为基础，考察资产价格与公允价格即预期现金流量现值之间是否存在差异，从而判断该股票是否被错误定价，并买入被低估的股票，卖空被高估的股票。其中，该股票的预期现金流量应包括预期的股利支付和未来某时股票的预期售价。通常我们假设折现率在整个期限内不变，为通过资本资产定价模型获得的、公司在系统风险（β）基础上的预期收益率。按照对未来股利支付的不同假定，DDM 可演化为固定增长模型、三阶段 DDM 或随机 DDM 等具体表现形式。

与此同时，如果定义预期收益率是使预期现金流量现值与当期实际价格相等的折现率水平，则也可以通过比较预期收益率与资本的必要收益率来判断股票价格是否被低估，即如果预期收益率大于必要收益率，则股票价格被低估。反之，如果预期收益率小于必要收益率，则股票价格被高估。

DDM的使用需要注意以下隐含假设：

• 存在属性偏好（Attribute Bias），即DDM所选择的股票倾向于具有特定的股票属性，如低市盈率、高股利率、高账面价值率或特定行业部门等性质。

• 投资者的时间跨度与模型是否能够配比。

• 能否准确估计股利增长率和贴现率，这一假设直接影响了模型的结论。

（2）现金流折现模型

现金流折现（Discounted Cash Flow，DCF）估值模型，是通过预测企业未来的现金流量，进而对未来现金流折现，最终判断企业目前市值的一种估值方法。此方法通常适用于股利不稳定，但现金流增长相对稳定的企业。

具体公式如下：

$$P = \frac{CF_1}{(1+r)} + \frac{CF_2}{(1+r)^2} + \frac{CF_3}{(1+r)^3} + \cdots + \frac{CF_n}{(1+r)^n} = \sum_{t=1}^{n} \frac{CF_t}{(1+r)^t} \tag{8.1}$$

其中，P为企业目前价值；n为企业预期寿命；CF_t为企业在t年产生的现金流；r为预期现金流的折现率。

r由加权平均资本，即WACC确定：

$$WACC = K_i \times W_i + K_e \times W_e = K_d \times (1-T) \times W_i + K_e \times W_e \tag{8.2}$$

其中，K_i、K_e分别为债务资本成本和权益资本成本，W_i、W_e分别为债务资本和权益资本在公司长期资本结构中的比率。T为企业所得税税率，K_d为债务的税前成本。

由于模型假设企业是持续经营的，因此DCF估值模型主要有三种细分模型：永续增长模型、两阶段增长模型和三阶段增长模型。

永续增长模型。永续增长模型假设企业未来增长稳定，增长的速度是恒定的，因此公式可转化为：

$$P = \frac{CF_0 \times (1+g)}{(1+r)} + \frac{CF_0 \times (1+g)^2}{(1+r)^2} + \frac{CF_0 \times (1+g)^3}{(1+r)^3} + \cdots + \frac{CF_0 \times (1+g)^n}{(1+r)^n}$$
$$= \sum_{t=1}^{n} \frac{CF_0 \times (1+g)^t}{(1+r)^t} \tag{8.3}$$

其中，CF_0为企业当期现金流；g为企业自由现金流增长率，根据行业未来发展前景并结合企业自身情况确定。

当n→∞的时候，公式可简化为：

$$P = \sum_{t=1}^{n} \frac{CF_0 \times (1+g)^t}{(1+r)^t} = \frac{CF_0 \times (1+g)}{(r-g)} = \frac{CF_1}{(r-g)} \tag{8.4}$$

两阶段增长模型。由于企业发展的不同阶段（成长期、成熟期、衰退期等）其增长速度不同，因此两阶段增长模型将企业未来发展分为两个阶段。假设第一阶段贴现率恒定为r，前 n_1 年企业的增长率为 g_1，n_1 年后企业增长率为 g_2，则企业目前价值为：

$$P = \sum_{t=1}^{n_1} \frac{CF_0 \times (1+g_1)^t}{(1+r)^t} + \sum_{t=n_1+1}^{n_2} \frac{CF_0 \times (1+g_1)^{n_1} \times (1+g_2)^{t-n_2}}{(1+r)^t} \qquad (8.5)$$

实践中，通常对公司未来几年的现金流情况进行较好预测，因此两阶段增长模型还可转化为：

$$P = \frac{CF_1}{(1+r)} + \frac{CF_2}{(1+r)^2} + \frac{CF_3}{(1+r)^3} + \cdots + \frac{CF_{n_1}}{(1+r)^{n_1}} + \sum_{t=n_1+1}^{n_2} \frac{CF_n \times (1+g_2)^{t-n_2}}{(1+r)^t} \qquad (8.6)$$

其中，CF_1、CF_2、CF_3、$\cdots$、CF_{n_1} 为对应年份预期现金流。

【知识链接8-1】　　　　　三阶段增长模型

与两阶段增长模型不同，三阶段增长模型假定所有公司将经历超常增长阶段、过渡阶段和稳定阶段。在超常增长阶段公司增长率等于 g_1，在稳定阶段公司增长率为 g_2，在过渡阶段公司增长率呈现线性递减，表达式为：

$$g_t = g_1 - (g_1 - g_2)\frac{(t - T_1)}{T_2 - T_1}$$

则企业价值为：

$$P = \sum_{t=1}^{n_1} \frac{CF_n \times (1+g_1)^t}{(1+r)^t} + \sum_{n_1+1} \frac{CF_n \times (1+g_1)^{t-n_1}}{(1+r)^t} + \sum_{n_2+1} \frac{CF_n \times (1+g_2)^{t-n_2}}{(1+r)^t}$$

（3）剩余收益模型

经典的估值模型比如股利折现模型、自由现金流模型等都是通过估计一组"现金流"的方法进行估值，然而这些"现金流"本身并非来自公开的财务信息。这就造成了财务信息与估值工作之间的距离，不仅增加了估值的难度也使得估值结果很容易受分析师"主观"意见的左右。直到 Ohlson（1995）建立的剩余收益模型[1]，才将传统估值模型中的"预期未来收益"转换为"当期已实现收益"的简单线性函数，建立了估值模型与会计信息之间的直接联系。

当前理论中常用的剩余收益模型如式（8.7）所示，其中 B_t 表示t期的账面价值，r_e 表示权益资本要求回报率，NI_{t+k} 表示第t+k期的净利润，ROE_{t+k} 表示第t+k期税后净资产收益率。模型第二项中分子项目表示基于t期可得信息计算的剩余收益期望值，在这里剩余收益定义为t期收益减去期初资本的正常收益，从定义中可以看出剩余收益反映的是在t期公司盈利中超过权益资本要求回报的部分。

$$V_t = B_t + \sum_{k=1}^{\infty} \frac{E_t(NI_{t+k} - r_e B_{t+k-1})}{(1+r_e)^k}$$

或 $$V_t = B_t + \sum_{k=1}^{\infty} \frac{E_t\left[(ROE_{t+k} - r_e)B_{t+k-1}\right]}{(1+r_e)^k} \qquad (8.7)$$

1　需要说明的是早期的剩余收益模型在 Ohlson 着手改进前就存在了，该模型是在股利贴现模型的基础上，引入净剩余关系（clean surplus relation），即当期期末的账面价值等于上期期末的账面价值加上本期的盈余，再减去当期分配的股利。

尽管模型的具体形式有点复杂，但实际上其表达的意思是公司价值可以由两个部分构成：投资者投入的资本价值和未来预期剩余收益的现值，前者是公司经营的基础，后者则是对公司经营所创造的超出权益资本回报价值的预期。从中可以看出，剩余收益模型认为"廉价"指标，即市净率、市盈率等估值乘数较低，并不能反映公司价值的全部，相反很可能是价值"陷阱"，因为公司没有未来增长的空间。对于公司的未来增长的判断，可以看出找到例如净资产收益率等体现公司未来盈利能力的指标是关键，同时当公司拥有更低的权益资本成本（r_e），也可以在预期盈利能力不变的情况下创造更高的价值。

2. 相对估值法

相对估值法是利用可比企业的市场定价来估计目标企业价值的一种方法，包括市盈率PE、市净率PB、市销率PS、市盈率相对盈利增长比率PEG、企业价值倍数EV/EBITDA等估值法。通常可比企业可以选择：（1）本企业历史数据；（2）国内同行业企业；（3）国际上（特别是美国）同行业重点企业。以常见的市盈率PE估值法为例：

市盈率PE=股票价格/每股收益=企业市值/净盈利。因此，市盈率指标包含着一个企业诸多信息，因此当两家企业情况接近时，二者的市盈率也可能较为接近。因此，可以通过寻找可比企业的合理市盈率来确定目标企业的合理市盈率范围，从而计算出目标企业股票价格，即：目标企业股价=可比企业市盈率PE×目标企业每股收益。

但要注意的是，首先，当每股收益为负值时，市盈率没有意义。其次，企业收益的波动常会引起市盈率在不同时期出现大幅波动，此时市盈率反映的信息会有所不同。如周期性行业内企业，其盈利水平随着宏观经济的变动而变动，但其股价反映的是投资者对企业未来的预期，因此其市盈率可能在经济衰退期会处于峰顶，而在经济繁荣期处于谷底。最后，在缺乏对目标及可比企业未来发展正确预测的情况下，市盈率只是从相对盈利性角度对企业进行分析的一个指标，相对估值法可能无法充分反映企业价值，市盈率法还须与其他方法结合使用。

【知识链接8-2】　　　　我国股票衍生品的发展

除了股票和债券之外，证券投资基金的投资对象还包括衍生品。目前我国股票衍生品主要包括股指期货/期权、融资融券。

（1）股指期货和股指期权

股指期货（Share Price Index Futures，SPIF），是指以股价指数为标的物的标准化期货合约，双方约定在未来的某个特定日期，可以按照事先确定的股价指数的大小，进行标的指数的买卖，到期后通过现金结算差价来进行交割。

我国股指期货具有以下特点：首先，期货合约有到期日，不能无限期持有；其次，期货合约为保证金交易，且每日结算；再次，期货合约可以卖空；最后，股指期货实行T+0交易。

我国首个股指期货——沪深300股指期货合约自2010年4月16日起正式上市交易，首个股指期权——上证50ETF期权合约自2015年2月9日起正式上市交易。目前我国A股市场共有4个品种的股指期货和5个品种的股指期权，如下图所示。

我国A股市场股指期货和股指期权品种

（2）融资融券

融资融券交易（Securities Margin Trading）又称证券信用交易或保证金交易，是指投资者向具有融资融券业务资格的证券公司提供担保物，借入资金买入证券（融资交易）或借入证券并卖出证券（融券交易）的行为，其包括券商对投资者的融资、融券和金融机构对券商的融资、融券。2010年03月30日，上交所、深交所分别发布公告，自2010年3月31日起正式开通融资融券交易系统，开始接受试点会员融资融券交易申报，融资融券业务正式启动。

8.1.2 主动型股票投资管理的主要策略

主动型股票投资管理策略以获取市场超额收益为目标，主要包括以技术分析为基础、以基本面分析为基础和市场异常策略三类，并在实践中发展出多种具体表现形式。实证研究对这些投资策略进行了大量研究，其结论不尽相同。

1. 以技术分析为基础的投资策略

以技术分析为基础的股票投资策略是在否定股票市场弱有效假说的前提下，以历史交易数据为基础的投资模式，目的是预测单只股票或市场总体未来的价格变动。基金管理人以分析股票价格与成交量的历史数据为基础，来预测未来个股或整个股市供求关系，从而得到未来股价的期望值。一般来说，技术分析的投资者持有的观点有两种：一是相信技术指标和图表等工具可以反映出影响市场价格的一切行为，包括宏观经济情况、行业动态、公司个别消息等，也包括了投资者的主观心理变化等；二是相信历史会不断重现，因而对历史资料的分析可以在一定程度上反映股价的波动趋势。技术分析的最大挑战是有效市场理论：如果基金管理人认为股票市场是弱有效的，则在考虑了交易成本和风险因素后，遵循以技术分析为基础的投资战略将不能始终取得优于市场的表现。反之，如果以技术分析为基础的投资策略仅仅通过分析价格和交易量的历史运动就能取得优于市场的超额收益，那么，该股票市场就不是弱有效市场。在这方面，目前比较流行的分析方法有：

（1）道氏理论

在查尔斯·道出任《华尔街日报》的编辑期间，他所写的评论逐步形成了关于股票市场的未来动向的理论。这些评论的主体在其合伙人汉密尔顿（W.P.Hamilton）的发展和雷亚（R.Rhea）的归纳总结之后形成了道氏理论。道氏理论最具历史价值之处并不在于其完整的技术体系，而在于其精确的、科学化的思想方法，这是成功投资的必要条件。

道氏理论依赖两个基本假设：第一，根据道氏理论所称，"任何已知的信息、任何可预见的信息以及任何能够影响公司证券供给或需求的情况对股市日常波动的平均水平来说都无足轻重"。第二，股票市场在各时期是以某些趋势——上行趋势和下行趋势——运动的，识别这些股票价格趋势和预测它们的未来运动是有可能的。如果假设成立而且投资者能实现超额收益，那么，市场就不是弱有效市场。

道氏理论将市场趋势分为三个层次，即主要趋势、次级趋势和三级趋势。其中主要趋势是市场的长期运动，次级趋势代表了股票价格与趋势线的短期偏离，而三级趋势是股票价格的短期波动。查尔斯·道认为，股票市场的向上运动趋势会被一些回落趋势减缓，这些回落趋势则是由于动量已经低于上一次的动量造成的。当向上的运动不再大于上一次的动量时，就会出现市场反转。股票会随市场的趋势同向变化以反映市场趋势和状况。具体来说，如果选择其中一种平均指数作为主要指数，并把其他指数作为确认指数，则当主要指数达到新高点并且得到其他指数也达到新高点的确认时，就可以预期这种上升趋势将持续下去。

一些研究已经检验该理论，部分研究结果支持道氏理论用于市场预测的有效性，认为成功地把握市场时机绝不是不可能的。

（2）波浪理论

波浪理论的创始人Elliott在大量观察美国道琼斯工业平均指数涨跌变化的走势后，在20世纪40年代中期，首先提出了描述股价涨跌变化的波浪理论，其后，波浪理论被广泛应用于外汇、证券、黄金和商品期货的买卖当中。

波浪理论认为，上升和下跌的交替出现是金融产品交易价格变化的永恒主题，交易中不存在只升不跌的行情，也不存在只跌不升的行情。如果以时间为横轴，价格为纵轴，将某一特定资产每日的价格绘于图上的话，就会发现价格的走势与波浪的循环波动极端相似。股价随主趋势而行时，依五波的顺序波动；逆主趋势而行时，依三波的顺序波动。长波可以持续100年以上，次波的持续时间相当短暂。

由于价位的变化受到多种因素的影响，因此，价位的循环波动周期并不是固定的，但是人们还是可以从这种价格波浪运动的过程中找到一些规律。波浪理论在应用上非常困难，所以对其进行检验也比较困难。

（3）简单过滤器规则

简单过滤器规则是指以预先设定的百分比作为买入和卖出股票的标准，即如果股票价格上升了一定的百分比，就买入该股票并一直持有，直到价格下降到一定的百分比，再把该股票卖出。该价格变化的百分比就称为过滤器，具体数字则由不同投资者自行确定。

对于简单过滤器规则的获利能力；部分研究认为，虽然价格变化表现出持续的趋势，但在考虑了评价该战略时必须考虑在内的交易成本和其他因素之后，这些趋势则不显著。另有一些研究认为，在调整场内交易者和专业资金管理人面临的各种类型的交易成本之后，一种以过去的价格运动为基础的短期技术交易策略在风险调整后仍能创造超额收益。

（4）技术分析指标

经过多年的发展，技术分析指标法已逐渐成熟，这也是我们最为熟悉的一种分析技术，其指标包括移动平均法、MACD、RSI、KDJ、DMI、SAR、OBV等，可谓数不胜数，在此我们仅以移动平均法为例加以简单说明。

移动平均法是指在计算一段时期的股票平均价的基础上，考察股票价格与该平均价之间的差额，并在价格超过平均价的某一百分比时买入该股票，在股票价格低于平均价的一定百分比时卖出该股票。

根据计算方式和选择参数的不同，计算平均价的方式可以是简单移动平均价，或者是对某一区间的价格赋予更大权重，从而计算出来的综合移动平均价。针对以移动平均价为基础策略的两项调查研究表明，它们的收益率要低于简单地买入并持有策略的收益率。

（5）非线性动态模型

随着证券市场的发展和分析水平的提高，人们开始用非线性方程式体系的方式来考察随机现象并试图从中分析其运动模式。这一投资策略认为，股票价格行为的模式非常复杂，简单的数学模型不足以检验出历史价格模式以及开发用于预测未来价格运动的模型。因此，尽管股票价格看上去是随机变化的，但仍然有一个模式存在，只是简单的线性模型不足以识别其真实模式，需要更为复杂而有效的分析工具，即非线性动态模型。

非线性动态模型已被用于分析股票价格模式。部分实证检验表明，股票价格的确表现出非线性动态模型的一些特征。非线性动态模型的特殊形式之一是混沌理论，它提出，看似随机的股票价格运动实际上含有一种可识别并带来超额收益的结构。然而，在这一理论的实际应用中，它的有效性表现却相对不足。

（6）市场过度反应

市场过度反应基于非有效市场假设，当未预期到的有利信息出现时，人们可能出现过度反应，使价格的实际上升比理应上升的要高，此后则因为这一信息的真实情况，使股票价格下跌，实现价值回归。反之，当未预料到的不利信息出现时，人们的过度反应将导致价格的过度下跌和随后的反弹。因此，如果市场存在过度反应，则投资者可以通过对信息性质及其对市场价格的影响来判断采取相机抉择的方式，并从中获取超额收益。这意味着，能够认识到这一点的投资者将在认为信息有利时买入股票并在过度反应被纠正之前卖出股票，或者在认为信息不利时卖空股票并在过度反应被纠正之后再买入股票以对冲空头头寸。

2. 以基本面分析为基础的投资策略

基本面分析是以公司发展和经营的基本面状况为基础进行的分析，其内容包括公司的收益与收益增长情况、资产负债状况、盈利能力和竞争能力等方面，可以通过横向或纵向比较加深对公司基本面的了解。技术分析与基本面分析的最大差别在于价格对新市场信息调整的时差这方面的观点不一致。技术分析者认为，股票价格对新信息的反应有时滞性，因此可通过寻找市场信号并分析各种技术指标来预测未来股票的价格走势。基本面分析者认为，股票价格能较快地对新市场信息作出反应，投资者可通过寻找股票价值变化的原因来预测股票未来供求的变动，并判断未来的股价走势。

如果实证检验证明了以基本分析为基础的投资策略的有效性，则将否定半强式有效市场假说。因为半强式有效市场的倡导者认为，众多股票分析师、交易师在公开获得的信息、数据基础上的充分发掘，使股票价格已经反映了所有能够决定股票价值的相关因素，因此，建立在全部公开信息基础上的基本分析将不能创造出超额收益。在这方面的主要分析方法包括以下相关内容：

（1）意外收益

意外收益是指实际公布的收益与市场预测收益之间的差额。由于市场预测的收益水平已在当前价格中反映，所以有可能带来超额收益的是实际公布的收益与其差额，市场将根据这一意外差额进行相应方向的及时调整。如果投资者能够识别这种差额的产生以及影响程度和调整时间，其将可以获得超额收益。

Ball 和 Brown（1968）最先发现盈余漂移现象，即股票在业绩公告发布后的一段较长时间内超额收益与意外收益相关。当公司取得意外收益，实际公布的收益高于市场预测收益时，该公司股票在未来一段时间内会有正的超额收益。赵宇龙（1998）在我国股票市场也发现了盈余漂移现象。丁明发等（2021）发现与市场无行情的时候相比，当市场有行情的时候，盈余漂移现象会更强，这证明了盈余漂移现象是因为投资者注意力有限而产生的。

（2）低市盈率

本杰明·格雷姆在1949年为防御型投资者提出了一个经典的投资模型，并在《聪明的投资者》一书中阐述其内容，其要点包括：

• 公司必须在过去的20年中的每一年都支付了股利。

• 对工业公司来说，公司的最小规模是年销售额1亿美元，对公用事业单位来说是5 000万美元。

• 在过去的10年中，每一年都实现了正收益。

·当前价格不应超过最近账面价值的1.5倍。

·市场价格不应超过过去3年平均收益的15倍。

这里，格雷姆把P/E比率作为对所获价值支付的价格的一种衡量标准。他认为，高的P/E比率是值得怀疑的，因为这意味着对难以预测的未来收益增长来说，价格存在很大的溢价。因此，市场更欢迎较低的P/E比率和较高品质的公司，因其潜在收益增长不容易令人失望并在价格上被低估，这一差额即所谓的安全边际。当价格低于价值，即存在正的安全边际时，在"价值引力"的作用下，价格更倾向于上升而不是下跌，因此，正的、大的安全边际会使投资者在避免受损的情况下更容易获利，反之亦然。

在此基础上，投资者还使用其他的基本分析指标，如市净率（股票价格与每股账面价值的比率）等，来分析判断公司及股票的真实状况并预测股票价格的未来走势。

（3）市场中立多空策略

市场中立多空策略（Market Neutral Long-short Strategy）指的是通过对冲手段，不暴露系统性风险敞口，力求把管理人选择股票的能力资本化的一种主动的策略。国内和国外市场的市场中立多空策略整体表现稳健，波动小，收益率较低，且与其他策略呈现较低的相关性[1]。

国内和国外市场采用的对冲工具存在差异。国内通常采用股指期货，即在买入股票构建多头头寸的同时，卖出股指期货来对冲市场风险，从而获得稳定的收益。而国外一般采用低期望收益率股票来对冲，并通过融资加杠杆，放大组合收益率。具体来说，管理人在分析股票市场单个股票期望收益率的基础上，把股票划分为高期望收益率股票和低期望收益率股票，并按照下列方式之一行事：只购买高期望收益率股票；卖空低期望收益率股票；在买入高期望收益率股票的同时卖空低期望收益率股票或股指期货。如果管理人有能力识别股票收益率的高低，然后针对市场运动使投资组合的风险对冲的话，无论市场上升还是下降，都将会产生正的收益率。

3. 市场异常策略

基于对股票市场定价效率的不同认识，基金管理人选择了自己的投资管理策略，并以一定的理论依据和实证数据支持自己的选择。历史统计数据显示，的确有一些投资战略在一定的市场时期内创造了相当大的正的超额收益。市场的这些异常策略包括小公司效应、低市盈率效应、被忽略的公司效应（Neglected-Firm Effect）以及日历效应（Calendar Effect）、遵循公司内部人交易等策略。

上述市场异常策略中的一部分是对半强式有效市场的挑战，因为它们使用了公司的财务数据，如小公司效应、低市盈率效应等，而各种日历效应则是对弱有效市场的挑战。遵循公司内部人在买卖本公司股票方面的活动的策略，是对强有效市场的挑战。如果公司内部人在优先获取内部信息的基础上仍然不能产生风险调整后的超额收

1　中信证券. 金融产品深度解读系列：市场中性策略发展现状及其配置价值［EB/OL］.［2019-08-23］. https：//max.book118.com/html/2020/0427/6024142013002200.shtm.

益，将支持强有效市场假说。反之，如果遵循公司内部人交易的策略能够带来超额收益，将否定强有效市场假说。

（1）小公司效应

小公司效应是指小公司（以市值总额衡量）股票的投资组合的表现要优于股票市场（既包括大公司也包括小公司）的表现，在前面介绍多因素定价模型的章节中所提到的规模因子，本身就是以小公司效应为基础计算的定价因子。国内外的一些研究成果都在一定程度上支持了这一效应。

（2）低市盈率效应

低市盈率效应是指由低市盈率股票组成的投资组合的表现要优于由高市盈率股票组成的投资组合的表现。这一观点也得到了一些研究的支持。但同时也有一些研究发现，当价格和收益率随着时间的推移变化后再对投资组合的构成进行调整时，在调整必需的交易成本之后，低市盈率股票投资组合的较优表现将不复存在。对于可能的优越表现的一种解释是，股票之所以在低市盈率情况下交易是因为它们暂时失去了市场参与者的支持，而由于潮流会发生变化，因此当前不受欢迎的公司其股票可能在未来的某个时期反弹。

（3）被忽略的公司效应

被忽略的公司效应是指那些被证券分析师们忽略的公司将会取得优于那些备受关注的公司的表现。有一项研究发现，以证券分析师对不同股票的关注程度变化为基础的投资策略可以产生正的超额收益。其原因可能在于这些被忽略的公司与其他公司相比，其融资成本更高，否则不足以吸引资金的流入。这种被忽略的公司效应可能只存在于一个短暂期间，因此需要有效识别和灵活果断地行动。

（4）日历效应

日历效应是在统计检验的基础上提出实施某些策略的最佳时机，例如1月效应、月份效应、每星期的某天效应（星期效应）以及节假日效应等。月份效应是指证券市场中存在某个或某些特定月份的平均收益率总是显著地异于其他各月平均收益率的现象。而节假日效应指的是节日前或节日后交易日的收益率显著偏离市场平均收益率的现象。

目前国内关于日历效应的研究与我国股市存在星期效应方面较为一致，但对其是否存在月份效应方面尚未形成统一观点。从国内外研究的实证检验结果来看，某些时期实施某一策略会比在其他时期实施该策略取得更好的效果。但同时也存在对日历效应的质疑，认为日历效应的基础在于历史数据的统计检验结果，没有理论基础，无法解释这一现象出现的原因。

（5）遵循内部人交易

美国证券交易委员会（SEC）在其内部人交易报告（Insider Transaction Report）中将公司的内部人定义为公司的高级职员、董事以及持有公司普通股的大股东，这一报告所披露的事件发生时间与实际发生时间存在一定时滞。一些研究发现，内部人利用他们的特权地位可以获得超额收益。然而，当外部人再使用这些信息时，外部人即使在掌握上述其他市场异常情况并能控制交易成本的情况下，也不能利用这些信息获利。也就是说，SEC公布的内部人活动信息对于创造超额收益来说可能并非有效。

需要特别指出的是，上述这些可能导致市场异常的因素之间可能存在内在联系，并且基本上可以归属于以基本分析为基础的投资策略。例如，小公司可能同时也是那些没有引起证券分析师太多注意的公司，其市盈率可能也较低。又如，有些超额收益的获得可能是由于那些与内部人活动毫不相关的其他市场异常情况造成的，因此研究内部人活动时必须仔细分析超额收益产生的原因。再如，一项研究发现，遵循内部人交易没能获得超额收益，但同时又发现，如果存在任何超额收益的话，那么这些超额收益就是由于公司规模和低市盈率造成的。

8.1.3 主动型股票投资管理的主要选股方法

1.传统选股方法

奉行主动型股票投资策略的基金管理人一般采取"自上而下"（Top-Down）或"自下而上"（Bottom-Up）的方式进行股票选择。

自上而下是按照宏观、中观、微观的次序依次考虑的投资决策过程。首先，在宏观层面上，投资者需要考察影响资本市场的各类因素，评价宏观经济环境，预测近期前景以及股票市场与其他投资市场的收益变化，决定投资组合的资产配置，确定进出股票市场的规模和时机。其次，在中观层面上，投资者通过分析各细分市场的风险收益状况，在投资风格、市场区域、产业等方面作出选择。最后，在决定了分配于每一市场区域和产业的金额后，投资人需要决定投资组合中的具体投资对象及投资金额。

自下而上的投资主要关注各单只股票的分析，选择有吸引力的个股，而不过分关注宏观经济和市场周期，以及股市大势、行业特征、细分市场的情况变化。基本分析是自下而上投资的重要工具，投资人可以借此构造出某些有吸引力的股票集合。此外，投资人还有可能结合自上而下与自下而上两种方式，从两个不同角度入手，借此降低投资风险，提高投资绩效。

选择主动型投资管理的基金经理还需考虑证券品种的投资价值以及买卖证券的市场时机。市场时机选择（Timing）是指随着市场自身的运动而不断地去协调各只股票的投资决策。国内外大多数学者均通过实证研究证明，基金经理不能有效地选择证券和市场时机。这说明，在实际基金操作中，大多数主动投资的管理人往往不能在正确的时机买入有投资价值的股票。但是，最近的一项研究表明，基金管理人在根据市场变动调整投资组合方面的能力较以前有一定程度的提升。毫无疑问，这一结果将激励学者们对该领域做进一步研究。

2.量化选股方法

自1969年爱德华·索普（Edward O. Thorp）利用他发明的科学股票市场系统（实际上是一种股票权证定价模型），成立了第一个量化投资基金——可转换对冲合伙基金，到今天已有50多年了。近年来，量化投资在国内已经成为一个热点词汇，新闻媒体频频报道。那么，量化投资到底是什么呢？较为普遍的说法是，量化投资通常指的是采用一定的数学模型并利用计算机技术践行投资理念的投资方法。和传统主动型投资一样，量化投资也是一种主动型投资策略，建立在市场不完全有效的假设上，需要积极发挥投资管理人的主观判断力，进行选股（Stock Selecting）和择时（Market Timing）。

通常来说，开发并实施量化投资策略的流程如图8.1所示。

图8.1　量化投资策略实施流程

与传统投资相比，量化投资具有纪律性、系统性、及时性、准确性、分散化等优点。量化投资与传统投资的部分对比体现在表8.1中。

表8.1　量化投资与传统投资的相关比较

投资方式	量化投资	传统投资
代表人物	詹姆斯·西蒙斯	沃伦·巴菲特
分析方法	依据模型	依据人的经验和判断
信息来源	海量数据及多层次因素（定量）	基本面及宏观经济学（定性）
投资风格	投资周期偏向短期	投资周期偏向长期
投资标的	分散化	投资于某一只或少量
风险处理	完善的风险管理机制	风险考虑不周全

（1）海外量化投资基金的发展历程

量化投资的产生（20世纪60年代）：1969年爱德华·索普成立了第一个量化投资基金——可转换对冲合伙基金，后改名普林斯顿–纽波特合伙基金，从事可转债的套利。索普也被称为量化投资鼻祖、宽客之父。

量化投资的兴起（20世纪70至80年代）：1973年美国芝加哥期权交易所成立，以金融衍生品创新和定价为代表的量化投资革命拉开了序幕；1988年，詹姆斯·西蒙斯（James Simons）成立了大奖章基金（著名的文艺复兴公司旗舰基金）。基金成立30多年来，在扣除了管理费和报酬提成后年化收益率惊人地达到了40%以上，西蒙斯也因此被称为"量化对冲之王"。

量化投资的繁荣（20世纪90年代）：1991年，彼得·穆勒（Peter Müller）发明了Alpha系统策略；1992年，克里福德·阿斯尼斯（Clifford Asness）发明了价值和动量策略（OAS）；1994年约翰·梅里韦瑟（John Meriwether）成立了长期资本管理有限公司，创立期权定价模型（OPM）并获得诺贝尔奖得主斯科尔斯和莫顿的加入。1998

年，由于采用过高的杠杆并遭遇了小概率事件，长期资本管理有限公司破产。

量化投资在危机中前行（2000年以来）：2000年互联网泡沫破灭后，更多基金进入量化对冲领域。彭博数据显示，全球由量化投资基金管理的资金从2000年的400亿美元发展到2008年的1万多亿美元；2008年美国次贷危机使得基金价值缩水，此后的3年内全球量化投资基金的规模停留在1万亿美元左右；2011年后量化基金再度快速发展，至2016年年底，全球量化投资基金总规模已超过3万亿美元，占全球基金规模的比例接近30%，量化投资基金已经成为全球资产管理领域的一支重要力量。

（2）国内量化投资基金的发展

第一只国内量化投资基金的诞生（2004年）：根据CCTV证券资讯频道金融研究所数据库资料，可以找到的最早的国内量化基金是华宝信托始于2004年12月发行的基金优选套利。发行规模为1 535万元，主要策略是捕捉封闭式基金的折价机会。

股指期货开启量化投资元年（2010年）：2010年沪深300股指期货上市，量化投资具备了可行的对冲工具，并且由于中国证券市场的成熟度不高、有效性较低，各种量化投资策略有了实施的空间。

牛市助推量化投资基金高速发展（2013—2015年）：创业板和A股的牛市为量化基金带来了较高的收益，因为量化投资关注的是短线投资，因此2015年下半年过山车般的股灾又让量化基金赚足了市场波动的钱，导致国内量化投资机构成批涌现，量化投资高速发展。

股指期货新政促进国内量化投资基金多元发展（2015年至今）：中金所在股灾后出台严厉的股指期货新规，限制了市场流动性。国内的量化投资团队开始逐步转型，一方面，由低收益低风险对冲套利转向多空、股票多头策略；另一方面，从股票对冲转向商品期货、国债期货等品种。看似被动的转型实则开启了量化投资多元化的新时代。

相对传统投资，量化投资具有以下优势：

首先，从历史层面认知来看，基本面分析全面但并非准确。人脑难以准确处理纷繁复杂的海量信息，某些信息会被主观放大，另一些则会被忽略，容易导致投资偏差和误导。因而从方法论的角度来说，计算机无疑是最精确的，它能够在有限的信息范围内准确全面地进行处理。

其次，从投资决策来看，基本面派难以做到足够的客观理性，并且需要或长或短的反应时间。而计算机程序能够克服人性的弱点，执行模型开发者所完成的理性研究策略，并且归功于计算机快速处理数据、执行策略的能力，量化投资者能够更有效率地得出优化的股票组合，其把握机会的概率和对市场的反应速度也会显著提高。

最后，量化模型中也会提供策略的变量，如买空、卖空和买空/卖空。由于模型的复杂性，成功的量化基金高度关注风险控制。多数策略由一个全域或比较基准开始，在模型中用扇形或行业权重呈现。这样，在某种程度上让基金控制经营的多样性得以实现。由于量化基金不需要那么多传统的分析师和投资组合经理，所以通常以一个很低的成本来经营。

然而，量化投资的缜密正是它的一个重要缺点。尽管量化团队总是在模型中不断添加可以预测未来现象的参数，但并不是每一次都能准确预测未来。在经济和市场变得异常不稳定时，量化基金也会变得不知所措。结合杠杆效应，一个小的转折也可能会产生大爆炸。

3.量化选股的主要策略

经过几十年的发展，量化投资的概念已经具有较为宽广的外延，按投资特点进行分类，主要包括以下研究领域：量化选股、量化择时、统计套利、期货套利、ETF/LOF/分级基金套利、事件驱动套利等。由于本章的内容主要围绕股票投资管理展开，因此本节列举有关量化选股的简单策略来介绍：

（1）多因素模型（Multiple-Factor Regression）。多因素模型建立在套利定价理论的基础上，将那些引起证券价格联动的因素直接加入到收益率公式之中，然后开发基于这些因素的模型，简化投资组合分析所要求的关于证券之间相关系数的输入。模型效果的好坏主要取决于因素的筛选，对于因素的筛选可以通过回归和分层回归等统计方法，找到解释度相对较高的几个指标，尽可能地反映历史信息。

（2）动量反转选股。动量反转策略的起源同样可以追溯到有效市场理论，正是对市场弱有效的检验产生了动量反转策略。动量效应（Momentum Effect）指的是投资策略或组合的持有期业绩方向和形成期业绩方向一致的股价波动现象；反转效应（Contrarian Effect）则指的是投资策略或组合的持有期业绩方向和形成期业绩方向相反的股价波动现象。基于行为金融学，动量和反转对应着反应不足和反应过度的实证支持。

（3）分类和回归树（Classification and Regression Tree）。分类和回归树是数据挖掘技术的一种，分类树产生定性输出，回归树处理定量输出，分类和回归树可以用来提取规则与输入和输出变量之间的映射关系，通过与分割节点的条件比较判断下一分支，并不断重复该过程，最终得到输入数据的分类。

（4）神经网络（Neural Networks）。股市庞大的数据处理量，导致其对算法有严格要求，并且股价的非动力学特性也非常复杂，一般的传统预测方法得到的结果可能不尽如人意。人工神经网络不仅具有大规模数据处理、网络全局作用等特点，而且具有很强的自适应、自学习以及容错性等传统建模方法不具备的能力。只需给出对象的输入和输出数，通过网络本身的学习功能即可实现输入和输出之间的映射。神经网络目前在国际上已广泛用于金融分析与预测，并取得了较好的成效。

（5）风格轮动模型。投资风格是针对股票市场而言的，是指投资于某类具有共同收益特征或共同价格行为的股票，即某类投资风格很受欢迎，并且在某一个时间段内具有持续性和连续性。例如，价值股和成长股，或者大盘股和小盘股这两种风格总是轮流受到市场追捧。投资研究人员开发出了许多利用量化的手段进行投资的风格轮动模型，比如以收益率、波动率为基础的夏普模型、以持股特征为基础的晨星公司的风格箱法。

（6）行业轮动模型。市场中上涨行业会出现轮动情况，行业轮动模型可以帮助把握住行业板块轮动的机会，从而获得超额收益。行业轮动模型中常常采用周期策略，即通过宏微观数据判断当前所处的经济周期，从而分类出顺周期、逆周期性的行业来进行投资。顺周期行业，指的是和经济同向发展、同频共振的行业。常见的顺周期行业有金融、地产、有色金属、化工、钢铁、煤炭等行业。逆周期行业，指的是那些在经济大环境增速放缓时逆势增长的行业，比如科技、军工等行业。

（7）现金流模型。一般情况下，有资金流入的股票一定程度上反映了该股票受到市场投资者的追捧，大家纷纷买入某只股票的行为可能会被视为股价将会上涨的信号；反之，股票资金流出则可能被视为股价下行的前兆。量化模型通过将某一类或多种资金净流入/流出的数据纳入监控和分析，从而为后续投资判断提供一定方向或依据。

8.2 债券市场主动投资管理

8.2.1 债券收益率与风险的度量

1. 债券收益率的度量

债券收益率按照投资者的分析方法不同可以有许多种计算方法，中国人民银行为统一市场，明确规定了几种收益率的计算方法。具体计算方法如下：

（1）对处于最后付息周期的附息债券（包括固定利率债券和浮动利率债券）、贴现债券和剩余流通期限在一年以内（含一年）的到期一次还本付息债券，到期收益采取单利计算。计算公式为：

$$Y = \frac{FV - PV}{PV} \div \frac{D}{TY} \tag{8.8}$$

其中：Y——到期收益率；

PV——债券全价（包括净价和应计利息，下同）；

D——债券结算日至到期兑付日的实际天数；

TY——当前计息年度的实际天数，算头不算尾，含闰年的 2 月 29 日，发行公告中标明的第一个起息日至次一年度对应的同月同日的时间间隔为第一个计息年度，依此类推；

FV——到期本息和，其中：贴现债券 FV=M，到期一次还本付息债券 FV=M+N·C，固定利率债券 FV=M+C/F；

M——债券面值；

N——债券偿还期限（年）；

C——债券票面年利息；

F——债券每年的利息支付频率。

（2）剩余流通期限在一年以上的到期一次还本付息债券和贴现债券的到期收益率采取复利计算。计算公式为：

$$PV = \frac{FV}{(1 + Y)^{\frac{d}{TY} + m}} \tag{8.9}$$

其中：d——结算日至下一最近理论付息日的实际天数；

m——结算日至到期兑付日的整年数。

（3）不处于最后付息周期的固定利率附息债券和浮动利率债券的到期收益率采取复利计算。计算公式为：

$$PV = \frac{C/F}{(1 + Y/F)^{\omega}} + \frac{C/F}{(1 + Y/F)^{(\omega+1)}} + \frac{C/F}{(1 + Y/F)^{(\omega+2)}} + \cdots + \frac{C/F + M}{(1 + Y/F)^{[\omega+(n-1)]}} \tag{8.10}$$

其中：ω——d/TS；

TS——当前付息周期的实际天数，即下一个付息日与上一个付息日之间的实际天数，算头不算尾，含闰年的2月29日；

n——剩余的付息次数；

n-1——剩余的付息周期数。

以上是中国人民银行为促进市场发展统一执行的收益率计算方法，但是在实际应用中，在到期收益率的计算中，是按付息期限进行折现计算。在固定利率的付息债券收益率计算中，到期收益率（也就是内含收益率）是被普遍采用的计算方法，它的含义是将未来的现金流按照一个固定的利率折现，使之等于当前的价格，这个固定的利率就是到期收益率。到期收益率方法虽然可以准确地衡量现金流量的内部收益率，但是不能准确地衡量债券的实际回报率。

付息式债券的投资回报主要由三个部分组成：本金、利息与利息的再投资收益。在内含收益率的计算中，利息的再投资收益率被假设为固定不变的当前到期收益率。按照这种假设，市场收益率曲线要始终保持平直，然而收益率曲线在绝大多数情况下都是倾斜的，而且市场时刻都在变化之中，票息的再投资不可能按照一个固定的利率进行。另外，内含收益率的计算没有考虑税收的因素，当按债券收益需要缴税计算时，要在票息中扣除税款再进行折现。

具体来说，对于持有一定期限的债券来说，我们可以根据假定的再投资利率计算该债券总的息票支付额以及再投资收益，同时根据计划投资期限到期时预期的必要收益率计算该时点上的债券价格，两者之和即为该债券的总的未来价值，并代入以下公式求得现实复利收益率：

$$\left(\frac{总的未来债券价值}{债券的购买价值}\right)^{1/n} - 1 = \left(\frac{总息票支付 + 再投资收益 + 债券价格}{债券的购买价格}\right)^{1/投资期限} - 1$$

现实复利收益率也称期限收益率，它允许资产管理人根据计划的投资期限和预期的有关再投资利率和未来市场收益率预测债券的表现。其中，利息再投资收益率是获取票息时的现实复利收益率，而不是一个固定的数值。现实复利收益率来源于投资者自己对未来市场收益率的预期和再投资的计划，虽然对未来市场收益率的判断存在较大的不确定性，但通过对利率的预期与目前收益率曲线的分析，并结合税收政策与自身的再投资计划，可以得出比内含收益率更接近投资者实际情况的复利收益率。在现实复利收益率的计算中，每位投资者对未来利率的预测与投资计划等各不相同，所以很难得出市场普遍认可的结论。而内含收益率计算简便，易于进行比较，在交易与报价中可操作性较强，在市场收益率曲线波动平缓且票息较低时，潜在的误差也会小一些。所以，到目前为止，内含收益率仍被市场广泛采用。同理，在作为付息债券风险衡量指标的免疫期限、久期、曲度的计算中，也采用了与内含收益率相同的固定利率折现方法。

2. 债券市场风险的度量

债券的市场风险是指由于利率变动等原因导致的债券价格损失，息票利率、期限和到期收益率水平都将影响债券的市场风险水平。以下几个工具可以有效衡量债券的市场风险：

（1）久期

久期（也称麦考利久期，Maculay Duration），在数值上等于以每笔现金流量占债券总价值的比例为权重，对各笔资金的到期时间进行加权。它可以用来衡量债券的利率敏感性（指债券价格随利率的变动而变动的性质）。其含义是在这一时点上，无论市场收益率如何变化，投资者确保可以获得期初计算的收益率。对零息债券来讲，它的现金流集中在兑付日，所以其久期就是它的存续期限。而付息债券的现金流分布在今后若干年内，投资者的收益由三个部分构成，即票息收益、价差收益和票息再投资收益。当收益率变动时，后两者总是呈反向运动，但两者存在一个均衡点，这个点就是投资实际回收期间，其与当前的时间距离就是债券的久期。

久期在债券投资中有着广泛的应用，投资者可以通过设计使投资期限与平均期限相符合，就可以规避利率风险，得到预期的收益率。如果市场收益率下降，则在久期以前，实际投资收益率将高于预期的到期收益率。在久期以后，投资收益率将低于预期的到期收益率，反之则相反。久期的具体计算公式为：

$$D = \frac{1 \times PVCF_1 + 2 \times PVCF_2 + 3 \times PVCF_3 + \cdots + n \times PVCF_n}{PVTCF \times F} \tag{8.11}$$

其中：D——久期；

PVCF——当期每笔现金流量的现值；

PVTCF——当期所有现金流量现值的总和；

n——距到期日的时间。

此外，麦考利久期以债券各期的预期资金流量为基础，因此不适用于内含期权的债券。

（2）修正久期

修正久期反映的是债券价格与收益率变动的线性关系，是测量债券的利率敏感性的重要工具。修正久期考虑了当期市场到期收益率对久期的影响，是对麦考利久期的改进，同样不适用于内含期权的债券。影响修正久期的因素主要有三个，即票息、存续期限和到期收益。在其他条件不变的情况下：票息越高，修正久期越短；存续期限越长，修正久期越长；到期收益率越高，修正久期越短。根据修正久期的特性，投资者在预期利率下降时，应提高债券组合的修正久期。反之，则应降低债券组合的修正久期。修正久期计算公式如下：

$$DM = D/(1 + Y/F) \qquad (8.12)$$

其中：DM——修正久期；

Y——到期收益率。

在具体应用中，给定收益变化，可以根据修正久期大致计算债券价格的百分比变化。具体公式如下：

$$\Delta P(\%) \approx -(DM \times \Delta Y) \qquad (8.13)$$

其中：ΔP——债券价格变化；

ΔY——市场收益率变化。

【例8-1】按70.357美元的价格，9%的到期收益率，6%的息票利率出售的25年期债券，其修正久期为：

$$修正久期 = \frac{(\sum_{t=1}^{25} \frac{t \times 0.06 \times 100}{(1 + 0.09)^t} + \frac{2.5 \times 100}{(1 + 0.09)^{25}})}{70.357} \times \frac{1}{1 + 0.09} = 10.57(年)$$

如果收益率发生小幅变化，由9%上升到9.1%，则：

价格百分比的变化=-10.57×0.1%=-1.06%

近似价格变动额=-1.06%×70.357=-0.75（元）

而实际上，当收益率上升0.1%时，价格下降1.05%，与计算结果基本一致。当收益率上升2%时，价格百分比的变化为-21.14%（-10.57×2%），而实际价格变动率为-18.03%，误差较大。

因此，用修正久期来测算债券价格的利率风险，只有在利率发生小幅变化时才有效。另外，当收益率上升或下降相同的幅度时，用平均期限计算的价格变动百分比相同，即价格变化具有对称性，但实际债券的价格收益关系不具有对称性。所以，用修正久期来估计债券价格的易变性具有一定的局限性。

（3）有效久期

由于修正久期和麦考利久期假定预期现金流不随利率变动而变化，不适用于内含期权的债券。例如，含有可提前赎回期权的预期现金流将在利率变动时同样发生变动。因此，有必要引入一种适用于任何债券的有效久期计算公式，即：

$$ED = \frac{P_- - P_+}{2(P_0)\Delta r} \qquad (8.14)$$

其中：ED——有效久期；

P_-——当收益率下降X个基本点时的价格；

P_+——当收益率上升X个基本点时的价格；

P_0——起始价格；

Δr——假定的收益率变化。

这一近似的有效久期计算公式用于内含期权的债券时，可以在较高和较低收益率水平上反映现金流的预期变化，因而比一般的修正久期具有更为广泛的适用性。

由上述分析可以看出，久期是衡量债券价格对利率变化反应程度的一般概念。修正久期是一种假设现金流不随利率变动而变化的期限分析方法。有效久期考虑到内含期权的存在，在预期现金流将随利率变动而变化的基础上衡量债券价格的反应。因此，对于不含有期权的债券来说，修正久期与有效久期的衡量结果基本相同，而对于内含期权的债券来说，两种方法的衡量结果将出现显著差异。

（4）凸性

大多数债券价格与收益率的关系都可以用一条向下弯曲的价格-收益曲线来表达，这条曲线弯曲的程度就称为凸性（Convexity）。当收益率变动时，用修正久期计算的价格变动与实际价格变动总是存在一个误差（如图8.2所示），初始收益率为r0，债券价格为P0。当收益率下降至r1时，债券实际价格增长至P1，久期计算出的债券价格为P3，P1>P3，久期会低估价格上升的幅度；当收益率上升至r2时，债券实际价格下降至P2，久期计算出的债券价格为P4，P2>P4，久期会高估价格下降的幅度。

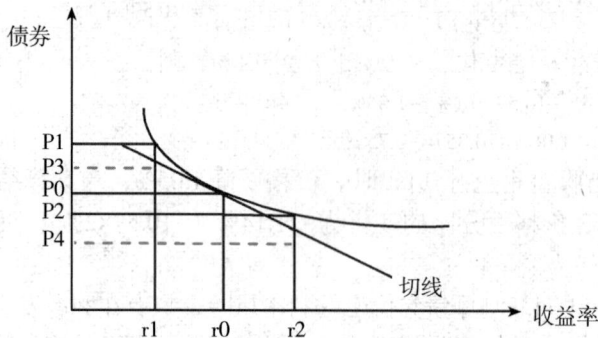

图8.2　债券价格与收益率关系

凸性恰好可以弥补由久期计算带来的误差，更精确地衡量价格对收益率变化的敏感程度。当市场收益率变化时，债券价格变动比例应等于由久期产生的变化加上由凸性产生的变化。凸性对投资者总是有利的，在其他情况相似时，投资者应选择凸性较大的债券，尤其在预期利率波动较大时，较大的凸性更有利于投资者。凸性的计算公式为：

$$CV = \frac{1 \times 2 \times PVCF_1 + 2 \times 3 \times PVCF_2 + 3 \times 4 \times PVCF_3 + \cdots + n \times (n+1) \times PVCF_n}{PVTCF \times (1 + Y/f)^2 \times f^2} \tag{8.15}$$

其中：CV——凸性；

F——债券每年的利息支付频率。

零息债券在期限范围内的收益率凸性计算公式可以简化为：

$$CV = \frac{N \times (N+1)}{(1 + Y)^2} \tag{8.16}$$

其中：N——零息债券的偿还期限。

与久期分析类似，上述标准的凸性衡量方法只适用于没有内含期权的债券价格波动性的衡量，而更一般的债券凸性的近似衡量方法在衡量内含期权的债券价格波动性时更为恰当，可以表示为：

$$GCV = \frac{P_+ + P_- - 2P_0}{P_0(\Delta r)^2} \tag{8.17}$$

其中：GCV——广义凸性，在衡量内含期权的债券价格波动性时更为恰当。

在得到了债券的久期和凸性后，我们可以更准确地估计由债券收益率变动导致其价格变动的比例，其中 ΔY 表示债券收益率变动的百分比。

$$\Delta P(\%) \approx -(DM \times \Delta Y) + \frac{1}{2} \times CV \times \Delta Y^2 \tag{8.18}$$

8.2.2 主动型债券投资管理

主动型债券投资管理方法最重要的是进行债券选择，力图识别错误定价的债券。另外，使用这种方法还可以进行市场时机的选择，力图预测利率的总体趋势。当然，一个主动型债券投资者可能会同时涉及债券的选择和市场时机的选择。主动型债券投资管理有以下几种类型：

1. 水平分析

水平分析是指比较债券在某一期间的回报率，分析这个回报率受哪些因素的影响。一种债券在任何持有期的回报率取决于债券的期初价格、期末价格和利息。因为利息已知，所以一年持有期的回报率为：

$$E(R) = \frac{C + E(P_1)}{P_0} - 1 \tag{8.19}$$

其中：C——利息；

　　　P_0——期初价格；

　　　P_1——期末价格。

一年持有期的回报率依赖于该年期初的收益率结构和期末的收益率结构，因为在这两个时点的债券价格取决于相应的收益率结构。为了估计一种债券既定持有期可能的回报率，就必须对持有债券之后收益率结构可能的变化进行分析。

一种进行这种分析的方法称为水平分析。水平分析选择单一的持有期进行分析，并考虑期末时可能的收益率结构，然后分析两种债券可能的回报率——一种债券是目前已持有的，另一种债券是准备做替换的。这样做时需假设两种债券在水平期内都不会发生拖欠。

水平分析可以看作收入资本化方法的另一种应用。分析的重点主要是对到期时的债券价格进行估计，以便确定当前的市场价格是过高还是过低。如果期末的价格固定下来，当债券的现行售价较低时，则预期的回报率就会相对较高；反之，则较低。

在任何持有期内，债券的回报率一般会受到时间推移和收益率变动两个因素的综合影响。水平分析把这种影响分为两个部分：一部分是时间推移的影响，即债券价格随时间推移会越来越接近票面价值（这里假设收益率不发生变动）；另一部分是收益率变动的影响，即债券价格与收益率反向变动（假设无时间推移的影响）。

分析回报率，还要考虑水平期内获得的利息和利息再投资收益（利息的利息）。一种债券的总回报率由时间因素的影响、收益率变动的影响、息票利息和息票利息的利息四个部分组成，将等式两边同时除以市场价格，可得：

$$总回报率 = \frac{时间因素的影响}{市场价格} + \frac{收益率变动的影响}{市场价格} + \frac{息票利息}{市场价格} + \frac{息票利息的利息}{市场价格}$$

等式右边第一项是时间因素带来的回报，第二项是收益率变动带来的回报，第三项是息票利息带来的回报，第四项是息票利息再投资带来的回报。由于第二项不确定，运用不同的期末收益率计算出的回报率也不同，所以水平分析的关键是预测未来的收益率。

2. 债券调换

债券调换通过对债券或其组合在水平分析中的收益率预测来主动调换债券，用定价过低的债券替换定价过高的债券，或用收益率较高的债券替换收益率较低的债券。大多数债券调换可归为以下四类：

（1）替代调换。这是将一种债券替换成另一种与其非常相似的理想替代品债券，目的是获取暂时的价格优势。这可能是由于市场上资金供给与需求不平衡，造成了两种近似替代品的债券存在较大的价差。

（2）场间价差调换。利用现行市场各部分收益率的不平衡，从市场的一部分转移到另一部分以赚取差价。这里的想法是利用市场分割，在两个市场间进行买卖来获取利益。

（3）利率预测调换。这种调换是利用对市场利率总体运动趋势的预测来获取利益。当预期市场收益率上升时，长期债券由于其期限较长，价格下跌的幅度较大，因此会用相应金额的短期债券替换长期债券。相反，当预期市场收益率走低时，用长期债券替代短期债券。

（4）纯收益率摘取调换。这种调换主要着眼于长期的收益率的改善，很少注意市场各部分之间以及短期的收益率变动。具体做法是用长期收益率高的债券替换长期收益率低的债券。

【例8-2】债券投资者持有一种期限为30年的国债A，面值1 000元，票面利率为8%，到期收益率为8%，1年付息。而市场上存在国债B，其到期收益率为8.1%，其他方面如期限、面值、票面利率等与国债A完全相同。投资者预期债券定价的偏差是暂时的，国债B的到期收益率最终将会从8.1%降到8%的水平。这时投资者便可以进行替代调换操作，卖掉国债A而买入国债B。通过该操作投资者将获得11.15元的收益。相关数据见表8.2。

表8.2 国债A、国债B的相关数据 单位：元

	国债A	国债B
债券面值	1 000	1 000
息票总额	80	80
期限（年）	30	30
到期收益率	8%	8.1%
债券市场价格	1 000	988.85

3. 追随收益率曲线

如果资产管理者很在意债券的流动性，则投资于短期债券，到期后进行再投资。如果流动性并非资产管理者的首要考虑因素，当下列条件满足时，可以采取追随收益率曲线的方式（也叫"骑乘策略"）进行投资。

条件一：收益率曲线向上倾斜，即长期债券的收益率大于短期债券。

条件二：投资者确信收益率曲线继续保持上升的趋势。

以上两个条件同时满足时，投资者可以购买比要求期限稍长的债券，然后在债券到期前售出，获得一定的资本利得。其原理在于，因为收益率曲线向上倾斜，期限较长的债券，其收益率水平处于相对高位。随着持有期限的延长，债券的剩余期限将会缩短，此时债券的收益率水平将会较投资期初有所下降，债券价格走高。

需要注意的是，如果收益率曲线不满足条件，例如，收益率曲线发生趋缓移动或变为向下倾斜，则追随收益率曲线的投资方法可能对投资者的回报率造成不利影响，即追随收益率曲线的方法比简单地购买有适当期限的短期债券的方法的风险更大。同时，由于采取追随收益率曲线的方法必须完成两次交易（购买然后出售债券），而一次持有到期策略只需完成一次交易（购买债券），因而前者的交易成本会更大。

【知识链接8-3】博时裕盈3个月定开债券投资基金（001546）债券投资策略

该基金将宏观周期研究、行业周期研究、公司研究相结合，通过定量分析增强组合策略操作的方法，确定资产在基础配置、行业配置、公司配置结构上的比例，充分发挥基金管理人长期积累的行业、公司研究成果，利用自主开发的信用分析系统，深入挖掘价值被低估的标的券种，以尽量获取最大化的信用溢价。采用的投资策略包括期限结构策略、行业配置策略、息差策略、个券挖掘策略等。

首先，基金在宏观周期研究的基础上，决定整体组合的久期、杠杆率策略。一方面，基金将分析众多的宏观经济变量（包括GDP增长率、CPI走势、M2的绝对水平和增长率、利率水平与走势等），并关注国家财政、税收、货币、汇率政策和其他证券市场政策等。另一方面，基金将对债券市场整体收益率曲线变化进行深入细致的分析，从而对市场走势和波动特征进行判断。在此基础上，确定资产在非信用

类固定收益类证券（现金、国家债券、中央银行票据等）和信用类固定收益类证券之间的配置比例、整体组合的久期范围以及杠杆率水平。其次，组合将在期限结构策略、行业配置策略的基础上获得债券市场整体回报率，通过息差策略、个券挖掘策略获得超额收益。

1. 期限结构策略

通过预测收益率曲线的形状和变化趋势，对各类型债券进行久期配置；当收益率曲线走势难以判断时，参考基准指数的样本券久期构建组合久期，确保组合收益超过基准收益。具体来看，又分为跟踪收益率曲线的骑乘策略和基于收益率曲线变化的子弹策略、杠铃策略及梯式策略。

（1）骑乘策略是当收益率曲线比较陡峭时，也即相邻期限利差较大时，买入期限位于收益率曲线陡峭处的债券，通过债券收益率的下滑，进而获得资本利得收益。（2）子弹策略是使投资组合中债券久期集中于收益率曲线的一点，适用于收益率曲线较陡时。（3）杠铃策略是使投资组合中债券的久期集中在收益率曲线的两端，适用于收益率曲线两头下降较中间下降更多的蝶式变动时。（4）梯式策略是使投资组合中的债券久期均匀分布于收益率曲线，适用于收益率曲线水平移动时。

2. 行业配置策略

债券市场所涉及的行业众多，根据同样宏观周期背景下不同行业的景气度，基金分别采用以下的分析策略：

（1）分散化投资：债券发行人涉及众多行业，组合将保持在各行业配置比例上的分散化结构，避免过度集中配置在产业链高度相关的上中下游行业。

（2）行业投资：组合将依据对下一阶段各行业景气度特征的研判，确定在下一阶段各行业的配置比例，卖出景气度降低行业的债券，提前布局景气度提升行业的债券。

3. 息差策略

通过正回购，融资买入收益率高于回购成本的债券，从而获得杠杆放大收益。组合将采取低杠杆、高流动性策略，适当运用杠杆息差方式来获取主动管理回报，选取具有较好流动性的债券作为杠杆买入品种，灵活控制杠杆组合仓位，降低组合波动率。

针对中小企业私募债券，基金以持有到期获得本金和票息收入为主要投资策略，同时，密切关注债券的信用风险变化，力争在控制风险的前提下获得较高收益。基金投资中小企业私募债，基金管理人将根据审慎原则，制定严格的投资决策流程、风险控制制度和信用风险、流动性风险处置预案，并经董事会批准，以防范信用风险、流动性风险等各种风险。

4. 个券挖掘策略

本部分策略强调公司价值挖掘的重要性，在行业周期特征、公司基本面风险特征基础上制定绝对收益率目标策略，甄别具有估值优势、基本面改善的公司，采取高度分散的策略，重点布局优势债券，争取提高组合超额收益空间。

资料来源　博时裕盈纯债债券型证券投资基金更新招募说明书。

8.3　ETF产品主动投资管理

ETF产品种类丰富并且具有很强的交易特性，适合作为基础资产来构建不同的投资策略。下面从不同的角度，来分门别类地阐述ETF主要的投资管理策略。

1. 从长期角度出发的投资策略

由于ETF风险分散度好、透明度高、受管理人主观因素影响小，故而可预期性强，投资者拥有更充分的信息。境外成熟市场的经验证明，主动管理的基金持续战胜指数的概率很低，投资时间越长，基金经理战胜指数的概率则越小，因此从大数定律上来看，长时间投资ETF最终一定可以赢过很多人。再者，ETF的特性决定了它低廉的费用，在长期复利的情况下，会产生不小的累积效应。因此，从长期投资、财富保值增值的角度来看，投资ETF并一直持有是一个较好的策略。

即使是从长期角度来看，选择"适宜"的买入点同样很重要。在对当前经济形势以及整体环境有个大致正确把握的前提下，选择价格相对较低的买入时机无疑是正确的，这有利于扩大"护城河"，不仅在未来获胜的概率更高，也可在面对不利情况时有更加平稳的心态继续保持投资。

2. 从短期角度出发的投资策略

对于那些希望能够迅速进出整个市场或市场特定的部分以捕捉一些短期机会的投资者，ETF同样是一种理想的工具。这是因为ETF在交易制度上与股票和债券一样，可以以极快的速度买入卖出以对市场的变化作出反应，虽然每次交易都有成本，但交易费率相对低廉，投资者可以像主动交易股票获得股价波动收益一样，通过主动交易ETF，获取指数日内波动、短期波动（一日以上）带来的波段收益。常用的策略有：

（1）日内波动操作：利用ETF变相T+0交易

ETF与其他基金最大的差异在于其同时存在一、二级市场，且申赎对价均是一揽子股票。当前A股无法实现T+0交易，但投资者可以通过买入一揽子股票，换购成ETF份额，再在二级市场卖出，变相实现T+0交易，如图8.3所示。当然，ETF的申赎均设置了几十万份的门槛，只有资金量稍大的专业投资者才能享受该机制。但对于债券ETF、海外指数ETF、商品ETF等品种，目前已实现二级市场的T+0交易且门槛低，一般投资者均可以享受该交易机制。

（2）短期（一日以上）波动操作

类似于股票交易，短期看涨买入ETF，短期看跌卖出ETF，赚取差价。

3. 从大额交易角度出发的投资策略

ETF是由其追踪的标的指数成分股构成的组合，因此增减ETF相当于增减了股票仓位。对于在行情发生变化，需要大规模增减股票仓位的投资者而言，直接增减ETF可以避免多只股票交割的麻烦，减少对股票价格的冲击，迅速进出市场。ETF特殊的套利机制也有助于提高流动性，降低大额交易的冲击成本。因此，ETF可成为大额交易投资者高效的时机选择工具，能快速实现大额投资布局而不造成过多的冲击成本。

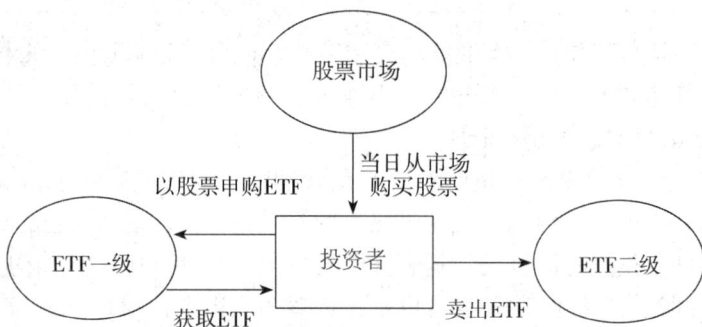

图8.3　变相T+0交易

4. 轮动投资策略

投资者可以积极地调整ETF组合，通过更新组合中ETF的权重、仓位以及买入卖出代表不同风格、不同板块的ETF，构建各种市场敞口，以实现各种投资策略。有时候市场行情的到来有一定的顺序，对于某些能够敏锐捕捉到这种顺序的投资者而言，利用ETF实现投资的轮动也是一个非常不错的选择。例如，2014年至2015年中国A股市场的牛市行情中，以券商股、银行股、其他板块股票为顺序的行情轮动非常明显，此时利用行业ETF可以比较稳定地实现轮动，因此对于那些想要做板块轮动的敏锐投资者而言，利用行业ETF同样也是一个不错的策略。

5. 套利策略

（1）基于折价/溢价套利

当ETF二级市场交易价格与基金份额净值偏离时，即出现折价/溢价时，投资者就可以在一级市场、二级市场以及股票现货市场之间进行套利，获取无风险收益。单个交易日内，投资者可以多次操作。由于市场瞬息万变，时机稍纵即逝，有可能观测到的套利机会在较短的时间内就会消失，因此在决定使用套利策略时必须注意几点：一是在套利空间尽量大的情况下实施套利操作；二是所使用的套利工具流动性一定要足够高；三是整个套利过程要尽量以最快速度完成。这样，就能确保在实施套利策略时把控风险，使保护区间不被击穿，持久地获得正向收益。具体的措施如下：

当ETF二级市场价格高于组合证券价格时，在二级市场买入组合证券并申购成ETF份额，随即再将申购的ETF份额卖出，这称为ETF溢价套利，如图8.4所示。当ETF二级市场价格低于组合证券价格时，在二级市场买入ETF份额并进行赎回，随即再将赎回获得的组合证券卖出，这称为ETF折价套利，如图8.5所示。

（2）基于ETF的期现套利

股票类ETF以跟踪股票指数为主，如广发沪深300ETF（510360）、广发中证500ETF（510510）分别跟踪沪深300与中证500指数，这两只指数均是股指期货标的，ETF即是期货对应的最佳现货。期货受市场情绪影响，难免相对基准出现升贴水，

当ETF二级市场价格高
于组合证券价格时

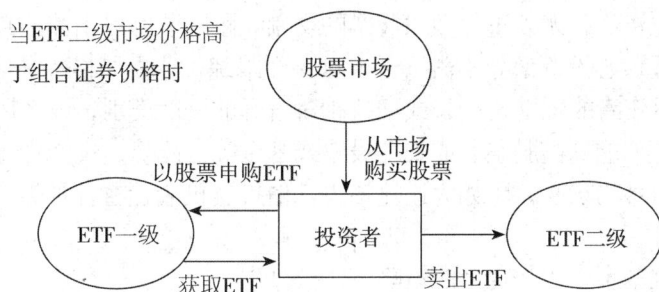

图8.4 ETF溢价套利

当ETF二级市场价格低
于组合证券价格时

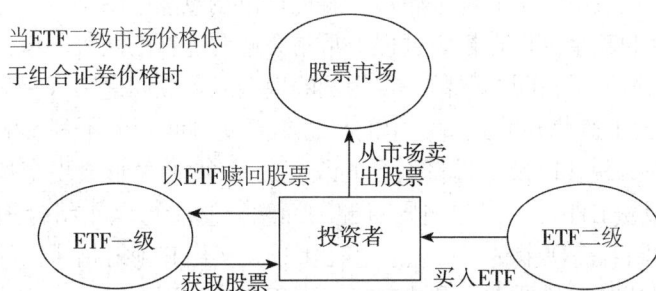

图8.5 ETF折价套利

尤其在极端行情下,会因为大幅升贴水出现一定的套利空间。比如,市场情绪极度乐观,沪深300期货大幅升水,套利者可以买入沪深300ETF,同时卖出沪深300股指期货,套取期货到期时升水逐步收敛的价值。同理,期货大幅贴水时也可以通过卖空ETF、买入期货来进行贴水套利,但目前境内ETF融券成本相对较高且很多ETF面临无券可融的情况,因此该策略的应用难度稍大。

(3)基于公司事件的套利

该策略主要针对停牌股,即在成分股因利好、利空公告而停牌时,投资者预估复牌后该成分股价格将发生大幅波动,而含有该成分股的某些ETF(权重越大越好)未充分反映其复牌后的价格预期,此时投资者可以通过申购(预期上涨)、赎回(预期下跌)操作套取无风险收益。具体而言,当预期某成分股复牌后将大幅上涨,若某重仓该股的ETF未在PCF清单中设置必须现金替代标志,则套利者可通过二级市场买入ETF,赎回得到一揽子股票,紧接着卖出除停牌股外的其他成分股,相当于实现变相买入因利好停牌的股票,待复牌后获利。

6. 核心/卫星策略

利用ETF实现组合配置的核心/卫星策略。核心/卫星策略是资产配置的一个重要策略,即按照太阳系法则"一个中心,多个增长点"将组合中的资产分为两大类分别进行配置,其中核心资产跟踪复制所选定的市场指数进行指数化投资,以获得特定市场的平均收益;其他资产采用主动性投资策略,以捕捉市场各种各样的投资机会。

由于ETF具有上市交易的便利性,因此,通过核心/卫星资产配置法,投资者可以随时重新调配资产，无须进行多只股票的交割。跟踪蓝筹股指数的ETF通常作为核心资产，以保证核心投资部分不落后于大盘；而跟踪行业、风格、区域等指数的ETF通常作为机构投资者的辅助资产，或增持相对看好的资产类别，或者风险收益水平更高的资产类别，如能源类股票、成长型股票或基金等。此外，投资者还可以使用某种主动策略构造组合的核心，比如为避免错失其他投资机会，将各种类型的ETF作为卫星的策略。

7. 在开放式基金中代替现金的策略

由于ETF变现力强，资金结算效率高，风险分散，因此，利用ETF实现组合中的现金管理，可以代替组合中的现金储备，避免在市场急涨中踏空。

开放式基金的基金经理在投资过程中常常会遇到这样的两难困境：在资产组合中现金无法预支的情况下，既要保留一定比例的现金以备赎回之需（一般占组合资产总值的5%，这是为了避免开放式基金中的投资组合受到赎回的不利影响，考虑到出售股票的交易费用、税费以及对投资组合的改变），又要避免形成现金拖累影响组合收益。如果可以投资ETF，这一难题则将迎刃而解。基金可以用组合闲置的现金购买ETF，在面临赎回急需现金时，可以通过在市场上卖出ETF筹措所需的赎回资金，避免直接抛售组合中的基础股票。利用ETF管理组合中的现金，不会改变组合的投资目标，也不会增加组合的交易风险、交易成本和费用。

8. 把ETF作为过渡时期的资产管理

在机构投资者更换投资经理时，资产可采用ETF作为过渡时期的资产管理形式。即在新的投资经理上任前，把资产转为ETF，维持投资增值机会，这在一定程度上降低了过渡期间投资组合因缺乏管理人而出现不合时宜的配置的情况；选定新的投资经理后变现ETF，或者将组合证券直接交给新投资经理处理。

9. 基于融资融券的ETF杠杆交易策略

我国沪深两市满足融资融券条件的ETF在不断增加中，投资者可以通过融资融券机制实现对ETF的杠杆交易效应，再叠加其特有的一、二级市场T+0机制，对于特别有把握的交易机会，投资者可通过融资融券迅速放大交易收益。使用杠杆策略很关键的点在于，对接下来的机会有非常大的把握，因为一旦判断失误就会造成很大的亏损。

● 本章小结

股票定价的常见模型包括未来现金流的折现（DCF）估值模型、剩余收益模型和相对估值法。其中DCF估值模型主要有三种细分模型：永续增长模型、两阶段增长模型和三阶段增长模型。

主动型投资管理是指投资管理人利用可以获得的一切信息和预测技术，对投资组合里的各种资产的类别和具体品种的表现进行预测，希望通过主动地进行资产类别的调整和资产品种的选择以及买卖时机的把握，来获取超过市场平均水平（即市场指数）的收益率。

奉行主动型股票投资策略的基金管理人一般采取"自上而下"或"自下而上"的方式进行股票选择。主动型股票投资管理策略以获取市场超额收益为目标，主要包括以技术分析为基础、以基本分析为基础和市场异常策略三类，并在实践中发展出多种具体表现形式。

债券的市场风险是指由于利率变动等原因导致的债券价格损失。息票利率、期限和到期收益率水平都将影响债券的市场风险水平。衡量债券市场风险的主要指标有：久期、修正久期、有效久期和凸性。通过计算久期和凸性，可以准确地估计由债券收益率变动导致其价格变动的比例。

主动型债券投资管理方法最重要的是进行债券选择，力图识别错误定价的债券。另外，这种方法还可以进行市场时机的选择，力图预测利率的总体趋势。

基于ETF主动的投资策略既丰富也实用，包含了长期投资策略、短期投资策略、大额投资策略、轮动投资策略、套利策略、核心/卫星策略、替代现金策略、过渡时期资产管理策略以及基于融资融券的杠杆交易策略。

● 思考题

1. 作为两种最基本的投资工具，债券与股票有什么异同点？

2. 投资者进行债券投资面临的风险主要有哪些？什么类型的投资者适合进行债券投资？

3. 什么是久期、修正久期和有效久期？它们的适用性分别是什么？

4. 你认为"自上而下"和"自下而上"的股票选择有什么根本的不同？

5. 我国目前的证券投资基金采用哪种投资策略居多？我国指数型基金的发展现状及趋势如何？

6. 主动型股票投资管理有哪三种类别？你认为哪种类别在我国适用性更强？

7. 投资者进行债券投资面临的风险主要有哪些？什么类型的投资者适合进行债券投资？

8. 主动型债券投资管理一般分为哪几种类型？请分别加以评述。

9. 为什么说有效市场假说对主动型股票投资管理提出了挑战？

10. ETF的主动投资策略包含哪些？在套利过程中需要注意哪些问题？

第9章 被动型基金投资管理

◇ **学习目标**

- 掌握指数投资管理的概念和基本方法
- 了解被动型股票投资管理的主要策略
- 了解被动型债券投资管理的主要策略

在被动型股票基金和被动型债券基金的投资管理中，都有基于指数化投资的方法。指数化投资于20世纪70年代在美国兴起，20世纪90年代ETF产品的出现则引发了指数化投资的全球潮流。对于以指数组合建立或对冲特定风险敞口——如宽基指数、特定行业或地区指数、基于特定规则的策略指数等的投资者而言，ETF是一种便利、成本低廉的工具。本章以指数化投资作为基础，重点介绍被动型股票、债券投资管理。

9.1 指数投资管理概述

被动型基金投资管理以指数基金为主，因此本章主要通过指数化投资来介绍被动型基金投资管理。我国自2002年推出第一只指数基金——华安MSCI中国A股指数基金以来，场外指数产品、ETF产品、分级指数产品以及各类策略指数产品陆续出现并被市场认可。Wind数据显示，截至2023年年底，我国市场上共有1 465只被动股票指数基金和253只被动债券指数基金，资产规模超过2.5万亿元（不计ETF联接基金）。目前我国指数基金规模占公募非货币基金产品总规模的14.3%，比照美国基金业的发展进程，风险小、成本低的指数基金仍有较大发展空间。了解指数基金要先从所追踪的指数基础入手，走近标的指数的构造过程并领悟指数化投资的深刻内涵，这将帮助我们更好地把握指数基金的魅力。

9.1.1 指数的概念与构造

1. 指数的概念与类型

指数，在统计学术语中是一种表明社会经济现象动态的相对数。指数根据不同的维度有不同的分类。按照所反映现象的性质，可分为数量指数和质量指数。数量指数多反映规模大小或数量多少，如产量指数、销量指数等；质量指数则是将抽象的质量好坏和效率高低数量化，如生产率指数、价格指数等。按照所反映现象的范围，又可分为个体指数和总指数。其中个体指数包括个别商品的成本指数、价格指数等，总指数则涵盖全部或部分商品的物价或产量信息，如工业总产值指数、居民消费价格指数等。按照所反映现象的对比性质，还可分为动态指数与静态指数。动态指数包括环比指数、定基指数等；静态指数则包括空间指数和静态计划指数等。

指数在经济金融领域的应用非常广泛。在宏观分析中，我们常常会用到GDP指数、CPI指数、PPI指数等，以相关指数的变化来预测经济环境的趋势。在货币市场中，我们用美元指数、欧元指数来反映一国货币的强弱走势。在证券投资领域，我们以大量的股票指数、债券指数、期货指数等反映相应市场的发展变动。

证券市场指数是运用统计学方法编制、反映证券市场总体价格或某类证券价格变动和走势的指标。比如股票市场中的道琼斯工业指数、富时指数、恒生指数、上证指数等，国内债券市场中的中证全债指数、中债指数等，基金市场中的沪深交易所基金指数、中国年金指数等，期货市场中的上期有色金属指数、LME金属指数等。证券市场指数衡量整个市场的交易波动幅度和景气状况，是一个综合性指标，可作为评估资产组合表现的基准，为投资者提供决策依据，也可直接视作被动投资标的以及衍生产品的基础资产，证券市场指数丰富了金融产品和风险管理工具。

【知识链接9-1】　　　　　　　我国代表性股票指数

我国主要的股票指数来源于三家机构，分别是中证指数有限公司、上海证券交易所和深圳证券交易所。接下来，将分别介绍这三家机构编制发布的代表性指数。

（1）沪深300指数

沪深300指数为中证指数有限公司编制，由沪深A股中规模最大、流动性好的最具代表性的300只股票组成，于2005年4月8日正式发布，综合反映了沪深A股市场的整体表现。

（2）中证500指数

中证500指数由全部A股中剔除沪深300指数成分股及总市值排名前300名的股票后，总市值排名靠前的500只股票组成，综合反映中国A股市场中一批中小市值公司的股票价格表现。简单说，中证500指数和沪深300指数是对应关系。如果说沪深300指数代表的是沪深两市中大蓝筹的集体表现，那么中证500指数代表的则是沪深两市中那些相对"小而精"的企业的综合表现。

（3）上证综合指数

上证综合指数是我国最早发布的指数，由上海证券交易所上市的全部股票组成，包含A股和B股，综合反映上海证券市场上市股票的价格表现。

（4）上证50指数

上证50指数由沪市A股中规模大、流动性好的最具代表性的50只股票组成，反映上海证券市场最具影响力的一批龙头公司的股票价格表现。

（5）深证成分指数

深证成分指数是基于市值和成交金额的考量，选取排名前500只深市A股构成初始样本股，反映了深圳证券市场的运行情况，提供业绩基准和投资标的。

（6）创业板指数

创业板指数从创业板股票中选取100只组成样本股，反映创业板市场层次的运行情况。创业板指数与深证成分指数、中小板指数共同构成反映深交所上市股票运行情况的核心指数。

资料来源　国金证券。

2. 指数的构造方法

对指数基金而言，最为重要的是了解其所追踪指数的管理方式及特征。下面以股票指数为例，简单介绍证券市场指数的构造方法。指数构造的第一步是选择成分股，可以采用全部或部分市场证券作为成分股，或采用以一定的规则和标准进行筛选的过滤成分股，又或是依靠复杂的数学模型计算得数来获得成分股。第二步是对成分股进行权重的设置，从最初道琼斯指数采用12只股票收盘价的简单平均，到以市值加权构造传统指数来衡量市场价值，再到以单个或多个基本面因素决定成分股权重，目前固定权重、市值加权、基本面加权成为三类主要权重赋予方式。

（1）成分股的选择

成分股的选择方法不仅有全样本法，还有分层抽样法、优化法以及买入持有策略等，尽管其目标是反映市场全貌，但绝大多数指数不会包含所有上市交易的股票，比如某些流动性较差的股票就会被剔除在外。

为了使构造出来的指数具有某些期望的特征，在筛选成分股时往往会设定一些过滤规则，根据过滤选股规则的不同，可以分为规模指数、行业指数、风格指数、主题指数、策略指数等。规模指数以市值规模排名为筛选标准，反映不同规模市场的整体表现，如中证100指数定位于大盘指数，沪深300指数定位于大中盘指数，中证500指数则定位于中盘指数。行业指数按照证券所属行业的分类，构造出具有不同行业特征的指数。行业指数既可以在全市场中按照行业划分直接选股，如AMAC系列行业指数，也可在宽基指数的样本空间中进行再选择，如沪深300指数之下还有一级、二级、三级行业指数。不同的风格指数有着不同的投资风格，适合不同风险-收益偏好的投资者。最经典的风格指数当属价值指数和成长指数，分别选择估值较低和成长性较高的股票作为成分股。主题指数是根据某一特定主题来筛选成分股的指数，如社会责任指数、可持续发展指数、央企指数、城镇化指数和红利指数等，适合对某一主题颇有研究的投资者。与基准指数（如标普500指数、沪深300指数）不同，策略指数的主要目的绝不是为了衡量某个市场的整体表现，而是创造一种半主动型的并以基准指数为业绩衡量标准的投资产品，该指数在样本股和权重方法的选择上都与传统指数有所区别，较常见的有基本面指数、波动率指数等。

（2）成分股权重的确定

固定权重一般指的是对成分股赋予相等的权重。优化等权也属于固定权重的一种，即先对成分股进行分层，给每一层级赋予优化后的相等的权重，依然是固定的权重比例。除此之外，正/反杠杆加权和多空策略加权也属于固定权重，前者是对市场使用杠杆或者反向投资的策略，后者是将看好的股票超配并减配前景看淡的股票。

市值加权是构造基准指数的传统方法，即根据市值大小的相对比例来决定成分股的各自权重。经典的市值加权方法包括总市值加权、自由流通市值加权、受限市值加权和流动性加权四种。其中，受限市值加权为每只股票的规模权重设定了一个最高比例，目的是分散投资、降低集中风险，而流动性加权则是以实际交易量为权重标准。尽管市值加权在很大程度上考虑了流动性的要求，依然存在一些弊端。最受人诟病的是市值加权差于其他加权方式的指数表现，一个重要原因在于股票价格的无效性。当股票价格上涨较快时，市值加权会赋予其更大权重，而对上涨较慢的股票减少权重，结果使权重由价格被低估的股票转移至价格被高估的股票。在价格向实际价值转移的过程中，市值加权组合由于赋予了那些存在正向定价误差的股票更高的权重，从而遭受比非价格加权组合更大幅度的下跌。

基本面加权主要是根据财务因子的相对比率或财务数量模型给成分股确定权重。常用的财务因子包括分红收益率、净利润率、预期净利润或者其他指标如股票价格、价格趋势和社会责任的定性排名等。比较常见的例子是分红率加权，哪只股票的分红率高，其在指数中的权重就大。由于股票的基本面因子与流动性相关性不大，因而在复制指数时，流动性较差的样本股复制的难度可能会较大。

【知识链接9-2】　　　　上证50指数和标普500指数的编制方案

一、上证50指数

上证50指数以上证180指数样本股为样本空间，挑选上海证券市场规模大、流动性好的最具代表性的50只股票组成样本股，综合反映上海证券市场上最具市场影响力的一批龙头企业的整体表现。

1. 指数名称和代码

指数名称：上证50指数

指数简称：上证50

英文名称：SSE 50 Index

英文简称：SSE 50

指数代码：000016

2. 指数基日和基点

该指数以2003年12月31日为基日，以1 000点为基点。

3. 样本选取方法

（1）样本空间：上证180指数样本股。

（2）选样方法：对样本空间内的股票按照最近一年的总市值、日均成交金额进行综合排名，选取排名前50位的股票组成样本。

4. 指数计算

上证50指数计算公式为：

报告期指数=报告期样本股的调整市值/除数×1 000

其中，调整市值=∑（证券价格×调整股本数）。调整股本数的计算方法、除数修正方法参见计算与维护细则。

5. 指数样本和权重调整

（1）定期调整

上证50指数每半年调整一次样本股，样本股调整实施时间分别为每年6月和12月的第二个星期五的下一交易日。每次调整数量一般不超过10%，样本调整设置缓冲区，排名在前40位的候选新样本优先入选，排名在前60位的老样本优先保留。

（2）临时调整

特殊情况下，将对上证50指数样本进行临时调整。当样本退市时，将其从指数样本中剔除。样本公司发生收购、合并、分拆等情形，参照计算与维护细则处理。将新发行股票的A股发行总市值（总市值=发行价×A股总股本）与沪市A股自该新发行股票上市公告日起过去一年的日均A股总市值进行比较，对于符合样本空间条件且A股发行总市值排名在沪市A股市场前10位的新发行A股股票，启用快速进入指数的规则，即在其上市第十个交易日结束后将其纳入上证50指数，同时剔除上证50指数原样本中最近一年日均总市值、成交金额综合排名最末的股票。

二、标普500指数

标准普尔500指数被广泛认为是衡量美国大盘股的最好指标。追踪该指数的资产价值超过9.9万亿美元，其中投资于该指数的资产约达3.4万亿美元。该指数成分股包括美国500家顶尖上市公司，占美国股市总市值约80%。与上证50指数相比，标普500指数调整频率更高，且选股的自由裁量权更大，与主动投资很接近。

1. 指数名称和代码

指数名称：标准普尔500指数

指数简称：标普500

英文名称：S&P 500 Index

指数代码：SPX.GI

2. 指数基日和基点

该指数以1928年1月3日为基日，以10点为基点。

3. 样本空间及选样方法

标普500指数的成分股在标普全市场指数中选择，标普全市场指数的选择方法为：在每次季度重新调整时，上一季度发生变化的证券有资格纳入指数，但参考日期须为重新调整生效日期五周前。这些证券包括：

（1）首次公开招股（IPO）（包括直接发售）；

（2）在合资格交易所上市的新股票；

（3）纳入合资格交易所的证券；

（4）摆脱破产状态的证券；

（5）注册地变更为美国的公司（由标普道琼斯指数认定）；

（6）公司从不合资格的组织类型转变为合资格的组织类型；

（7）证券从不合资格的股份类型转变为合资格的股份类型；

（8）前SPAC通过SPAC并购转变为运营公司。

具体选样方法如下：

成分股依指数委员会的自由裁量权及资格标准选择。该等指数具有500个固定的成分股公司数目。行业平均则通过在相关市值范围内，比较每个GICS行业在指数中的权重与其在标普全市场指数的权重而衡量，在为该等指数选择公司时也会予以考虑。

4.指数计算

标普500指数计算公式为：

报告期指数=报告期样本股的市值/基期市值×10

资料来源　Wind、方正证券研究所。

9.1.2　ETF的创设及现状

指数基金除了传统开放式指数基金外，常见的还有ETF（交易型开放式指数基金）。可以将ETF理解为开放式基金和封闭式基金的混合型产品，它结合了封闭式基金和开放式基金的运作特点，投资者既可以向基金管理公司申购或赎回基金份额，又可以像封闭式基金一样在二级市场上按市场价格买卖ETF份额，不过申购赎回必须由经授权的参与者以一揽子股票换取基金份额或者以基金份额换回一揽子股票。由于同时存在证券市场交易和申购赎回机制，投资者可以在ETF市场价格与基金单位净值之间存在差价时进行套利交易。套利机制的存在，使得ETF避免了封闭式基金普遍存在的折价问题。

1. ETF的创设

ETF由于不需要经常买卖投资组合中的股票，因而节省了很多共同基金必须要支付的费用。这一点可能听起来很奇怪：基金持有股票但是却不买股票，这恰恰就是ETF的独特之处。正是由于ETF不购买股票，也就避免了各种各样的费用支出。在共同基金中，投资者除了一直持有他们的投资之外什么都没有做，却需要支付买卖股票的成本。ETF将这部分成本转移给了导致这些成本发生的公司和个人，ETF的这种转移仅仅通过一种独特的工具，即"创设单位"就可以完成。ETF的创设过程如图9.1所示。

ETF只是不购买股票，但并不是不持有股票。实际上，ETF持有它所跟踪的指数中包含的所有股票。那么ETF是如何实现这一过程的呢？其实，ETF只要通过与经授权的参与者进行物物交换，就可以获得所需的股票了。通常，经授权的参与者可以是一家投资银行、专业公司、经纪自营商或者其他市场参与者，只要它是存托及结算机构的会员就可以。存托及结算机构是负责结清股票交换账目的结算所和托管机构。

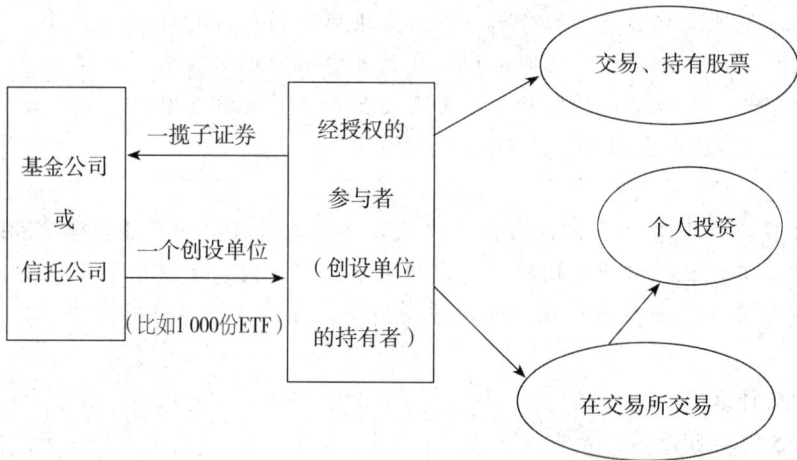

图9.1　ETF的创设过程

　　一旦一家公司与ETF的代理人，也就是受托人，签订了合作协议，这家公司就成为经授权的参与者，它通常是一家专业公司或经纪自营商，因为只有经授权的参与者才可以构造市场上出售的ETF，而ETF的份额又是由专业公司或经纪商卖给机构和个人投资者的，因而他们是创设ETF份额需求最大的一方。规模小的ETF通常只需要一个经授权的参与者，而像iShares、SPDR[1]等大规模、高流动性的ETF则需要多个经授权的参与者。当经授权的参与者想购买新的ETF份额时，他必须先集齐购买预定数量的ETF所需的全部股票。

　　整个过程的第一步是，经授权的参与者把自己想要更多ETF基金的想法告诉ETF的受托人，为了提高交易的效率，ETF公司一般只出售某一数量范围内的大宗基金份额，比如25 000份到600 000份。然后由受托人告知经授权的参与者指数中包含的股票以及各自的权重。如果经授权的参与者想要购买100 000份SPDR，那么它应该将足够数量的一揽子证券存放到ETF公司，并与其交换既定数量的ETF份额。拿到既定数量的ETF之后，经授权的参与者可以选择持有、在二级市场上进行交易或者是按照创设过程相反的路径进行赎回。

　　2. 发展现状

　　2021年，全球ETP（Exchange Traded Products）市场（主要为ETF和少量的ETC、ETN产品）进一步发展壮大，ETP数量突破9 700只，总规模达9.92万亿美元，实现了数量和规模的快速增长。

　　在追逐风险和规避风险互现的环境中，ETP资金流入始终保持正动量。自2008年以来，ETP连续10年持续实现资金净流入。2021年资金流入1.14万亿美元，相比2020年提高了70.12%，创造了年度资金流入新纪录。这源于ETP产品种类日益丰富，

　　1　SPDR由美交所于1993年发行，是美国最早的ETF；iShares由巴莱克全球投资者在2000年发行。在下面ETF的发展历程中会有详细介绍。

能够满足投资者多样化的投资需求，即使在避险的环境中，也会有固定收益、商品、黄金、大类资产配置以及低风险策略等大量的产品可供选择。全球ETP市场规模及2021年区域ETP资金流入规模参见图9.2和表9.1。[1]

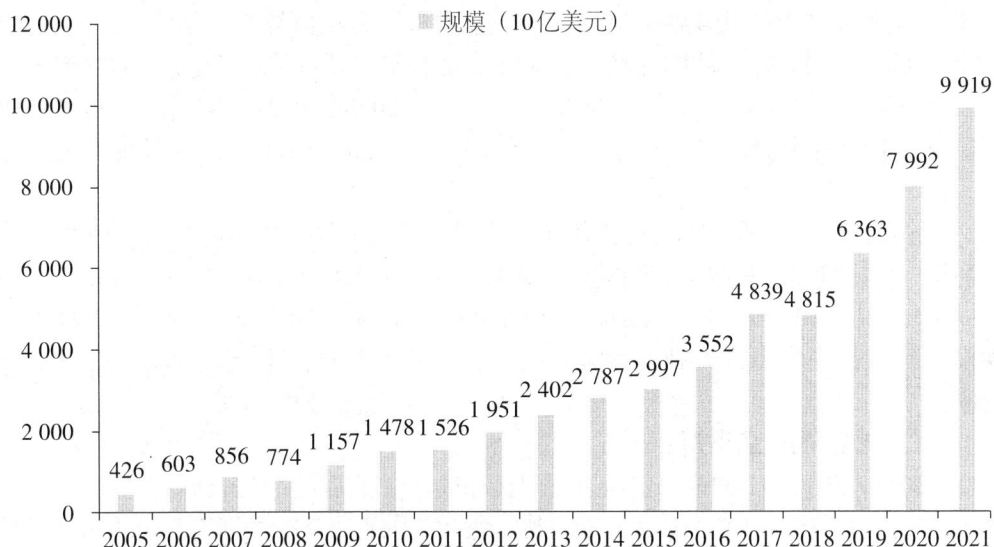

图9.2 全球ETP市场

表9.1　　　　　　　　　　　2021年区域ETP资金流入规模　　　　　　　　单位：亿美元

区域	权益	固定收益	商品	总计
美国	5 512	1 540	−91.7	8 034
欧洲	1 316	402	16.5	1 735
加拿大	199	50.6	1.11	426
亚太非日本	632	105	9.4	870
日本	219	11	10.8	191.2
全球	7 890	2 111	−99.1	11 400

目前，新发行ETP产品资产包括权益、固定收益、商品、另类资产、货币、资产配置等类别。其中，权益类占比稳定在84%左右，固定收益类占比8%，商品类占比2%，其他类型总体规模较小。

2021年世界各主要经济体实现复苏，投资者风险偏好有所提升，权益类产品成为资金流入的主要对象。权益类ETP资金流入7 890亿美元，相比2020年增加了160.83%；固定收益类资金流入2 111亿美元。

从地域分布来看，美国、欧洲和亚太非日本地区权益ETP产品广受投资者青睐。

1　Blackrock数据，若有出入请忽略。

美国、加拿大、欧洲和亚太地区权益ETP资金净流入合计占比超过99%，其中美国、欧洲及亚太非日本地区权益ETP资金净流入规模均较上年翻两番，是推动全球ETP资金净流入破万亿的中坚力量。其中，美国市场稳居龙头，2021年资金流入合计8 034亿美元，占全球70.47%。其中流向权益类和固定收益类产品分别为5 512亿和1 540亿美元，均大幅超越历史水平。欧洲市场不仅经济发展迎来复苏，ETP市场也迎来快速发展，全年资金流入1 735亿美元，相比2020年增加了87.18%。2021年亚太非日本ETP资金流入870亿美元，相比2020年增加了61.41%，主要流入权益类产品。

从全球来看，老牌ETF发行人的领先优势还是较为稳定的。前10大ETF发行人与上年一致，管理产品数量和规模分别为1 379只和6.64万亿美元，占比分别为51%和94%。其中，BlackRock、Vanguard和State Street Global Advisors（SSGA）占据管理规模前三名，均为传统老牌发行人，三家公司管理规模占全市场79%，占据优势地位。

9.1.3　ETF的产品类别

2000年以来，ETF的产品创新速度明显加快，在产品数量和资产规模持续增长的同时，产品也从传统宽基指数逐渐向风格、行业、国别、资产类别等方向的精细化纵深发展，资产标的涵盖股票、债券、商品以及货币等。经过20多年的发展，ETF已成长为金融领域的大家族，整个市场呈现百花齐放、百家争鸣的景象。

1. 股票ETF

股票ETF的投资标的是在证券交易所上市的股票，投资目标是紧密跟踪相应的股票指数，并将跟踪误差和跟踪偏度控制在一定范围内。股票ETF兼具基金及股票的优点，为投资者提供了一个方便快捷、灵活及费用低廉的投资渠道。由于股票ETF走势与股市同步，因此投资者不需要研究个股，只需要判断涨跌趋势即可。股票ETF中最为普遍的是基准指数ETF，这也是最早出现的ETF形式。我国ETF市场也是以基准指数ETF为主，这其中比较有代表性的产品有跟踪大盘蓝筹股指数的上证50ETF（510050）、沪深300ETF（510300）等。

作为股票ETF的代表，行业ETF可以跟踪某一行业中股票的涨跌。如果投资者看好某一行业，可以选择行业ETF，免去选股的环节，从而获取一个行业的整体收益。第一个行业系列ETF诞生于1998年的美国，该组行业ETF共包含9只产品，分别跟踪金融、材料、能源、工业等9个行业指数。与投资宽基ETF相比，行业ETF能高效准确地追踪行业的整体表现，实现宽基ETF不能实现的一些投资目标。比如，方便地投资于自己看好的特定行业板块、参与阶段性交易机会、采用行业轮动策略等。与投资个股相比，行业ETF可以对选定的行业进行全面布局，减少单个股票业绩不稳定带来的风险，有效分享整个行业的收益。我国ETF市场于2013年5月推出了首个行业系列ETF，即华夏上证行业ETF，随后品种有所丰富，又陆续推出嘉实中证行业ETF等系列产品。

2. 债券ETF

债券类交易所交易基金是以债券类指数为跟踪标的的交易型证券投资基金。通过投资债券ETF，投资者可以很方便地实现对一揽子债券的投资。以国债ETF为例，其跟踪的标的指数是上证5年期国债指数，投资国债ETF就相当于购买了一揽子久期为5年左右的国债组合。基金管理人会根据指数编制规则对ETF的债券组合进行调整，使组合久期保持稳定。投资者通过投资国债ETF，可以方便且稳定地享有5年期国债的收益率。

3. 商品ETF

（1）商品ETF简介

商品ETF是以商品类指数为跟踪标的的ETF产品。投资者可以通过交易商品ETF，方便地实现对黄金、石油、有色金属、农产品等商品资产的投资。商品ETF一般可分为实物支持ETF与非实物支持ETF两类。实物支持ETF直接持有实物资产，主要用于贵金属领域。非实物支持ETF主要投资于大宗商品期货等金融衍生品，主要覆盖工业金属、能源、农产品等资产类型。

（2）商品ETF的类别

·石油ETF

石油等能源类资产的体积较大、不易于储藏保管，单位体积的价值也较低，不适合采用实物申赎机制。因此，石油ETF属于非实物支持的商品ETF，投资者不持有石油实物资产，转而投资于相关大宗商品的金融衍生品，间接复制石油相关的价格走势变动。

·黄金和白银ETF

贵金属实物ETF自推出以来就获得了市场的极大认可与欢迎。由于贵金属具有体积小、易储藏保管、单位体积价值高、较强金融属性等特点，所以贵金属ETF多为实物支持的商品ETF，产品主要包括黄金ETF、白银ETF、铂金ETF、钯金ETF等。在实践中，实物支持的ETF直接持有实物资产，自身运营管理机制较为清晰透明。

以黄金ETF为例，产品在证券交易所上市后，投资者可像买卖股票一样方便地交易。交易费用低廉是黄金ETF的一大优势，投资者购买黄金ETF可免去黄金的保管费、储藏费和保险费等费用，通常只需交纳0.3%~0.4%的管理费用，相较于其他黄金投资渠道平均2%~3%的费用，优势十分突出。此外，黄金ETF还具备保管安全、流动性强等优点。由于黄金价格较高，黄金ETF一般以1克作为一份基金单位，每份基金单位的净资产价格就是1克现货黄金价格减去应计的管理费用。黄金ETF在证券市场的交易价格或二级市场价格以每份净资产价格为基准。

4. 货币ETF

货币ETF与传统股票型ETF不同。股票型ETF挂钩一定的指数，投资者一般可以用指数所包含的一揽子股票换一个ETF份额，并可以在二级市场上进行交易。货币ETF则是持有外币或者某种货币指数合约，重在体现基金所持有货币的价格。在一般情况下，货币 ETF 多采用全额现金替代的方式，就是投资者用现金就可以直接申购货币 ETF 份额。除了具有货币型基金的诸多优点外，货币型 ETF 在交易机制上可以实现"T+0"交易，随时支取，为场内投资者提供便捷的现金管理工具。并且，货币型 ETF 还可以和券商保证金对接，充分利用股票账户中的闲置资金，使投资者获得高于活期存款的收益，从而让存量资金的利用效率大大提高。

5. 外汇 ETF

外汇 ETF（Foreign Currency ETF，或称外币 ETF）是一种以追踪单一外汇或一揽子外汇的汇率变动为目标的 ETF，通过持有外汇现货期货或期权等衍生工具来建立外汇头寸。例如，以人民币计价的美元 ETF 就是以跟踪美元对人民币汇率的波动为目的，当美元对人民币上涨 10% 时（即人民币下跌 10%），该 ETF 的净值也会上涨 10%。

在投资运作上，外汇 ETF 以相关的外币形式存于银行储蓄账户，即建立单一外币或一揽子外币的银行储蓄存款。存款所产生的任何利息都归 ETF 所有，并且会被派发给投资者（如果该利息超过费用和支出）。当然，也有一些做空或做多的外汇 ETF 会通过持有外汇期货、期权等衍生工具来构建外汇头寸。

6. 跨境 ETF

跨境 ETF 是追踪由境外证券（或商品）充当成分指数的 ETF。无论是中国的香港、台湾，还是美洲、欧洲、非洲、大洋洲以及亚洲其他国家或地区，都在此类产品的地域备选集之中。

中国境内市场跨境 ETF 新发产品数量和规模显著上升，发展势头良好。2022 年跨境 ETF 持续快速增长，全市场新发跨境 ETF 共 31 只，覆盖港股科技、港股宽基、美股生物科技、纳斯达克 100 等领域。截至 2022 年年底，跨境 ETF 共 109 只，总规模 1 971 亿元，较 2021 年年底的 1 141 亿元增加 830 亿元，增长率 72.74%。从行业分布来看，跨境 ETF 中跟踪互联网行业的 ETF 占比达 38%，其中中证海外中国互联网 50 指数最受欢迎。

7. 杠杆和反向杠杆 ETF

杠杆 ETF 是通过运用股指期货、互换合约等杠杆投资工具，实现在设定时间段内投资组合收益达到跟踪指数的杠杆倍数。杠杆倍数可正可负，正向杠杆如 1 倍、2 倍、3 倍等，负向杠杆如 -1 倍、-2 倍、-3 倍等。除整数倍的杠杆外，杠杆还可设计为小数，如 1.5 倍杠杆、-1.5 倍杠杆等。杠杆的时间跨度通常为 1 日，也就是在一个交易日内实现投资组合的收益率达到标的指数的杠杆倍数。如某一交易日标的指数的收益率为 1%，杠杆倍数为 2 倍，则投资组合的收益率为 2%；如杠杆倍数为 -1 倍，则投资组合的收益率为 -1%。

杠杆 ETF 的"杠杆"属性与我们传统意义上对杠杆的理解有一定的差异。杠杆 ETF 的杠杆只有在设定的时间跨度上才表现出确定的杠杆属性，也就是在设定的时间跨度内杠杆 ETF 的收益率达到标的指数收益率的杠杆倍数；对于超过设定时间跨度的区间，杠杆属性则不再服从确定的杠杆倍数。如果持有时间较长，杠杆 ETF 的收益率并不完全等于标的指数收益率的杠杆倍数，极端情况下会有较大差异。

8. 分级 ETF

分级 ETF 是创新型的 ETF 产品，具有分级基金各份额间的收益分配机制，通过引入资产的结构化分配来实现分级特征，一个基金同时包括做多份额与做空份额。

分级 ETF 由两类或多类份额构成，并分别给予不同的收益分配。分级基金各个子基金的净值与份额占比的乘积之和等于母基金的净值。例如，拆分成两类份额的母基金净值=A 类子基金净值×A 份额占比（%）+B 类子基金净值×B 份额占比（%）。如果母基金不进行拆分，其本身是一个普通的基金。A 类份额可分为有期限 A 类约定收益份额基金、永续型 A 类约定收益份额基金。一般来说，A 类份额更适合长期持有，类似于信用债券，可以持有到期获得约定收益率；子基金中的 B 类份额又称为杠杆基金，具有杠杆特性，波动性较大。

9.2　被动型股票投资管理

被动型股票投资管理策略以有效市场假说为理论基础，可以分为简单型和组合型两类策略。其中，组合型策略是通过构造复制性股票投资组合来拟合基准指数的表现，并通过跟踪误差来衡量拟合程度。

9.2.1　被动型股票投资策略概述

被动型股票投资策略认为股票价格能立刻对新市场信息作出反应，人不可能准确预测投资市场的未来运动轨迹，因而在长时间里不能获得超过其风险承担水平的超额收益。被动型股票投资策略否定了技术分析和基本分析的有效性，试图通过模拟市场指数获得收益。

随着市场的发展，尤其是投资理论的发展和市场研究方法的进步，被动型股票投资策略在投资者尤其是机构投资者包括养老基金、社保基金、指数基金等中的影响正逐步扩大。

被动型股票投资策略可以分为两类：

1. 简单型被动投资策略

简单型被动投资策略有时也可称为简单长期持有策略，一般以长期持有而预期发生的股票价格统计特征为基础，遵循随机方法或某种预先设定的准则进行投资。对于简单型被动投资策略来说，一旦确定了投资组合，就不再发生积极的股票买入或卖出行为，而进出场时机也不是投资者关注的重点。

2. 组合型被动投资策略

坚持组合型被动投资策略的投资管理人并不试图用基本分析的方式来区分价值高估或低估的股票，也不试图预测股票市场的未来变化，而是在长期持有并预期发生的股票市场整体价格统计特征的基础之上，模拟市场构造投资组合，以取得与比较基准相一致的风险收益结果。对于组合型被动投资策略来说，进出场时机同样不是投资者关注的重点。

与简单型被动投资策略相比，组合型被动投资策略更强调严格遵循并尽可能模拟市场结构，因此组合型被动投资策略也被直接称为"指数法"（Indexing），通过跟踪一组股票指数的整体业绩来设计投资组合。指数型投资与主动型投资相比，具有投资风险分散、投资成本低廉、投资收益透明的优点。

9.2.2 复制指数法

复制指数法以有效资本市场理论为基础，认为在有效市场中，最有效率的投资组合是"市场组合"，它为每单位风险提供了最高水平的收益，因此应使用能够代表市场的指数作为投资组合的构造基础，实现市场的风险与收益匹配。复制指数法认为任何主动型股票投资策略都不可能取得高于其风险承担水平的超额收益。

对于特殊的机构投资者，如养老基金负责人来说，还需要考虑向外部管理人支付一定数额的管理费的问题。因此，即使基金管理人能够在风险调整和扣除交易成本之后仍表现出色，但其超额收益是否能够高于管理费仍是机构投资者必须考虑的问题。如果基金管理人并不能给养老基金负责人带来超过管理费水平的收益，管理人就没带来任何价值。

因此，在进行风险调整并扣除高额的交易成本、管理费用之后，主动型股票投资策略更难以在长时间里有出色的表现，这是大量养老基金等机构投资者之所以转向指数法投资的重要原因。

1. 构造复制性投资组合

指数化股票投资组合的构造首先需要确定跟踪基准，即指数。纯指数基金（Pure Index Fund）就是一种以完全实现市场投资组合业绩为管理目标的投资组合，其跟踪基准可以是市场中具有代表性的股票指数，如美国的SP500指数等。

在选定指数的基础上，投资者需要构造用来与该指数相配比的投资组合，即复制性投资组合（Replicating Portfolio），其目的是尽量降低组合表现与该指数的差异。如果我们定义跟踪误差（Tracking Error）为基准指数与复制性投资组合之间的业绩差异，则有：

跟踪误差=复制性投资组合收益率−基准指数收益率

其中，跟踪误差的数值可以为正，也可以为负。也就是说，负的跟踪误差表明复制性投资组合的业绩低于基准指数的业绩。反之，正的跟踪误差表明复制性投资组合的业绩高于基准指数的业绩。指数法股票投资策略的目标是使跟踪误差趋近于零，而跟踪误差的绝对值大小也成为衡量指数法股票投资策略绩效的标准。

如何构造并保持一个有效拟合指数收益的跟踪组合是投资过程的关键，根据基本构造原理的不同，构造复制性股票投资组合的基本方法一般可以分为三类：完全复制法、优化选样法和抽样复制法。无论选择哪种方法复制股票投资组合，都需要考虑对组合的调整与再平衡。

（1）完全复制法

投资于标的指数中包含的所有成分股，并以指数编制中的自然权重作为跟踪组合中每个股票的权重，这种构造跟踪组合的方法称为完全复制法。这种复制方法管理起来较为简单，而且具有全面的代表性和投资的分散性，理论上能达到最优拟合度。但在实际操作中，由于分红派息、新股上市和增发新股等因素的存在，以及买入量需要整"手"数和其他一些限制条件，会使构建的投资组合与标的指数之间产生滞后与偏差。此外，完全复制指数还可能需要持有流动性不高的证券，进而导致较高的调整频率和追踪成本。因此，在较小的跟踪误差范围内用少量的成分证券来实现对整个标的指数的优化复制就显得尤为重要。

（2）优化选样法

优化复制不会购买标的指数所囊括的所有成分股，而是通过优化算法模型筛选出一定数量的满足一定误差范围的投资组合。模型的目标函数即事先确定的投资目标，可能是跟踪误差的最小化，也可能是满足一定误差基础上的收益最大化或交易费用最小化。其他如股票数量、成分比例、费用比例、税收比例的限制等因素经量化后则成为函数的约束条件。如果优化求解得出的某成分股的权重值为零，就剔除该成分股；如果不为零，就保留该成分股并按计算出来的权重值配置资产。优化选样法的优点是投资组合选取的证券数目大为减少，使得交易成本和分红派息对跟踪指数的影响大大降低。但是，由于模型所使用的许多指标和变量都来源于各种估计，估计又存在一定偏差，从而使优化效果具有较大的不确定性。因此，优化选样法往往比其他指数化投资方法占用更多的监控资源。

（3）抽样复制法

抽样复制显然也只选取了标的指数中的部分证券，但与优化选样的算法模型不同，它采用随机或非随机的统计抽样方法进行指数的复制。抽样复制法按照抽样原理可以进一步分为三类：简单随机抽样法、大权重样本复制法、分层抽样法。

简单随机抽样法通常不用于指数跟踪的实践，而是作为其他非完全复制方法的一个比较和参照的基准，用于验证该方法的有效性。

大权重样本复制法只选取权重靠前的若干证券，在降低了流动性风险和交易成本的同时，却增大了系统性偏差，跟踪效果欠佳。

分层抽样法的操作更为复杂，主要分为两个步骤：第一步，将标的指数所含的成分股按某种标准分为若干层，同一层次的证券在价格走势上具有较强的相关性，与其他层次互不相交，常见的分层标准有行业或资产规模。第二步，在每层中按简单随机或其他的抽样方法选取若干样本，单个样本的权重可采用指数中的自然权重，也可使用优化后的权重，最终构成跟踪指数的投资组合。分层抽样在一定程度上弥补了大权重样本复制法在某些层次属性上覆盖不均的问题，但依然无法保证在所有影响股价波动的属性上的精准覆盖，依然有存在其他非系统性风险的可能。

2.影响跟踪误差的因素

一般来说，复制性投资组合的收益率不可能完全等于基准指数的收益率。即使在设计复制性投资组合时，为了精确复制基准指数而完全按照指数构成购买了全部股票，也将产生跟踪误差。其原因主要来自以下几个方面：

（1）股票数量

复制性投资组合所包含的股票数量的增加将降低跟踪误差的水平，拟合程度不断提高。股票数量与跟踪误差之间存在反比关系。

例如，假定含有250只股票的投资组合的收益率与SP500股票指数之间将产生大约0.6%的跟踪误差，同时假定跟踪误差的概率服从正态分布，则复制性投资组合的年收益率比SP500股票指数的年收益率低0.6%的概率为68%。

（2）交易成本

交易成本的高低与组合内股票数量及流动性密切相关。随着股票数量的增加，交易成本也将上升。同时，如果股票流动性较低，构造复制性股票投资组合所需要支付的交易成本也将上升。

（3）存在零股订单的问题

复制性投资组合在理论上能够完全复制基准指数，但由于交易规则的要求，或者受到资金规模的限制，有可能出现零股订单的问题，导致交易成本上升甚至无法执行。

（4）动态复制过程

由于指数构成、个股权重的变化将影响基准指数，因而要求复制性股票投资组合必须进行动态跟踪与复制，以降低跟踪误差。但过于频繁的调整也将带来更高的交易成本。进一步来说，如果复制性组合的股票构成与基准指数不完全一致，这种动态跟踪复制的难度将更大，成本也将更高。

【知识链接9-3】　　　　华夏沪深300ETF投资策略

1. 投资目标

紧密跟踪标的指数，追求跟踪偏离度和跟踪误差最小化。

2. 标的指数

该基金的标的指数为沪深300指数。未来若出现标的指数不符合法律法规及监管的要求（因成分股价格波动等指数编制方法变动之外的因素致使标的指数不符合要求的情形除外）、指数编制机构退出等情形，基金管理人应当自该情形发生之日起10个工作日内向中国证监会报告并提出解决方案，如更换基金标的指数、转换运作方式、与其他基金合并，或者终止基金合同等，并在6个月内召集基金份额持有人大会进行表决。

3. 投资范围

该基金主要投资于标的指数成分股、备选成分股。为更好地实现投资目标，基金还可投资于非成分股、债券、股指期货、权证以及法律法规或中国证监会允许基金投资的其他金融工具。如法律法规或监管机构以后允许基金投资其他品种，基金管理人在履行适当程序后，可以将其纳入投资范围。基金投资于标的指数成分股及备选成分股的比例不低于基金资产净值的90%。

4. 投资策略

该基金主要采用组合复制策略及适当的替代性策略以更好地跟踪标的指数，实现基金投资目标。

（1）组合复制策略。该基金主要采取完全复制法，即按照标的指数成分股及其权重构建基金的股票投资组合，并根据标的指数成分股及其权重的变动对股票投资组合进行相应调整。

（2）替代性策略。对于出现市场流动性不足、因法律法规原因个别成分股被限制投资等情况，导致该基金无法获得足够数量的股票时，基金管理人将通过投资成分股、非成分股以及中国证监会允许基金投资的其他金融工具进行替代。

（3）存托凭证投资策略。对于存托凭证投资，本基金将在深入研究的基础上，通过定性分析、定量分析等方式，筛选相应的存托凭证投资标的。

（4）股指期货投资策略。该基金投资股指期货将根据风险管理的原则，以套期保值为目的，主要选择流动性好、交易活跃的股指期货合约，以降低股票仓位调整的交易成本，提高投资效率，从而更好地跟踪标的指数，实现投资目标。

（5）权证投资策略。该基金将通过对权证标的证券的基本面研究，结合多种期权定价模型，在确定权证合理价值的基础上，根据基金资产组合情况，适度进行权证投资。该基金力争日均跟踪偏离度的绝对值不超过0.2%，年跟踪误差不超过2%。

5. 风险收益特征

本基金属于股票型基金，风险与收益高于混合基金、债券型基金与货币市场基金。基金主要投资于标的指数成分股及备选成分股，在股票型基金中属于风险较高、收益较高的产品。

资料来源　华夏基金管理有限公司

9.2.3　Smart Beta策略

Smart Beta策略是指数投资的一种延展投资策略，具体指的是在指数投资的基础上，通过调整权重和成分来增加对特定因子的风险暴露程度，从而获得超额收益。Smart Beta策略是一种介于被动投资和主动投资之间的投资策略，不仅有被动投资中风险分散、投资过程透明的优点，也有主动投资中灵活调整的优点。

根据因子的不同，可以将Smart Beta策略分为价值、成长、红利、低波动率、质量、等权和基本面。价值类Smart Beta策略一般根据市盈率、市净率、市现率等估值指标来选择被市场低估的股票，从而获得超额收益。成长类Smart Beta策略一般选用主营业务收入增长率、净利润增长率等成长指标来选择未来业绩和盈利增长较快的公司。红利类Smart Beta策略根据股息率来选股，主要投资于高股息率公司，A股的高股息率公司一般具有波动率低、市值大的特点。我国最早的Smart Bata产品——华泰柏瑞红利ETF就采用红利类Smart Beta策略。低波动率类Smart Beta策略是选择波动率最低的股票，主要有两种构建方法：一是在有效边界上选择最小方差组合，即波动率最小的点；二是根据波动率排序再按波动率的倒数加权构建。质量类Smart Beta策略以净资产收益率、总资产收益率等为选股标准，将收入和盈利稳定的优质公司筛选出来。等权类Smart Beta策略跟踪指数的方法为等权重加权，对于大市值和小市值公司赋予相同的权重。基本面类Smart Beta策略回归公司基本面，根据营业收入、现金流、净资产和红利等基本面指标进行选股。

值得一提的是除了上述单因子策略之外，还有多因子类Smart Beta策略，该策略是综合不同类别的因子从而进行选股，比起单因子类策略更加复杂，如我国的华泰柏瑞红利低波动ETF就是结合红利和波动率因子进行选股。

【知识链接9-4】　　　中美Smart Beta策略发展情况对比

美国市场Smart Beta存量产品规模趋于稳定，市场集中度较高，新发产品策略多样性有所提升。2022年，美国市场存续Smart Beta产品数量为1 021只，规模合计1.51万亿美元，与2021年规模接近，且前十大Smart Beta与2021年保持一致。Vanguard Value成为首只规模突破1 000亿美元的Smart Beta产品。市场竞争格局较为稳定，且集中度较高，前7大Smart Beta产品发行商规模占据市场超90%的份额。新发产品底层资产和策略均呈多样化，与存量市场形成差异，主动管理Smart Beta产品新发趋势放缓，但存量产品仍然活跃，资金净流入可观。美国Smart Beta规模发展情况如下图所示。

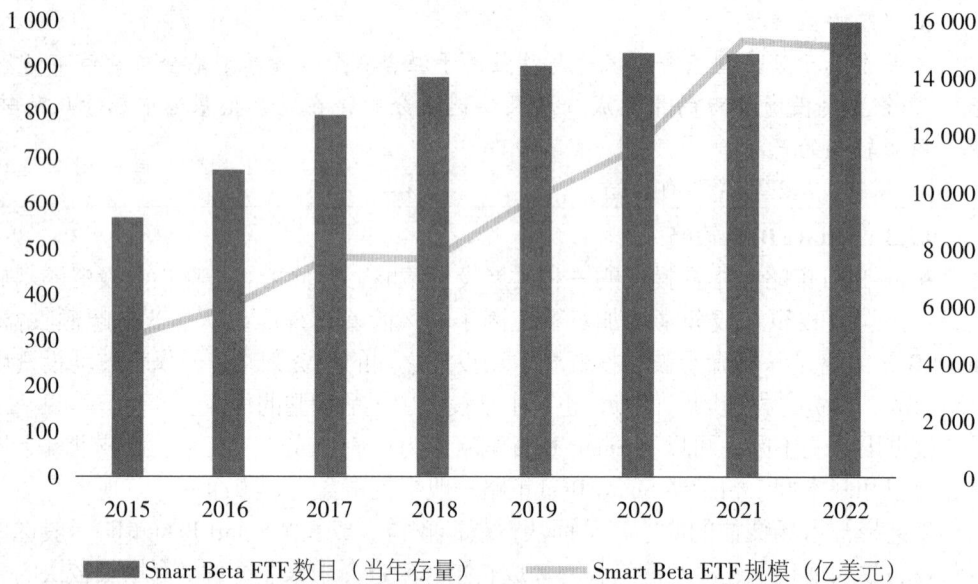

Smart Beta ETF数目（当年存量）　　Smart Beta ETF规模（亿美元）

美国Smart Beta规模发展情况

中国市场Smart Beta产品规模增长放缓，宽基Smart Beta产品受投资者青睐，未来仍有较大发展潜力。产品规模方面，2021年我国Smart Beta策略产品规模迎来了爆发式增长，规模增长率超过100%。2022年Smart Beta策略产品规模达到453亿元，同比增长0.5%。新发产品方面，2022年新发行的6只Smart Beta产品，总规模超过25亿元，分别为成长、价值和红利策略。策略类型方面，红利策略仍占据存量产品主导地位，成长策略ETF新发数量和规模居首。与此同时，宽基Smart Beta策略产品再度成为市场投资热点。展望未来，随着长期资金占比持续提升，Smart Beta投资理念逐步普及，国内市场Smart Beta仍具有较大发展潜力。2022年中国Smart Beta策略分布见下表。

2022年中国Smart Beta策略分布

策略类型	数量	规模（亿元）
红利	12	210.13
多因子	8	39.89
价值	6	7.93
成长	4	23.22
基本面	3	8.62
质量	3	18.49
低波动率	2	3.85
等权	1	0.35

资料来源　中证指数有限公司，Wind。

9.2.4 增强指数法

指数化管理方式可以扩展到主动型股票投资策略的实施过程之中，这种策略被称为增强指数法（Enhanced Indexing），增强指数法与主动型股票投资策略之间存在显著区别，即风险控制程度不同。增强指数法的重点是在复制组合的基础上（获取基础的β收益）通过基金经理的主动投资行为获得比指数本身更好的收益（争取α收益），由此将不会引起投资组合特征与基准指数之间发生实质性分离。反之，主动型股票投资策略的投资组合则偏重在获得α收益上。

事实上，增强指数法的出现也反映了投资管理方式的发展出现了新的变化，即主动管理与被动管理开始相互借鉴甚至相互融合。主动型股票投资策略的基础在于相信人能够战胜市场；被动型股票投资策略则相反，认为人不能战胜市场。双方分别在自身理论基础上构造了相应的投资组合，进而实施交易与监控过程。但在市场的不断发展过程中，双方都意识到自身存在一定的局限性，开始尝试借鉴和吸收对方的有效成分，降低风险或提高收益。例如，有的主动型股票投资管理人可能吸收了一部分指数化投资方式，而有的被动型股票投资管理人可能在不偏离基本原则的基础上，增加主动型投资管理的因素。

从指数增强型基金具体增强方式来看，主要有两种方法：

（1）通过选股来进行增强。例如在按目标指数结构进行部分资产分配的基础上，将基金剩余资产投向有升值潜力的个股、行业、板块进行适当比例的增仓，或者对没有升值潜力的个股、行业、板块进行适当比例的减仓，另外也可以在不同风格的股票上增减仓位以达到增强指数化投资效果的目的。

（2）进行金融衍生产品的投资。例如买入看多的股票指数期货，并且合约价值与基金的资产规模相当，由于股票指数期货的杠杆作用，只需要较少的资金就可以复制股票指数的表现。

【知识链接9-5】　　　华泰柏瑞量化增强混合型基金投资策略

华泰柏瑞量化增强混合型基金成立于2013年，是我国较早的指数增强型基金。下表为该基金最近4年的收益情况。

华泰柏瑞量化增强混合型基金年收益情况

	2019年	2020年	2021年	2022年
阶段涨幅	33.52%	26.49%	3.31%	-17.32%
同类基准	37.53%	29.04%	-2.46%	-18.89%
沪深300	36.07%	27.21%	-5.20%	-21.94%

该基金的具体投资策略要点如下：

1. 比较基准的标的指数

基金股票资产跟踪的标的指数为沪深300指数。

2. 增强指数化投资策略

基金利用定量投资模型，选取并持有预期收益较好的股票构成投资组合，在严格控制组合预期跟踪误差的基础上，力求超越标的指数化投资回报。

（1）多因子Alpha模型——股票超额回报预测

多因子Alpha模型以对中国股票市场较长期的回测研究为基础，结合前瞻性市场判断，用精研的多个因子捕捉市场有效性的暂时缺失之处，以多因子在不同个股上的不同体现估测个股的超值回报。概括来讲，本基金Alpha模型的因子可归为如下几类：价值、质量、动量、成长、市场预期等。多因子Alpha模型利用长期积累并最新扩展的数据库，科学地考虑了大量的各类信息，包括来自市场各类投资者、公司各类报表、分析师预测等多方面的信息。基金经理根据市场状况及变化对各类信息的重要性作出具有一定前瞻性的判断，适时调整各因子类别的具体组成及权重。

（2）风险估测模型——有效控制预期风险

纯指数化投资力求跟踪误差最小，增强指数化投资策略则力求将跟踪误差控制在一定范围之内。基金将利用风险预测模型和适当的控制措施，有效控制投资组合的预期投资风险，并力求将投资组合的实现风险（用跟踪误差衡量）控制在目标范围内。

（3）交易成本模型——控制交易成本以保护投资业绩

基金的交易成本模型既考虑固定成本，也考虑交易的市场冲击效应，以减少交易对业绩造成的负面影响。在控制交易成本的基础上，进行投资收益的优化。

3. 投资组合的优化

基金将综合考虑预期回报、风险及交易成本进行投资组合优化。其选股范围将包括指数成分股和非指数成分股中流动性和基本面信息较好的股票。

4. 投资组合的调整

基金将根据各种信息的变化情况，对投资组合进行重新优化，调整投资组合的构成，并根据市场情况适当控制和调整投资组合的换手率。

资料来源　华泰柏瑞量化增强混合型证券投资基金招募说明书（2022年第2号）。

9.3　被动型债券投资管理

被动型债券投资管理一般分为两种类型：一种是指数化投资策略，一种是资产免疫策略。指数化投资策略是构造一个充分分散化的组合，使债券投资组合达到与某个特定指数相同的收益。而资产免疫策略是由久期的概念发展而成的一种债券投资管理技术。运用这种技术，债券投资者能够有效地锁定投资收益率，使投资组合的目标价值不受市场收益率变动的影响，这就是"免疫"一词的含义。基金管理人要对债券进行被动管理，就需要懂得如何构造免疫资产。

9.3.1　指数化投资策略

对债券进行指数化投资的过程如下：

（1）指数的选择

在发达国家的债券市场上有各种不同的债券指数，按债券发行主体的类别划分为不同的指数，投资者可以根据自身的投资范围等条件选择相应的指数作为参照物。

（2）指数化的方法

对债券进行指数化的方法多种多样，以下是比较常用的三种方式：分层抽样法、优化法和方差最小化法。三种方法中，分层抽样法适合于债券数目较小的情况。当基准的债券数目较大时，优化法与方差最小化法比较适用，但后者要求采用大量的历史数据。

（3）指数化的衡量标准

跟踪误差是衡量资产管理人管理绩效的指标。由于跟踪误差有可能来自建立指数化投资组合的交易成本、指数化投资组合的组成与指数组成的差别、建立指数机构所用的价格与指数债券的实际交易价格的偏差等三个方面，不同的组合构造方法将对跟踪误差产生不同的影响。

一般来说，指数构造中所包含的债券数量越少，由交易费用所产生的跟踪误差就越小，但由于投资组合与指数之间的不匹配所造成的跟踪误差就越大。反之，如果投资组合中所包含的债券数量越多，由交易费用所产生的跟踪误差就越大，但由于投资组合与指数之间的配比程度提高而可以降低跟踪误差。

（4）指数化的局限性

指数化交易通过模拟某种债券指数构造投资组合，因此能够实现与标的指数相同的收益。但是在实际运作中，投资人的目标收益并不一定与指数收益相一致。比如养老金的目标在于有足够的资金按期偿付预定的债务，而指数的收益不一定符合养老金的债务结构。

与此同时，资产管理人在构造指数化投资组合时将面临其他的困难，其中包括：

首先，构造投资组合时的执行价格可能高于指数发布者所采用的债券价格，因而导致投资组合业绩劣于债券指数业绩。

其次，公司债券或抵押支持债券可能包含大量的不可流通或流动性较低的投资对象，其市场指数可能无法复制或者复制成本很高。

最后，总收益率依赖于对息票利息再投资利率的预期，如果指数构造机构高估了再投资利率，则指数化投资组合的业绩将明显低于指数的业绩。

（5）增强的指数化

增强的指数化是通过一些积极的，但是低风险的投资策略提高指数化投资组合的总收益，指数规定的收益目标变为最小收益目标，而不再是最终收益目标。例如，用两种或更多的债券组合成一种新的债券，使之具有相同的修正期限，但拥有更高的凸性。

9.3.2 资产免疫策略

1. 单一负债支付下的资产免疫策略

为了偿还未来的某项债务，投资者建立资产组合以实现未来现金流等于或超过未来某一项债务的策略称为"单一负债支付下的资产免疫策略"。

（1）资产免疫方法

【例9-1】某资产管理人有一笔负债，金额为8 820 262美元，年利率为12.5%，期限为5.5年，该管理人的目标是5.5年后积累起16 858 555美元（8 820 262× （1+12.5%）$^{5.5}$）的价值。

假设该管理人购买了一种按面值出售，票面利率为12.5%，5.5年期，到期收益率为12.5%，面额为8 820 262美元的债券，那么5.5年后能否实现目标呢？

根据前面的结论：如果每年的利息收入能以不小于12.5%的收益率进行再投资，5.5年后就会获得大于或等于目标价值的收入。如果每年的利息收入只能以小于12.5%的收益率进行再投资，目标就不能实现。所以，如果投资于一种到期收益等于目标收益、期限等于投资期的债券，不能保证目标价值的实现。

假设投资于第二种其他条件相同、期限为15年的债券。如果收益率保持不变，5.5年后可实现目标。如果收益率上升，利息收入可按较高的利率进行再投资，但债券的市场价格下降，5.5年后卖出债券时，只能获得小于面值的收入，发生资本损失，最终仍无法实现目标。因此，投资于一种到期收益等于目标收益、期限大于（小于）投资期限的债券，也不能保证目标价值的实现。

假设投资的第三种债券为8年期，收益率为12.5%，票面利率为10.125%，市场价格为8 820 262美元，无论未来收益率如何变化，都能实现目标。

计算前述3种债券的久期，分别是4.14年、7.12年、5.5年，正是久期为5.5年的债券，可以保证不管收益如何变化，都可实现目标。

因此，要使债券组合的目标价值对利率风险免疫，就必须投资于这样一种债券或债券组合：平均期限等于投资期限并且现金流量的现值等于负债的现值。

（2）资产免疫方法的风险

实际上，资产免疫方法并不能完成它规避利率风险的任务，有一些因素会影响它的有效性。资产免疫方法的风险包括：

•拖欠和提前赎回的风险。资产免疫方法是以债券不会拖欠，也不会被提前赎回为条件的。如果债券组合中某种债券被拖欠或被提前赎回，整个组合就失去了免疫作用。

•在非水平收益曲线上的多重非平行移动。免疫资产都基于这样的假设：收益率曲线是水平的，曲线的移动是平行的，并且移动只发生在任何收入之前。但实际上，收益率曲线不会这样变化。如果要消除非水平收益率曲线的非平行变化对资产免疫的不利影响，可采用其他免疫模型。值得注意的是，不管使用哪种模型，如果收益率曲线的移动并没有按照模型假定的方式进行，就会存在风险。

•组合再平衡。由于市场收益率是不断变化的，久期也会随收益率的波动而不断变化，所以必须对债券组合进行调整，即再平衡。如果久期发生了变化，就可以卖出现在持有的某些债券，并购入其他债券，使其久期与约定的现金流出的久期保持一致。但频繁的再平衡会增加交易成本，降低平衡后资产的收益水平。

（3）资产免疫方法的资产选择

构造免疫资产有几种方案，如何进行选择呢？有两种方法：

一种是选择具有最高平均到期收益率的组合资产，即使得下式的值（资产组合的加权平均到期收益率）最大。

$$R = \sum_{i=1}^{n} X_i \cdot R_i \tag{9.1}$$

其中：R——资产组合的加权平均到期收益率；

R_i——第i种债券的到期收益率；

X_i——第i种债券的比重。

另一种是选择具有最小随机过程风险的组合。在这种组合中，所有债券的久期都最接近约定的现金流出的久期。如有两种久期都是2年的组合，一种是1年期债券和3年期债券，另一种是1年期债券和4年期债券，前一种组合比后一种更"聚焦"，所以风险也更小，应选前者。

2. 多重支付负债下的资产免疫策略

在多重支付负债的条件下，必须使债券资产组合所产生的现金流量足以支付在投资期限内的每一笔债务现金流。为了构造对利率风险具有免疫能力的资产组合，可以利用资产免疫策略。在收益率曲线平行变动的特殊情况下，要确保多重支付债券的资产免疫必须满足以下三个条件：

条件一：债券资产组合的期限必须等于债务的期限。

条件二：各种债券组合资产的期限分布必须比债务期限的分布更加广泛。

条件三：来自债券资产组合的现金流量现值必须等于债务流的现值。

由此可见，即使是在收益率曲线平行移动的条件下，使债券资产组合期限与债务期限相匹配也不是使一种可偿还债券组合得以免疫的充分条件，它还需要其他两个条件的配合。在收益率曲线非平行变动时，人们提出最优的规避战略是在前面讨论的三个限制条件下（即到期期限、资产与负债的发散、资产现金流量现值与负债现值相等）以及投资可能施加的任何其他限制的约束，使再投资的风险最小化。

当然，多重负债下的资产免疫策略也具有一些影响其有效性的因素，由于它与单一负债下的资产免疫策略有相似之处，这里我们不再赘述。

3. 多重支付负债下的现金流量匹配策略

在多重支付负债条件下，为了使债券资产组合对利率风险具有免疫力，还可以利用现金流量匹配策略。

所谓现金流量匹配策略就是通过组合债券，使每一时期从债券获得的现金流入与该时期约定的现金流出在量上保持一致。具体可以叙述如下：首先，选择一种到期时间与最后的债务流相匹配的债券，用等于最后债券数额的本金数额投资于这种债券。同时，这个债券的息票付款可用于减少这个债务流的剩余部分。然后，再按照相同的原理选择另一种债券，直到所有债务都可由这个债券组合中的债券付款与之相匹配。

让我们看一下简单的例子。现在有一个 3 年期的债务流，其每年的现金流出为 L_1、L_2、L_3。我们要对债务流进行现金流量匹配。首先选择债券 A，它的期限为 3 年，每年息票收入为 A_c，本金为 A_p，所以第三年时它可得到的收入为 A_c+A_p，并且 A_c+A_p 恰好等于 L_3。这样，在这个债务流中未筹资的债务时间还剩下 2 年，这 2 年的未筹资债务分别为 L_1-A_c、L_2-A_c。这时我们再选择债券 B，期限为 2 年，每年息票收入为 B_c，本金为 B_p，所以第二年时它可得的现金收入为 B_c+B_p，并且 B_c+B_p 恰好等于 L_2-A_c。这样，在这个债务流中仅剩下一笔 1 年期数额为 $L_1-A_c-B_c$ 的债务。我们可以选择债券 C，它的期限为 1 年，期满时息票收入和本金之和恰好为 $L_1-A_c-B_c$。于是，通过债券 A、B 和 C 的组合，我们为未来的每一笔债务都匹配了相应的债券现金流入，从而实现了现金流量的匹配。

采取现金流量匹配策略与资产免疫策略具有一定的差别：

（1）采取现金流量匹配方法并不要求债券资产组合的久期与债券的期限相一致。

（2）采取现金流量匹配方法之后不需要进行任何调整，除非选择的债券的质量等级下降到可接受的水平。而采用资产免疫方法，即使利率不发生变化，但是随着时间的推移，它的久期也会发生变化，因而需要不断地进行再平衡。

（3）采用现金流量匹配方法，由于它今后不需要再投入任何现金流入，因而不存在再投资风险。同时，由于它在到期之前一般无须出售任何债券，因而也不存在价格风险。总之，现金流量匹配方法中使债券得不到偿还的唯一风险是债券提前赎回风险或违约风险。而采用资产免疫方法时，还存在着由于非水平收益率曲线或收益率曲线非平行变动而引起的再投资风险和价格风险，这些都会使债务无法按时偿还。

（4）虽然现金流量匹配方法存在这些优点，但是它的成本相对较高。这是因为，现金流量与债务流的匹配很难做到十全十美，约定的债务流常常是不规则的一连串支付，因而可能没有相应期限的债券与之配合，或者不得不投资到一些吸引力较小的债券上去，从而花费更多的现金。据估测，采用现金流量匹配方法建立的资产组合的成本比采用资产免疫方法的成本要高3%～7%。

总而言之，在现金流量匹配方法和资产免疫方法之间存在一定的权衡替代：用现金流量匹配方法可以避免由收益率曲线假设之外的变动引起的无法偿债的风险，而采用多重时期的资产免疫方法则可以降低资产组合的成本。

● **本章小结**

被动型投资管理指投资者完全放弃对投资对象价格转折点的系统预测的努力，并根据对投资对象价格的某一基本特征选择自己的投资策略，该策略最重要的一种方式是指数化投资，以获得与市场指数相当的收益。

证券市场指数的构造简单来说出于两个维度的考虑，一是成分股的选择，二是成分股权重的设置。成分股的选择方法包括被动选股、过滤选股和数量选股三种，权重的设置方法包括固定权重、市值加权和基本面加权三类。

有效市场理论、投资组合理论与资本资产定价模型是指数基金的理论基础，体现了一种"无为而治"的道法魅力。被动管理的指数基金具有风险分散、成本低廉、策略透明等优点。

交易所交易基金（ETF）是一种集中投资工具，像股票一样，可以在交易时间内以市价在证券交易所买卖。世界上第一只独立的指数追踪ETF——SPDR S&P 500 ETF（代码SPY，又称"蜘蛛"）于1993年问世。自2008年开始，一些符合规定、公开透明的积极管理型ETF才被批准成立，积极管理型ETF必须在每个工作日进行基金相关信息的披露。目前，市面上绝大多数的ETF都是被动式、以追踪某一特定指数为目标成立的，因而ETF也是被动投资的代名词。

ETF通过受托人与经授权的参与者签订交换协议来创设，其独特的创设方式使得其具有更高的透明度、更低的费率、更准确的资产配置以及更强的节税性。ETF的品种丰富，有权益型ETF、固收型ETF、货币ETF、商品ETF、外汇ETF、跨境ETF、分级 ETF 等。

被动型股票投资管理策略以有效市场假说为理论基础，可以分为简单型和组合型两类策略。其中，组合型策略是通过构造复制性股票投资组合来拟合基准指数的表现，并通过跟踪误差来衡量拟合程度。

被动型债券投资管理一般分为两种类型，一种是指数化投资策略，一种是资产免疫策略。指数化投资策略是构造一个充分分散化的组合，使债券投资组合达到与某个特定指数相同的收益。而资产免疫策略是由久期导出的一种债券投资管理的技术，运用这种技术，债券投资者能够相对肯定地满足某种事先承诺的现金流出。

● **思考题**

1. 国内外市场上常见的股票指数、债券指数、基金指数、商品指数有哪些？
2. 指数的开发过程有哪两个步骤？每个步骤有哪些可选择的方法？
3. 指数基金或指数化投资的原理和优势有哪些？
4. 复制指数时，完全复制法、优化选样法和抽样复制法各有怎样的优劣势？
5. 被动型债券投资管理一般分为哪几种类型？请分别加以评述。
6. 被动型股票投资管理有哪两种类别？它们有什么差异？
7. ETF 的创设程序是怎样的？相比其他基金其设立过程有什么特别之处？
8. ETF 分别按投资标的、市场区域可划分为哪些类型？
9. ETF 相比其他共同基金有哪些特点？

第10章　对冲基金投资管理

◇学习目标

- 掌握对冲基金的基本概念及其与共同基金的差异
- 了解对冲基金的分类方式
- 了解对冲基金投资管理的两类主要策略及其应用

对冲基金（Hedge Fund）起源于20世纪50年代的美国，世界上第一只对冲基金是 Alfred Winslow Jones 于1949年创办的。他在做多股票的同时，创新性地使用空头对冲来系统性地控制风险，并结合了杠杆投资，"通过投机的手段达到保守的目的"。尽管对冲基金实施的是积极主动的投资策略，但是其策略与共同基金的主动管理策略存在较大差异，本章将重点介绍这些特殊的投资策略。

10.1　对冲基金概述

10.1.1　对冲基金的概念与特点

尽管受到了大量的媒体和监管的关注，对冲基金至今仍没有法律上的准确定义。对冲基金字面上的含义是"进行风险对冲的投资基金"，但这个定义具有一定的误导性，因为风险对冲只是对冲基金使用的投资技巧之一。从投资工具的角度看，一个更为贴切的定义是：对冲基金是一种另类投资工具（Alternative Investment Vehicle），它提供了与传统的股票和债券投资不同的风险与收益组合。从投资模式的角度看，它是采取有限合伙人制和激励性的管理费率，基于前沿的投资策略与复杂的投资技巧，充分利用杠杆效应，承担高风险、追求绝对收益的投资模式。

与共同基金相比，对冲基金具备以下特点（见表10.1）：

（1）实施积极管理，追求绝对正回报。共同基金的业绩评价是相对于某个比较基准而言的，如市场指数，追求的是基金表现超越该比较基准。而对冲基金追求绝对正回报，无论市场整体情况如何。在下跌市场中，可以采取卖空和对冲策略，从而产生正的回报。对冲基金的业绩表现可以达到与整体金融市场的低相关性。这要求对冲基金实施积极管理，对基金经理人的能力有较高的要求。

（2）基金经理人收取业绩表现费，且通常投入自有资金。对冲基金除了收取管理费（通常是2%）外，为了激励基金经理人追求基金回报最大化，按照基金业绩的一定比例（通常是20%）加收业绩表现费。但对于投资者来说，超额投资回报更加重要，

表10.1　　　　　　　　　　　对冲基金与共同基金的区别（以美国市场为例）

	共同基金	对冲基金
监管	受严格的联邦证券监管和州证券监管，主管机关为证券交易委员会（SEC）	很少或不受监管
能否离岸设立	不允许	通常设立离岸基金
筹资方式	可通过传媒做广告公开招募投资者	不得利用任何传媒做广告
投资	在可投资品种和操作上受限制多	可投资品种和操作不受限制，灵活运用各种投资技术
信息披露程度	公开投资内容和政策等文件资料，定期披露资产状况	不公开
参与者资格	面向公众，无限制或限制很低	面向高净值个人和机构投资者，严格限制
最低投资额	低	高（一般为100万美元以上）
赎回	一般允许每日赎回	赎回有限制，时间间隔从数月到数年不等

因而他们愿意支付更高的费用。基金经理通常投入部分自有资金作为基金资本，实现与投资者的利益一致，分享上涨收益和分担下跌风险，激励基金经理人在追求高额收益的同时谨慎控制风险。

（3）受到的监管较少，灵活性高，信息不透明。出于规避监管和避税目的，对冲基金通常采取有限合伙人制或有限责任公司制，并且进行境外投资时，在监管不严格、税收优惠地区设立离岸投资公司。因此，相比共同基金，对冲基金受到的监管较少，在法律形式、组织结构、管理风格、投资策略和工具等方面都具有更高的灵活性。为了维持高额盈利水平，基金管理人通常会对其策略和头寸保密，至少不会及时公开。此外，监管缺乏也使得对冲基金无须对公众披露其表现情况和详细资产配置。对冲基金的超额收益和不透明性令其饱受争议，也为这个行业增添了一层神秘的色彩。

（4）设置较高的投资者准入门槛。与共同基金面向广大小额投资者不同，对冲基金主要面向高净值个人（可投资资产价值在100万美元以上）和机构投资者。对冲基金的有限合伙人制度对合伙人有数量限制，因为投资人数有限，对每位投资者的最低资金投入要求较高，以保证基金募集到足够的资本金。

（5）对冲基金相对缺乏流动性。与许多允许投资者每日申赎的共同基金不同，对冲基金的流动性有限，为了保证投资收益，对冲基金通常对申购和赎回的时间设限，一般会设置一年的初始投资锁定期，之后每月或每季度允许投资者申购和赎回。如有必要，对冲基金可以独立设置更严格的申赎规则。这些要求使得对冲基金能够进行更长期限、更低流动性的投资，减少现金持有量，利于对冲基金专注于投资而非现金流管理。

10.1.2　对冲基金分类体系

从市场角度看，各对冲基金的主要区别在于其投资策略不同，由此导致收益与风险不同。为了分析对冲基金，人们将对冲基金划分出一系列标准化的投资风格。投资者、咨询公司和学者使用的分类方法可以是自己设计，或是从外部借鉴，至今仍不存在一个所谓"标准的"对冲基金策略分类方法。

我们在此列举一些学者以及对冲基金数据提供商的分类，供读者参考。

Fung和Hsieh（1997）提出矩阵式分类，即根据对冲基金的投资风格和标的资产对基金的投资策略进行分类。投资风格分为偏多头、偏空头、市场中性或事件驱动（Event Driven）；标的资产是指股票、债券或货币等，通过投资风格和标的资产的两两组合产生不同的投资策略类型。

Amenc、Martellini和Vaissié（2002）将对冲基金划分为收益增长型基金（Return Enhancers）和风险降低型基金（Risk Reducers）。前者主要投资于困境证券或与某新兴市场宏观表现相关的资产，追求高收益，但相应地，收益波动性也较大。后者则力图在获取超额收益的同时降低收益的波动性，可进一步分为可转换债券套利（Convertible Arbitrage）、固定收益套利（Fixed Income Arbitrage）、多空头交易等。

全球最重要的对冲基金数据库之一的对冲基金研究公司（Hedge Fund Research LLC，HFR）将对冲基金策略进行了详细的分类，共分为七大类：股票对冲（Equity Hedge）、事件驱动（Event Driven）、宏观策略（Macro）、相对价值（Relative Value）、对冲基金的基金（Fund of Hedge Funds）、风险平价（Risk Parity）以及区块链（Blockchain）策略，每个大类下又细分成不同的子策略，见表10.2。

瑞士信贷对冲基金指数公司（Credit Suisse Hedge Index LLC）编制的指数将对冲基金策略分为九类：可转换债券套利、固定收益套利、股票市场中性（Equity Market Neutral）、股票多空仓、事件驱动、管理期货（Managed Futures）、全球宏观（Global Macro）、新兴市场（Emerging Markets）以及多重策略（Multi-strategy），如图10.1所示。其中，事件驱动策略分为三个子策略：困境证券（Distressed）、风险套利（Risk Arbitrage）、多重策略。

每一种分类本身都具有局限性，但它们为我们理解纷繁复杂的对冲基金世界提供了帮助。为了简单起见，本书借鉴王一鸣和王建卫（2013）的分类方法，将对冲基金的全部策略归为六大类：方向性策略（Directional Strategies）、相对价值、事件驱动、多重策略、对冲基金的基金以及其他创新策略。方向性策略构建的资产组合通常存在净多头或净空头敞口，其盈利基于对未来价格的方向性判断。相对价值策略本质上是套利策略，试图从多种证券间的价格异常中获利，与市场整体运行方向无关。事件驱

表10.2　　　　　　　　　　　　**HFR 对冲基金策略的分类**

股票对冲		事件驱动	宏观策略	
股票市场中性		积极参与型	商品	农产品
基本面	成长型	信用对冲		能源
	价值型	困境/重组证券		金属
定量方向性		兼并套利		多种商品
投资行业	能源/基础材料	非公开发行	货币	相机决策
	健康	特殊情况		系统性交易
	科技	多重策略	主题投资+相机决策	
偏空头			多元化投资+系统性交易	
多重策略			多重策略	
相对价值		对冲基金的基金	风险平价	
固定收益	资产支持证券	保守型	波动率目标	10%
	可转换债券套利	多元化		12%
	公司债券	市场防御性		15%
	主权债券	策略性		
波动率				
收益率替代	能源基础设施			
	不动产			
多重策略				
区块链				
加密货币				
区块链相关的其他资产				

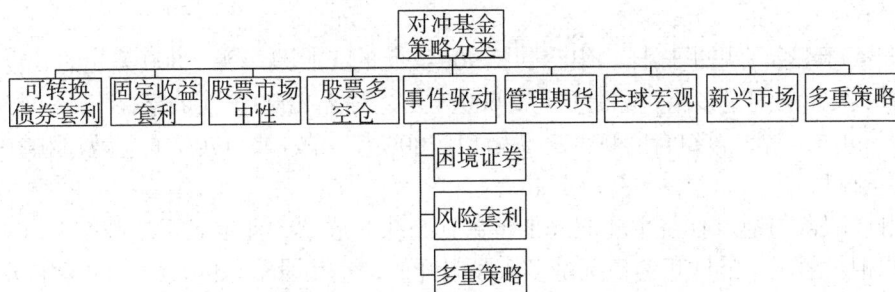

图10.1　Credit Suisse Hedge Index对冲基金策略分类

动策略从公司发生的兼并、收购、重组等异常事件中寻求获利机会。上述三大类策略涵盖了对冲基金的主要策略，其细分情况详如图10.2所示。

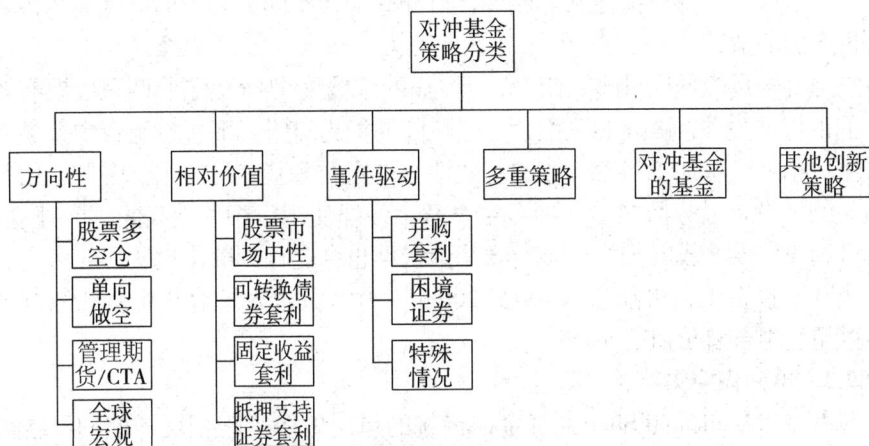

图10.2　本书采用的对冲基金策略分类

10.2　对冲基金的方向性策略

10.2.1　股票多空仓策略

股票多空仓策略是对冲基金最常使用，也是目前管理资产规模最大的一种策略。根据Eurekahedge公布的数据，在最近10年内，股票多空仓策略管理的资产规模在对冲基金所有策略中占比一直高于30%。该策略通过股票多头和空头的组合减少组合的市场风险。

我们通过一个简化的例子来说明股票多空仓策略的操作步骤。假设一只对冲基金拥有资本金1 000美元。基金管理人认为股票A被低估，股票B被高估。资产组合的构建如下：

（1）使用资本金购买价值900美元的股票A，剩余现金100美元。这个过程没有使用杠杆，净多头风险敞口为90%，总风险敞口为权益资本的90%。

（2）向主要经纪商借入价值800美元的股票B并在市场上卖出，现金增加800

美元。

　　该资产组合使用了杠杆。组合包括900美元的A股票多头、800美元的B股票空头和900美元的现金多头，累计资产2 600美元，对比1 000美元的权益资本，杠杆率为2.6。也可以说，该组合有90%多头敞口、80%空头敞口、170%的总敞口和10%的净多头敞口。

　　组合取得的绝对收益主要取决于多头（空头）股票的业绩表现战胜空头（多头）股票的相对情况。最理想的情况是多头股票升值，空头股票贬值，组合的多空头都取得α收益，这就是股票多空仓策略也被称为双重α策略的原因。其中，α收益表示资产收益超过市场整体收益的部分。不过，即使基金经理人对多方或空方的绝对价值变动判断失误，只要组合的相对表现符合预期，组合依然可以获利。因此，股票多空型基金在牛市或熊市中都可能盈利。此外，对冲基金卖空的能力，即以低成本借入证券的能力也会影响盈利。

　　多空组合的风险低于纯多头组合，因为风险被更好地分散了。两只股票有较大的可能性呈正相关关系，因此多头组合分散风险的能力有限，而多空组合中，多头和空头股票呈负相关，增加了风险分散的有效性。单向做多基金经理则试图寻找相关性低或负相关的证券，以分散风险，而多空仓基金经理使用正相关性高的证券建立头寸。为了减少选股失误造成的损失，多空仓基金经理也会进行分散化投资，在多方和空方都分散头寸。投资组合可能包含100到200个头寸，并设定持仓集中度约束，如单个头寸不得超过组合总价值的5%。

10.2.2　单向做空策略

　　单向做空（Dedicated Short）基金与传统的单向做多策略相反，他们寻找被市场高估的公司，卖空其股票。曾经，单向做空基金是对冲基金中一个稳定的组成部分，但20世纪90年代的大牛市迫使他们退出市场，转而实施股票多空仓策略或具有净空头敞口的偏空头策略。如今，极少有对冲基金只使用单向做空策略。

　　事实上，大部分投资者集中于挖掘低估值的股票，但卖空机会还远远没有被完全挖掘。个人投资者不熟悉卖空流程或认为卖空的风险过高，而很多机构投资者不允许进行卖空交易。分析师和上市公司之间的利益关系决定了他们很难对公司作出强有力的负面评价。以上现象导致的结果是，好消息比坏消息传播得更广，并且更快地反映在股票价格之中，市场上存在着研究不足和被高估的股票。

　　虽然单向卖空策略看起来有更多的机会，但这个策略并不像理论上那么容易实施和有利可图。原因如下：

　　（1）在长期中，股票有升值的趋势，给予投资者正的风险溢价。单向做多的投资者可以长期持有股票，直到他认为该股票已不再被低估。在持有期间，他取得正的风险溢价，并定期收取股利。但对于单向做空者而言，在等待期间，做空者一方面面对股市整体的长期上涨趋势，另一方面必须向证券出借者支付股利。此外，他还面临着召回风险，即证券出借者随时有可能要求卖空者归还出借的股票，无论当时的市场价格是否合意。

（2）小盘股和低流动性的股票空头面临着滚雪球式的买入风险，或称为"轧空（Short Squeeze）"。轧空的触发时机通常是有正面消息表明股价会出现反转。尽管反转是暂时的，做空者可以选择持续等待以期股票价格下跌，但随着股票价格上升，越来越多的空头为了止损而购回做空股票，关闭空头头寸，这进一步加剧了股价上涨，引发更多的卖空者被挤出空头。这表明卖空者不仅要准确判断股票是否被高估，也需要考虑未来市场对这只股票的估值是不是会继续走高，而这通常是难以预测的。即使是最差的股票，在市场恢复理性之前，也可能出现一段时间的股价上涨，而在这期间，许多空头就已经爆仓了。

（3）单向做空策略的盈利空间有限，而亏损可能是无限的，因为从理论上来说，股价下跌的空间有限，上涨的空间无限。卖空者应当严格设定止损线并遵照执行，如设定每项投资的最高亏损为10%，即使卖空者购回股票的价格是过高的，也必须承担损失，关闭空头头寸。

卖空者在华尔街素来不受欢迎。他们与卖空的目标公司关系不和，可能引发矛盾冲突。一方面，公司可能实施种种举措增加卖空的难度，试图阻止卖空者，如实施特殊的红利分配制度，或者股票分割要求持有现实的股票份额，促使证券出借者召回股票。他们也可能起诉或秘密调查卖空者。另一方面，卖空者经常公开发布他们看空某家公司的消息，试图影响市场。尽管这种行为有利于增加市场有效性，但也存在不道德的卖空者为了自己的私利而散布不实谣言从而引起股价下跌的情况。

10.2.3　管理期货和商品交易顾问

商品交易顾问（Commodity Trading Advisors，CTAs）是出于收费或获利目的，通过直接或间接地为他人提供是否买卖期货或期权合约的建议，或者代理客户进行交易，从而获取报酬的自然人或组织。商品交易顾问管理的基金称为CTA基金或管理期货（Managed Futures）基金，投资于全球期货或期权市场。CTA基金经理相信，市场价格并非完全随机游走，部分价格变化是可预测的。虽然大多数基金宣称具有独特的投资风格和交易方法，但我们仍可以按照一些特征将CTA基金加以分类，如图10.3所示。

1. 交易方法：相机性交易与程序化交易

CTA基金最早是由相机性交易者管理的，他们依据自己的知识和判断下达交易指令。在某种程度上，他们的决策过程与全球宏观策略相似，因为他们也试图预测商品价格的变化。然而，主观化的判断也成为他们扩张的限制。计算机技术的进步允许投资者获取和分析大量的金融数据，越来越多的CTA基金用系统性程序化交易取代了人的决策。如今，约80%的期货交易都是通过系统性的计算机化方法进行的。

2. 分析方法：基本分析与技术分析

基本分析基于经济、政治环境和其他相关的基本面因子，确定市场和公司的公平价值，或称内在价值，从而确定未来的价格移动方向。目前股票价格低于内在价值的

交易方法	分析方法	收益来源	时间窗
程序化交易	技术分析	趋势跟踪	短期
相机性交易	基本分析		中长期
程序化与相机性交易结合	技术分析与基本分析结合	非趋势跟踪	长期

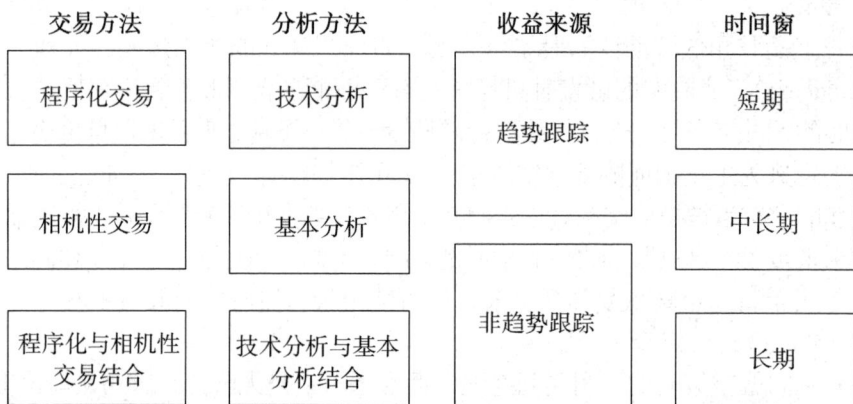

图10.3 四种分类标准下的CTA策略划分

公司，其未来股价会上涨。技术分析试图通过研究历史交易数据如价格变动、交易量等，预测未来价格变动和市场趋势。技术分析者认为，市场更多地由投资者心理因素驱动，而非基本因素，而投资者的情绪模式不会改变，因此历史会不断重演。他们寻找可能存在的模式和相关性，采用系统的规则评估价格趋势、支撑位和阻力位等，从而形成买卖信号。

3. 收益来源：趋势跟踪与非趋势跟踪

趋势跟踪是目前CTA基金运用得最广泛的交易策略。它与动量的概念紧密联系，若市场在某个时期内朝一个方向运动，则下个时期可能会延续该运动方向。通常，趋势跟踪者运用数量化模型进行技术分析，去除市场噪声，识别市场趋势。一旦趋势被识别，他们就跟随趋势进行对应的资产配置，直到模型显示趋势结束。

实施趋势跟踪以外策略的人统称为非趋势跟踪者，如反趋势交易者运用头肩形态、突破形态等反转指标来发现趋势的转折信号，短线系统化交易者进行非趋势的模式识别。

4. 时间窗

不同的投资风格形成的时间窗长短也有所不同。对于趋势跟踪者，短期仅为几小时至几天，中期为几天至30天，长期为2~3个月。非趋势跟踪者倾向于偏短期的交易，只有在交易时机出现时才进入市场。时间窗也影响了交易的资产类型，短期策略要求交易成本低、资产流动性高以及自动化交易，长期策略对资产流动性没有那么高的要求。

值得一提的是，大部分CTA基金管理人同时使用多种交易规则，在多个期货市场上进行资产组合管理，这增加了基金的收益来源，同时多元化投资可以使每个单独的期货头寸风险分散化。

【知识链接10-1】　　　　　思飇投资的CTA策略一览

市场于近年来频繁呈现出超预期的宽幅震荡态势，CTA策略以其鲜明的特点与"危机Alpha"的天然属性脱颖而出，成为投资人的掌上明珠。而思飇投资恰是以日内CTA策略起家并迅速跻身业内领跑行列的"新星"，随着内外部环境的变化，思飇投资与时俱进，进一步开发出中周期CTA等产品线。正是公司"1+4+N"的团队协作模式："1"个灵魂核心（公司投资委员会，由具有海内外对冲基金背景的合伙人组成）+"4"大策略团队（价量、基本面、算法交易和机器学习）+"N"位超级大脑（国内外知名院校的数理高手和IT达人），保障了其策略的更新迭代和产品输出。思飇策略分类见下表。

思飇策略分类

产品线	策略构成	波动率	收益风格
超高频CTA	超高频CTA	低波动	绝对收益
混合产品	日内CTA+市场中性	中低波动	绝对收益
旗舰混合	多策略，日内CTA+市场中性为主，比例不定	中波动	绝对收益
中周期CTA	中频CTA（3~4倍杠杆）	高波动	绝对收益
指增+CTA	指数增强+CTA+股指期货	高波动	相对收益

思飇的CTA策略主要通过统计量化的手段对各类价量数据进行挖掘，得到有效的指标，从而执行交易，其使用的CTA策略与其他大部分私募CTA策略的相关性较低，策略包含几十种信号，风险度低，稳定性高。就思飇的中周期CTA产品而言，其与业内同类策略及南华商品指数都保持了较低的相关性，既有利于平滑组合风险，也有利于盘活资产配置。此外，同常规的规则性交易发现买卖信号后一次性买入和卖出不同，思飇投资在策略实现上拥有逐渐加仓和逐渐建仓的"特色"过程。一方面，整个市场的变化是一个连续的过程，而信号的预测也是一个连续的过程，"平滑"的加减仓模式更贴合实际；另一方面，动态化的执行过程可以把交易分散到不同的时间点或时间段，带来相对较低的市场冲击。

思飇旗下中周期CTA产品线的代表——"思新四十七号"的历史业绩表现有目共睹（见下图）。该产品在成立初期主要采用短周期CTA策略，从2021年1月1日起变更为中周期CTA策略。私募排排网数据显示，自2021年1月1日"思飇投资-思新四十七号"变更为中周期策略以来，阶段收益为27.39%，远超同类的平均水平（9.94%），超额收益为74.15%。

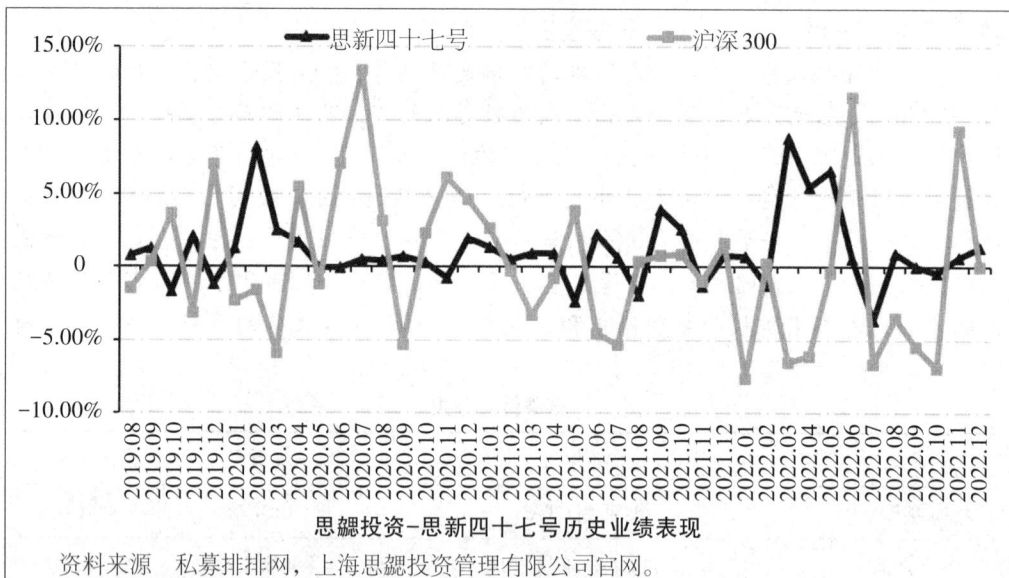

思骊投资-思新四十七号历史业绩表现

资料来源　私募排排网，上海思骊投资管理有限公司官网。

10.2.4　全球宏观策略

全球宏观策略起源于20世纪80年代，从股票多空仓和管理期货策略演变而来。当时，股票多空仓策略主要采用自下而上的分析方法，投资于未被充分研究的小盘股，取得了不错的业绩。随着管理的资产规模增长，一方面，他们寻找更高流动性的市场进行更大规模的投资。George Soros（成立量子基金（Quantum Fund））和Julian Robertson（成立老虎基金（Tiger Fund））的情况就是如此。而另一方面，CTA投资于衍生品和期货市场，本身就需要全球宏观视野，如Louis Moore Bacon（成立摩尔全球基金（Moore Global））和Paul Tudor Jones（成立都铎基金（Tudor Investments））。逐渐地，这两类管理人的投资风格越来越接近，也就是全球投资和动态资产配置，在全球市场中寻求最佳投资机会。

我们很难准确地定义全球宏观策略，因为在此策略类别下，每个管理人的投资风格都可能各不相同。但是，他们普遍具有两个特征：一是全球性，二是关注经济趋势和结构性的宏观经济失衡。一般来说，全球宏观基金管理的资产规模较大，因而他们会选择在高流动性市场上投资，如外汇、大宗商品、国债市场等，以便灵活进出，及时把握投资机会。

与管理期货策略相比，全球宏观策略更注重基本分析，因而能够对未来进行合理预测，投资在趋势开始前进入、趋势结束前退出。管理期货策略的趋势跟踪更依赖于价格给出的趋势信号，因此时常滞后于趋势。全球宏观基金的管理人通常采用自上而下的分析范式，分析宏观经济的方法可被分为三类，分别是基于反馈的方法、基于模型的方法以及基于微观信息的方法。

（1）基于反馈的方法主要关注市场心理，发掘市场参与者偏离理性的情形。通常这样的机会并不常见，市场价格在大部分时间里最起码表面看来没有投资机会可言，但在少数情形下，市场参与者会变得非理性，市场价格则受到投资者行为偏差的影响。典型的例子是，牛市中赚钱变得过分容易，投资者易于过度自信，而某些情形下他们可能由于恐慌而急于卖出。基于反馈的全球宏观基金管理人往往会作出和这些非理性投资者相反的行为，他们试图发现市场中是否存在恐慌、贪婪或者骄傲自大的情绪，从而在复苏开始时进场、在泡沫即将破灭前退场。

（2）基于模型的方法将可观测的现实数据（如贸易平衡性、政府赤字、人口、汇率等）代入复杂的宏观经济学模型，得出模型理论预期，并将其与现实市场预期进行比较，两者的差异显示了现实市场的非均衡，就是投资的信号。为了维持盈利空间，他们需要时常阅读学术文献，学习新的宏观经济理论，更新和测试模型，因为一旦这些知识广为人知，他们的盈利空间就会缩小。

（3）基于微观信息的方法依赖于数据和计算机程序。市场参与者收集、整合与分析大量的微观层面信息，例如，央行的公开文件、研究数据、信心指标、流动性指标、政治评论、机构和私人观点等，以此形成自己的观点。这种方式背后的逻辑是，他们认为官方宏观信息的发布常常具有时滞性，微观层面信息更具时效性。但微观层面的信息十分零散，需要进行大规模的数据挖掘和整理工作。大部分的市场参与者不愿也无法完成如此庞大的工作量，所以这种信息不对称也会带来盈利机会。

如今，全球宏观基金在对冲基金行业中仅占比7%，收益率水平也呈下降态势。但他们仍具有高度的灵活性，对宏观经济情况的变化反应迅速，呈现出一些新的特质，包括：高度重视风险管理和投资严谨性；形成了新兴市场等区域化投资格局；规模趋于中小型化，受到的市场容量和流动性限制减小，投资范围更加广泛；客户主体趋于机构化。

【知识链接10-2】　　　　桥水联合基金及其全球宏观策略

桥水联合基金（Bridgewater Associates，LP）成立于1975年，创始人为Ray Dalio。公司成立之初至1990年间主要从事咨询与资金管理业务。20世纪90年代，公司开发了多种创新投资工具，如通货膨胀联动债券、货币管理外包、新兴市场债券、全球债券以及超长期债券。1991年，公司建立了自己的旗舰基金——"绝对α（Pure Alpha）"，1995年发行了"全天候（All Weather）"对冲基金。Dalio在长达40年的时间里为其投资者创造了巨大的财富，截至2015年年底，桥水联合基金累计盈利接近500亿美元，超越金融大鳄索罗斯的量子基金，成为全球范围内最赚钱的基金。

桥水联合基金运用的投资策略主要是全球宏观策略，通过预测宏观经济走势，积极押注各种证券的方向，包括股票、债券、大宗商品和货币。在全球宏观策略下，桥水联合基金的主要投资理念有三种：α和β分离投资、系统风险高度分散化以及"D过程（D-Process）"。Dalio认为，经济体经历的经济周期也即债务周期，桥水联合基金据此预测市场的走势。感兴趣的读者可进入桥水基金官网https：//www.bridgewater.com/，观看相应视频。

（1）"绝对α"基金希望在获取市场超额收益的同时承受更低的风险。它进行积极的资产管理，在一系列不同资产中分散投资风险。建立最优的α组合的策略是可携α（Portable Alpha）策略，或称α覆盖（Alpha Overlay）策略。在这种策略下，α收益与β收益完全分离。可携α是指零市场风险（β等于零）的投资组合的收益。它与市场表现及运行方向是完全独立的，由基金经理的投资能力和技巧所决定，主要是通过运用期权、互换、期货等金融衍生工具对市场风险进行对冲而得到。

通常，基金经理会建立一个高度分散化的α组合，如图1中的Alpha Portfolio 2。图中两个α组合的每种资产的信息比率（衡量超额风险所带来的超额收益）相同，均为0.35，但组合2的整体信息比率达到了1.4，是组合1的2.3倍。因此，通过建立高α收益的资产组合，且大量分散化投资，可以实现更优的风险调整α组合。

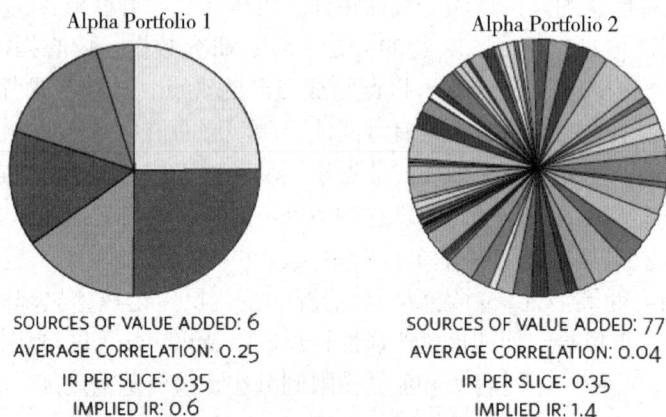

Alpha Portfolio 1

SOURCES OF VALUE ADDED: 6
AVERAGE CORRELATION: 0.25
IR PER SLICE: 0.35
IMPLIED IR: 0.6

Alpha Portfolio 2

SOURCES OF VALUE ADDED: 77
AVERAGE CORRELATION: 0.04
IR PER SLICE: 0.35
IMPLIED IR: 1.4

图1 低分散化α组合与高分散化α组合对比（示意）

（2）类似于"绝对α"基金试图建立最优的α组合，"全天候"基金的目标是建立最优的β资产组合，以获得更高的市场收益。"全天候"意味着，无论在什么市场环境下，基金都可以获得稳定的收益。与"绝对α"基金不同的是，"全天候"基金强调低投资费用，更多地投资于全球通货膨胀联动债券以及全球固定收益产品。它的核心投资理念是风险平价。风险平价是指，平衡多种收益资产的风险暴露，以在未来任何环境下都可取得稳定回报。

风险平价的实现需要以下两个步骤：

第一，通过使用杠杆，降低或增加资产的风险水平，使每种资产拥有相近的预期收益和风险。对低风险资产运用更高的杠杆，例如，借款购买更多的低风险（低β）、低收益资产，如债券，使其达到与股票类似的风险和收益水平。同时，如有必要，通过去杠杆化，降低高风险（高β）资产的风险和收益水平。这样就形成了经济相关性不同，同时预期收益和风险都接近相同的投资收益流。

第二，在以上风险水平类似的资产中选出相关性小的资产，构建最优β组合，使其产生的收益在任何经济环境下都不会偏离预期收益。Dalio将经济环境划分为四宫格，即（相对于预期的）高通胀、低通胀、高增长、低增长的通胀-增长两两组合，并为每个情景分配了相同的风险。

这种资产配置的方法可以形成更优的收益风险比率，因为分散化投资降低的风险比使用杠杆增加的风险更多。如图2所示，相对于传统投资组合，最优β组合在承担相同风险（10%）的同时收益率更高；而相比单个使用杠杆后的资产，最优β组合在享有相同收益率（10%）的同时风险更低。

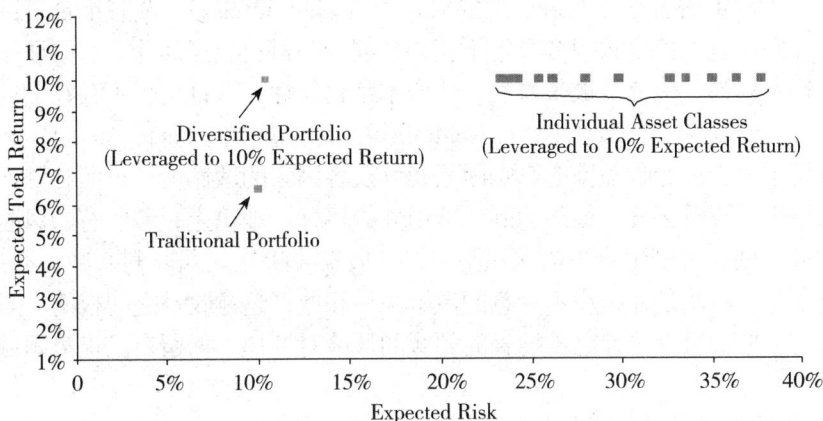

图2　等风险的传统组合、等收益的单个资产与分散化的β组合对比（示意）

10.3　对冲基金的相对价值策略

相对价值策略是基于两种证券价差的套利交易，其获利情况与市场整体运行情况无关。相对价值策略包括股票市场中性策略、可转换债券套利、固定收益套利、抵押支持证券套利、资本结构套利、指数套利、结构化产品套利等。本节主要介绍前三个策略。

10.3.1　股票市场中性策略

实施股票多空仓策略的基金管理人独立地挑选多仓和空仓的股票，不考虑多空头股票之间的联系，因此资产组合通常存在净多头或净空头风险暴露，组合回报依赖于市场整体的运行方向。股票市场中性策略则旨在避免资产组合的净市场风险暴露。若完全实施市场中性策略，组合的回报将与市场情况无关，即可达到绝对收益（α），而无须承担市场风险（β）。因此，该策略被许多投资者认为是典型的对冲基金策略。在这种策略下，股票的买卖不再是相互独立的，而是相互联系的，甚至可能是同时发生的。基金管理人需要根据资产的现实情况，及时调整多头和空头头寸，以达到市场中性。

"市场中性"有四层含义。

第一层含义是美元中性（Dollar Neutrality），指多头和空头头寸的资产价值（用美元来衡量）相等。

第二层含义是β中性（Beta Neutrality），指资产组合的回报与市场指数无关。根据马科维茨的现代资产组合理论（Modern Portfolio Theory，MPT），证券面临的风险分为市场风险（又称系统性风险）和特质风险（即非系统性风险），β衡量了资产对市场风险的敏感程度。β中性意味着资产组合的β等于零。

第三层含义是行业中性（Sector Neutrality）。资产组合β等于零，并不意味着组合是风险免疫的。例如，多头股票所在的行业不景气，而空头股票所在的行业整体上行。此外，组合中的股票存在价值型或成长型的偏向（Biase），或者组合资产存在资本结构的偏向，也可能导致组合表现不符合预期。为避免上述风险，有必要平衡多头和空头的行业属性，价值或成长属性，或资本结构属性，保证组合不存在偏向。

第四层含义是因素中性（Factor Neutrality）。因素模型（Factor Model，又称指数模型）可用于分析证券收益率的影响因素，以及各因素的敏感度，进而将资产组合风险按照风险来源进行区分，最终达到风险中性的目标。理论上，若所有的风险因素全部实现对冲，则该资产组合成为无风险资产，收益率等于无风险利率减去交易成本。因此，市场中性策略是在减少不合意的风险来源和取得超额收益之间权衡。对于基金管理人而言，他们可以将自己不擅长的领域的风险对冲掉，保留自己优势领域的风险暴露。

股票市场中性策略的具体应用包括：配对交易（Pairs Trading）、统计套利（Statistical Arbitrage）、高频交易（Very-High-Frequency Trading）以及其他相关策略。

1. 配对交易

配对交易，又称价差交易（Spread Trading），可以说是股票市场中性策略的基础形式。这种策略的执行者认为，两只具有相似特征的证券，其价格变动趋势相同。它们的相对价格形成某种均衡，现实相对价格对该均衡的偏离是暂时性的。因此，当它们的价差偏离长期平均水平达到某种程度，以至于预期将会发生均值回复（Mean-Reverting）时，据此构建一对多头和空头头寸，取得价差缩小的收益。例如，通过两只处于同行业的股票的一个多头头寸和一个空头头寸进行匹配，创造出一个组合对冲掉这两只股票的行业和市场风险。如果行业或市场朝某个方向变动，则多头头寸的收益（或损失）与空头头寸的损失（或收益）相互抵消，而该组合的收益则来源于二者利差的变动。

配对交易策略的成功依赖于对配对股票的选择，或者说，对两只相互联系的股票的价差进行建模、预测和动态追踪。不同的基金经理人可能采取不同的选股方法。重视公司基本面和股票价值评估的经理人可能采取的配对选股方式为：对某个特定行业，买入被严重低估的股票，卖出被严重高估的股票。偏重统计分析的经理人可能使用纯粹的统计模型来筛选价格充分偏离的证券进行配对交易。大多数模型使用某种距离函数（Distance Function）来衡量一对证券价格变动的协同性，最简单的距离函数是跟踪方差（Tracking Variance），即两只证券的标准化价格序列差异的平方之和。更复杂的衡量两只证券距离的方法包括协整法（Cointegration Approach）、随机扩散法（Stochastic Spread Approach）、正交回归法（Orthogonal Regression Approach）等。

2. 统计套利

在应用相对价格法方面，统计套利策略可被视为配对交易策略的延伸。相对价格法的前提假设是，具有相似特征的不同股票组合，其定价方式应大致相同。但由于市场非理性或历史原因等，偏差可能暂时存在。配对交易策略中，交易者寻找偏离历史价格关系的几对证券，而统计套利策略则将整个股票市场按照某种标准划分为股票群组，分析群组之间的价格协同关系，通过同时买卖不同群组的大量股票构建投资组合。例如，买入股市中最被低估的20%股票，卖空市场中最被高估的20%股票，从而捕捉市场上股票群组之间存在的错误定价。

在此策略中，最重要的一步是制定划分市场的标准和对应的选股规则。套利者试图找出对历史股票价格有较高解释力，同时具有一定预测能力的因素，避免解释力低或对价格只有偶然性影响的因素。确定标准后，套利者按此标准计算市场上股票的得分，并按照得分高低分组。买入分数较高组的股票，卖出分数较低组的股票，并通过匹配多空头中的股票，尽量减少组合的不合意风险暴露。例如，常见的规则是价格的动量效应规则和均值回复规则。通常认为，短期内股价存在动量效应，表现较好的股票的价格会继续上行，而长期中股价具有均值回复的特征。随着市场环境的变化，需要经常对规则进行回测和修正。例如，在趋势性明显的市场中，动量交易规则效果较好；反之，则根据均值回复规则建立组合头寸。

3. 高频交易

得益于计算机技术的发展，由电脑执行的自动化套利交易能够突破市场、时间和人力的限制。高频交易由强大的计算机系统和复杂的运算所主导，能在毫秒之内自动完成大量买卖交易以及取消指令，从而捕捉极为短暂的市场套利机会，如仅持续几分钟乃至几秒钟的价格动量效应。

实施高频交易需要四个要素：智慧（设计交易规则和算法）、历史高频数据（用于检验交易规则）、强大的计算机算力以及交易执行力（做到交易指令的实时执行，同时尽可能减小交易成本）。能同时做到以上四点的基金并不多，文艺复兴科技公司（Renaissance Technologies LLC）的"大奖章基金（Medallion）"就是其一。

【知识链接10-3】　　　　　James H.Simmons和大奖章基金

文艺复兴科技公司是少数几家仅使用数学和统计模型来设计和执行其投资计划而获得丰厚回报的公司之一。文艺复兴科技公司成立于1982年，由James H.Simmons（詹姆斯·西蒙斯）创立，专注于数学方法的使用。Simmons毕业于麻省理工学院数学系，1962年取得加州大学伯克利分校的数学博士学位，并且在几何和拓扑领域研究多年。他曾是普林斯顿大学国防分析研究所的密码分析师，曾任教于麻省理工学院、哈佛大学和纽约州立大学石溪分校。1976年，他获得了美国数学学会的范布伦奖。

　　1978年，Simmons转入金融界，开始创立私人投资基金，5年后创立文艺复兴科技公司，1988年3月推出公司旗舰产品——大奖章基金。该基金的纪录是惊人的，年收益率见下表。自1990年起，大奖章基金的年回报率平均高达35%，被誉为最成功的对冲基金。它在1998年亚洲金融危机中保持了41.5%的高增长率，在2008年的全球金融危机中更是保持了80.0%的惊人增长率。尽管大奖章基金的管理费和业绩费是业内最高的（5%的资产管理费和44%的投资收益分成），但在扣除费用之后，每年的回报率仍超过30%。2009年，大奖章基金名列获利最高的对冲基金之首，获利超过10亿美元。Simmons从一个天才数学家变身为华尔街亿万富翁，被誉为"地球上最好的基金经纪人"。

1988年3月—2009年大奖章基金的年收益率（与标准普尔500年收益率对比）

年份	大奖章基金年收益率	S&P500年收益率
1988.03	49.4%	16.6%
1989	−4.1%	31.5%
1990	55.9%	−3.1%
1991	39.4%	30.5%
1992	34.0%	7.6%
1993	39.1%	10.1%
1994	70.7%	1.3%
1995	38.3%	37.6%
1996	31.5%	23.0%
1997	21.2%	33.4%
1998	41.5%	28.6%
1999	24.5%	21.0%
2000	98.5%	−9.1%
2001	31.2%	−11.9%
2002	29.1%	−22.1%
2003	25.3%	28.7%
2004	27.8%	10.9%
2005	29.5%	4.9%
2006	44.3%	15.8%
2007	73.0%	5.5%
2008	80.0%	−37.2%
2009	39.0%	27.1%

骄人的业绩为大奖章基金带来了大量资金，产品规模不断扩大。1993年基金规模达到2.7亿美元后，基金公司终止了产品认购。凭借持续的业绩增长，基金资产在2005年达到了50亿美元。为了维持50亿美元的基金规模，基金将资本定期返还给最初的非雇员投资者。2005年12月，该基金将最后一批外部投资者的资金挤出，只运行内部人员的资本。

文艺复兴科技公司的员工主要分为三类：电脑和系统专家、研究人员以及交易人员。为了实现自己的目标，Simmons雇用了大批一流的科学家，在公司的200多名员工中，将近一半是数学、物理学、统计学等领域顶尖的科学家。Simmons每周都要和研究团队见一次面，和他们共同探讨交易细节以及如何使交易策略更加完善。而且，公司几乎从不雇用商学院毕业生，也不雇用华尔街人士，这在美国的投资公司中堪称绝无仅有。Simmons也从不雇用数学逻辑不好的职员，因为在他看来，好的数学家需要直觉，对很多事情的发展总是有很强的好奇心，这对于赢得市场非常重要。

现在，大奖章基金的投资组合包含了全球上千种股票以及其他市场的投资标的，模型对国债、期货、货币、股票等主要投资标的的价格进行不间断的监控，并作出买入或卖出的指令。当指令下达后，交易员会通过数千次快速的日内短线交易来捕捉稍纵即逝的机会，交易量之大甚至有时能占到整个纳斯达克市场交易量的10%。不过，当市场处于极端波动等特殊时刻，交易会切换到人工决策状态。

10.3.2 可转换债券套利策略

可转换债券，简称可转债，是指持有者可以在一定时期内按一定比例或价格转换成一定数量的另一种证券（通常是普通股）的特殊企业债券。可转债可视为普通的企业债券和股票看涨期权的复合。在转换期内，债券持有人可按照发行时约定的价格将债券转换成发行方的股票，若持有人不想转换，则可继续持有债券，期满时收取利息和本金，或在流通市场出售变现。

若认为可转债的市场价格未能反映其真实价值，则存在套利机会。若可转债的市场价格低于公平价值，则买入可转债，并进行风险对冲，直至错误定价消失。基于可转债的组成成分，可转债的风险来源可分解为债券价值波动和股票期权价值波动。前者包括利率风险与发行人信用价差风险（Credit Spread Risk），后者主要是标的股票价格下降风险。一般情况下，债券相对价值波动偏小，股票期权价值波动对可转债价值的影响较大。根据对冲的风险不同，发展出不同的可转债套利策略。债券的利率风险可通过利率远期或利率互换实现对冲。卖空标的股票，对冲股价变动风险的策略称为可转债Delta套利。进一步，发行人信用价差风险可通过资产互换对冲。

1. 可转债Delta套利

通过卖空一定数量的标的股票，可实现可转债的股价变动风险对冲。卖空股票数量的确定与可转债的Delta值有关。可转债期权价值与标的股票价格呈非线性的正相关关系。Delta值衡量可转债的理论价格变化相对于标的股票价格变化的比率，如果标的股票价格上升1元，则可转债价格上升 Delta 元。Delta 值通常介于0到1之间。当股价处于低位，期权是虚值期权时，随着股价变动，期权价值变动不大。随着股价上升，期权成为实值期权，期权价值和股价近似于同步增长，Delta 值上升并接近于1（如图10.4所示）。为了实现组合对股价变动免疫，应买入1单位的可转债，同时卖空"Delta×可转债的转股数量"[1]单位的标的股票，使组合的净 Delta 值等于零。随着股价的变化，Delta 值改变，套利者需要及时调整卖空的股票数量（再平衡），使得组合回归股价风险中性，这个过程即称为动态 Delta 对冲。

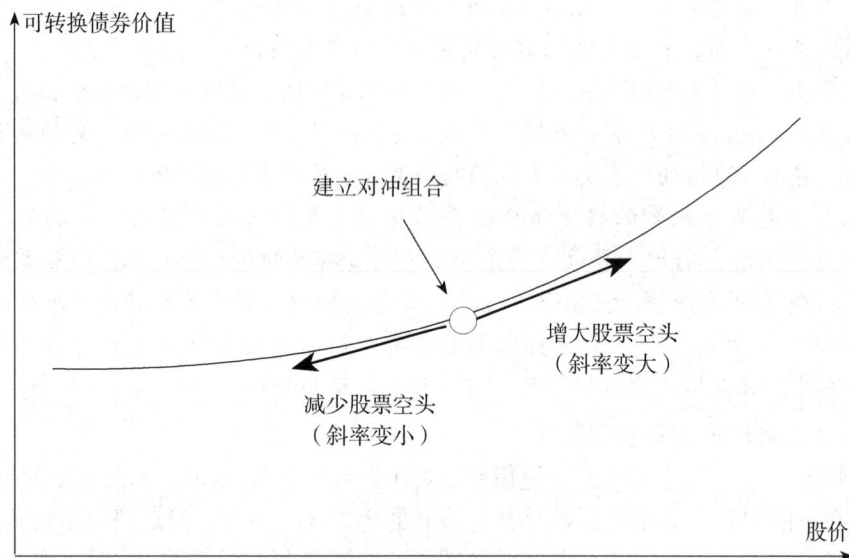

图10.4　可转换债券 Delta 套利

一个自然的问题是，套利者应以何种频率调整组合？

理论上，假设组合可以随时动态调整至风险中性，股票可以无限细分，且交易成本不存在。但实际中，套利者对组合的调整是非连续的，通常是根据某个固定的时间间隔，如每日或每小时调整一次，或者价格变动，如每1%股价变动。如果这个间隔足够小，组合面临的股价变动风险也较小。

【例10-1】此处以图10.8展示组合的调整。

从例10-1中，我们可以发现，若股价发生变化，无论是上涨还是下跌，组合总能取得正的回报，这是由于期权价值是标的股票价格的凸函数。如图10.5所示，股价上升，期权价值增幅大于股价增幅；股价下降，期权价值跌幅小于股价跌幅。因此，股价波动性越强，组合取得的预期收益越大，如图10.6所示。在不考虑交易成本的前提下，最差的情形是股价保持不变，组合收益为零。若股价的实际波动率超过隐含波动率，则策略的收益率超过无风险收益率。

1　可转债的转股数量=可转债票面金额÷转换比率。

初始头寸
买入2单位可转换债券(Delta=0.5)
卖空1单位股票(Delta=1)
净Delta=0

情形1：股价下降10美元
股票空头所获收益：+10美元
可转换债券的损失：−8美元
新的可转换债券 Delta =0.4
净Delta= − 0.2
头寸需要重新平衡

情形2：股价上升10美元
股票空头的损失：−10美元
可转换债券所获收益：+12美元
新的可转换债券 Delta=0.6
净Delta=+0.2
头寸需要重新平衡

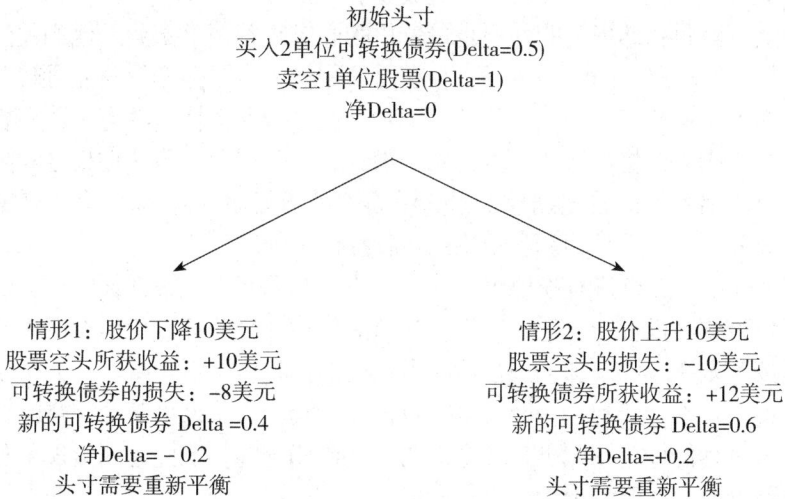

图 10.5　投资组合的调整

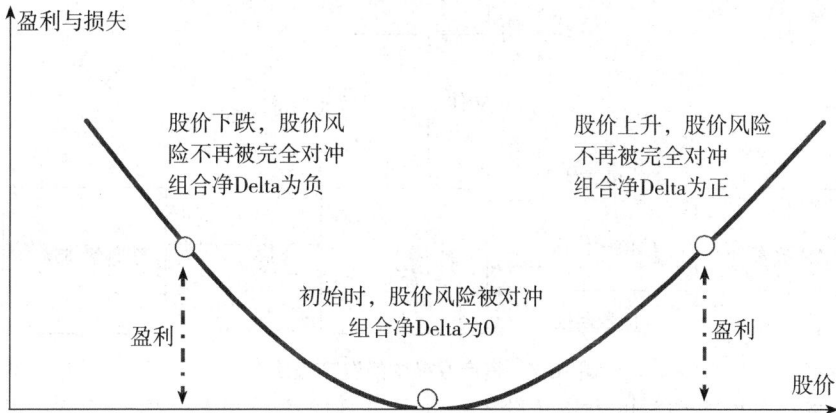

图 10.6　可转债Delta套利的收益与股价的关系

2. 资产互换

将利率风险和标的股票风险对冲后，套利者仍面临发行人信用价差风险，即发行人信用水平下降，债券风险溢价上升，价格下降，甚至发行人破产。在美国市场中，这种风险不容忽视，因为可转债发行人信用级别在投资级以下的占了多数，发行公司具有收入波动性大、杠杆率高等特点，易受经济周期影响。

在某种程度上，标的股票空头可以对冲一部分信用价差风险，因为当价差扩大时，股价通常也会下降。但是，完全对冲信用价差风险需要卖空比 Delta 套利更多的股票，反而将组合暴露于新的风险之中。另一种有效的风险对冲方式是做空该发行公司的债券，但这种方式可行的前提是，该债券在市场上活跃交易且可以低成本地借入。对于所有的可转债，该前提不一定成立。

实际上，套利者感兴趣的并不是可转债的固定收益债券部分，他们关注于股票看涨期权及其标的股票。同时，市场上存在着信用投资者，他们只关注可转债的固定收益部分，而不愿意持有看涨期权部分。此时，通过资产互换，双方可达到各自满意的结果。资产互换协议将可转债分离为两个部分，套利者保留股票期权（实际上相当于持有关于可转债价值的看涨期权，下文中简称可转债期权），信用投资者则持有固定收益债券部分。这一工具为套利策略的执行提供了便利。

如图10.7所示，资产互换协议具体内容为：套利者买入被低估的可转债后，将该可转债出售给信用投资者。售价等于可转债的债券部分的理论价值，即债券部分的未来现金流按照无风险利率加上一个风险溢价后的折现值，低于可转债的市场价值。同时，信用投资者给予套利者一个看涨期权，允许套利者未来以某个固定的执行价买回可转债。该执行价也是按照未来现金流的折现值确定的，但此时的折现率包含的风险溢价低于售价中的风险溢价。

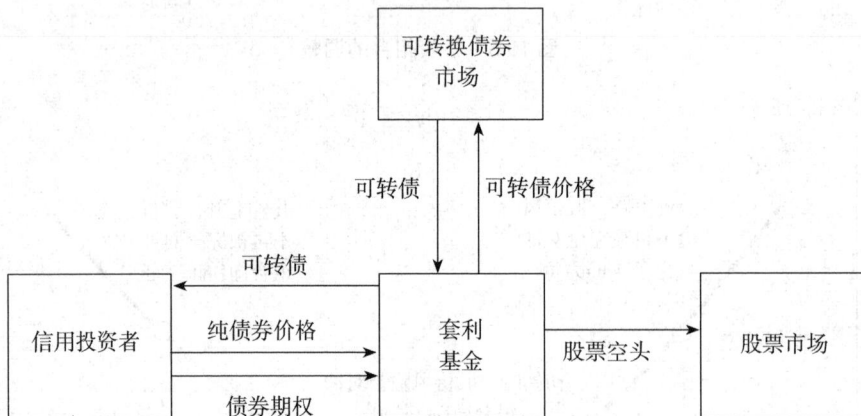

图10.7　资产互换中的资产流动

通过资产互换，债券的利率风险和信用价差风险由套利者转移给了信用投资者。在到期日，若可转债期权为实值期权，套利者将执行该期权；反之，套利者不会行权，最大损失是期权费。信用投资者则认为发行人不会破产，从而获得期权费收入。此间，可能出现以下五种情形：

（1）如果可转债期权是虚值的，则基金经理选择不行权，放任期权到期。信用投资者继续持有可转债至到期，取得发行人支付的纯债券利息和票面价值。

（2）如果可转债期权是实值的，则基金经理从信用投资者手中买回可转债，并向其支付约定价格。然后，基金经理行使可转债的转股权利，并取得对应价值（这比他向信贷投资者支付的金额要高）。

（3）如果可转债期权在虚值时，可转债被发行人召回，则基金经理选择不行权，放任期权到期。信用投资者取得发行人支付的召回价格。

（4）如果可转债期权在实值时，可转债被发行人召回，则基金经理从信用投资者手中买回可转债，并向其支付约定价格。然后，对冲基金经理取得发行人支付的召回价格（这比他向信贷投资者支付的金额要高）。

（5）如果发行人违约，则基金经理选择不行权，放任期权到期。信贷投资者从发行人处获得可转债的回收价值（如有）。

10.3.3 固定收益套利策略

由于某些固定收益证券的构成复杂，缺乏一个标准的定价模型，且其价格受到多种因素影响，再加上各种固定收益投资工具之间存在着多种相对价格，因此，价格异常现象时有出现，固定收益市场存在着丰富的投资机会。对冲基金可以发掘不同固定收益证券的估价差异和错误定价，并开设多头和空头头寸控制组合的利率风险，实现套利。以下列举了一些常见的固定收益套利策略和对应的组合构建方法。

1. 套息交易

固定收益证券的套息交易，又称息差策略，是指卖空低收益率投资工具，借入低成本的资金，用以购买高收益率投资工具。如果收益率曲线向上倾斜，那么对冲基金可以借入短期债券，投资于长期债券，利用两者收益率差异获利。当短期利率较低时，套息交易策略被对冲基金广泛使用。该策略类似于收益率曲线套利策略中的曲线平坦化交易，其风险在于，未来两者的收益率差异可能扩大，如长期债券突然出现价格大幅下跌。

2. 收益率曲线套利

收益率曲线套利（Yield Curve Arbitrage）是指在收益率曲线，尤其是国债收益率曲线的不同位置建立多头和空头头寸，从收益率曲线预期形态变动中获利。债券的错误定价导致收益率曲线扭曲，套利机会出现。收益率曲线套利策略分为两大类：曲线内套利和曲线间套利。收益率曲线内套利的交易对象是同一个国家的证券，即在一条收益率曲线上建立组合，曲线间套利则交易的是不同国家的证券，即在不同货币的收益率曲线上建立头寸。接下来我们主要分析收益率曲线内套利。

根据收益率曲线形态的预期变动情况，可将收益率曲线内套利分为两类：

（1）曲线平坦/陡峭化交易：若预期收益率曲线变得更平坦，短期债券相对于长期债券的收益率变动更小，则短期债券的相对价值下降，对应做空曲线短端、做多曲线长端（如图10.8所示）。反之，若预期收益率曲线变得更陡峭，短期债券相对于长期债券的收益率变动更大，则短期债券的相对价值上升，对应做多曲线短端、做空曲线长端（如图10.9所示）。

（2）曲线蝶式交易：蝶式交易是指基于曲线中端相对于长短端变化的交易策略。收益率曲线应当是平滑的，若当前的曲线中端凹陷，则预期该部分将上凸至曲线恢复平滑，对应做空中期债券（躯干），做多短期和长期债券（蝶翼）；反之，若当前的曲线中端上凸，则对应做多中期债券，做空短期和长期债券（如图10.10所示）。

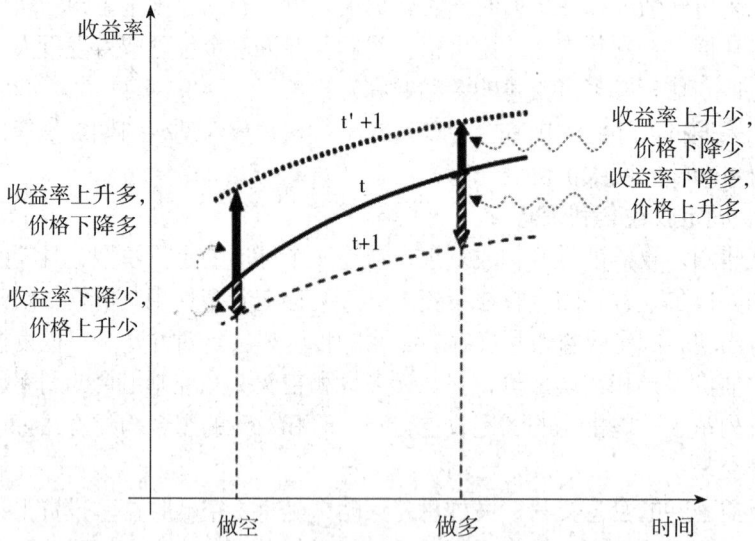

图10.8　收益率曲线平坦化交易

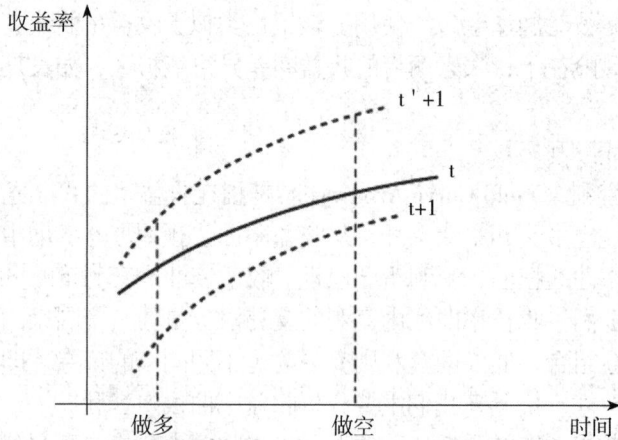

图10.9　收益率曲线陡峭化交易

由于收益率曲线蝶式交易的组合构建相对复杂，需建立三个头寸，"一多两空"或"一空两多"，曲线蝶式交易中的债券免疫涉及各个头寸的权重设定。权重设定的方法有很多种：BPV法、修正久期法、回归系数法、50-50法等。

3. 当期和非当期国债交易

人们将新发行的国债称为当期国债（On-the-Run Treasuries），而将之前发行的国债称为非当期国债（Off-the-Run Treasuries）。例如，新发行的10年期国债就是当期的，而5年前发行的15年期国债，在发行时是当期的，现在则是非当期的。当期国债通常交易比较活跃，流动性较强，价格高于相同未来现金流的非当期国债，即到期收益率更低。

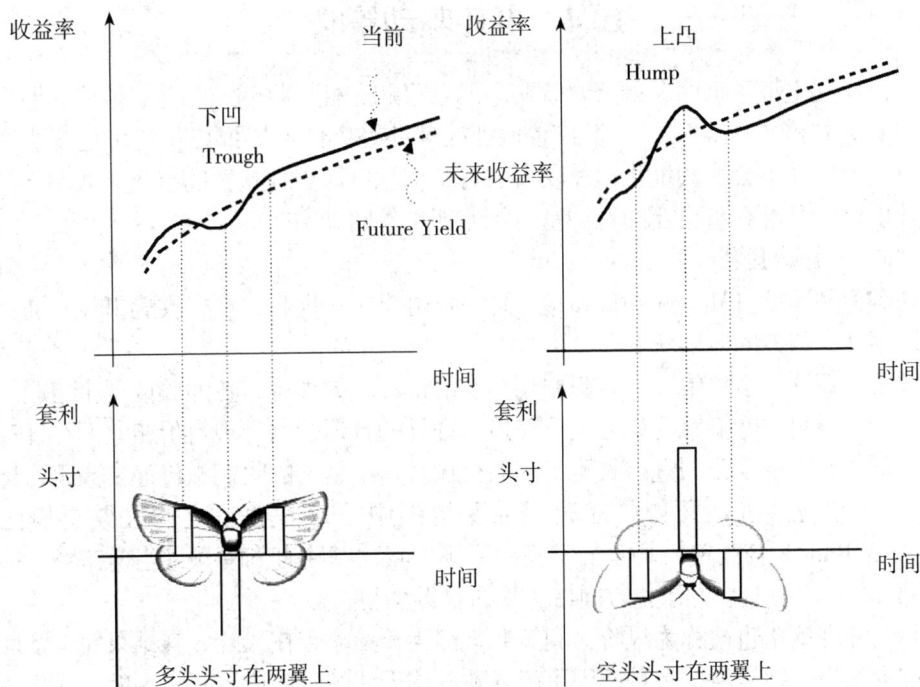

图10.10 收益率曲线蝶式交易

对于对冲基金而言，剩余相同到期期限的当期和非当期国债近似于完全替代品。它们之间的价差是市场非理性导致的，预期在未来的某个时点，它们的价格会收敛。套利者会卖空价格较高的当期国债，买入价格较低的非当期国债，锁定价差，同时实现组合对利率风险免疫，待两者价格收敛时结平头寸。

4. 互换价差套利

互换价差套利（Swap-Spread Arbitrage）常被简称为利率互换，是投资者进行利率风险管理的重要手段。利率互换市场是固定收益市场的重要组成部分。投资于利率互换比投资国债的风险更大，因而利率互换协议中的固定利率通常高于相同期限国债的到期收益率，但两者时常不能同步变化。当两者的价差过大或过小时，存在套利机会。

如果当前价差过大，预期价差收窄，应建立利率互换多头（与交易对手签订互换合约，收取固定利率，付出浮动利率）和国债空头。若未来价差缩小，互换利率相对于国债到期收益率下降，利率互换多头相对于国债空头价值增加，组合整体获利。反之，若当前价差过小，预期价差扩大，应建立利率互换空头和国债多头。

固定收益套利的实施需要进行复杂的、动态的证券估价和影响因素分析，因而高度依赖数学或统计模型和计算机系统。由于市场中存在的错误定价通常是微小的，投资者使用杠杆放大获利。根据 Credit Suisse Hedge Index 提供的对冲基金指数，截至2022年12月，该策略对冲基金指数年平均收益率为-6.11%。

10.4   事件驱动策略

当公司发生特殊事件，如公开收购、恶意收购、杠杆收购、合并、换股、股票回购、清算、资产重组、破产重组或者代理权争夺等事件，导致公司的价值发生变动时，市场价格并不会很快地正确反映所有可知信息，即出现短暂的市场无效率。从这些特殊事件中寻求获利机会的对冲基金策略即事件驱动策略。

10.4.1   并购套利

并购套利策略（Merger Arbitrage）关注公司兼并、收购、杠杆收购事件，通过买卖并购事件参与方的股票获利。

通常，在这些事件中，一方需要用持有的证券，如现金、普通股或现金与股票的某种组合，与另一方持有的证券进行交换，证券的预期价格与现有价格之间往往存在偏差。例如，当一家公司宣布收购另一家公司时，所给出的收购报价通常高于目标公司的现有市场价值；又如，在公司兼并情形中，双方理论上的股票交换比率（Exchange Ratio）与当前市场上的交换比率不一致。并购套利者预期当前市场上的价差（Spread）将会缩小，建立方向性头寸，获得套利收益。

并购套利策略也被称为风险套利策略，因为该策略存在风险，其结果完全依赖于并购交易结果。现实中，多种原因可能导致并购无法按时完成，甚至失败。如果并购失败，通常目标公司的股价会大幅下跌，造成套利者的损失。一般来说，并购价差的大小与交易失败的风险成正比。

并购套利通常发生在并购消息公布之后，但基金经理人也有可能在并购实施前就预测到并购的发生，并建立相应的组合头寸。这种提前预测只能根据小道消息来作出，具有很大的不确定性，甚至可能来源于非法的内幕交易。

公司并购可分为现金并购（Cash Merger）和换股并购（Stock-for-Stock Merger）两大类。下面将分别解释并购套利策略在每种情形下的运作方法：

1. 现金并购

在现金并购情形下，并购公司以固定数量的现金交换每一股目标公司的股票。通常并购公司提供的交换价格是并购前目标公司股票的市场价格加上正的溢价。当并购消息公布后，目标公司的股票价格有所上升，但仍然低于并购价格。并购公布后目标公司的股价与并购价格之间的差异称为现金并购价差（Cash Merger Spread），它随着并购失败风险的变化而变化。对冲基金经理的策略是，在并购完成前买入目标公司的股票，持有至并购完成，取得以收购价格计算的现金，赚取并购价差。若并购失败，则将股票卖出平仓，承担交易损失。准确地说，这种策略并不是套利，而是一种投机行为。

2. 换股并购

采取换股并购方式时，并购公司按照一定的比率用其股份与目标公司股票进行交换。与现金并购不同的是，在换股并购中，并购价格并不是固定的，而是取决于双方的股票交换比率。此时，若采用现金并购时的策略，仅买入持有目标公司的股票，等待并购成功后转换成并购公司的股票，并不能保证基金的盈利。因为并购成功后，并购公司的股价往往会下跌，可能会跌至转换后的股份总价值，低于初始买入股票的成本。

在换股并购中，并购双方理论上的股票交换比率和现实市场中的交换比率形成价差。对冲基金经理预期，当并购交易完成时，该价差会缩小，即当前市场的股票交换比率会收敛于理论交换比率。基于此，基金经理的策略是构建一个方向性头寸，卖空两者之间的价差。一般地，并购公司的股价相对目标公司的股价会下降，目标公司的股价会相对上升。组合头寸为购买目标公司的股票，卖空并购公司的股票。当并购完成时，目标公司的股票已转换为并购公司的股票，以此结平组合中的空头头寸。

这样构造的组合头寸将市场风险分离出去，本质上是一种市场中性的策略，其能否盈利只取决于股价的相对变动。在特殊情形如大牛市中，并购公司的股价不会下降，反而上升，这会导致组合中的空头头寸遭受损失。但只要并购双方的相对价差缩小，组合整体上依然可以获利。

【知识链接10-4】　　　法国电信France Telecom并购移动营运商Orange

2003年9月1日，France Telecom宣布并购Orange，公布每11股France Telecom交换25股Orange。

Orange股票的理论价格等于11÷25×France Telecom现实股价。Orange股票的现实市场价格与理论价格存在差异，形成价差，在图10.14中用bp（基点，0.01%）表示。该价差在-20bp和+20bp之间波动，并购成功的风险越大，价差越大。若预期并购成功，则该价差会缩小至0。基金经理据此构建了动态组合头寸。当价差为负时，买入25股Orange，卖出11股France Telecom；当价差为正时，卖出25股Orange，买入11股France Telecom。

但是，由下图可知，在现实并购事件中，价差一直处于波动之中，并没有完全收敛至0。模型分析将问题简单化了。

随着参与并购套利的资金规模增加，并购价差逐渐缩小，该策略的盈利空间缩水。根据S&P Merger Arbitrage Index，无杠杆时的兼并套利年化收益率只有1.91%（截至2022年12月31日）。但是，考虑到并购所需的时间较短，且对冲基金通过增加杠杆的方式参与其中，取得的年化收益率依然可观。根据Credit Suisse Hedge Index提供的对冲基金指数，截至2022年12月，该策略对冲基金指数年平均收益率为4.65%。

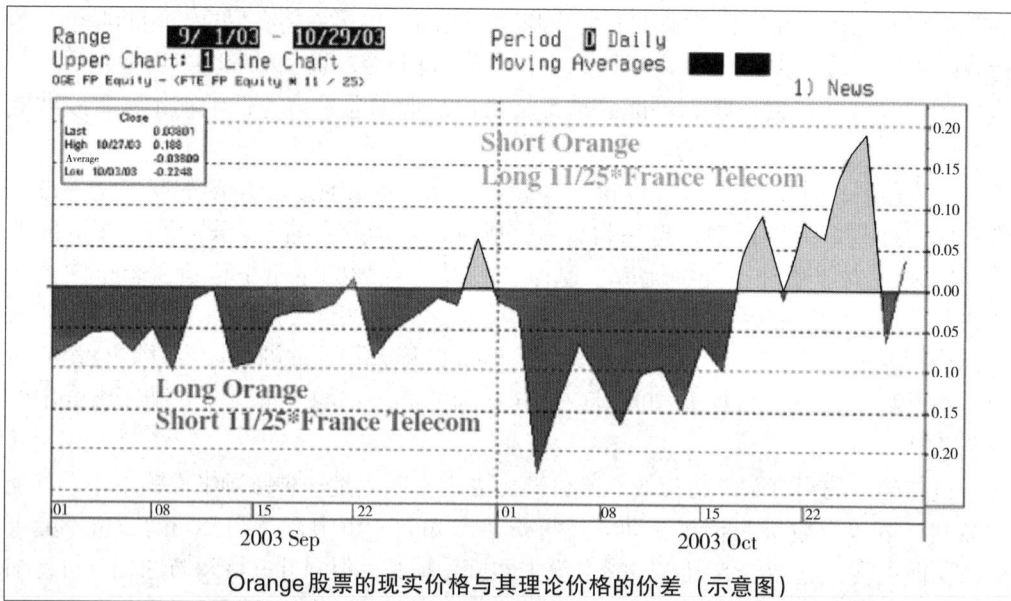

Orange 股票的现实价格与其理论价格的价差（示意图）

现实生活中的并购交易可能非常复杂，受到许多因素的影响。实施并购套利策略并不像理论上那么简单。并购可能无法如期完成，投资期限的延长将压低投资回报。该策略最大的风险来自并购失败，财务困难、监管障碍、双方管理团队存在分歧、负面信息的披露等纷繁复杂的因素也都可能导致并购交易失败。因此，该策略对基金经理的专业知识和能力提出了很高的要求。基金经理人必须进行深入调查，准确地评估一系列因素：并购的战略意义和经济意义、并购与一体化过程中的困难、成功的可能性、并购完成所需的时间、失败可能导致的损失以及其他潜在的影响因素等。当基金经理决定基于某并购事件实施套利时，还需要考虑参与套利的时机、组合头寸的规模、组合持有过程中的动态调整以及风险控制等问题。分散化投资是一种有效控制风险的方式，即同时对多个不同公司间的并购事件实施套利，从而降低与单一并购事件相关的风险。另外，不容忽视的是，杠杆的使用虽然放大了收益，但同时带来了额外的风险，当组合的价格走向与预期相反时，基金经理可能因为无法及时补充保证金而导致组合头寸在不理想的情况下被强行平仓。

10.4.2　困境证券

对大部分普通投资者而言，证券发行方陷入经营困境、濒临破产不是一个好消息。然而，那些精通于投资困境公司证券的基金却将其视为绝佳的投资机会，这些基金经理们认为，这些公司发行的证券价值被市场低估，此时低价买入持有，待其价格回弹时卖出即可获利。

困境证券（Distressed Securities）是指因经营不善等原因将要陷入、已经处于或者即将脱离破产重组等财务困境的公司的股票、债券、银行贷款和贸易索赔权（Trade Claim）等。其划分标准为：公司的债券到期收益率高于国债利率 1 000bp

（10%），或者评级被一家或多家权威评级机构，如标普、穆迪、惠誉等，下调至CCC级或以下。当公司难以偿还所欠债务、评级下降时，各方持有者纷纷出售其持有的证券。传统的机构投资者如银行、共同基金、保险和养老基金等，出于投资品种风险评级的规定，无法继续持有其证券。贷款银行出于保障资本充足率、降低不良贷款比率、回收现金等目的，以较低的价格出售该公司的贷款和证券。公司的供货方等债权人急于索回所欠款项，不惜低价卖出该公司的欠款票据。个人投资者由于风险厌恶，或缺乏专业的知识和技能，易受市场情绪影响，也卖出或拒绝持有该证券。出售者众多而购买者缺乏，导致市场上该证券价格大幅下跌，可能无法正确反映其内在价值。当证券的市场价格低于价值时，就是基金买入困境证券的时机。

被动式不加挑选地投资于困境证券的回报并不理想，基金经理必须主动筛选，投资于那些真正能够脱困的公司证券，即价值被市场低估的证券，才可能实现高额回报。然而，鉴别一家困境公司的证券是否具有投资价值并非易事。基金经理和研究团队需要具备综合的法律、财务、管理知识，并对公司进行深入的基本面研究，对公司战略投资者、债权人、供应商等利益相关方进行全面分析。具体来说，需要了解和分析公司的基本面、历史业绩、困境产生的原因、资本结构、资产状况、债权特征和债务条款；要解决的法律问题包括破产程序、税务问题、各级别债权人的权利、资产分配、不良资产剥离等；需要密切关注事件和市场最新动态、估计潜在的收益和风险、设计整体投资战略、进行风险管控和交易流动性管理等。正因为每一种情形都有其特殊性，对应着独一无二的投资方案，故困境证券投资策略没有一个标准的模式。

按照困境证券投资策略的主动程度不同，可将其划分为三类，从被动到主动依次是：

（1）被动持有型。基金经理买入折价的证券，预期它未来的价值会超过购买价格。例如认为当前市场过度悲观，公司不至于破产，或低价买入即将破产的公司债券，期望公司申请破产之前收到的债券息票收益加上破产后的资产清算价值高于买入价格，或者寄希望于公司重组后，由能力强的管理者经营，使公司走出危机，实现价值增值，其证券重新回到传统的固定收益市场或债券市场交易。这种策略下的资金退出时间需要6个月至1年，目标收益率为12%~20%。

（2）积极的非控制型。投资于高级别证券。此时投资者没有公司控制权，却能在公司重组中处于主动地位，对重组过程施加影响。投资者在公司资本结构中的地位是高级别债权人，而非股东。与私募股权基金相比，采取这种策略的对冲基金具有优势。私募股权基金以股权投资的方式出资接手困境公司，从理论上来说，可能的收益是无限的，承担的向下风险（Downside Risk）也是无限的。考虑到某些困境证券在重组后可以转换成股票，采取这种策略的对冲基金投资者一般可以分享大部分收益，可能的损失却是有限的。这种策略的退出机制在公司重组后实施，将所持证券在市场上卖出，此过程需要1~2年，目标收益率为15%~20%。

（3）积极的控制型。购买公司的股票或债权，取得控制权。采取这种策略时，对冲基金和私募股权基金的差别实际已变得模糊。当基金取得困境公司的单独或联合控制权后，它们积极参与困境公司的破产重组和经营管理，通过完善公司的治理结构、调整经营战略、重新配置资源或削减成本等方式，实现公司盈利，最终通过重新上市或者并购实现高额回报。这个过程需要长期的资本投入，而且通常要花费大量的时间和精力，执行成本较高，投资资金退出需要2~3年，目标收益率为20%~25%。

困境证券投资是一种风险较高的激进型投资策略。通常，采用该策略的基金经理不会大规模地使用杠杆，因为困境证券的买入价格一般远低于其面值，实质上相当于带有较高的隐藏杠杆。必须注意到，和其他资产不同的是，一旦公司被认为处于困境之中，其证券会遭到投资者抛售。由于缺乏良好的交易环境，困境证券的估值比较困难。此外，做空该公司不同资本结构的证券或通过购买信用违约掉期、股票看跌期权等对冲风险变得十分困难或者代价高昂。做空高收益证券（High Yield Security）或做多相关指数（如CDX 100 High Yield Index、iTRAXX Europe）的风险对冲作用也是有限的，因为它只能对冲高收益率证券的市场风险，无法对冲特定公司的风险。根据Credit Suisse对冲基金数据库的资料，困境证券策略收益率和高收益债券的相关性仅为-0.05（2022年12月数据），几乎零相关。因此，投资者实际暴露在一个多头头寸中，若证券的信用价差持续扩大，投资者将遭受损失。一旦公司破产，投资者原先持有的某些证券，如股票，可能会变得一文不值。而且，公司的破产重组过程是错综复杂的，充满了不确定性，其中涉及复杂的法律条款以及各方的协商博弈。

● **本章小结**

对冲基金没有法律上的准确定义。从投资模式的角度看，对冲基金采取有限合伙人制和激励性的管理费率，基于前沿的投资策略与复杂的投资技巧，充分利用杠杆效应，承担高风险、追求绝对收益的投资模式。

对冲基金的投资策略可以有多种分类，不存在所谓标准的分类方法。本书将对冲基金全部策略归为六大类：方向性、相对价值、事件驱动、多重策略、对冲基金的基金以及其他创新策略。

对冲基金有两种常用工具：一是杠杆，二是卖空交易。杠杆意味着基金的头寸或资产价值超过权益资本。杠杆具有双刃剑的作用，在放大收益的同时，也会放大亏损。对冲基金可以通过四种方式创造杠杆，分别是：无抵押贷款、抵押贷款、保证金账户以及部分金融工具（远期合约、期货、回购协议等其他衍生品）。卖空是指卖出自己并不拥有的资产，其获利依赖于资产价格的下降。卖空者向证券出借者借入一定数量的证券，并约定将来归还等量的证券，并支付一定的利息费用。

方向性策略构建的资产组合通常存在净多头或净空头敞口，其盈利基于对未来价格的方向性判断。方向性策略分为股票多空仓、单向做空、管理期货和商品交易顾问（CTA）以及全球宏观策略。

相对价值策略试图从多种证券间的价格异常中获利，本质上是基于两种证券价差的套利策略，其获利情况与市场整体运行方向无关。相对价值策略分为股票市场中性策略、可转换债券套利、固定收益套利等。其中，股票市场中性策略的具体应用包括：配对交易、统计套利、高频交易以及其他相关策略。可转换债券套利一般指可转债 Delta 套利。固定收益套利策略包括：套息交易、收益率曲线套利、当期和非当期国债交易以及互换价差套利。

事件驱动策略从公司发生的兼并、收购、重组等异常事件中寻求获利机会。事件驱动策略主要分为并购套利和困境证券策略。其中，并购套利可分为现金并购套利和换股并购套利。

● 思考题

1. 与共同基金相比，对冲基金具有哪些特点？什么样的投资者适合进行对冲基金投资？

2. 我国是否存在对冲基金或者类似对冲基金的投资模式？其发展现状如何？

3. 请读者自行收集资料，了解全球宏观基金的其他交易案例，如1992年索罗斯狙击英镑与里拉、1998年索罗斯狙击泰铢、1995—1997年利用欧洲货币联盟成立带来的利差缩小获利、1995—1998年日元和美元的套息交易（Carry Trade）等。

4. "市场中性"的四层含义分别是什么？它们之间有什么联系？

5. 收益率曲线内套利分为哪两种类型？请说明每种类型的具体套利操作以及对应的债券免疫方法。

6. 我国业界实施的事件驱动策略采取了什么形式？与国外对冲基金的事件驱动策略有什么不同？

第 4 篇

治理管理篇

第11章　基金管理公司治理

◇学习目标
- 了解基金管理公司的治理结构
- 掌握基金管理公司的内部控制
- 掌握基金管理公司的投资管理
- 掌握基金管理公司的风险管理

基金管理公司治理分为内部治理与外部治理。内部治理指基金管理公司通过搭建内部治理结构规范内部运行规则，一方面维持基金管理公司长期有效的稳定运营，另一方面切实保护基金投资人的利益。外部治理指的是监管层、市场参与者以及媒体等共同对证券投资基金以及基金管理公司运行实施管理或监督。本章将主要介绍基金管理公司的内部治理的内容。

11.1　基金管理公司的治理结构

11.1.1　基金管理公司的管理人员监管

为了进一步完善基金管理公司治理，保护基金份额持有人、公司股东以及其他相关当事人的合法权益，中国证券监督管理委员会制定了《证券投资基金管理公司治理准则（试行）》并于2006年6月15日开始施行，该准则对股东、股东会、董事会、监事会、经理层、督察长的职责权限作出明确规定。

1.股东和股东会

股东是指持有公司股份或向公司出资者。股东应当了解基金行业的现状和特点，熟悉公司的制度安排及监管要求，尊重经理层人员及其他专业人员的人力资本价值，树立长期投资的理念，支持公司长远、持续、稳定发展。

股东应当依法严格履行出资义务，不得以任何方式虚假出资、抽逃或者变相抽逃出资，不得以任何形式占有、转移公司资产。股东应当直接持有公司股权，不得为其他机构和个人代为持有股权，不得委托其他机构和个人代为持有公司股权。不得要求公司为其提供融资、担保及进行不正当关联交易。

股东应当尊重公司的独立性，公司及其业务部门与股东、实际控制人及其下属部门之间没有隶属关系。股东及其实际控制人不得越过股东会和董事会直接任免公司的高级管理人员；不得违反公司章程干预公司的投资、研究、交易等具体事务以及公司员工选聘等事宜。股东不得直接或者间接要求公司董事、经理层人员及公司员工提供基金投资、研究等方面的非公开信息和资料。股东不得利用提供技术支持或者通过行使知情权的方式将所获得的非公开信息为任何人谋利，不得将此非公开信息泄漏给任何第三方。

股东转让股权，受让方应当是实际出资人，股东和受让方均不得通过信托、托管、质押、秘密协议、代为持有等形式转让或者变相转让股权。公司、股东及受让方应当向中国证监会及相关派出机构报告其实际控制人及关联方信息。股东转让股权，应当了解受让方资质情况，确认受让方及其实际控制人符合法律、行政法规和中国证监会规定的资格条件。股权转让期间，董事会和经理层应当依法履行职责，恪尽职守，对股权转让期间的风险防范作出安排，保证公司正常经营以及基金份额持有人的利益不受损害。股东应当支持并配合董事会和经理层做好上述工作。

股东会由全体股东组成，是公司最高权力机关，有权对公司一切重要事务作出决议。股东会授权董事会行使股东会部分职权的，应当在公司章程中作出明确规定，或者经股东会决议批准。股东会的授权内容应当明确具体。公司章程应当对股东会定期会议、临时会议的召开作出规定。

公司应当制定股东会议事规则，包括股东会会议的通知程序、议事方式、表决形式和程序等内容。股东会会议不得就未事先通知的提案进行表决，但全体股东出席股东会会议并一致同意进行审议和表决的提案除外。股东会的原始会议记录及会议纪要应当真实、准确、完整，自制作之日起至少保存15年。

2. 董事和董事会

股东会决策一般需要由董事会来落实，董事就是董事会的组成人员。公司章程应当明确规定董事的提名、任免程序、权利义务、任期等内容。董事在任期届满前，无正当理由的，股东会不得解除其职务。股东会在董事任期届满前解除其职务的，应当书面说明理由。被解除职务的董事有权向股东会、中国证监会及相关派出机构陈述意见。

董事应当认真学习基金法律法规，熟悉公司章程及基本管理制度，了解基金行业基本情况。董事向公司和监管机构提交的材料应当真实、准确、完整，不得提供虚假信息，隐瞒自己的工作经历、诚信记录、兼职情况等。董事应当关注公司经营状况，对监督公司合规运作负有勤勉尽责义务。董事应当及时阅读公司的财务报告、监察稽核报告等，发现公司治理和内部风险控制方面的缺陷、公司存在可能损害基金份额持有人及其他资产委托人利益的行为或者其他违规嫌疑时，应当提醒经理层予以关注。董事应当对自己履行职责的情况进行记录，形成工作报告，以备查阅。

公司章程应当对董事长不能履行职责或者缺位时董事长职责的履行作出明确规定。董事长应当加强与股东及其他董事的沟通，注重公司的发展目标、长远规划，不得越权干预经营管理活动。董事长应当维护公司资产的完整和独立，对股东虚假出资、抽逃或者变相抽逃出资、以任何形式占有或者转移公司资产等行为以及为股东提供融资或者担保等不当要求应当予以抵制，并立即向中国证监会及相关派出机构报告。

独立董事由公司董事会、监事会或公司股东提名产生。相比于普通董事，其职责更侧重于对投资者利益的保护以及对公司规范运作的监督。独立董事应当保证独立性，以基金份额持有人利益最大化为出发点，对基金财产运作等事项独立作出客观、公正的专业判断，不得服从于某一股东、董事和他人的意志。

公司设立时首届独立董事可以由股东提名。继任独立董事可以由独立董事提名，具体提名方式由公司章程规定。公司应当公开披露所聘任独立董事的工作经历、诚信记录、兼职情况等基本情况。公司章程可以规定独立董事连任不得超过两届。公司章程应当对独立董事履行职责的方式、时间作出规定。对于违反上述规定的独立董事，公司应当改选。

独立董事应当每年向董事会提交工作报告，对参加会议、提出建议、出具意见、现场工作等履行职责的相关情况进行说明。独立董事的工作报告应当存档备查。公司应当制定保障独立董事独立、有效履行职责的具体规定，为独立董事履行职责提供充分的信息和必要的工作条件。

董事会是股东大会的业务执行机关，对公司股东大会负责并报告工作。董事会应当按照法律、行政法规及中国证监会和公司章程的规定行使职权。董事会授权董事长在董事会闭会期间行使董事会部分职权的，应当在公司章程中作出明确具体的规定。

董事会制定公司的组织架构、基本管理制度，应当体现公司的统一性和完整性，从制度设计上保证公司责任体系、决策体系和报告路径的清晰、独立。上述制度及安排不得要求经理层或其他员工违反公司章程的规定直接向股东或者其他机构和人员报告有关基金财产运用的具体事项，不得要求经理层将经营决策权让渡给股东或者其他机构和人员。董事会可以设立从事风险控制、审计、提名和考核等事务的专门委员会。设立专门委员会的，公司章程应当明确规定各专门委员会的组成及职权，董事会应当制定各专门委员会的工作程序等相应制度。各专门委员会应当定期向董事会报告工作，形成工作报告，以备查阅。

董事会每年应当至少召开2次定期会议，并可以根据需要召开临时会议。定期会议应当以现场方式召开。董事会会议未按时召开的，公司应当向中国证监会及相关派出机构报告。董事会会议应当由董事本人出席，本人不能出席的，可以书面委托其他董事代为出席。独立董事只能委托独立董事代为出席董事会。授权委托书应当写明授权范围并经本人签字或者盖章，涉及表决事项的，应当载明委托人的具体意见。董事包括独立董事每年不出席董事会累计超过2次的，董事会应当提请股东会免去其董事职务。董事会的原始会议记录及会议纪要应当真实、准确、完整，自制作之日起至少保存15年。

3. 经理层

经理层是公司的核心执行团队，负责落地经营。公司设总经理1人，可以设副总经理若干人。

经理层人员应当维护公司的统一性和完整性，在其职权范围内对公司经营活动进行独立、自主决策，不受他人干预，不得将其经营管理权让渡给股东或者其他机构和人员。经理层人员应当构建公司自身的企业文化，保持公司内部机构和人员责任体系、报告路径的清晰、完整，不得违反规定的报告路径，防止在内部责任体系、报告路径和内部员工之间出现割裂情况。经理层人员应当按照公司章程、制度和业务流程的规定开展工作，不得越权干预投资、研究、交易等具体业务活动，不得利用职务之便向股东、本人及他人进行利益输送。经理层人员应当公平对待所有股东，不得接受任何股东及其实际控制人超越股东会、董事会的指示，不得偏向任何一方股东。经理层人员应当公平对待公司管理的不同基金财产和客户资产，不得在不同基金财产之间、基金财产与委托资产之间进行利益输送。经理层人员对于股东虚假出资、抽逃或者变相抽逃出资、以任何形式占有或者转移公司资产等行为以及为股东提供融资或者担保等不当要求，应当予以抵制，并立即向中国证监会及相关派出机构报告。经理层可下设投资决策委员会、风险控制委员会等专门委员会。设立专门委员会的，公司应当对专门委员会的职责、人员组成、议事规则、决策程序等作出明确规定。

总经理负责公司日常经营管理工作。总经理应当认真执行董事会决议，定期向董事会报告公司的经营情况、财务状况、风险状况、业务创新等情况。总经理应当支持督察长和监察稽核部门的工作，不得阻挠、妨碍上述人员和部门的检查、监督等活动。

4. 其他监督人员

除股东、股东会、董事会、经理层外，公司应当设立督察长和根据实际情况设立监事会或者执行监事。

督察长是监督、检查基金和公司运作的合法合规情况及公司内部风险控制情况的高级管理人员。公司应当设立督察长，负责监督、检查基金和公司运作的合法合规情况及公司内部风险控制情况，行使法律、行政法规及中国证监会和公司章程规定的职权。督察长应当具备法律、行政法规和中国证监会规定的任职条件，具有丰富的专业知识、良好的品行和职业操守记录，遵守有关行为规范。督察长履行职责，应当坚持原则、独立客观，以保护基金份额持有人利益为根本出发点，公平对待全体投资人。

监事会或者执行监事是代表公司股东和职工对董事会和经理层进行监督的机关。监事会或执行监事对股东会负责并报告工作。监事会或者执行监事应当按照法律、行政法规及中国证监会和公司章程的规定行使职权。公司章程应当对监事会或者执行监事的职权、人员组成、议事方式、表决程序等作出明确规定。

11.1.2　证券投资基金运行监管

对证券投资基金运行的监管实际上指的是对证券投资基金代理人行为的监管，是对基金运行程序的监管。中国证监会及其派出机构根据《中华人民共和国证券投资基金法》和《公开募集证券投资基金运作管理办法》（2014）对证券投资基金资金的募集、设立、交易、基金份额的申购和赎回、基金财产的投资、基金收益的分配、运作与信息披露、变更与清算以及其他基金运作活动进行监管。

1. 基金募集监管的主要内容

基金管理人发售基金份额、募集基金时向国务院证券监督管理机构提交的文件资料是否齐全并获得批准；基金合同、招募说明书的内容是否完整；是否在基金募集申请经允许注册后发售基金份额；基金管理人有没有在基金份额发售的3日前公布招募说明书、基金合同及其他有关文件；所提交的文件内容是否真实、准确、完整；基金募集所进行的宣传推介活动，是否存在虚假记载、误导性陈述或者重大遗漏，对证券投资业绩进行预测，违规承诺收益或者承担损失，诋毁其他基金管理人、基金托管人或者基金份额发售机构的行为；基金管理人是否自收到准予注册文件之日起6个月内进行基金募集，超过6个月开始募集，原注册事项未发生实质性变化的，是否报国务院证券监督管理机构备案；发生实质性变化的，是否向国务院证券监督管理机构重新提交注册申请；基金募集期限是否超过国务院证券监督管理机构核准的基金募集期限等。

2. 基金设立监管的主要内容

封闭式基金募集的基金份额总额达到准予注册规模的80%以上；开放式基金募集的基金份额总额超过准予注册的最低募集份额总额，并且基金份额持有人人数符合国务院证券监督管理机构规定。上述条件达到后，基金管理人是否自募集期限届满之日起10日内聘请法定验资机构验资，自收到验资报告之日起10日内，向国务院证券监督管理机构提交验资报告，办理基金备案手续，并予以公告；基金募集期间募集的资金是否存入专门账户，在基金募集行为结束前有没有动用等。

3. 基金份额交易监管的主要内容

基金管理人申请基金份额上市交易，应当向证券交易所提出申请，证券交易所依法审核同意的，双方应签订上市协议。基金份额上市交易应当符合下列条件：基金的募集符合《中华人民共和国证券投资基金法》规定；基金合同期限为5年以上；基金募集金额不低于2亿元人民币；基金份额持有人不少于1 000人等。

4. 基金份额申购与赎回监管的主要内容

《中华人民共和国证券投资基金法》规定，开放式基金的基金份额的申购、赎回和登记，由基金管理人或者其委托的基金服务机构办理。中国证监会对开放式基金的申购与赎回业务主要进行以下几个方面的监管：基金管理人是否在每个工作日办理基金份额的申购、赎回业务；基金管理人是否按规定按时支付赎回款项；开放式基金是否保持足够的现金或者政府债券，以备支付基金份额持有人的赎回款项；基金份额的申购、赎回价格是否被正确计算，基金份额净值计价出现错误时，基金管理人是否立即纠正，并采取合理的措施防止损失进一步扩大；计价错误达到或超过基金资产净值的0.5%时，是否公告并报国务院证券监督管理机构备案等。

5. 基金的投资和收益分配监管的主要内容

基金合同和基金招募说明书是否按照《公开募集证券投资基金运作管理办法》(2014)载明基金的类别；基金名称显示投资方向的，是否有80%以上的非现金基金资产属于投资方向确定的内容；基金管理人运用基金财产进行证券投资时是否违反基金合同关于投资范围、投资策略和投资比例等的约定；持有1家上市公司的股票的市值是否超过基金资产净值的10%；封闭式基金的收益分配每年是否少于1次，年度收益分配比例是否低于基金年度已实现收益的90%；基金收益分配是否采用现金方式等。

6. 基金运作与信息披露监管的主要内容

基金运作与信息披露是基金监管的核心内容，主要监管内容包括：基金管理人运用基金财产进行证券投资时，是否按合同约定资产组合方式和投资比例进行资产配置；基金财产是否用于上市交易的股票、债券及国务院证券监督管理机构规定的其他证券及衍生品种的投资；是否存在利用基金财产承销证券，向他人贷款或者提供担保，从事承担无限责任的投资，买卖国务院证券监督管理机构允许外的其他基金份额，向其基金管理人、基金托管人出资或者从事内幕交易、操纵证券交易价格及其他不正当的证券交易活动；是否运用基金财产买卖基金管理人、基金托管人及其控股股东、实际控制人或者与其有其他重大利害关系的公司发行的证券或承销期内承销的证券；基金管理人、基金托管人和其他基金信息披露义务人是否依法披露基金信息，并保证所披露信息的真实性、准确性和完整性；基金信息披露义务人有没有确保应予披露的基金信息在国务院证券监督管理机构规定时间内披露，并保证投资人能够按照基金合同约定的时间和方式查阅或者复制公开披露的信息资料；公开披露的基金信息是否存在虚假记载、误导性陈述或者重大遗漏，对证券投资业绩进行预测，违规承诺收益或者承担损失，诋毁其他基金管理人、基金托管人或者基金销售机构等违法行为及依照法律、行政法规有关规定，由国务院证券监督管理机构规定禁止的其他行为。

【知识链接11-1】　　　基金管理公司外部治理的参与者之一———监管机构

基金管理公司外部治理的主要参与者是监管机构，包括中国证监会及其派出机构、证券交易所以及证券投资基金业协会。

中国证监会下设基金监管部和各地的派出机构，专门行使对基金市场的监管。中国证监会在各地的派出机构（如证券监督办公室、证券监管特派员办事处和直属证券监管办事处等）也对基金的一线监管负有责任。基金监管部1997年10月开始运作，1998年9月正式成立，其主要职责是草拟监管证券投资基金的规则、实施细则；审核证券投资基金、证券投资基金管理公司的设立，监管证券投资基金管理公司的业务活动；按规定与有关部门共同审批证券投资基金托管机构的基金托管业务资格，监管其基金托管业务；按规定监管中外合资的证券投资基金、证券投资基金管理公司。各派出机构按属地原则对基金管理公司进行监管。对注册地和主要办公地不在同一城市的基金管理公司，以基金管理公司主要办公场所所在地派出机构监管为主、注册地派出机构协助监管的原则进行分工。在监管工作中，各派出机构相互配合并及时沟通信息。

证券交易所直接归中国证监会管理，可视同中国证监会的派出机构。证券交易所的监管职责是对基金的交易行为进行监控。证券交易所在日常交易监控中，将单个基金视为单一投资人，将单个基金管理公司视为持有不同账户的单一投资人，比照同一投资人进行监控。当单个基金或基金管理公司管理的不同基金出现异常交易行为时，证券交易所应视情节轻重作出如下处理：一是电话提示，要求基金管理公司或有关基金经理作出解释；二是书面警告；三是公开谴责；四是对异常交易程度和性质的认定有争议的，报告中国证监会。

2002年12月4日，中国证券业协会证券投资基金业委员会在深圳成立。2012年6月6日，中国证券投资基金业协会成立。中国证券投资基金业协会（以下简称"协会"）是证券投资基金行业的自律性组织，接受中国证监会和民政部的业务指导和监督管理。根据《中华人民共和国证券投资基金法》，基金管理人、基金托管人应当加入协会，基金服务机构可以加入协会。协会主要职责包括：教育和组织会员遵守有关证券投资的法律、行政法规，维护投资人合法权益；依法维护会员的合法权益，反映会员的建议和要求；制定和实施行业自律规则，监督、检查会员及其从业人员的执业行为，对违反自律规则和协会章程的，按照规定给予纪律处分；制定行业执业标准和业务规范，组织基金从业人员的从业考试、资质管理和业务培训；提供会员服务，组织行业交流，推动行业创新，开展行业宣传和投资人教育活动；对会员之间、会员与客户之间发生的基金业务纠纷进行调解；依法办理非公开募集基金的登记、备案；协会章程规定的其他职责。

11.2　基金管理公司的治理规则

11.2.1　基金管理公司的内部控制

1. 概念

"内部控制"的概念源于1949年美国注册会计师协会发布的一份专门报告。其含义是公司出于保护资产、核查会计数据的准确性和可靠性、提高经营效率、促使遵循既定的管理方针而采取的方法和措施。美国注册会计师协会1958年将"内部控制"区分为内部会计控制和内部管理控制两类。1988年，美国注册会计师协会引入了"内部控制结构"的概念，第一次将内部控制引申为一种结构和环境，并认为内部控制的实质在于合理地评价和控制风险，因此可以称之为风险导向型的内部控制，从而将内部控制和风险管理有机地结合起来。

基金管理公司的内部控制主要指公司为防范和化解风险，保证经营运作符合公司的发展规划，在充分考虑内、外部环境的基础上，通过建立组织机制、运用管理方法、实施操作程序与控制措施而形成的系统。公司内部控制制度有四个层次：第一个层次是公司章程；第二个层次是内部控制大纲；第三个层次是基本管理制度；第四个层次是部门管理制度。

内部控制制度体系如图11.1所示。

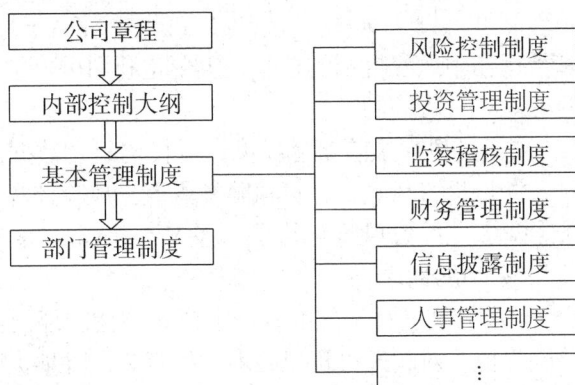

图11.1 内部控制制度体系图

公司章程是内部控制制度的最高原则，公司章程及基金份额持有人大会、董事会、监事会，以及有关专门委员会的议事规则是制定各项制度的基础和前提。内部控制大纲是制定基本管理制度和部门管理制度的纲领性文件，是公司经营运作和风险管理的核心制度。基本管理制度主要包括风险控制制度、投资管理制度、财务管理制度、信息技术管理制度、人事管理制度、监察稽核制度、信息披露制度、业绩评估考核制度及紧急应变制度等。部门管理制度是指各职能部门根据公司章程和内部控制大纲等文件，结合各自业务特点和职能而制定的各种业务操作办法、工作流程等规章制度，通过制定具体岗位职责、工作流程等实施细则，把内部控制落实到每个岗位、每个员工和每道程序。

目前，在发达国家证券投资基金管理人的基金管理业务中，管理投资风险的技术和防范操作风险的制度已经共同构成了内部控制制度的基本框架。

这一框架的主要内容包括：

（1）内部控制的法律、法规指引

内部控制是以相关的法律、法规为基础的。

在美国，基金业几十年的发展形成了完善的法律、法规体系，包括联邦证券法律、法规，如1933年《证券法》、1934年《证券交易法》、1940年《投资公司法》、1940年《投资顾问法》，以及美国证券交易委员会在法律基础上制定的细化法规、行业自律组织的规定；各专业委员会颁布的技术性准则，如美国联邦储备体系、纽约证券交易所等部门和机构颁布的法规。

我国关于基金管理公司内部治理的法律、法规主要有《证券投资基金管理公司内部控制指导意见》（2003）、《证券投资基金管理公司高级管理人员任职管理办法》（2004年施行，2022年已废止）、《基金管理公司开展投资、研究活动防控内幕交易指导意见》（2012）、《中华人民共和国公司法》（2013年修订）、《中华人民共和国证券投资基金法》（2015年修正）、《证券投资基金管理公司管理办法》（2020年修订）、

《公开募集证券投资基金管理人监督管理办法》（2022）等。

（2）投资风险管理制度

该制度是投资基金运作中风险控制的核心，主要是利用风险量化技术来计算风险值，然后通过风险限额对其进行控制。

• 风险量化技术。它通过建立风险量化模型，对投资组合数据进行返回测试、敏感性分析和压力测试，测量投资风险，计算风险暴露值。风险控制技术包括方差风险计算法、LPMs 风险计算法、系数风险计算法以及 VaR（Value at Risk）风险计算法等，以 VaR 风险计算法最为重要。

• 风险限额控制。在对风险进行量化的基础上，风险控制部门对每只基金的投资风险设定最大的风险临界值，对超过投资风险限额的基金及时地提出警告，并建议基金调整投资组合，控制风险暴露。

（3）内部会计控制

内部会计控制能够保证交易的记录正确，会计信息真实、完整。

• 基本的控制措施包括复核制度，即会计复核和业务复核。通过凭证设计、登录、传递、归档等凭证管理制度，确保正确记载经济业务，明确分清经济责任、账务组织和账务处理体系。

• 合理的估值方法，即为保证基金资产净值的准确计算而采取的科学、明确的资产估值方法，力求公允地反映其在估值时点的价值。

• 科学的估值程序，是保证基金资产净值准确计算的另一项会计控制措施，主要包括数据录入、价格核对、价格确定和净值发送等程序。

（4）内部管理控制

内部管理控制是指内部会计控制以外的所有内部控制，包括组织结构控制、操作控制和报告制度。其中：

• 组织结构控制指通过组织结构的合理设置来加强部门之间的合作和制衡，充分体现职责分工、相互牵制的原则。

• 操作控制的主要手段：一是投资限额控制，各基金都在招募说明书中公开披露其投资范围、投资策略和投资限制，据此，公司风险控制部门设定基金的投资限额。二是操作的标准化控制，主要手段有操作书面化、程序标准化、岗位职责明晰化等。三是业务隔离控制，主要是指各资产管理公司应将基金资产和机构投资者资产、个人客户保证金、自有资金等进行独立隔离运作。

• 报告制度。在日常交易中，前、后台都必须分别编制每日交易情况的明细报告，分别向风险控制部门和上级部门报告。风险控制部门对于日常操作中发现的或认为具有潜在可能的问题应编制风险报告向上级汇报。

（5）违规行为的监察和控制

严格说来，违规行为的监察和控制属于内部管理控制的内容，然而因为其重要性，它一般被单独列为基金管理内控制度的重要组成部分。其主要包括：

•对于操纵市场行为的实时防范。利用联网的计算机系统，在线实时监控基金的投资、交易活动，防止利用基金资产对敲作价等操纵市场的行为。

•股票投资限制表。为了防止基金介入内幕交易，或陷入不必要的关联交易调查，各证券投资基金管理公司内部都有明确的股票投资限制表，所管理的基金不得购买限制表中的股票，从而避免可能的违规行为。

•对员工行为的监察。这是为了防止员工涉及操纵市场、偷跑（Front-running）获利、购买可能与基金资产存在利益冲突的证券等违规行为而进行的监控。

2. 内部控制的主要内容

基金管理公司内部控制的主要内容包括投资管理业务控制、销售业务控制、信息披露控制、会计系统控制、信息技术控制以及监察稽核控制六个部分。

（1）投资管理业务控制

投资管理业务控制包括研究业务控制、投资决策业务控制、交易业务控制三方面的内容。

•研究业务控制的主要内容包括：研究工作应保持独立、客观；建立严密的研究工作业务流程，形成科学、有效的研究方法；建立投资对象备选库制度，研究部门根据基金契约要求，在充分研究的基础上建立和维护备选库；建立研究与投资的业务交流制度，保持通畅的交流渠道；建立研究报告质量评价体系。

•投资决策业务控制的主要内容包括：投资决策应当严格遵守法律法规的有关规定，符合基金契约所规定的投资目标、投资范围、投资策略、投资组合和投资限制等要求；健全投资决策授权制度，明确界定投资权限，严格遵守投资限制，防止越权决策；投资决策应当有充分的投资依据，重要投资要有详细的研究报告和风险分析支持，并有决策记录；建立投资风险评估与管理制度，在设定的风险权限额度内进行投资决策；建立科学的投资管理业绩评价体系，包括投资组合情况、是否符合基金产品特征和决策程序、基金绩效分析等内容。

•交易业务控制的主要内容包括：基金交易应实行集中交易制度，基金经理不得直接向交易员下达投资指令或者直接进行交易；公司应当建立交易监测系统、预警系统和交易反馈系统，完善相关的安全设施；投资指令应当进行审核，确认其合法合规与完整后方可执行，如出现指令违法违规或者其他异常情况，应当及时报告相应部门与人员；公司应当执行公平的交易分配制度，确保不同投资者的利益能够得到公平对待；建立完善的交易记录制度，每日投资组合列表等应当及时核对并存档保管；建立科学的交易绩效评价体系。

（2）销售业务控制

销售业务是基金公司与客户交往最直接的一环，应建立包括基金产品、投资人风险承受能力、运营操作等在内的科学严密的风险评估体系，以及时防范和化解销售业务风险，保证销售适用性原则的有效贯彻和投资人资金的安全。销售业务的控制包括销售决策、执行、推介材料等方面。

•宣传推介材料必须经过审核，不得有欺诈、误导投资人的内容。

•严格审核客户开户资料，符合反洗钱与销售适用性规定。

•遵循销售适用性原则，关注投资人的风险承受能力和基金产品风险收益特征的匹配性。同时做好投资人教育，向投资人提供"投资人权益须知"，保证投资人了解相关权益。

•申购、赎回和转换交易申请均经过客户的合理授权，并被准确、及时地执行。

•建立代销机构的尽职调查流程，严格选择合作的基金销售机构，审核销售协议，监督基金代销行为是否符合协议规定。

•制定销售行为规范，防止延时交易、商业贿赂以及误导、欺诈和不公平对待投资者等违法违规行为的发生。

•制定销售人员行为规范，保证会议费用、礼品费用规范得到遵守。

•制定相关政策，确保投资者信息得到保护。

•客户投诉得到及时、恰当的记录和处理。

（3）信息披露控制

信息披露是基金管理人必须履行的一项义务。信息披露可能对证券市场价格和投资者行为产生重大影响，加强对基金管理人信息披露的控制，是保障证券市场公开、公平和公正三原则的重要支持。信息披露的原则体现在内容和形式两方面。

公司的信息披露内容应遵循以下原则：

•真实性。公司保证对外披露信息的真实性和可靠性，并经固定程序确认，禁止任何形式的弄虚作假。

•准确性。信息披露的内容和有关数据必须尽可能详尽、具体、准确，表达方式上不得使用模棱两可的语言。

•及时性。信息披露的程序严格按照主管机关及有关法律、法规的规定期限办理，不得无故推迟。

•完整性。信息披露的内容完整翔实、明确清晰，对要求解释的所有事项不得遗漏或回避。

•公平性。信息披露要求向市场上所有的投资者平等公开，而不是仅向个别机构或投资者披露。

信息披露的形式应遵循以下原则：

•规范性。信息披露必须按照法定的内容和格式进行，以保证披露信息的可比性。

•易解性。信息披露的表述应当简明扼要、通俗易懂，避免使用冗长、技术性用语。

•易得性。公开披露的信息应易于为一般公众投资者获取，如发布于中国证监会指定报刊、基金管理人网站等。

（4）会计系统控制

基金管理公司财务核算必须独立于基金会计核算系统。核算机制必须以基金为会计核算主体，单独建账、独立核算，不同基金在名册登记、账户设置、资金划拨、账簿记录等方面相互独立。公司必须依据会计法、会计准则等有关法律、法规制定公司的财务会计制度、操作流程和岗位工作手册，针对各个风险控制点建立严密的控制系统，建立严格的成本控制和业绩考核制度，强化会计的事前、事中和事后监督；制定完善的会计档案保管和财务交接制度，财会部门必须妥善保管密押、业务用章、空白支票等重要凭据和会计档案，严格履行会计资料的调阅手续，防止会计数据的损毁、散失和泄密。此外，基金管理公司必须按照有关法规的要求，采取合理的估值方法和科学的估值程序，公允地反映基金在估值时点的净值。

具体要求如下：

• 应当建立凭证制度，通过凭证设计、登录、传递、归档等一系列凭证管理制度，确保正确记载经济业务，明确经济责任。

• 应当建立账务组织和账务处理体系，正确设置会计账簿，有效控制会计记账程序。

• 应当建立复核制度，通过会计复核和业务复核防止会计差错的产生。

• 应当采取合理的估值方法和科学的估值程序，公允地反映基金所投资的有价证券在估值时点的价值。

• 应当规范基金清算交割工作，在授权范围内，及时准确地完成基金清算，确保基金资产的安全。

• 应当建立严格的成本控制和业绩考核制度，强化会计的事前、事中和事后监督。

• 应当制定完善的会计档案保管和财务交接制度。

（5）信息技术控制

基金管理公司应遵循安全性、实用性、可操作性原则，在内部建立完整的信息管理体系。

具体要求如下：

• 基金管理信息技术系统的设计开发应符合国家、金融行业软件工程标准的要求，编写完整的技术资料；在实现业务电子化的同时，应设置保密系统和相应控制机制，并保证计算机系统的可稽性；信息技术系统投入运行前，应当经过业务、运营、监察稽核等部门的联合验收。

• 应当通过严格的授权制度、岗位责任制度、门禁制度、内外网分离制度等管理措施，确保系统安全运行。

• 公司软件的使用应充分考虑软件的安全性、可靠性、稳定性和可扩展性，应具备身份验证、访问控制、故障恢复、安全保护、分权制约等功能。

• 应对信息数据实行严格的管理，保证信息数据的安全、真实和完整，及时、准确地传递信息数据。此外，必须严格遵守计算机交易数据的授权修改程序，并坚持电子信息数据的定期查验制度。

• 应当建立电子信息数据的即时保存和备份制度，重要数据应当异地备份且长期保存。

•信息技术系统应当定期稽核检查，完善业务数据保管等安全措施，进行故障排除、灾难恢复的演习，确保系统可靠、稳定、安全地运行。

（6）监察稽核控制

基金管理公司监察稽核控制主要由监察稽核部门来执行。公司应保证监察稽核部门的独立性和权威性。基金管理人应当设立督察长，对董事会负责，经董事会聘任报国务院证券监督管理机构核准。根据公司监察稽核工作的需要和董事会授权，督察长可以列席公司相关会议，调阅公司相关档案，就内部控制制度的执行情况独立地履行检查、评价、报告、建议职能。

基金管理人应当强化内部检查制度，通过定期或不定期检查内部控制制度的执行情况，确保公司各项经营管理活动的有效运行。基金管理人董事会和经理层应当重视和支持监察稽核工作，对违反法律、法规和公司内部控制制度的，应当追究有关部门和人员的责任。

监督稽核在基金投资管理过程中的具体工作包括：

•就公司投资管理制度、投资决策程序和运作流程的合理性和有效性进行审查，对存在的问题及时提出改进意见。

•监督、检查公司投资管理制度、基金资产的运作、投资决策程序和运作流程的执行情况以及员工遵守有关规定的情况，揭示执行过程中存在的问题和风险。

•发现基金运作中有重大违规行为时，督察人员应及时向董事长和中国证监会报告，并通报总经理。根据董事会的授权，对基金发生的异常交易行为进行调查。

3. 内部控制的流程

基金管理公司的内部控制流程分为事前防范、事中监控与事后完善三个步骤，可参见图11.2所示的兴业基金管理公司内部控制流程图。

（1）事前防范

事前防范主要是指内部控制的相关责任部门与责任人依照内部控制的原则，针对本部门和岗位可能发生的风险制定相应的制度规定和技术防范措施。

其主要包括：

•明确所有有关法规与行业最佳操守。

•明文规定各项工作流程和员工行为规范。

•向员工宣传有关规定。

•对常见的风险及对策进行分析。

（2）事中监控

事中监控主要指内部控制的相关职能部门依照适用的制度规定和防范措施进行全面的监督与检查，降低风险发生的可能性。事中监控的重点在于实施例行和突击检查、定期与不定期检查以及专项检查与综合检查等。公司督察长与监察稽核部在事中监控环节承担主要的监督与检查职责。

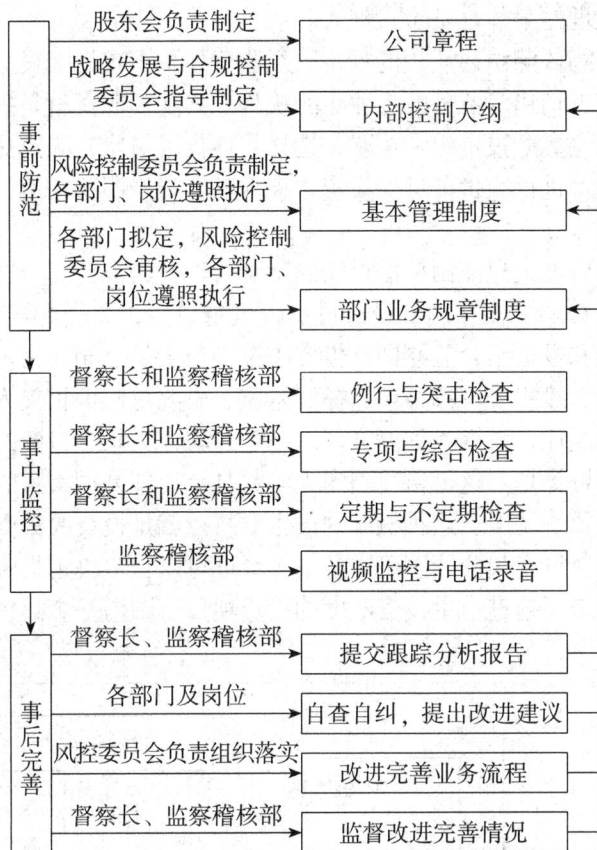

图11.2 兴业基金管理公司内部控制流程图

（3）事后完善

事后完善主要包括以下内容：

•督察长和监察稽核部对公司各业务流程中的风险点进行跟踪分析，对各部门、岗位、工作流程以及工作制度的合理性作出评估，形成相关报告，提交风险控制委员会。

•相关部门与业务人员通过自查，自纠各项制度与业务流程的缺失和局限性，提出完善建议。

•风险控制委员会依据相关报告制定改进措施，组织对业务流程和部门规章制度进行完善与修订，并落实执行。

•相关部门和岗位严格遵照风险控制委员会的改进建议完善自身的业务流程。

•督察长和监察稽核部监督公司各相关部门和岗位对其工作流程和相关制度的改进情况。

11.2.2 基金管理公司的投资管理

基金投资是证券投资基金的核心业务，投资管理则是证券投资基金管理最重要的内容。基金投资管理的主体是基金管理人。

基金管理人是指依照法律法规的规定，经监管机构审查批准设立，从事基金的发起设立、投资管理、销售等业务的专业金融机构。其主要职责就是按照基金契约或章程的规定，制定基金资产投资组合策略，选择具体投资对象，决定投资时机、价格和数量，运用基金资产进行有价证券的投资，谋求基金资产不断增值，实现基金投资人利益最大化。

在我国，基金管理人只能由依法设立的基金管理公司担任。

我国基金管理公司大多在内部设有投资决策委员会，负责指导基金资产的运作，确定基金投资策略和投资组合的原则。投资决策委员会是公司非常设机构，是公司最高投资决策机构，一般由公司总经理、投资总监、研究总监等相关人员组成。总经理为投资决策委员会主任，督察长列席会议。基金经理作为基金投资的负责人，执行投资决策委员会的投资计划。这是目前国内大多数基金管理公司实行的投资决策委员会领导下的基金经理负责制度。这种机制的最主要特点就是投资决策委员会具有最终的投资决策权，投资决策委员会能够确定各基金经理可以自主决定投资的权限并审批各基金经理提出的投资额超过自主投资额度的投资项目。国内基金具体的投资决策机制如图11.3所示。

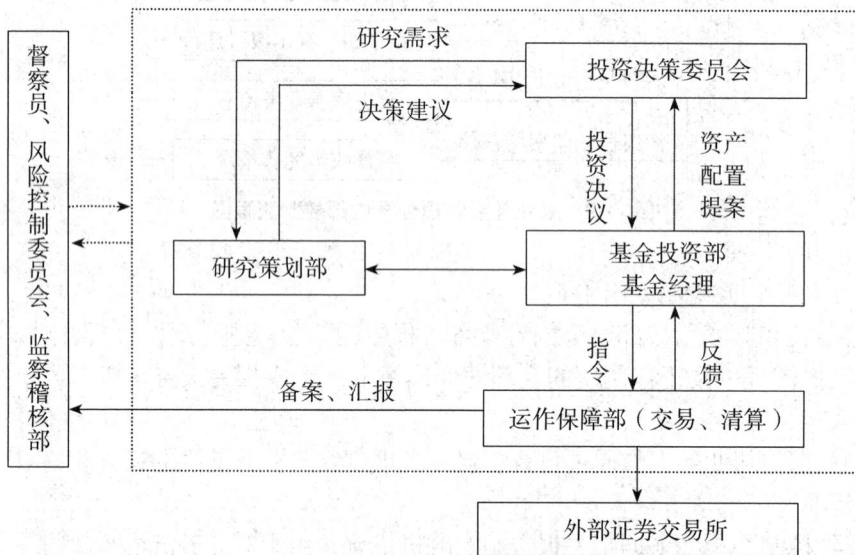

图11.3　基金管理公司投资决策流程

基金投资管理的基本方法是：针对所管理基金的具体投资目标，在深入进行宏观研究、行业分析和公司研究的基础上，结合证券市场研究、投资策略研究、技术分析等手段，根据投资对象的收益和风险特征，精选各种类型证券进行有效投资组合，并随着企业生命周期的演化、行业发展的阶段性差异、经济周期的波动以及风险控制的要求，不断地优化调整组合，在维护资金和客户资产安全的前提下，获得持续稳定增长的资本收益和利润分配收益。

证券投资基金投资决策运作流程主要分为三个阶段：一是投资决策；二是投资的执行与调整；三是投资执行结果的评估与报告。

具体投资流程大致包括如下内容（如图11.3所示）：

（1）投资决策委员会、研究策划部和基金投资部共同根据基金合同和有关规定，根据定量、定性相结合的综合指标，从所有上市股票中筛选出一批股票作为基金投资的股票组合。

（2）公司研究策划部负责向投资决策委员会和其他投资部门提供研究指导，提供的内容包括宏观经济分析报告、行业分析报告、上市公司分析报告和证券市场行情报告。

（3）投资决策委员会在认真分析研究策划部提供的研究报告及投资建议的基础上，根据现行法律法规和基金合同的有关规定，制定投资的总体目标和总体设计。

（4）在投资决策委员会制订总体投资计划的基础上，基金投资部将参考研究策划部的研究报告，提出进一步的资产配置提案反馈给投资决策委员会。基金投资部在制订投资方案时要接受风险控制委员会的风险控制建议和监察稽核部的监察、稽核。

（5）基金经理在接到基金投资部制订的投资方案后，寻求最佳的投资机会和选择最佳的投资对象构建投资组合，将投资指令下达至集中交易室的交易员执行。

（6）集中交易室接到基金经理下达的交易指令执行书后将准确及时地予以执行，并及时反馈投资执行情况，同时将基金经理认可的成交回报单交基金会计进行核对和记账。每个交易日后，基金清算室会自动根据证券交易所回馈信息进行基金清算。交易过程和投资运作流程均须接受风险控制委员会和监察稽核部的风险控制建议和监察、稽核。

（7）风险控制委员会监控投资决策、实施和执行的整个投资过程，并根据市场价格水平及公司风险控制政策，提出风险控制建议。

国际上，基金投资管理的基本模式按照投资决策主体的不同可以分为三大类：投资决策委员会制、投资团队制和单基金经理制。从国际趋势看，单基金经理制已成主流。但就目前而言，我国主要实行投资决策委员会领导下的基金经理负责制。这种投资决策机制存在着一些问题：首先，投资决策委员会主导下的投资决策机制，由于其每年的年初和年中都会对其后的总体投资作出预测，然后依据该预测进行具体的投资计划，往往错失市场机会；其次，这种投资决策机制对基金经理的素质提出了较高的要求，而现在的基金经理的素质还难以达到这个要求。当然，这种投资决策机制也具有积极意义，主要是这种决策机制下的基金既可以有效地防止基金黑幕事件的发生，又能发挥基金经理的积极性，给予基金经理更大的自主性。

【知识链接11-2】　　　博时基金管理有限公司的投资决策机制

投资决策委员会是博时基金管理有限公司（以下简称"博时"）的最高投资决策机构，下设资产配置投委会、权益投委会、固收投委会、年金投委会、绝对收益投委会、ESG投委会、基础设施投委会、基金投资顾问业务投委会、量化投资决策委员会、博时国际投委会以及养老金投资决策小组。

资产配置投委会基于宏观研究、策略研究及大类资产研究等为公司资产配置提供投资决策指导。

权益投委会基于行业研究、产业景气度研究及主题风格研究等为公司权益资产配置提供投资决策指导。

固收投委会基于利率研究、信用研究及货币政策研究等为公司固收资产配置提供投资决策指导。

年金投委会基于风险预算、择时研究及资产配置研究等为公司年金及绝对收益组合提供投资决策指导。

绝对收益投委会基于风险预算、择时研究及资产配置研究等为公司绝对收益组合提供投资决策指导。

ESG投委会基于ESG理念为公司制定ESG战略，对公司在各类资产投资层面实施ESG投资提供投资决策指导。

基础设施投委会负责公司所管理基础设施资产的投资管理、项目运营、内部控制、风险管理及相关工作。

基金投资顾问业务投委会负责对基金投资顾问业务的开展进行统筹管理，以及对相关重大投资事项和规定的审议决策。

量化投资决策委员会基于类别资产研究、风格因子研究及策略因子研究等为公司提供投资决策指导。

博时国际投委会负责研究制定具有博时国际特色的海外投资战略、宏观市场判断和行业配置指引。

养老金投资决策小组统一为全国社保基金、基本养老保险基金的投资管理提供更有针对性的投资决策支持。

博时执行投委会领导下的、基于投研一体化平台的基金经理负责制，风控线条独立开展投资绩效评估工作，全面跟踪提醒绩效情况，动态调整投资策略。

博时基金管理有限公司的投资决策架构如图1所示。

博时基金管理有限公司的投资决策流程如图2所示。

投委会一般每季度召开一次或不定期召开临时投资决策会议。投委会成员对各项决策议题进行充分讨论，并对最终形成的决议采用投票决策方式，2/3以上同意视为决议通过（其中主任委员有一票否决权）。公司投委会的主要决策内容包括制定决策指引和回顾、运行监督、业绩审查和回顾、审定投资限制等。

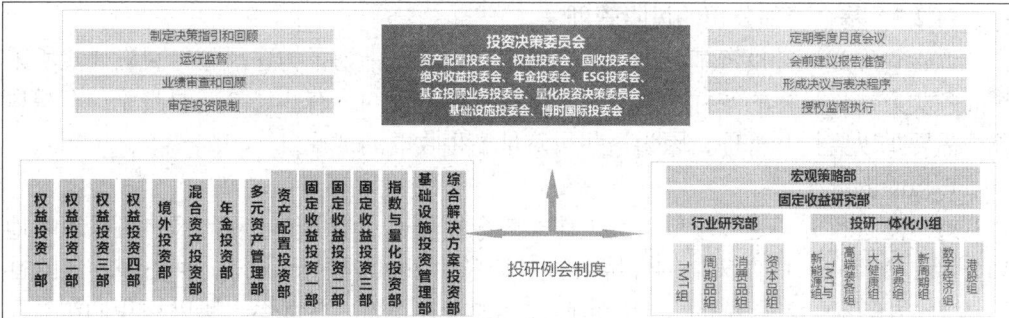

图1　博时基金管理有限公司的投资决策架构

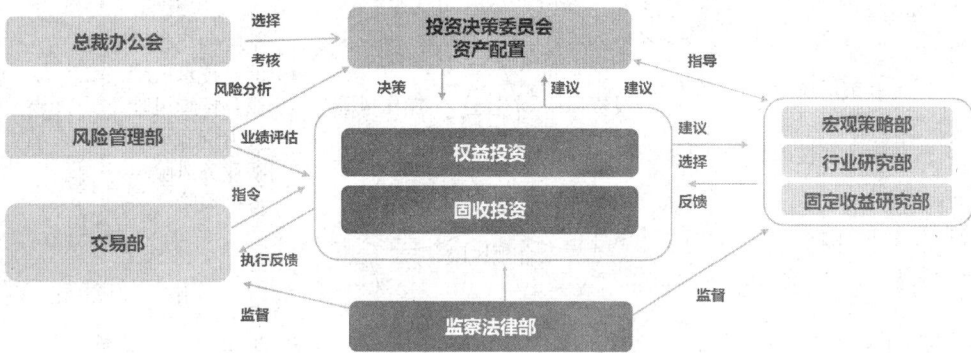

图2　博时基金管理有限公司的投资决策流程

博时具备了较为完善的投资授权管理制度，采取投委会授权下的基金经理负责制。其中，对投资权限管理有明确的制度规定：

一是基金经理在日常组合管理中，原则上，须在投委会制定的常态资产配置范围内进行资产配置，超出配置范围的投资决策，应提交申请报告，获得主管领导批复后方可执行。

二是基金经理负责组合的头寸管理，组合应预留应付流动性需求或控制透支风险的铺底保证金。动用铺底保证金，须经交易部和监察法律部批准。

三是除投资管理合同另有特别规定之外，各基金/投资组合中的各类资产，必须来自核心股票池/债券池，对单个股票/债券的投资比例必须按照"股票池/债券池管理办法"执行；组合构造过程中，组合中的股票必须来自股票池，其中核心股票池的股票市值不得低于组合股票资产的65%。

四是针对不同组合的实际情况，对持有核心股票池单一股票的净值比例有不同的限制性规定。

五是针对博时旗下各类组合共同持有单一股票的总金额、股份占上市公司总股本的比例也有限制性规定。

资料来源　博时基金管理有限公司。

11.2.3　基金管理公司的风险管理

风险管理是证券投资基金的核心功能之一，它是指为了构建风险与回应风险所采用的各类方法与过程的统称。风险并不总是需要避免的，有些风险需要避免，有些风险则需要加以监控和管理，因为这些风险是产生收益的"源泉"。

1. 风险的分类

对风险进行分类是一项复杂的工作，基金投资过程中可能出现的风险可以粗略地划分为投资风险、操作风险和合规风险三类（如图11.5所示）。每一种类型的风险都不是完全相互独立和隔绝的，它们之间或多或少存在着一些联系。所以，我们在对风险进行揭示和衡量的过程中，应该把不同类型的风险看成一个整体来考虑。

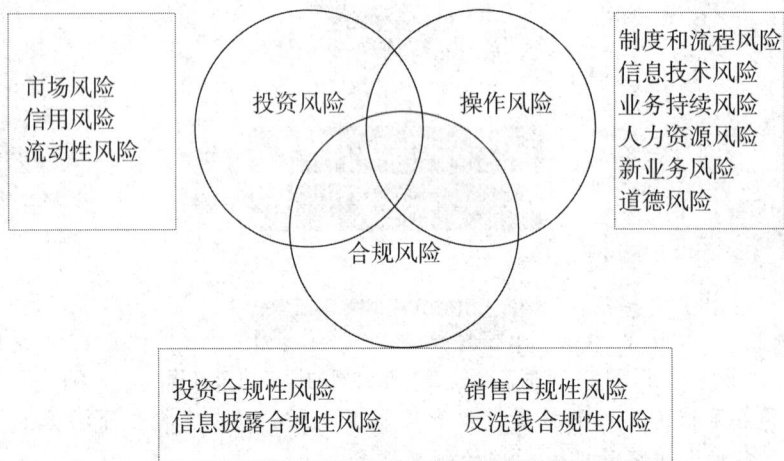

图11.5　证券投资基金风险的分类示意图

图11.6所列明的各类风险中，证券投资基金重点关注的风险及其衡量方法如下：

（1）投资风险

•市场风险。市场风险指因受各种因素影响而引起的证券及其衍生品市场价格不利波动，使投资组合资产、公司资产面临损失的风险，包括政策风险、经济周期风险、利率风险、汇率风险、购买力风险等。

•政策风险。因财政政策、货币政策、产业政策、地区发展政策等国家宏观政策发生变化，导致市场波动而影响基金收益所产生的风险是政策风险。如区域概念型基金，对国家的区域、产业政策比较敏感。所以，政策风险是市场风险中一种需要重点关注的风险。

•经济周期风险。随着经济运行的周期性变化，各个行业及上市公司的盈利水平也呈周期性变化，从而影响到整个股票市场二级市场的走势，这就是经济周期风险。

•利率风险。利率风险指因利率的变动导致资产价格或收益率产生波动的风险。简单来说，利率风险一是直接影响资产价值变化，二是通过利差间接影响收益率。

·汇率风险。汇率风险又称外汇风险，指经济主体持有或运用外汇的经济活动中，因汇率变动而蒙受损失的可能性。显然，QDII基金投资受汇率影响较普通基金更大。

·购买力风险。购买力风险也就是通货膨胀风险。基金份额持有人的收益将主要通过现金形式来分配，而现金可能因为通货膨胀因素导致购买力下降。

·信用风险。信用风险包括债券发行人出现拒绝支付利息或到期时拒绝支付本息的违约风险、因债券发行人信用质量降低导致的债券价格下跌的风险，及因交易对手违约而产生的交割风险。

·流动性风险。影响资产流动性的因素主要有三个：交易量、交易价格和交易时间。简单来说，能在交易市场以较低成本及时地进行大量买卖并且不会对价格产生巨大影响的资产即流动性好的资产。证券投资基金面临的流动性风险包括因市场交易量不足导致不能以合理价格及时进行证券交易的风险，以及投资组合无法满足客户赎回要求所引起的违约风险。

（2）操作风险

操作风险是指由于内部程序、人员和系统的不完备或失效，或外部事件而导致的直接或间接损失的风险。

·制度和流程风险。制度和流程风险指由于日常运作，尤其是关键业务操作缺乏制度、操作流程和授权，或制度流程设计不合理带来的风险，或由于上述制度、操作流程和授权没有得到有效执行带来的风险，及业务操作的差错率超过可承受的范围带来的风险。

·信息技术风险。信息技术风险指信息技术系统不能提供正常服务，影响公司正常运行的风险；信息技术系统和关键数据的保护、备份措施不足，影响公司业务持续性的风险；重要信息技术系统未使用监管机构或市场通行的数据交互接口，影响公司业务正常运行的风险；重要信息技术系统提供商不能提供技术系统生命周期内持续支持和服务的风险。

·业务持续风险。业务持续风险指由于公司危机处理机制、备份机制准备不足，导致危机发生时公司不能持续运作的风险。

·人力资源风险。人力资源风险指缺少符合岗位专业素质要求的员工、过高的关键人员流失率、关键岗位缺乏适用的储备人员和激励机制不当带来的风险。

·新业务风险。新业务风险指由于对新产品、新系统、新项目和新机构等论证不充分或资源配置不足导致的风险。

·道德风险。道德风险指员工违背法律法规、公司制度和职业道德，通过不法手段谋取利益所带来的风险。

（3）合规风险

合规风险是指因公司及员工违反法律法规、基金合同和公司内部规章制度等而导致公司受到法律制裁、监管处罚、重大财务损失和声誉损失的风险。合规风险主要包括投资合规性风险、销售合规性风险、信息披露合规性风险和反洗钱合规性风险。

2. 风险的防范与管理

具体风险需要具体的防范与管理措施。

（1）投资风险的防范与管理

通过前文描述，我们知道基金公司的投资风险包括市场风险、信用风险和流动性风险三类。《基金管理公司风险管理指引（试行）》（2017）对三类主要投资风险给出了管理建议。

市场风险管理要求对所有可能引起投资品价格变化的不利因素进行识别、防范与控制，主要措施有：密切关注宏观经济指标和趋势、重大经济政策动向、重大市场行动，评估宏观因素变化可能给投资带来的系统风险，定期监测投资组合的风险控制指标，提出投资调整应对策略；密切关注行业的周期性、市场竞争、价格、政策环境和个股的基本面变化，构造股票投资组合，分散非系统风险。

公司应特别加强禁止投资证券的管理，对于市场风险较大的股票建立内部监督、快速评估机制和定期跟踪机制；投资组合的收益质量风险可以采用夏普（Sharp）比率、特雷诺（Treynor）比率和詹森（Jensen）比率等指标衡量；加强对场外交易（包括价格、对手、品种、交易量、其他交易条件）的监控，确保所有交易在公司的管理范围之内；加强对重大投资的监测，对基金重仓股、单日个股交易量占该股票持仓显著比例、个股交易量占该股流通值显著比例等进行跟踪分析；可运用定量风险模型和优化技术，分析各投资组合市场风险的来源和暴露；可利用敏感性分析，找出影响投资组合收益的关键因素；可运用情景分析和压力测试技术，评估投资组合对于大幅和极端市场波动的承受能力。

信用风险有两个维度：一是履约意愿，二是履约能力。管理信用风险，要对交易对手和投资品种的履约做全面的风险评估与防范，主要措施包括：建立针对债券发行人的内部信用评级制度，结合外部信用评级，进行发行人信用风险管理；建立交易对手信用评级制度，根据交易对手的资质、交易记录、信用记录和交收违约记录等对交易对手进行信用评级，并定期更新；建立严格的信用风险监控体系，对信用风险及时发现、汇报和处理。公司可对其管理的所有投资组合与同一交易对手的交易集中度进行限制和监控。

流动性风险是现阶段我国公募基金行业稳健发展所面临的突出问题，对防御系统风险和促进行业持续健康发展有重要意义。针对流动性风险的主要管理措施有：制定流动性风险管理制度，平衡资产的流动性与盈利性，以适应投资组合日常运作需要；及时对投资组合资产进行流动性分析和跟踪，包括计算各类证券的历史平均交易量、换手率和相应的变现周期，关注投资组合内的资产流动性结构、投资组合持有人结构和投资组合品种类型等因素的流动性匹配情况；建立流动性预警机制，当流动性风险指标达到或超出预警阈值时，应启动流动性风险预警机制，按照既定投资策略调整投资组合资产结构或剔除个别流动性差的证券，以使组合的流动性维持在安全水平；进行流动性压力测试，分析投资者的申赎行为，测算当面临外部市场环境的重大变化或巨额赎回压力时，冲击成本对投资组合资产流动性的影响，并相应调整资产配置和投资组合。

（2）操作风险的防范与管理

根据操作风险的定义，其风险因素可以大致分为员工、内部流程、信息技术系统以及外部事件四大类。操作风险管理的控制目标是建立有效的内部控制机制，尽量减少因人为错误、系统失灵和内部控制的缺陷所产生的操作风险，保障内部控制体系有序规范运行。

内部制度和流程的风险管理是环境控制的第一步，可将业务操作的差错率限定在可承受的范围，主要措施包括：建立合规、适用、清晰的日常运作制度体系，包括制度、日常操作流程，尤其是关键业务操作的制约机制；制定严格的投资工作流程、授权机制、制约机制，明确投资决策委员会、投资总监和基金经理的职责权限，建立健全绩效考核机制；加强公司印章使用、合同签署及印章和合同保管的管理，投资部门所有交易合同签署与印章使用都要经过后台部门并交由后台备案；加强对员工业务操作技巧的培训，加强对程序的控制，以确保日常操作的差错率能在预先设定的、可以承受的范围内；建立前、后台或关键岗位间职责分工和制约机制。

员工方面的风险控制主要在于管理道德风险，主要措施有：制定员工守则，使员工行为规范有所依据；防范员工利用内幕信息或其他非公开信息牟利；防范商业贿赂，通过制度流程、系统监控、核查检查等控制措施加强员工管理；倡导良好的职业道德文化，定期开展员工职业道德培训。同时，为了防止优秀人员的流失影响基金的运行，基金公司应建立关键岗位人员的储备机制和权责匹配、科学长效的考核和激励约束机制。

信息技术系统风险管理是保证公司运营效率的关键，主要措施包括：信息技术系统尤其是重要信息技术系统具有确保各种情况下业务持续运作的冗余能力，包括电力及通信系统的持续供应，系统和重要数据的本地备份、异地备份和关键设备的备份等；信息技术人员具有及时判断、处理各种信息技术事故、恢复系统运行的专业能力，信息技术部门应建立各种紧急情况下的信息技术应急预案，并定期演练；系统程序变更、新系统上线前应经过严格的业务测试和审批，确保系统的功能性、安全性符合公司风险管理要求；对网络、重要系统、核心数据库的安全保护、访问和登录进行严格的控制，关键业务需要双人操作或相互复核，应有多种备份措施来确保数据安全和对备份数据准确性的验证措施；以权限最小化和集中化为原则，严格公司投研、交易、客户等各类核心数据的管理，防止数据泄露；选择核心信息技术系统服务商应将服务商在系统生命周期内的长期支持和服务能力、应急响应能力和与公司运行相关的其他系统兼容性列为重点考核内容，特别是在大数据、云计算技术高速发展的今天，信息技术系统的持续更新也成为风险管理的重点之一。

外部事件可能产生的操作风险集中体现在业务持续风险管理上，特别是危机情况下的风险处置，主要措施有：建立危机处理决策、执行及责任机构，制定各种可预期极端情况的危机处理制度，包括危机的认定、授权和责任、业务恢复顺序、事后检讨和完善等内容，并根据严重程度对危机进行分级归类和管理；建立危机预警机制，包括信息监测及反馈机制；危机处理与业务持续制度应重点保证危机情况下公司业务的持续；业务持续管理机制演习至少每年进行一次。当针对环境变化准备开发新业务时，基金管理公司应该制定严密的论证和决策程序，对新业务进行全方位的风险评估，并对主要操作部门和支持部门的员工进行充分的培训。

（3）合规风险的防范与管理

合规风险在绝大多数情况下发生于基金管理人的制度决策层面和各级管理人员身上，往往带有制度缺陷和治理结构缺失。根据《基金管理公司风险管理指引（试行）》（2017），基金管理公司面临的合规风险主要包括投资合规性风险、销售合规性风险、信息披露合规性风险和反洗钱合规性风险四类。

投资业务是基金管理人的核心业务，投资合规性风险是投资业务人员违反相关法律法规和公司内部规章带来的处罚或损失的可能。主要的风险管理措施包括：建立有效的投资流程和投资授权制度；通过在交易系统中设置风险参数，对投资的合规风险进行自动控制，对于无法在交易系统自动控制的投资合规限制，应通过加强手工监控、多人复核等措施予以控制；重点监控投资组合投资中是否存在内幕交易、利益输送和不公平对待不同投资者等行为；对交易异常行为进行定义，并通过事后评估对基金经理、交易员和其他人员的交易行为进行监控，加强对异常交易的跟踪、监测和分析；每日跟踪评估投资比例、投资范围等合规性指标执行情况，确保投资组合投资的合规性指标符合法律法规和基金合同的规定；关注估值政策和估值方法隐含的风险，定期评估第三方估值服务机构的估值质量；对于以摊余成本法估值的资产，应特别关注影子价格及两者的偏差带来的风险，进行情境压力测试并及时制定风险管理情境应对方案。

销售业务同样是基金管理公司极具竞争性的业务，为避免不合法合规的销售行为影响投资者利益或出现恶意竞争，需要进行销售合规性风险管理。销售合规性风险管理的措施主要有：对宣传推介材料进行合规审核，不应出现如"百分百保证""欲购从速"等不当用语；对销售协议的签订进行合规审核，签约前对销售机构进行审慎调查，严格选择合作的基金销售机构；制定适当的销售政策和监督措施，防范销售人员违法违规和违反职业操守；加强对销售行为的规范和监督，防止延时交易、商业贿赂、误导、欺诈和不公平对待投资者等违法违规行为的发生。

信息披露是投资者了解基金业绩的主要通道，为避免基金管理公司披露的信息对投资者产生误导或对行业造成不良影响，需要对其合规性进行规范。该风险管理的措施主要包括：建立信息披露风险责任制，将应披露的信息落实到各相关部门，并明确其对提供的信息的真实性、准确性、完整性和及时性负全部责任；信息披露前应经过必要的合规性审查。

基金管理人是我国资本市场反洗钱的主要金融机构。为了更好地履行反洗钱义务，避免不法人员利用不同身份账户进行非法资金转移，致使投资者或基金公司利益受损，基金管理公司需要对其合规性风险进行管理，主要措施有：建立风险导向的反洗钱防控体系，合理配置资源；制定严格有效的开户流程，规范对客户的身份认证和授权资格的认定，对有关客户身份证明材料予以保存；从严监控客户核心资料的信息修改、非交易过户和异户资金划转；严格遵守资金清算制度，对现金支付进行控制和监控；建立符合行业特征的客户风险识别和可疑交易分析机制。

● 本章小结

中国证券监督管理委员会制定了《证券投资基金管理公司治理准则（试行）》并于2006年6月15日开始施行，该准则对股东、股东会、董事会、监事会、经理层、督察长的职责权限作出明确规定。中国证监会及其派出机构根据《中华人民共和国证券投资基金法》和《公开募集证券投资基金运作管理办法》（2014）对证券投资基金资金的募集、设立、交易、基金份额的申购和赎回、基金财产的投资、基金收益的分配、运作与信息披露、变更与清算以及其他基金运作活动进行监管。

基金内部控制主要指基金管理人，即基金管理公司的内部控制。内部控制制度有四个层次：第一个层次是公司章程；第二个层次是内部控制大纲；第三个层次是基本管理制度；第四个层次是部门管理制度。

基金管理公司内部控制的主要内容包括投资管理业务控制、销售业务控制、信息披露控制、会计系统控制、信息技术控制以及监察稽核控制六个部分。

证券投资基金投资决策运作流程主要分为三个阶段：一是投资决策；二是投资的执行与调整；三是投资执行结果的评估与报告。

基金投资过程中可能出现的风险可以粗略地划分为投资风险、操作风险和合规风险三类。投资风险又可分为市场风险、信用风险和流动性风险。操作风险可以分为制度和流程风险、信息技术风险、业务持续风险、人力资源风险、新业务风险和道德风险等。合规风险可以分为投资合规性风险、销售合规性风险、信息披露合规性风险和反洗钱合规性风险。

● 思考题

1.简述基金管理公司内部控制制度的主要内容。

2.基金管理公司的内部控制流程有哪几个步骤？每个步骤的主要内容或措施有哪些？

3.证券投资基金投资决策运作流程有哪几个阶段？具体投资流程大致有哪些内容？

4.证券投资基金面临的风险主要有哪些？

5.《证券投资基金管理公司治理准则（试行）》对证券投资基金管理公司的哪些主体进行监管？

6.《公开募集证券投资基金运作管理办法》对证券投资基金的哪些活动进行监管？

第12章　证券投资基金财务管理

中国证券业协会于2007年5月15日颁布了《证券投资基金会计核算业务指引》（简称《指引》），并于2012年11月进行了重新修订。这对规范证券投资基金会计核算业务、保证基金行业切实执行新会计准则、保护基金份额持有人的合法权益，无疑具有重大意义。证券投资基金的财务管理主要是对证券投资基金的会计信息进行进一步分析、提炼，为基金的运作提供决策依据，以提高基金的运作效率。只有充分了解证券投资基金的会计核算，才能更准确地理解证券投资基金所披露的信息，才能对证券投资基金的运作绩效作出更准确的评价。因此，证券投资基金财务管理最重要的内容就是对我国证券投资基金现行的会计核算作系统介绍和剖析。

12.1　证券投资基金财务会计概述

证券投资基金会计与基金管理公司会计是两个不同的概念。证券投资基金净资产的所有人是基金份额持有人，不是基金管理公司，基金管理公司只是接受基金份额持有人的委托管理证券投资基金资产，证券投资基金的本质是一种信托关系。因此，根据《指引》（2012）的规定，公司、基金托管人要保证基金资产的独立性，在会计上要实行分账管理、单独核算。不同基金在名册登记、账户设置、资金划拨、账簿记录等方面应当相互独立。

12.1.1　基金会计的目标与前提

会计理论体系以会计目标为起点，会计目标是整个会计理论体系的基础。会计目标主要明确为什么要提供会计信息、向谁提供会计信息、提供哪些会计信息等问题。证券投资基金会计的目标是真实反映基金的运作绩效，以便投资者进行投资决策，基金管理人清楚管理绩效，监管部门了解基金运作状况等。由于基金是公众的基金，所以证券投资基金要尽可能地向投资者披露各种详尽的会计信息。

基金会计的基本前提是指会计人员为实现会计目标而对所面临的变化不定、错综复杂的会计环境作出的合乎情理的判断。依据这些前提，会计人员才能确定会计核算的范围，即会计信息的范围、会计核算的内容、加工会计信息的方法和程序。会计核算的基本前提包括：会计主体、持续经营、会计分期和货币计量四项。

1. 会计主体

会计主体又称会计实体，是指会计为其服务的特定单位或组织。证券投资基金会计是以基金管理公司所管理的基金为会计核算主体，单独建账、独立核算，单独编制财务会计报告，并要求保证不同基金之间在名册登记、账户设置、资金划拨、账簿记录等方面相互独立。

2. 持续经营

持续经营是指会计主体的生产经营活动将无限期地延续下去，在可以预见的未来，会计主体不会因进行清算、解散、倒闭而不复存在。它是相对非持续经营而言的。它要求会计人员以会计主体持续、正常的经营活动为前提，在此前提下确定会计程序及会计处理方法，进行会计核算。封闭式证券投资基金因有明确的存续期，因此，它必须在可预见的封闭期内进行费用摊销等会计核算，不适用持续经营假设。开放式证券投资基金如果经营得好，就可以无限期经营下去，所以可适用持续经营假设。

3. 会计分期

会计分期是指将会计主体持续不断的经营活动分割为一定的期间。会计分期的目的在于通过会计期间的划分，据以结算账目，编制会计报表，从而及时地向有关方面提供反映经营成果和财务状况及其变动情况的会计信息，满足企业内部加强经营管理及其他有关方面进行决策的需要。证券投资基金的会计期间按年度划分，以日历年度为一个会计年度，每年1月1日至12月31日为一个会计年度，每一个会计年度还具体划分为半年度、季度、月度。

4. 货币计量

货币计量是指会计主体在会计核算过程中采用货币作为计量单位，记录、反映会计主体的经营情况。我国证券投资基金以人民币元为计量单位。

12.1.2　基金资产、负债和所有者权益

1. 基金资产

我国基金资产与一般企业资产相比存在两个明显的不同之处：

一是没有固定资产和流动资产之分，因为我国的证券投资基金都是契约型基金，本身没有有形机构，不需要购置固定资产，而且基金资产是由信托资金形成的，只能投资于有价证券，不会产生固定资产投资，因此也就没有必要进行固定资产和流动资产的划分。

二是没有现金科目，这是因为我国规定，基金份额持有人在申购或者赎回基金单位时，必须通过银行账户或证券资金账户转账完成，不受理现金业务，同时基金也不需要以现金支付费用，所以，基金没有现金业务往来。基金资产主要由存款与有价证券组成，因此基金在资产方面的核算主要侧重于证券投资和资产估值方面的核算。

基金资产业务通过下述14个资产会计科目核算，每个科目的具体核算内容如下：

（1）银行存款。本科目核算存入银行或其他金融机构的各种款项，包括活期存

款、协议存款和定期存款等。

（2）结算备付金。本科目核算为证券交易的资金结算而存入证券登记结算机构的款项。我国自2001年起实行全国集中统一运营的证券登记结算体制，中国证券登记结算有限责任公司下设上海、深圳、北京三家分公司，进行股票、债券基金等有价证券的登记、过户、结算及交易的确认和价款的结算等业务。因此，基金管理人从事证券买卖时，也必须在登记结算机构开立证券账户和资金账户，用以结算证券交易以及证券和资金的交割。

（3）存出保证金。本科目核算因办理业务需要存出或交纳的各种保证金款项，包括日常存出保证金、远期存出保证金、权证存出保证金等。这是由证券交易所规定的，因为基金公司是租用券商席位直接参与交易的，交易量很大，因此必须按交易量交纳一定的保证金来防止交易清算出错。

（4）股票投资。本科目核算股票投资的实际成本和价值变动（估值增值或减值）。本科目期末借方余额，反映基金持有的各类股票的公允价值。

（5）债券投资。对非货币市场基金，本科目核算债券投资的实际成本和价值变动（估值增值或减值）。对货币市场基金或中国证监会规定的特定基金品种，本科目核算以实际利率摊余成本估算的公允价值。本科目期末借方余额，反映持有各项债券的公允价值。

（6）资产支持证券投资。对非货币市场基金，本科目核算资产支持证券投资的实际成本和价值变动（估值增值或减值）。对货币市场基金或中国证监会规定的特定基金品种，本科目核算以实际利率摊余成本估算的公允价值。本科目期末借方余额，反映持有各项资产支持证券投资的公允价值。

（7）基金投资。本科目核算基金投资的实际成本和价值变动（估值增值或减值）。本科目期末借方余额，反映持有各类基金的公允价值。

（8）权证投资。本科目核算权证投资的实际成本和价值变动（估值增值或减值）。本科目期末借方余额，反映持有权证的公允价值。

（9）买入返售金融资产。本科目核算按照返售协议约定先买入再按固定价格返售的证券等金融资产所融出的资金。本科目期末借方余额，反映基金融出资金的账面价值。

（10）应收股利。本科目核算因股票投资、基金投资等应收取的现金股利或现金红利。本科目期末借方余额，反映尚未收取的现金股利或现金红利。

（11）应收利息。本科目核算债券投资、资产支持证券投资、买入返售金融资产、银行存款、结算备付金、存出保证金等应收取的利息。本科目期末借方余额，反映尚未收到的各项利息。

（12）应收申购款。本科目核算应向办理申购业务的机构收取的申购款项和转换转入款项（不含申购费和转换费）。本科目期末借方余额，反映尚未收回的有效申购款和转换转入款。

（13）其他应收款。本科目核算除存出保证金、买入返售金融资产、应收证券清算款、应收股利、应收利息、应收申购款以外的其他各项应收及暂付款项。本科目期末借方余额，反映尚未收回的其他应收款项。

（14）待摊费用。本科目核算已经发生的、影响基金份额净值小数点后第四位、应在受益期内分摊计入本期和以后各期的费用，如注册登记费、上市年费、账户服务费、信息披露费、审计费用和律师费用等。本科目期末借方余额，反映已发生但尚未摊销完毕的待摊费用。

2. 基金负债

由于证券投资基金的资金主要来自投资者的受托资金，而且我国规定基金不得融入长期资金用于证券投资，所以，基金负债主要是指应由基金支付的应付未付赎回款、费用、税收、利息等内容。因此，基金负债的总额一般较小。

基金负债业务通过以下 14 个会计科目核算，每个科目具体核算内容如下：

（1）短期借款。本科目核算按规定向银行或其他金融机构等借入的期限在 1 年以内（含 1 年）的各种借款。本科目期末贷方余额，反映尚未偿还的短期借款。

（2）交易性金融负债。本科目核算基金承担的交易性金融负债的公允价值。基金持有的直接指定为以公允价值计量且其变动计入当期损益的金融负债，也在本科目核算。衍生金融负债不在本科目核算。本科目期末贷方余额，反映基金承担的交易性金融负债的公允价值。

（3）卖出回购金融资产款。本科目核算基金按照回购协议先卖出再按固定价格买入的票据、证券等金融资产所融入的资金。本科目期末贷方余额，反映卖出到期的回购金融资产款。

（4）应付赎回款。本科目核算按规定应付基金份额持有人的赎回款和转换转出款。本科目期末贷方余额，反映尚未支付的基金赎回款或转换转出款。

（5）应付赎回费。本科目核算按规定计算的、应支付给办理赎回业务或转换业务的机构的赎回费或转换转出费。本科目期末贷方余额，反映尚未支付的基金赎回费用或转换转出费用。

（6）应付管理人报酬。本科目核算按规定计提的、应支付给管理人的报酬。本科目期末贷方余额，反映尚未支付给管理人的报酬。

（7）应付托管费。本科目核算按规定计提的、应支付给托管人的托管费。本科目期末贷方余额，反映尚未支付给托管人的托管费。

（8）应付销售服务费。本科目核算按规定计提的、应支付的销售服务费。本科目期末贷方余额，反映尚未支付的销售服务费。

（9）应付交易费用。本科目核算因证券交易而应支付的交易费用。本科目期末贷方余额，反映尚未支付的交易费用。

（10）应交税费。本科目核算按规定应缴纳的各项税费。本科目期末贷方余额，反映尚未缴纳的各项税费。

（11）应付利息。本科目核算基金按照合同约定应支付的利息，包括银行借款利息和卖出回购证券的利息支出等。本科目期末贷方余额，反映尚未支付的各项利息。

（12）应付利润。本科目核算应付基金份额持有人的利润。本科目期末贷方余额，反映尚未支付给基金份额持有人的利润。

（13）其他应付款。本科目核算除卖出回购金融资产款、应付赎回款、应付赎回费、应付管理人报酬、应付托管费、应付销售服务费、应付交易费用、应交税费、应付利息、应付利润等以外的其他各项应付款和暂收款。本科目期末贷方余额，反映尚未支付的其他应付的款项。

（14）预提费用。本科目核算预计将发生的、影响基金份额净值小数点后第四位、应在受益期内预提计入本期的费用，如注册登记费、上市年费、信息披露费、账户服务费、审计费用和律师费用等。本科目期末贷方余额，反映已提取但尚未支付的各项费用。

3. 共同类科目

在基金会计核算中，还存在一部分既有资产性质又有负债性质的科目，其被称为共同类科目，其特点是，需要依据期末余额所在的方向来界定其性质。证券投资基金共同类科目由证券清算款、远期投资、其他衍生工具、套期工具和被套期项目组成，通过该五个会计科目进行核算。

每个科目具体核算内容如下：

（1）证券清算款。本科目核算因买卖证券、回购证券、申购新股、配售股票、ETF现金替代等业务而发生的，应与证券登记结算机构或证券交易对手方办理资金结算的款项。本科目所属明细科目期末借方余额，反映尚未收回的证券清算款。本科目所属明细科目期末贷方余额，反映尚未支付的证券清算款。

（2）远期投资。本科目核算约定于到期日结算证券等标的物的合约的公允价值。本科目应在远期合约的交易日开始按其公允价值进行初始确认，在远期合约有效期内对其进行估值、后续计量，在远期合约到期结算时终止确认。本科目所属明细科目期末借方余额，反映远期买入证券的远期合约的估值增值或远期卖出证券的远期合约的估值减值。本科目所属明细科目期末贷方余额，反映远期买入证券的远期合约的估值减值或远期卖出证券的远期合约的估值增值。

（3）其他衍生工具。本科目核算除权证投资、远期投资以外的其他衍生金融资产或衍生金融负债的公允价值。本科目期末借方余额，反映除权证投资、远期投资以外的其他衍生金融资产的公允价值。本科目期末贷方余额，反映除远期投资以外的其他衍生金融负债的公允价值。

（4）套期工具。本科目核算基金开展套期保值业务（如公允价值套期）中套期工具公允价值变动形成的资产或负债。本科目期末借方余额，反映基金套期工具形成资产的公允价值。本科目期末贷方余额，反映基金套期工具形成负债的公允价值。

（5）被套期项目。本科目核算基金开展的套期业务中被套期项目公允价值变动形成的资产或负债。本科目期末借方余额，反映基金被套期项目形成资产的公允价值。

本科目期末贷方余额，反映基金被套期项目形成负债的公允价值。

4. 所有者权益

所有者权益是指基金的资产减去负债后的余额，包括实收基金、未分配利润等。证券投资基金所有者权益主要由实收基金、未实现利得、未分配收益组成。所有者权益通过四个会计科目核算，每个科目具体核算内容如下：

（1）实收基金。本科目核算对外发行基金份额所募集的总金额在扣除损益平准金分摊部分后的余额。本科目期末贷方余额，反映对外发行基金份额所对应的金额。

（2）损益平准金。本科目核算非利润转化而形成的损益平准项目，如申购、转换转入、赎回、转换转出款中所含的未分配利润和公允价值变动损益。期末，应将本科目已实现和未实现的余额分别转入"利润分配（未分配利润）"对应的明细科目，结转后本科目应无余额。

（3）本期利润。本科目核算本期的基金净利润（或净亏损）。期末，将本科目相应的明细科目结转到"利润分配（未分配利润）"对应的明细科目，借记本科目，贷记"利润分配（未分配利润）"科目。如为净亏损，做相反的会计分录。结转后，本科目应无余额。

（4）利润分配。本科目核算利润的分配（或亏损的弥补）和历次分配（或弥补亏损）后的余额。本科目期末余额，反映未分配利润（或未弥补亏损）。

5. 损益类科目

损益类账户是指按照损益类会计科目开设的，用以具体核算和监督基金运营过程中的收益和费用、损失，以便计算确定损益的账户。该类账户主要是指那些用来反映基金运营过程中收入和费用的账户。损益类账户通过11个会计科目核算，每个科目具体核算内容如下：

（1）利息收入。本科目核算因债券投资、资产支持证券投资、银行存款、结算备付金、存出保证金、按买入返售协议融出资金等而实现的利息收入。期末，应将本科目贷方余额全部转入"本期利润"科目，结转后本科目应无余额。

（2）公允价值变动损益。本科目核算基金持有的以公允价值模式计量的交易性金融资产、交易性金融负债的公允价值变动形成的应计入当期损益的利得或损失。期末，应将本科目余额全部转入"本期利润"科目，结转后本科目应无余额。

（3）投资收益。本科目核算买卖股票、债券、资产支持证券、基金等实现的差价收益，股票、基金投资等获得的股利收益以及衍生工具投资产生的相关损益，如卖出或放弃权证、权证行权等实现的损益。期末，应将本科目的余额全部转入"本期利润"科目，结转后本科目应无余额。

（4）其他收入。本科目核算基金确认的除上述收入以外的其他各项收入，包括赎回费扣除基本手续费后的余额、手续费返还、ETF替代损益，以及基金管理人等机构为弥补基金财产损失而支付给基金的赔偿款项等。期末，应将本科目的余额全部转入"本期利润"科目，结转后本科目应无余额。

（5）管理人报酬。本科目核算按规定计提的基金管理人报酬，包括管理费和业绩报酬。期末，应将本科目的借方余额全部转入"本期利润"科目，结转后本科目应无余额。

（6）托管费。本科目核算按规定计提的托管费。计提托管费时，借记本科目，贷记"应付托管费"科目；支付托管费时，借记"应付托管费"科目，贷记"银行存款"科目。期末，应将本科目的借方余额全部转入"本期利润"科目，结转后本科目应无余额。

（7）销售服务费。本科目核算按规定计提的销售服务费。计提销售服务费时，借记本科目，贷记"应付销售服务费"科目；支付销售服务费时，借记"应付销售服务费"科目，贷记"银行存款"科目。期末，应将本科目的借方余额全部转入"本期利润"科目，结转后本科目应无余额。

（8）交易费用。本科目核算进行股票、债券、资产支持证券、基金、权证等交易而发生的交易费用。交易费用是指可直接归属于取得或处置某项基金资产或承担某项基金负债的新增外部成本，包括支付给交易代理机构的规费、佣金、代征的税金及其他必要且可以正确估算的支出。回购的交易费用和货币市场基金中以摊余成本法核算的投资交易所发生的交易费用应作为取得成本，计入相关基金资产或基金负债的价值。期末，应将本科目的借方余额全部转入"本期利润"科目，结转后本科目应无余额。

（9）利息支出。本科目核算基金运作过程中发生的银行借款利息支出、交易性金融负债利息支出、卖出回购金融资产支出等。期末，应将本科目的借方余额全部转入"本期利润"科目，结转后本科目应无余额。

（10）其他费用。本科目核算基金运作过程中发生的除上述费用以外的其他各项费用，如注册登记费、上市年费、信息披露费用、账户服务费、持有人大会费用、审计费用、律师费用等。期末，应将本科目的借方余额全部转入"本期利润"科目，结转后本科目应无余额。

（11）以前年度损益调整。本科目核算本年度发生的调整以前年度损益的事项。本年度资产负债表日至财务会计报告批准报出日之间发生的需要调整报告年度损益的事项也在本科目中核算。

【知识链接12-1】　　　　资产支持证券投资账务处理

1. 对非货币市场基金，"资产支持证券投资"科目核算资产支持证券投资的实际成本和价值变动（估值增值或减值）；对货币市场基金或中国证监会规定的特定基金品种，本科目核算以实际利率摊余成本估算的公允价值。

2. 对非货币市场基金，"资产支持证券投资"科目可按资产支持证券投资的种类，分别对"成本"和"估值增值"进行明细核算；对货币市场基金，本科目可按资产支持证券投资的种类，分别"面值"和"折溢价"进行明细核算。

　　3.资产支持证券投资的主要账务处理。基金取得资产支持证券支付的款项时，应当区分属于资产支持证券投资的本金部分和证券投资收益部分。对非货币市场基金，将收到的本金部分冲减本科目（成本）；对货币市场基金，将收到的本金部分冲减本科目（面值），并相应结转本科目（折溢价）。将收到的收益部分冲减应计利息（若有）后的差额，计入资产支持证券利息收入。对于资产支持证券的付息延期，若确定其付息的可能性仍很大，可不调整已确认的利息收入。其他与资产支持证券投资相关业务的账务处理比照债券投资。

　　4.本科目期末借方余额，反映持有各项资产支持证券投资的公允价值。

资料来源　《证券投资基金会计核算业务指引》（2012）。

12.1.3　基金收入、费用和利润

　　基金利润也称基金收益，是基金收入减去基金费用后的余额。要正确表示基金经营业绩时，还必须加上本期的未实现资本利得，因为开放式基金是按基金单位净值交易的。在基金单位净值中，既包含了基金收益，也包含了基金的未实现资本利得，即"本期的基金净值增长额=本期基金收益+未实现资本利得"。因此，考核基金经营业绩的更重要指标是基金单位净值增长额，而不是基金单位收益。当然，基金单位收益是影响基金单位净值变化的一个重要因素。

　　1.基金收入

　　基金收入主要由资本利得和当期收入两部分组成。

　　（1）资本利得

　　资本利得是指证券的卖价高于买价的差额。对于大部分证券投资基金特别是成长型基金而言，资本利得是其收益的最重要组成部分。资本利得主要由股票差价收入、债券差价收入两部分组成，并通过"股票投资估值增值"和"债券投资估值增值"（或"债券投资折溢价"）两个科目核算。

　　（2）当期收入

　　无论是开放式基金还是封闭式基金，银行存款都是基金资产的常见形式。固定收益证券是平衡型基金和债券基金的重要投资对象，它带来的利息收入是这些基金收益的重要组成部分。上市公司会定期向股东分配现金或股票形态的股息收入，成熟市场的上市公司通常会分配稳定的现金股利。我国的上市公司以股票分红居多，但近年来有向现金分红转变的趋势。

　　因此，基金当期收入主要包括两部分：利息收入和股息收入。其中，利息收入又可以分为三部分：债券利息收入、存款利息收入和买入返售金融资产收入。为核算基金的当期收入，我国《证券投资基金会计核算业务指引》（2012）设置了"股利收益"（包括股票投资、基金投资等应收取的现金股利或现金分红）、"应收利息"（包括债券投资、资产支持证券投资、买入返售金融资产、银行存款、结算备付金、存出保证金等应收取的利息）、"应收申购款"和"其他收入"四个会计科目进行核算。

2. 基金费用

基金费用主要是指必须由基金资产支付的持续性费用和融资利息支出等，主要包括基金管理费用、基金托管费、证券交易费用、银行汇划费用以及信息披露费用、律师费、审计费等。基金费用通过"管理人报酬"、"基金托管费"、"卖出回购金融资产款"、"销售服务费"、"交易费用"、"利息支出"和"其他费用"七个科目进行核算。

3. 基金利润

基金利润是指基金的当期收益，即上述各项收入减去各项费用后的余额。基金当期收益与可供分配收益是不同的，可供分配收益还包含上期留存的尚未分配的收益，即"可供分配收益=当期收益+未分配收益"，其中未分配收益会受因基金会计政策和处理方法变化而产生的"以前年度损益调整"的影响。因此，在进行收益分配前，必须进行"以前年度损益调整"。

12.2 证券投资基金财务报告

会计核算的目的就是通过一定的会计方法和会计程序，将基金的经营成果以财务报告的形式反映出来。基金应当按照新的企业会计准则的规定设置会计科目，并按照企业会计准则所附的报表格式定期编制财务报告。基金财务报告应当包括资产负债表、利润表、所有者权益（基金净值）变动表、附注和其他应当在财务报告中披露的相关信息及资料。基金可以根据实际需要在不违反企业会计准则中确认、计量和报告规定的前提下自行设置相关会计科目。

12.2.1 基金财务报告编报的总体要求

由于基金是公开募集的，具有大众型特点，因此基金的财务报告必须通过指定的媒体向公众披露，并接受公众及监管部门的检查监督。所以，一般来说，对基金的财务会计报告，各国都有较严格的规定。我国《证券投资基金会计核算业务指引(2012)》对基金财务会计报告的编报总体上有如下几条规定：

（1）基金管理人和基金托管人进行基金会计确认、计量和报告应以权责发生制为基础，并遵循实质重于形式原则、重要性原则、谨慎性原则和及时性原则，确保对外提供的财务会计报告的信息真实、可靠、完整、相关、明晰及可比。

（2）基金财务会计报告分为年度、半年度、季度和月度财务会计报告。季度、月度财务会计报告通常仅指会计报表，国家统一的会计制度另有规定的除外。半年度、年度财务会计报告至少应披露会计报表和会计报表附注的内容。

（3）财务会计报告包括会计报表、会计报表附注和其他应当在财务会计报告中披露的相关信息和资料。会计报表至少应包括资产负债表、利润表和所有者权益（基金净值）变动表。会计报表一般以人民币"元"为金额单位，"元"以下填至"分"。会计报表编报期的要求见表12.1。

（4）会计报表附注至少应披露重要会计政策和会计估计、会计政策和会计估计变更及差错更正的说明、报表重要项目的说明和关联方关系及其交易等内容。关联方关系及其交易应披露基金与基金管理人、基金托管人、能够控制或对基金管理人施加重大影响的股东等关联方在报告期内存在的关系与交易等。

表12.1 　　　　　　　　　　　　　　**会计报表的编报期**

编号	会计报表名称	编报期
会证基01表	资产负债表	中期报告、年度报告
会证基02表	利润表	中期报告、年度报告
会证基03表	所有者权益（基金净值）变动表	中期报告、年度报告

（5）向外提供的基金财务会计报告应依次编定页数，加具封面，装订成册，加盖公章。封面应注明基金管理人和基金托管人名称、基金名称、基金合同生效日期，报告所属年度、月份、送出日期等，并由基金管理人单位负责人和主管会计工作的负责人、会计机构负责人（会计主管）签名并盖章。

12.2.2　基金资产负债表

资产负债表是反映基金某一特定日期财务状况的会计报表，它是根据资产、负债和所有者权益之间的相互关系，按照一定的分类标准和一定的顺序，把基金一定日期的资产、负债和所有者权益各项目进行适当排列，并对日常工作中形成的大量数据进行高度浓缩整理后编制而成的。它表明基金在某特定日期所拥有或控制的经济资源、所承担的现有义务和所有者对净资产的要求权。

资产负债表可以显示某一日期资产的总额及其结构，表明基金拥有或控制的经济资源及其分布情况；可以反映某一日期负债的总额及其结构，表明基金未来需要用多少资产清偿债务；可以反映某一日期所有者权益的情况，表明基金份额持有人在基金资产中所占的份额，了解所有者权益的构成情况。表12.2列示了博时平衡配置混合型证券投资基金2022年半年报中所公布的资产负债表。

表12.2显示了博时平衡配置混合型证券投资基金2022年6月30日这一时点的资产、负债及所有者权益的情况。本表2022年6月30日（即"本期末"）一栏根据相关科目的期末余额分析填列。与一般企业资产不同的是，基金必须经常性地进行资产估值，并把估值结果列入资产价值。基金资产估值的目的是客观、准确地反映每个基金单位的资产价值，使投资者了解基金资产是否做到保值、增值，以便作出投资决策。作为开放式基金，博时平衡配置混合型证券投资基金的基金单位的交易价格等于基金单位净值，因此基金估值是开放式基金申购和赎回业务的基础。如果基金单位资产净值不能得到合理评估，那么"稀释"效应将损害投资者的利益。例如，如果基金单位的价值被高估，那么当时进行赎回的股东将获得额外的收益，却"稀释"（损害）了未赎回股东的利益。类似地，当基金以低于其单位资产净值的价格出售基金股份时，这时新申购的股东将获得额外收益，而原股东的利益则会受到稀释。另外，当

表12.2   **博时平衡配置混合型证券投资基金资产负债表**   会证基01表

编制单位：博时平衡配置混合型证券投资基金   2022年6月30日   单位：元

资产	期末余额	年初余额	负债和所有者权益	期末余额	年初余额
资产：			负债：		
银行存款	7 702 387.88	3 897 713.77	短期借款	—	—
结算备付金	4 068 696.04	6 092 794.91	交易性金融负债		
存出保证金	131 958.20	69 305.25	衍生金融负债		
交易性金融资产	365 183 669.91	329 141 294.86	卖出回购金融资产款	—	—
其中：股票投资	229 904 074.80	214 636 763.56	应付证券清算款	2 998 143.94	—
基金投资	—	—	应付赎回款	170 730.09	162 992.26
债券投资	135 279 595.11	114 504 531.30	应付管理人报酬	474 933.79	562 285.55
资产支持证券投资	—	—	应付托管费	79 155.64	93 714.25
贵金属投资			应付销售服务费		
衍生金融资产			应付税费	7 423.39	3 649.63
买入返售金融资产	27 000 000.00	95 500 000.00	应付利息		
应收证券清算款		3 736 334.85	应收利润		
应收股利			递延所得税负债	—	—
应收申购款	49 047.14	13 576.43	其他负债	748 649.37	456 281.10
递延所得税资产	—	—	负债合计	4 479 036.22	1 278 922.79
其他资产	—	2 166 283.91	所有者权益：		
			实收基金	390 540 632.38	364 928 250.62
			未分配利润	9 116 090.57	74 410 130.57
			所有者权益合计	399 656 722.95	439 338 381.19
资产总计	404 135 759.17	440 617 303.98	负债和所有者权益总计	404 135 759.17	440 617 303.98

    附注：基金份额净值1.023元，基金份额总额390 540 632.38份。

基金单位的价格被错定，进行短期套利的投资者增多时，基金的投资顾问将不得不保持高比例的现金或被迫将部分基金资产变现，这显然不利于基金的投资。同时，大规模的套利赎回还会导致经纪和管理成本增加。此外，对于封闭式基金而言，尽管基金单位的交易价格并不等于基金单位资产净值，但单位资产净值仍然是投资者在买卖封闭式基金单位时考虑的重要因素。

在资产负债表的编制中，如果本年度资产负债表规定的各个项目的名称和内容同上年度不一致，应对上年年末资产负债表各项目的名称和数字按照本年度的规定进行调整，填入资产负债表"年初余额"栏内。

12.2.3 基金利润表

利润表依据"收入－费用=利润"进行编制，反映一定期间内基金实现的利润情况。通过利润表，我们一般可以对上市公司的经营业绩、管理的成功程度作出评估，从而评价投资者的投资价值和报酬。表12.3列示了博时平衡配置混合型证券投资基金2022年半年报中所公布的利润表。

表12.3 　　　　　　　　 博时平衡配置混合型证券投资基金利润表 　　　　　 会证基02表

编制单位：博时平衡配置混合型证券投资基金　　2022年6月　　　　　　　　　　　　单位：元

项　目	本期金额	上期金额
一、收入	−17 670 917.56	12 802 449.98
1.利息收入	370 213.19	3 278 447.42
其中：存款利息收入	65 602.89	56 975.52
债券利息收入	—	2 725 197.11
资产支持证券利息收入	—	—
买入返售金融资产收入	304 610.30	496 274.79
其他利息收入	—	—
2.投资收益（损失以"−"号填列）	−22 474 816.68	52 615 046.19
其中：股票投资收益	−26 973 597.56	48 556 983.32
基金投资收益	—	—
债券投资收益	2 157 876.79	1 891 582.29
资产支持证券投资收益	—	—
贵金属投资收益	—	—
衍生工具收益	—	—
股利收益	2 340 904.09	2 166 480.58
3.公允价值变动收益（损失以"−"号填列）	4 429 022.95	−43 112 596.11
4.其他收入（损失以"−"号填列）	4 662.98	21 552.48
二、费用	3 436 065.45	5 441 434.69
1.管理人报酬	2 844 651.90	3 441 680.41

续表

项 目	本期金额	上期金额
2.托管费	474 108.67	573 613.38
3.销售服务费	—	—
4.交易费用	—	—
5.利息支出	7 240.61	625.58
其中：卖出回购金融资产支出	7 240.61	625.58
6.其他费用	106 947.45	1 420 399.52
三、利润总额	–21 106 983.01	7 361 015.29

利润表涵盖了一个特定期间，这个期间可以是1个月，或者6个月，或者1年。在本例中，该利润表涵盖的期间为6个月。本表"本期"栏反映各项目在2022年度上半年内的实际发生数。在编报年度报表时，"上年度可比期间"栏填列2021年度上半年的累计实际发生数。

针对利润表常用的两种评估方法是：

第一，通过基金在一定时期内的利润或亏损数额来分析公司的经济效益及盈利能力，评价公司的管理业绩。根据表12.3，博时平衡配置混合型证券投资基金在2022年度上半年的运营中净利润为–0.21亿元，较上期减少了约0.28亿元。

第二，分析基金各种利润来源占利润总额的比重，了解推动基金利润增长或亏损加剧的根源。通过对净利润来源的比较，我们可以看到：投资收益是此次亏损的主因。另外，费用占收入的19%，是利润的第二个影响因素。利润金额不仅取决于收入和费用，还取决于直接计入当期利润的利得和损失金额的计量。

【知识链接12-2】　　　　利润表（会证基02表）编制说明

1. 本表反映一定期间内基金实现的利润情况。

2. 本表"本期金额"栏反映各项目的本期实际发生数。在编报年度报表时，"上期金额"栏改为"上年金额"，填列上年全年累计实际发生数。如果上年度本表与本年度本表的项目名称和内容不一致，应对上年度报表项目的名称和数字按本年度的规定进行调整，并将其填入本表"上年金额"栏。

3. 本表"本期金额"栏各项目的内容及其填列方法：

（1）"利息收入"项目，反映本期基金实现的利息收入，本项目应根据"利息收入"科目、期末结转"本期利润"科目的数额分析计算填列。

（2）"投资收益"项目，反映本期基金实现的证券投资收益、衍生工具收益和股利收益等。本项目应根据"投资收益"科目、期末结转"本期利润"科目的数额分析计算填列。

（3）"公允价值变动净收益"项目，反映本期产生的公允价值变动损益。本项目应根据"公允价值变动损益"科目借贷方发生额分析计算填列。如为公允价值变动损失，应以"-"号填列。

（4）"其他收入"项目，反映除上述收入以外的其他各项收入。本项目应根据"其他收入"科目、期末结转"本期利润"科目的数额分析计算填列。如为其他损失，应以"-"号填列。

（5）"管理人报酬""托管费""销售服务费"项目分别反映按照基金合同和招募说明书的规定计提的基金管理人报酬、托管费、销售服务费。本项目应分别根据"管理人报酬""托管费""销售服务费"科目、期末结转"本期利润"科目的数额分析计算填列。

（6）"交易费用"项目，反映在非货币市场基金运作过程中发生的各项交易费用。本项目应根据"交易费用"科目、期末结转"本期利润"科目的数额分析计算填列。

（7）"利息支出"项目，反映基金运作过程中发生的各项利息支出。本项目应根据"利息支出"科目、期末结转"本期利润"科目的数额分析计算填列。其中，"卖出回购金融资产支出"项目，应根据"利息支出"明细科目、"卖出回购金融资产支出"、期末结转"本期利润"科目的数额分析计算填列。

（8）"其他费用"项目，反映在基金运作过程中发生的除上述费用支出之外的其他各项费用。本项目应根据"其他费用"科目、期末结转"本期利润"科目的数额分析计算填列。

（9）"利润总额"项目，反映本期基金利润总额，如为亏损总额，应以"-"号填列。

资料来源　《证券投资基金会计核算业务指引》（2012）。

12.2.4　所有者权益（基金净值）变动表

基金单位净值是开放式基金办理申购和赎回的唯一依据，也是决定封闭式基金交易价格的重要依据之一，因此，基金管理公司要定期向投资者披露基金净值及其变化情况。所有者权益（基金净值）变动表反映一定时期基金所有者权益增减变动的情况。表12.4显示了博时平衡配置混合型证券投资基金2022年半年报中所公布的所有者权益（基金净值）变动表。

所有者权益（基金净值）变动表应披露下列项目产生的基金净值变动：

（1）经营活动产生的基金净值变动。

（2）基金单位交易产生的基金净值变动。

（3）向基金份额持有人分配收益产生的基金净值变动。

故博时平衡配置混合型证券投资基金的所有者权益（基金净值）变动表中的各项目根据期初所有者权益（基金净值）构成、本期基金经营活动产生的基金净值变动（基

表12.4　　博时平衡配置混合型证券投资基金所有者权益（基金净值）变动表　　会证基03表

编制单位：博时平衡配置混合型证券投资基金 2022年1月1日至2022年6月30日　单位：人民币元

项目	本期金额			上期金额		
	实收基金	未分配利润	所有者权益合计	实收基金	未分配利润	所有者权益合计
一、期初所有者权益（基金净值）	364 928 250.62	74 410 130.57	439 338 381.19	374 043 510.84	149 622 964.09	523 666 474.93
二、本期经营活动产生的基金净值变动数（本期净利润）	25 612 381.76	65 294 040.00	39 681 658.24	10 369 343.57	78 512 245.46	68 142 901.89
三、本期基金份额交易产生的基金净值变动数（净值减少以"-"号填列）	25 612 381.76	662 655.54	26 275 037.30	10 369 343.57	-1 905.66	10 367 437.91
其中：1.基金申购款	34 752 752.45	530 915.05	35 283 667.50	51 591 893.30	9 812 989.41	61 404 882.71
2.基金赎回款	9 140 370.69	131 740.49	9 008 630.20	41 222 549.73	9 814 895.07	51 037 444.80
四、本期向基金份额持有人分配利润产生的基金净值变动数（净值减少以"-"号填列）	-	44 849 712.53	44 849 712.53		85 871 355.09	85 871 355.09
五、期末所有者权益（基金净值）	390 540 632.38	9 116 090.57	399 656 722.95	384 412 854.41	71 110 718.63	455 523 573.04

金净利润）、本期基金份额交易产生的基金净值变动、本期向基金份额持有人分配利润产生的基金净值变动、期末所有者权益（基金净值）构成等情况列示。本表"未分配利润"栏反映当期基金的利润分配情况，包括期初基金未分配利润、当期利润总额、当期损益平准金、当期已分配利润以及期末未分配利润等信息。

12.2.5　基金资产净值周报表

我国封闭式基金单位资产净值主要通过三大证券报（《中国证券报》、《上海证券报》和《证券时报》）以及各主要财经网站对外发布。封闭式基金单位资产净值在各大证券报上主要以表格形式披露。从2001年3月13日起，10家基金管理公司和5家托管银行就基金净值公告的格式及内容等问题达成共识，一直沿用至今。基金净值公告的格式和内容规定如下：

（1）建议有关媒体在公告证券投资基金资产净值时，所列基金按基金设立时间先后排序。

（2）封闭式基金每周六公告本周五单位资产净值一次（节假日顺延）。

（3）证券投资基金资产净值周报表内容及格式见表12.5。

表12.5 **证券投资基金资产净值周报表**

截止时间：　　年　月　日　　　　　　　　单位：人民币元

序号	1	2	3	4
基金代码				
基金名称				
基金资产净值				
基金份额净值				
基金规模				
设立时间				
管理人				
托管人				
未经审计的单位拟分配收益				

注：（1）本表所列某月某日的数据由有关基金管理公司计算，基金托管银行复核后提供。

（2）基金资产净值按照基金所持有的股票的当日平均价计算。

（3）累计净值=单位净值+基金建立以来累计派息金额。

（4）未经审计的单位拟分配收益由基金管理人根据基金上年度单位可分配收益，按照《证券投资基金管理暂行办法》规定的收益分配比例（至少90%）计算、基金托管人复核后得出，未经会计师事务所审计。在有关财务数据经过会计师事务所审计后，基金单位净收益、单位分配收益及其权益登记日、红利派发日等收益分配有关事项，以基金年报和基金分红派息公告为准。

　　封闭式基金的交易价格也可以通过证券交易所的行情系统或互联网进行查询。封闭式基金的代码共有6位，其中在上海证券交易所上市的封闭式基金代码的前两位是50，如基金金泰的代码为500001；在深圳证券交易所上市的封闭式基金代码的前两位是18，如基金开元的代码为184688。通过证券交易所的封闭式基金行情系统，投资者可以获得封闭式基金交易的详细情况，如价格、成交量、价格走势、最近几周单位资产净值、基金报表和基金投资组合概况等。

　　开放式基金在进入日常申购和赎回期后，其单位资产净值每天都进行公布，公布途径包括三大证券报、托管银行（也是基金单位的代销银行）网站和基金管理公司自身网站。从2002年8月15日起，深圳证券交易所利用交易所行情发布系统向广大投资者揭示基金管理人提供的前一交易日开放式基金份额净值，首只利用该系统发布单位资产净值的开放式基金是融通新蓝筹。深圳证券交易所行情系统中的"前收盘"一栏揭示了每百份开放式基金单位在前一交易日收盘后的单位资产净值。由于我国开放式基金的申购和赎回采用"全额申购、份额赎回"原则，如果投资者在T日向基金提出申购或赎回要求，那么在T+1日，他可以通过证券交易所的开放式基金查询系统查知他购买时基金的单位资产净值。如果开放式基金尚未进入申购和赎回期，证券交易所行情系统揭示的是该基金的认购价格加上认购或赎回费用。如融通新蓝筹在发行期间通过证券交易所揭示的价格为101元，即每百份融通新蓝筹的认购价格为100元加上1元的认购费用。

　　利用证券交易所系统查询开放式基金单位资产净值时，投资者要使用深交所编制的开放式基金代码。开放式基金代码由6位阿拉伯数字组成，前两位"16"或"15"表示开放式基金，中间两位为基金管理公司的代码，后两位为该基金管理公司发行的全部开放式基金的顺序号。开放式基金的简称由4个汉字字符串或长度不超过4个汉字的字符串构成。例如，融通新蓝筹开放式基金，其基金代码为"161601"，简称"新蓝筹"。

　　单位初值是指基金在每一个会计年度第一个交易日的单位净值，扣除每基金单位实际分红后的余额，它等于基金在上一个会计年度最后一个交易日的单位净值，减去其每单位实际派发的红利金额。对于已公布年度报告和分红派息公告的基金，增长率=（单位净值−单位初值）÷单位初值。

　　调整后单位初值、调整后单位净值是专门针对拟进行分红派息的基金而言的，它们指的是在现有单位净值、单位初值基础上，扣除单位拟分配收益后的余额。如果某基金拟在某个时间进行年度收益分配而尚未公布年报和分红派息公告，则调整后单位初值是指单位初值扣除未经审计的单位拟分配收益后的余额。调整后单位净值是指单位净值扣除未经审计的单位拟分配收益后的余额。对于拟进行年度收益分配而尚未公布年报和分红派息公告的基金，增长率=（调整后净值−调整后初值）÷调整后初值。

　　累计净值是指基金自设立以来，在不考虑历次分红派息情况的基础上的单位资产净额，它等于基金目前的单位净值，加上基金自设立以来累计派发的红利金额。它反映了基金从设立之日起，一个连续时段上的资产增值情况。

　　"最新净值"指上个周五的收盘后的净值，"上次净值"是指再上个周五收盘后的净值，"增减"是指前者与后者之差，"增减比例"是指增减与上次净值之比。

　　另外一个与基金净值相联系的概念是升贴水率，它只与封闭式基金相联系，因为封闭式基金在证券交易所上市交易，并且交易价格与基金单位资产净值并不吻合。升贴水率等于基金单位市场价格与基金单位资产净值之差除以基金单位资产净值。

12.3　证券投资基金的税收

　　广义的基金税收包括基金本身的税收、基金投资者的税收、基金管理公司的税收和基金托管人的税收等；狭义的基金税收仅包括基金本身的税收和基金投资者的税收。我们在这里所说的基金税收是指狭义的基金税收。

12.3.1　美国的基金税收

美国为避免对基金收入进行重复征税，原则上规定基金的股息收入、利息收入和资本利得免税。股息、利息来源于基金组合中证券分配的利息和红利，它们必须在投资者的收益分配中列为红利（Dividend）。资本利得分配代表了基金出售组合中持有期超过一年的证券获得的价差收入。对共同基金的收入和资本利得的特殊税收待遇由1936年《收入法案》（Revenue Act of 1936）确立。另外，根据1942年颁布的税法，投资公司从基金资产中获得的利息、股息和资本利得在满足一定条件的情况下可以免税。1986年的《国内税收法典》的M子章对共同基金的收入和资本利得作出进一步规定，要想获得1986年《国内税收法案》的优惠税收待遇，基金必须满足不同的投资分散化标准，并且证明基金收益的来源。具体要满足以下两个方面的要求：第一，它必须是经过证券管理部门登记注册的合法公司；第二，该公司必须是"受控投资公司"。

所谓"受控投资公司"，须满足以下条件：

（1）公司90%以上的总收入来自股息、利息和销售证券所得，且总收入中短期资本增值的收益不能超过30%。

（2）投资必须分散化，来自3个月之内的证券销售总收入不得高于70%，至少有50%的资产是现金、证券债券或多样化证券。

（3）在任何一个纳税年度，其应税股息、利息等的分配不得低于总投资收入（股息和利息收入减去费用）和短期资本收益的90%，其中已实现的长期证券利润可以保留，但必须纳税。而"非受控公司"则必须缴纳正常的营业税和所得税。

从2001年开始，基金出售组合中持有期超过5年的证券获得的资本利得，可以享受"合格的5年资本利得"税收待遇，税率为8%，而不是传统的10%。事实上，大部分投资基金管理公司都享有免税的权利。作出这样的规定，主要是为了保护投资者的利益，限制基金管理人的不当操作及其他行业兼营投资基金业务。

1986年修订后的新税法规定：基金受益人的所有利息、股利收入和资本利得都视同普通收入，申报收入时列入综合税项。对非美国受益人的投资收益，课征30%的所得税。

投资专家认为，由于多数基金在年末分配收益，为避税，投资者应避免在11月和12月大规模地购买基金股份，可将购买时间推迟到下年的1月份。投资者在购买基金股份时应采取"时机"策略。其他重要因素，如基金类型和预期收益的数量在购买基金股份之前应予以考虑。如购买货币市场基金的时机与课税无关，因为货币市场基金每天公布收益分配，投资者每天都要计算应缴税款。

12.3.2　英国的基金税收

从1997年开始，英国引入了一种新的UCITS形式——开放式投资公司（The Open-ended Investment Company，OEIC）。OEIC的课税方式与经认可的单位信托基本一致，它们可以合称为"经认可的投资基金"（Authorized Investment Funds，AIF）。

AIF的总体税收原则如下：

如果AIF是英国公司（即在英国注册的公司型基金），其收入（股息和利息）必须课税，公司所得税税率为20%。已实现和未实现的资本利得免税，期货和期权交易的资本利得免税。

在对AIF的股息和利息征税时，AIF可以将课税对象视作英国的公司居民。但AIF的课税仍然与一般公司不同。例如，债券型证券是根据所得税法（The Income Tax）而不是公司所得税法征税的。AIF的收入如何课税依赖于收入的来源。AIF从英国公司居民收到的红利收入免税。此类红利收入和10%的可归结抵免统称为免税的（Franked）投资收入。非免税（Unfranked）收入包括英国债券和银行存款利息、外国存款利息和红利等，非免税的收入受公司税法的辖制。从2001年4月1日起，英国AIF从英国公司获得的利息收入将按20%的税率课税。通过英国与其他国家的税收协定，AIF可以通过被征收的外国预提所得税进行双边税收抵免。

前面提到，AIF已实现和未实现的资本利得免税，这项免除意味着只有在进行分配时，资本利得才被课税。这项免除只与英国税法有关，如果某AIF投资于外国证券，其获得的资本利得将受到该国关于资本利得的税法的辖制。在分配期间，AIF必须将其所有的净收入予以分配。大部分的基金每6个月分配一次，还有部分基金每1个月分配一次。红利获得10%的税收减免，AIF获得的利息通常缴纳20%的所得税。

针对基金持有者的税收原则基本如下：

（1）来自英国公司的红利和利息收入须纳税。

（2）基金持有者处置基金单位的资本利得将被征收资本利得税。如果基金持有者是个人，则适用个人所得税；如果是公司，则适用公司所得税。但公司处置持有的债券基金获得的资本利得可免除资本利得税。

（3）AIF的收益分配方式（红利或利息）决定了分配的税收待遇。

（4）基金的公司投资者获得的红利分配与个人投资者获得的红利分配的课税方式不同。

（5）从累积基金获得的收入在还未分配的情况下仍然要课税。

12.3.3 我国的基金税收

在我国，证券投资基金的税收问题主要涉及管理人和投资人的增值税、所得税、印花税。

1. 增值税

根据《财政部 国家税务总局关于全面推开营业税改征增值税试点的通知》（财税〔2016〕36号）、《财政部 国家税务总局关于明确金融、房地产开发、教育辅助服务等增值税政策的通知》（财税〔2016〕140号）、《财政部 国家税务总局关于资管产品增值税政策有关问题的补充通知》（财税〔2017〕2号）、《财政部 国家税务总局关于资管产品增值税有关问题的通知》（财税〔2017〕56号）、《中华人民共和国证券投资基金法》等法律法规、各类监管文件的规定，基金财产投资的相关税收，由基金份额持有人承担。管理人自2018年1月1日起（含）将对存续及新增产品发生的增值税应税行为按照相关规定以及税务机关的要求计算和缴纳增值税税款及附加税费。前述税款及附加税费是产品管理、运作和处分过程中发生的，将由产品资产承担，从产品资产中提取缴纳，可能会使相关产品净值或实际收益降低。

（1）基金管理人

基金管理人因管理投资基金而取得的管理费，按"直接收费金融服务"缴纳增值税。税法规定，从2017年7月1日起，资管产品运营过程中发生的增值税应税行为，以资管产品管理人（公司型或合伙型）为增值税纳税人。管理人以自己的名义，用投资基金实行对外投资取得的收益缴纳增值税，并区分持有收益与转让收益分别确定纳税义务：

对于持有期间取得的分配（含持有至到期），凡合同中明确承诺到期本金可全部收回的，其取得的收益（固定收益或浮动收益）按"贷款服务"缴纳增值税；反之，投资于非保本产品，持有收益不征增值税。

对于转让收益，按照"金融商品转让"缴纳增值税，其中管理人运用基金买卖股票、债券的差价收入可享受免征增值税优惠。

（2）证券投资基金投资人

投资人（包括单位和个人）取得的持有收益（含持有至到期）若属于保本型基金，按"贷款服务"缴纳增值税。其中，小规模纳税人（含自然人）2017年12月31日前，月销售额不足3万元的，免征增值税；非保本型基金，不征增值税。

个人投资者转让基金份额（含通过基金互认买卖香港基金）以及对香港市场投资者（包括单位和个人）通过基金互认买卖内地基金份额免征增值税。境内单位投资者买卖基金（含通过基金互认买卖香港基金）取得的价差收入按"金融商品转让"缴纳增值税。

2. 企业所得税

基金管理人有公司型和合伙型两类，公司型管理人缴纳企业所得税；管理人为合伙企业的，合伙企业的经营所得采取"先分后税"原则，以每一个合伙人为纳税义务人。合伙企业合伙人是自然人的，缴纳个人所得税；合伙人是法人和其他组织的，缴纳企业所得税。

企业投资者的企业所得税纳税义务如下：

（1）分配环节

• 对投资者从证券投资基金分配中取得的收入，暂不征收企业所得税。

• 内地企业投资者通过基金互认从香港基金分配取得的收益，计入其收入总额，依法征收企业所得税。

• 对香港市场投资者通过基金互认从内地基金分配取得的收益，由内地上市公司向该内地基金分配股息红利时，对香港市场投资者按照10%的税率代扣所得税；或发行债券的企业向该内地基金分配利息时，对香港市场投资者按照7%的税率代扣所得税，并由内地上市公司或发行债券的企业向其主管税务机关办理扣缴申报。该内地基金向投资者分配收益时，不再扣缴预提所得税。

（2）买卖环节

·企业投资者买卖基金（含通过基金互认买卖香港基金份额）取得的价差所得应并入所得总额征收企业所得税。

·香港市场的企业投资者通过基金互认买卖内地基金份额取得的转让差价所得，暂免征收企业所得税。

3. 个人所得税

合伙型管理人的合伙人为自然人的，按照"个体工商户的生产经营所得"计征个人所得税。投资者为自然人的，个人所得税纳税义务如下：

（1）分配环节

·对基金取得股票的股息、红利收入，债券的利息收入、储蓄存款利息收入，由上市公司、新三板企业、发行债券的企业和银行在向基金支付上述收入时代扣代缴个人所得税，其中股息、红利所得可适用股息、红利差别化待遇。对个人投资者从基金分配中取得的收入，暂不征收个人所得税。

·对个人投资者从基金分配中获得的企业债券差价收入，应按税法规定对个人投资者征收个人所得税，税款由基金在分配时依法代扣代缴。

·内地个人投资者通过基金互认从香港基金分配取得的收益，由该香港基金在内地的代理人按照20%的税率代扣代缴个人所得税。

·对香港市场的个人投资者通过基金互认从内地基金分配取得的收益，由内地上市公司向该内地基金分配股息、红利时，对香港市场投资者按照10%的税率代扣个人所得税；或发行债券的企业向该内地基金分配利息时，对香港市场投资者按照7%的税率代扣个人所得税，并由内地上市公司或发行债券的企业向其主管税务机关办理扣缴申报。该内地基金向投资者分配收益时，不再扣缴个人所得税。

（2）买卖环节

·对个人投资者买卖基金份额取得的差价收入，在对个人买卖股票的差价收入未恢复征收个人所得税以前，暂不征收个人所得税。

·对香港市场的个人投资者通过基金互认买卖内地基金份额取得的转让差价所得，暂免征收个人所得税。

4. 印花税

基金运营过程中，管理人买卖股票（含新三板股票）在卖出环节按照1‰的税率征收印花税，买入时不征印花税。

（1）对企业或个人投资者买卖（申购与赎回、交易）基金单位，暂不征收印花税。

（2）对香港市场投资者通过基金互认买卖、继承、赠与内地基金份额，按照内地现行税制规定，暂不征收印花税。

（3）对内地投资者通过基金互认买卖、继承、赠与香港基金份额，按照香港特别行政区现行印花税税法规定执行。

【知识链接12-3】　财税〔2017〕56号文关于资管产品增值税有关问题的通知

根据财税〔2017〕56号文的规定，几乎所有境内金融机构的资管产品都要缴纳运营过程中发生的增值税。不同机构、资管产品对于增值税的缴纳情况见下表。

不同机构、资管产品对于增值税的缴纳情况

持有品种	金融自营机构		证券投资基金		其他资管产品	
	利息收入	转让价差	利息收入	转让价差	利息收入	转让价差
国债、地方政府债、政策金融债、金融债、同业存单、质押式回购、买断式回购、同业借款、同业存款、同业代付	无	可抵扣6%	无	无	无	简易3%
非金融信用债	可抵扣6%	可抵扣6%	简易3%	无	简易3%	简易3%
保本理财/基金	可抵扣6%	可抵扣6%	简易3%	简易3%	简易3%	简易3%持有到期无
非保本资管产品	无	可抵扣6%	无	简易3%	无	简易3%持有到期无
股票	无	可抵扣6%	无	无	无	简易3%
其他非保本金融-投资品种	无	可抵扣6%	无	简易3%	无	简易3%

附加税为缴纳部分的12%。只要纳增值税，则须对缴纳部分缴纳附加税

值得注意的是，表格中的证券投资基金主要是指公募基金，不包括基金公司的专户和私募基金。公募基金明确可以免去股票、债券的价差收入增值税，是各类资管产品（不考虑社保账户）中唯一具有"优势"的产品，再叠加公募基金可免所得税的条款，公募基金成为在税收上优势最为明显的资管品种。

资料来源　《财政部　国家税务总局关于资管产品增值税有关问题的通知》（2017）。

● **本章小结**

证券投资基金的财务管理主要是对证券投资基金的会计信息进行进一步的分析、提炼，为基金的运作提供决策依据，以提高基金的运作效率。因此，证券投资基金的会计核算是其财务管理的基础。只有充分了解证券投资基金会计核算，才能更准确地

理解证券投资基金所披露的信息，才能对证券投资基金的运作绩效作出更准确的评价。

证券投资基金净资产的所有人是基金份额持有人，不是基金管理公司，基金管理公司只是接受基金份额持有人的委托管理证券投资基金资产，证券投资基金的本质是一种信托关系。因此，有关法律法规都规定，基金管理公司、基金托管人要保证基金资产的独立性，在会计上要实行分账管理、单独核算。

证券投资基金会计是为了真实反映基金的运作绩效，以便投资者进行投资决策，基金管理人把握管理绩效，监管部门了解基金运作状况等。由于基金是公众的基金，所以证券投资基金要尽可能地向投资者披露各种详尽的会计信息。

会计核算的目的就是通过一定的会计方法和会计程序，将基金的经营成果以财务报告的形式反映出来。基金财务会计报告主要由基金资产负债表、基金利润表、基金所有者权益（基金净值）变动表和基金资产净值周报表组成。

● 思考题

1.基金会计的基本前提有哪些？开放式基金和封闭式基金在这些前提的哪个方面具有差异？

2.谈一谈基金会计与基金管理公司会计的区别。

3.谈一谈基金会计信息的作用。试根据我国某一基金公司的年度财务报表对基金运营情况进行分析。

4.我国证券投资基金的财务报表主要有哪些？各财务报表的作用分别是什么？

5.我国证券投资基金的税收与美国和英国有何差异？

第13章 证券投资基金营销管理

◇学习目标

- 了解证券投资基金的主要客户类型及其特征
- 掌握证券投资基金的销售方式和销售渠道
- 了解证券投资基金的市场服务类型
- 掌握证券投资基金的费率设置

证券投资基金营销是证券投资基金管理运作的重要环节之一，包括基金销售机构宣传推介基金、发售基金份额、办理基金份额申购及赎回等一系列活动。证券投资基金的营销管理，首先应了解其客户的特征并对主要客户类型进行研究，以便设计出满足客户需要的基金产品，即产品策略；其次应掌握我国基金的销售方式和渠道，努力建立多元化、多层次的基金销售渠道，使投资者享受更加完善的市场服务，这是渠道策略；最后，对我国基金的费率设置结构及改革方向应有较全面的了解，可以归为价格或促销策略，因为费率结构决定了基金的投资成本，较低的费率设置对基金规模的扩大有着积极影响。

13.1 证券投资基金的客户研究

基金作为资产管理业务的一类，本质是一种金融服务，只有通过自身的服务来适应客户性质，满足客户需求，才能获得自身的发展。甚至可以这样说，资产管理者的职责不是主导开发和决策的过程，而是协助客户作出投资决定之后保证它的实施，因为承担最终投资结果的不是资产管理人而是客户，也只有客户清楚其资金的经济目标和各种制约因素。从这个意义上来说，决策中的共有因素是在市场上公开存在的各种信息，客户特征与客户信息是投资管理过程的独有信息，它决定了不同客户采用不同的投资管理方式并享有不同的投资结果。

因此，基金管理人的任何活动都不可能脱离客户基础，相反，必须在了解客户的基本特征、需求与所受限制的基础上才能够构造满足客户需求的投资组合。同时，资产管理过程又需要与客户之间建立良好的沟通与反馈机制，一方面对客户需求的变化作出及时反应；另一方面也通过良好的沟通取得客户的信任，在市场不利时仍能继续执行既定政策。

13.1.1　证券投资基金的客户特征

对客户特征的研究是基金资产管理的起点。不同的投资人具有不同的客户特征和客户需求，这是判断投资管理是否成功的标准所在。对证券投资基金的客户特征进行研究，可以从风险承受能力、投资限制和税收状况三个方面来考虑。

1. 风险承受能力

同一金融资产所带来的风险是相同的，但客户的风险承受能力是千差万别的，它受到投资人的财务状况和非财务状况两个方面的影响，因而其衡量也较为困难。

（1）投资人的财务状况

投资人的财务状况主要是指投资人的资产负债性质。对于包括保险公司、养老金机构在内的存在债务压力的投资人来说，负债的性质决定了投资人对未来现金流的最低要求。投资人在设定投资目标时必须考虑自身的负债性质，因而资产管理人在选择其投资组合中的资产类型时，负债的性质也就成为主要的考虑因素。投资人需要在未来的某个确定或不确定的时间支付一个确定或不确定的金额。例如，银行定期存款属于负债金额与偿还时间均确定的金融资产，人寿保险合同的负债金额确定但偿还时间不确定。

与此同时，由于一些特殊安排的存在，即使是确定了支付金额或支付时间的负债，也有可能在某些情况下变为不确定的。如定期存款的提前支取，这使得投资人在正常的负债管理之外，还需要准备一定数量的现金储备以应对不确定性的赎回。同时，用于投资的资金来源与资金性质同样也影响着投资人的风险承受能力。例如，当个人投资者用于证券投资的资金只是其财产中的较小部分，其正常生活不会因投资的短期失败而遭到重大打击时，投资人的风险承受能力自然高于那些把全部资产都集中在高风险的股票投资上的投资人。

（2）投资人的非财务状况

投资人的非财务状况主要是指投资人的心理因素，尤其是投资人的风险偏好。如果投资人属于风险偏好类型，则其风险承受能力也将较高，基金经理可考虑将基金资产投资于高风险、高收益的证券，比如提高股票资产的占比。反之，如果投资人属于风险规避类型，则其风险承受能力必然较低，那么投资组合就应偏向更为稳健的债券或货币市场。心理因素对风险承受能力的影响在个人投资者中表现得较为明显，这可能与投资经验的丰富程度有关。投资者是否属于风险规避类型以及其程度如何，都将影响投资人的风险偏好。在机构投资者方面，机构的行为方式与风格、机构的主要决策者的个人心理因素等，也将同样影响投资人的风险偏好，进而影响其风险承受能力。此外，投资者的投资目的也是设计投资组合的基础之一，追求保值增值，或主营之外的投资收益，抑或对冲风险，不同的投资目决定了基金产品的风险等级和具体的投资策略。

2. 投资限制

投资限制是指客户由于自身的某种特性而在某些领域的投资受到限制。这种限制可能来自法律法规的限制，也可能源于诸如外汇管制、股东要求等具体因素。了解客户所面临的投资限制，可以帮助客户与资产管理人划定投资范围，更为准确地界定投资目标与参照系。

　　例如，法律法规可能对养老金的投资范围进行了较为严格的限制，不允许其投资于高风险的期货市场，因此，资产管理者不可能在包含期货市场在内的市场范围内提出资产管理方案。又如，企业年金基金财产限于境内投资，不得投资于国际股票或国际债券，因而也不能把这一市场纳入其资产配置的范畴之内。在某些情况下，公司股东还将对投资范围进行明确限定。资产管理人必须充分了解客户在短期、中期和长期投资时所受到的金融和非金融制约因素，在此基础之上的资产管理方案才是对投资人有针对性的、个性化的专业服务方案。

　　3. 税收状况

　　相同的资产管理方案对于税收负担不同的投资人而言意味着不同的结果。例如，在累进式所得税制[1]下，收益型的股票与债券组合更适合目前税收负担较轻的投资人，而不适合那些目前正处于高税收等级而将来税收等级将随着现期收入的减少而下降的投资人。相反，投资于高增长、低收益的股票或将投资所得用于再投资的方式则只适合后者而不适合前者。因此，投资人目前及将来的税收负担水平也是资产管理人必须考虑的因素之一。

13.1.2　证券投资基金的主要客户类型

　　证券投资基金的客户类型包括机构投资者和个人投资者。机构投资者主要有保险公司、养老基金、QFII、证券公司、基金公司、信托公司和投资公司等。截至 2020 年年末，公募基金中来源于个人投资者的资金占比为 52.93%，来源于养老金（基本养老、企业年金和社保基金）的资金占比为 1.14%，来源于境外的资金占比为 0.18%，来源于其他各类机构投资者的资金占比为 45.74%。

　　下面将对基金主要机构投资者客户的特点及其风险偏好进行研究，从而有助于证券投资基金了解其潜在的客户，使其能够根据自身基金的特点选择自己的目标客户，并采用合适的营销手段。

　　1. 保险公司

　　保险公司作为一种金融中介机构，以投保人交纳一定金额的保费为条件，当某特定事件发生时向约定的受益人进行一定金额的给付。这一约定使保险公司负有在未来某个特定或不特定的时间支付特定或不特定金额的义务。保险公司是目前基金最大的机构客户，它们投入的资金量大、投资期限长，风险承受能力较弱，要求比较长期稳定的收益。截至 2021 年年末，业外受托机构管理的保险资金中公募基金公司受托规模为 6 382 亿元，占比达 84.92%。

　　出于防范风险的考虑，某些国家和地区的保险公司在投资上受到法律法规所规定

　　1　累进所得税制是指税率随着个人应纳税额的增加而上升（直至达到某一点为止）的所得税制度。具体而言，就是根据收入的高低确定不同的税率，对高收入者按高税率征税，对低收入者按低税率征税。

的更为严格的限制，其中部分限制性条款还在不断变化之中。因此，了解保险公司在投资方面所受的法律法规限制及其变化是基金管理人的重要工作。例如，根据2015年修订的《中华人民共和国保险法》第一百零六条的规定，保险公司的资金运用限于下列形式：银行存款，买卖债券、股票、证券投资基金份额等有价证券，投资不动产以及国务院规定的其他资金运用形式。在2016年3月发布的《保险资金运用管理暂行办法（征求意见稿）》中，增加了保险资金可以投资资产证券化产品、创业投资基金等私募基金，以及设立不动产、基础设施、养老等专业保险资产管理机构等条款。监管部门逐步放宽对保险公司投资的限制，旨在增强中资保险公司的竞争实力。但保险公司的资金运用必须稳健，且遵循安全性原则，并保证资产的保值增值。

2. 养老金

我国的养老保障体系有三个层次：第一层是国家规定强制缴纳的基本养老保险，以保障离退休人员的基本生活为原则，称为养老基金或社保基金；第二层是用人单位根据自身条件，自愿为职工建立的补充养老保险，目的是提高离退休人员的基本生活水平，分为一般企业的企业年金和机关事业单位的职业年金；第三层是个人储蓄型养老保险，属于职工个人自愿参加、自愿选择经办机构的行为，大多为商业养老保险。其中，基本养老保险呈现"一枝独秀"的局面，企业年金次之，第三支柱个人养老金还处于发展初期。下面主要对养老基金做相应分析。

国际上，养老基金的投资对象除股票、固定收益证券等一般投资品种外，还有可能作为投保人向商业保险公司购买某种特定的年金产品，将投资风险转移给商业保险公司从而获得长期固定收益。养老基金的投资期限一般较长，对利率较为敏感，其投资对象一般也由固定收益证券和一部分股票构成。一般来说，养老基金能够享受所在国家和地区给予的包括税收优惠在内的一定鼓励措施，但由于养老基金承担着为退休雇员提供长期基本生活保障的重要职责，其也要求长期稳定的收益，较偏好于风险较低的基金。因此，国家法律法规、养老金计划的规则等各方面对养老基金的投资也进行了较为明确而严格的限制。

由于我国养老保险体制改革较晚，在2000年年初，我国养老金的投资工具仅限于银行存款和国债，后来我国人力资源和社会保障部等相关部门认识到旧有投资模式已无法满足新的养老体制下养老金保值增值的要求，便逐步放宽养老金的投资范围，走向市场化。2015年8月23日，国务院发布《基本养老保险基金投资管理办法》（下称《办法》）。《办法》明确，养老基金实行中央集中运营、市场化投资运作，可以投资于信用等级在投资级以上的金融债、企业（公司）债、资产支持证券、上市流通的证券投资基金、股票、股权、股指期货等一系列产品，还可以通过适当方式参与投资国家重大工程和重大项目建设。由于养老基金对安全性的超高要求，市场化过程必须审慎对待，《办法》还对养老基金的投资比例作出了限制，比如投资股票、股票基金、混合基金、股票型养老金产品的比例，合计不得高于养老基金资产净值的30%。养老基金管理不但要对抗通胀率的波动，还要与工资增长率相适应，为保证养老金的支付能力，"拥抱市场"是其发展的必然方向。

3. 证券公司和基金公司

在我国，证券公司也是基金一个比较重要的客户。证券公司作为机构投资者持有证券投资基金主要有三种方式：一是通过自营业务投资持有，二是通过券商理财产品持有，三是通过融券或约定回购式专用账户被动持有。券商集合理财产品是证券公司针对高端客户开发的理财服务创新产品，其规模近几年一直保持高速扩张，曾是证券公司持有基金的最主要方式。但随着"去通道、降杠杆、回归主动管理"政策的提出，2017年券商资管产品规模首次出现回落，截至2020年年末，券商资管产品规模降至16.83万亿元。通道业务规模持续下降，较资管新规发布前下降69.6%；主动管理规模增长，较资管新规发布前提高29.1%，专业能力稳步提升。

基金管理公司本身对基金的投资一般是作为发起人的投资，其对基金的主动投资极少。基金公司旗下的各类基金产品也可将基金作为资产配置品种之一，促进了机构投资者投资品种的多元化。近年来，我国私募基金市场发展迅速，随着2014年《私募投资基金监督管理暂行办法》的出台，登记注册的私募基金日益增长。截至2022年年底，中国证券投资基金业协会已登记私募管理人23 667家，已备案私募基金139 532只，管理基金规模19.98万亿元。中国证监会2016年9月发布的《公开募集证券投资基金运作指引第2号——基金中基金指引》（下称《指引》）拉开了公募基金FOF的新时代序幕。FOF注重稳定的长期收益，经其筛选配置的公募基金可能引起更多投资者的关注，细分品类基金有望借助FOF投资的引流作用实现规模的快速增长。

4. 信托公司和财务公司

随着国家经济的发展和国民收入的提高，财富管理和资产管理的需求增多，信托工具和信托观念逐渐深入人心。自2017年行业规模达到顶峰以来，经过连续4年的调整，信托资产余额在2021年首次实现了止跌回升。而截至2022年第三季度末，信托资产规模余额为21.07万亿元，同比增加0.63万亿元，增幅为3.08%；环比略降356.3亿元，降幅0.17%。与2021年年末规模余额相比，增加0.52亿元，增长2.55%；与2017年年末的历史峰值相比，行业管理的信托资产规模下降幅度收窄至19.71%。信托行业经过近5年的持续调整，信托业务的功能和结构开始发生变化，行业正在迈入新的发展阶段。虽然近年来随着信托产品的极大丰富，运用于证券投资基金的产品比例呈现下滑趋势，但凭借信托行业庞大的资产规模，信托公司仍在证券投资基金的机构投资者中占有一席之地。信托公司的投资优势在于其资产投资渠道多，投资限制较少，投资经验和水平远远高于保险公司，故对基金投资收益的要求比较高，风险承受能力也较强。

另外，企业财务公司和其他投资公司也是证券投资基金的机构投资者之一。由于对这类公司的资金使用途径有一定的限制，而且其投资经验和投资能力相对较差，因而基金是其投资组合的一个重要部分。

5. QFII和RQFII投资者

QFII作为我国资本市场逐步放开、走向国际化的过渡性举措，自瑞士银行在2003年发出第一笔投资以来发展迅速。截至2023年3月，逾700家境外机构获批QFII资格。QFII法规进一步完善，如降低了QFII资格门槛、允许同一集团多家机构申请QFII资格、允许已发行结构性产品的QFII申请增加额度等多项措施，加速了机构投资者的多元化进程。

与此同时，RQFII作为加速人民币国际化进程的举措之一，于2011年12月登陆我国证券市场。截至2022年年末，国家外汇管理局共批准RQFII机构逾200家，累计投资额度逾5 000亿元人民币。RQFII试点机构范围不断扩大，对RQFII股债配置比例的限制逐步取消，增加了股指期货、中小企业私募债等投资产品。境外机构投资者有很强的专业性，被普遍认为是价值投资的代表，注重中长线的投资，其对基金品种的长期收益性和稳定性都提出了更高要求。

13.2　证券投资基金的销售与市场服务

13.2.1　国际证券投资基金销售渠道

基金销售是证券投资基金管理运作的重要环节之一。从发达国家基金销售情况来看，其市场竞争十分激烈，基金销售状况已成为影响基金公司经营的关键因素之一。我们这里讲的基金销售一般是指开放式基金的销售，对于开放式基金来说，基金销售是一个持续的过程。一个好的销售制度可促进基金的市场营销工作。

海外基金销售基本上可分为两大途径：一是通过邮寄、电话、互联网或在基金公司直属的分支机构网点直接销售；二是通过证券公司、财务顾问、人寿保险公司、银行、会员制组织的销售代理来销售。这两种途径分别被称为直接销售与代理销售。此外，基金也可以通过职工福利计划销售。

直销及代销的特点对比见表13.1。

表13.1　直销及代销特点对比

项目	直销渠道	代销渠道
渠道构成	直属的销售队伍	独立的投资顾问
	直属的分支机构网点	银行、券商、保险公司等机构的销售网络
	直接推销	基金超市
	通过邮寄、电话、互联网	折扣经纪人
渠道特点	对客户财务状况更了解，对客户控制力较强	对客户的控制力弱，但有广泛的客户基础
	更容易发现产品或服务方面的不足	客户可得到独立的顾问服务
	易于建立双向持久的联系，提高客户忠诚度	代销机构有业绩才有佣金，基金公司不承担固定成本
	推销新产品更容易	商业对手对渠道的竞争提高了代销成本

发达金融市场的基金市场比较成熟，其基金销售的渠道是充分多元化的。以美国为例，2021年年末美国开放式基金净资产规模约占全球开放式基金净资产的48.1%，其中共同基金市场的资产规模达到27万亿美元。其共同基金的销售渠道十分丰富，既可通过商业银行、折扣经纪商、全能经纪商、保险代理商、投资顾问等代理销售渠道进行销售，也可通过基金管理公司的直销渠道进行销售。下面将对海外基金的直销、代销渠道分别作出介绍。

1. 直接销售

直接销售是指不通过中间人而把基金单位或股份直接出售给投资者，不利用承销商或其他销售网络。因此，直销所产生的销售费用平均优惠幅度最大。如果一个开放式的公司型基金直接出售股份，不收取销售费用，则称这种基金为"无附加费基金"（No-load Fund）。不过，出于技术原因，这些直接销售的基金一般也有承销人，即该基金组织的销售机构，该基金的基金单位销售都必须通过它。

随着互联网的普及，线上销售成为基金直销的重要渠道之一。根据2016年年中的统计，拥有共同基金的美国家庭中有92%使用互联网，较2000年的68%有显著提高。基金公司通过网上销售平台可以降低基金销售费用、简化交易程序，吸引广大投资者开立网上账户进行基金买卖活动。

直接销售在国外的积极成长基金和国际基金中比较流行。在海外，为了吸引投资者，规模较大的基金管理公司都有专业化、高素质的市场营销队伍，专门负责市场营销、投资咨询，通常利用广告、邮件、动人宣传与教育以及提供各类投资与信息服务来吸引投资者。

2. 代理销售

代理销售是一种通过代销机构销售基金的方法。大多数基金都有一个附属的销售商，负责向全国销售。该承销商拥有独家销售权，利用不同的渠道销售基金单位。

代理销售有两种方式：一是包销，即销售机构先买入基金，再将基金公开销售给投资者。二是集团销售，即包销人牵头组成销售集团，由包销人向其他代理机构支付销售费用。代理机构通常是多家证券公司及其经纪人，这些经纪人直接与公众，即基金单位的潜在购买者进行交易。在包销过程中，销售机构所承担的风险较大，相应地，所收取的费用也较高。在代销过程中经纪人所承担的责任有限，代理费也较低，且如果预测销售的数量达不到一定规模，可能会取消发行。

在美国，大多数基金在发行基金单位时，都以代销或包销的方式批发给当地的投资银行，再由它们分销给投资者，基金上市或进行基金赎回时，则委托投资银行办理买卖和交割手续。在日本，基金承销由指定的证券公司，主要是野村、日兴、山一等几家证券公司受理。在新加坡和我国台湾，基金受益凭证的募集和销售一般由基金管理机构或其附属机构及其他指定的承销机构办理。

13.2.2　我国证券投资基金销售渠道

我国自2000年引入开放式基金，基金销售行业维持了十多年以商业银行为主，证券公司、基金管理公司为辅的竞争格局，基金销售渠道单一化问题一定程度上阻碍了基金行业的发展。2013年，基金销售渠道进入"扩容"时代，2013年修订的《证券投资基金销售管理办法》规定，除了商业银行、证券公司之外，还将期货公司、保险机构以及证券投资咨询机构、独立基金销售机构等第三方基金销售机构纳入允许开展基金销售业务的机构范围。我国基金销售行业变革的序幕由此拉开。

近年来，得益于各类货币市场基金的迅速增长，基金公司直销渠道的销售量大幅增长，在2015年首次超过银行渠道，成为销售保有量最高的渠道，而随着互联网流量优势的增加，独立基金销售渠道增长也非常强劲，截至2022年年末已经占据16%的份额。与成熟市场相比，我国的基金销售渠道和服务方式仍需完善。只有优化了基金的前端销售与相应的服务，投资者才有望获得更合适的基金产品、更全面的基金服务以及更多样化的基金费率。

下面将分别对我国商业银行、证券公司、基金公司、证券投资咨询机构、独立基金销售机构、保险公司、期货公司以及基金超市等基金销售渠道的现状和特点进行分析。

1. 商业银行

我国商业银行由于拥有丰富的客户资源，一直在基金销售上占据有利地位，但其在基金销售中依然存在一些不足：一是过去银行对销售渠道的垄断引发尾随佣金过高的问题，这严重损害了投资者、基金公司的利益并阻碍了行业的健康发展。二是银行业与基金业的利益并不统一，银行理财产品与基金产品存在一定冲突，因此在基金销售过程中，银行主要从自身的利益出发，在推荐基金产品时无法保证客观中立。

由于商业银行固有的缺陷，同时伴随着销售渠道多元化的推进，近年来银行渠道的优势地位逐渐被其他销售方式追赶并超越。2023年1月，在中国证监会公布的基金销售名录中，共有基金代销机构411家，其中商业银行140家（包含全国性商业银行18家、城市商业银行80家、农村商业银行42家），证券公司97家，后起的独立基金销售机构达到108家。但考虑到我国银行业在金融体系中的重要地位和独特优势，在未来一段较长时间内银行渠道仍将是基金销售的重要渠道之一。

2. 证券公司

证券公司基金销售的客户对象是证券公司的客户资源，这些客户资源对于证券市场已经有了一定的了解，对于基金通常有不同程度的了解，投资意识较强，利用证券公司网点销售基金是争取这类客户的有效手段。证券公司要保证基金代销业务的持续健康发展，应建立起以服务为中心、客户至上的运营模式，首发销售与持续销售并重，向客户提供能帮助其更好地实现理财目标的一系列服务。

证券公司的基金销售优势在于：一是拥有庞大且专业的基金销售队伍，相关管理与培训都较为完善，推荐的基金易被客户接受；二是证券公司的营销基金或理财产品能力在市场低迷时能彰显优势；三是在ETF和LOF等上市基金产品的销售方面，证券公司有天然的交易服务优势，能够在该类基金市场竞争中占据优势地位。

3. 基金公司

一直以来，我国基金公司直销形式大致可分为三种：第一种是各基金公司普遍开通的网络电子直销业务，主要面向个人普通投资者，其申购费率普遍比银行等代销渠道要低很多；第二种是设置一定资金门槛的理财中心和直销柜台形式，主要面向大额的个人投资者；第三种是主要面向机构投资者的理财中心或者理财团队，提供理财咨询和规划、基金买卖和转换等各类业务。

2013年3月，中国证监会正式出台《证券投资基金销售机构通过第三方电子商务平台开展业务管理暂行规定》，明确了基金销售机构通过第三方电子商务平台开展基金销售业务的监管要求。基金产品的网上直销具有交易方式更便捷、费率更优惠以及资金到账更及时等优点，有助于扩大基金直销业务的市场份额。2013年余额宝等货币市场基金的流行使基金直销份额实现快速增长，并最终超过了银行的基金销售保有量。

4. 证券投资咨询机构及独立基金销售机构

由于早期市场条件不够成熟，缺乏统一的基金销售资金结算平台，我国第三方基金销售机构¹发展缓慢。直至2012年2月22日，监管层迈出基金销售渠道全面放开的第一步，首批4只独立基金销售牌照正式发放，在此之前，仅有天相投资顾问有限公司一家第三方基金销售机构。第三方基金销售的进入，推动了整个基金销售行业的变革。Wind数据显示，截至2023年1月，我国已有证券投资咨询机构9家，独立基金销售机构108家。但从目前的行业发展来看，独立基金销售机构的分化明显，几大巨头占据市场绝大部分份额，中小机构未来或难以为继，行业集中度将不断提高，行业将逐渐走向成熟。

第三方销售机构的优势体现在：第一，其与基金销售专业化的特征吻合，基金销售是一种知识密集型的行为，涉及大量专业知识和技巧，普通投资者需要专业的基金投资咨询来帮助其作出理性的投资决策；第二，第三方机构还扮演着理财顾问的角色，不仅是简单的基金销售，更重要的是帮助投资者挑选适合其风险水平的理财产品，为其提供完整的资产配置建议；第三，独立、专业的第三方机构可避免基金业存在的共同利益机制等问题，避免银行系、券商系基金通过银行、券商渠道销售时的关联问题。

5. 保险公司及期货公司

当基金销售进入混业经营时代，保险机构和期货公司凭借其深厚的客户资源优势，可能成为未来基金销售的重要渠道。对于保险公司来说，高速发展的保险市场已经培育了相当高效率的保险销售网络和销售渠道，通过保险公司的销售渠道来销售基

1　这里定义的我国基金行业的第三方销售机构是证券投资咨询机构及独立基金销售机构，是与银行及券商渠道相对而言的。我国基金管理公司的股东主要为券商、银行、信托机构等，因此，当券商和银行进行基金销售时，可能会遇到由其参股的基金管理公司管理的"关联基金"，难以保证其客观中立性。第三方销售机构则有效避免了这一问题。

金，与保险公司销售其他保险类的金融产品并没有明显的差异。对于期货公司，取得基金的代销资格，有可能通过帮助期货客户盘活其闲置资金而直接受益。与此同时，期货公司拥有的高端客户资源对于基金行业来说同样值得挖掘，因为高端客户也需要低风险的投资标的。

截至2023年1月，共有4家保险公司、9家保险代理公司和保险经纪公司、29家期货公司取得了基金销售牌照。若想在基金销售市场真正站住脚，保险公司和期货公司需在基金的专业销售上更上一层楼，不断提高自身的社会信誉度。

6. 基金超市

基金超市就是将发行的开放式基金汇聚在一起，由投资者根据需要自由选择，并对其提供投资指导服务的场所。基金超市以其简便的手续、优惠的费率、齐全的品种以及安全的交易支付为投资者提供了便利。目前我国基金超市主要由商业银行、证券公司和第三方基金销售机构的网上代销平台演变而来，品种相对齐全，基金公司的基金超市则几乎只销售本公司旗下的基金产品。

与美国基金超市相比，国内大多数基金超市的基金品种不够丰富，针对投资者的信息整合、咨询、评价、诊断等互动性功能也较弱，在专业性上仍有较大提升和发展空间。未来随着基金行业的发展，基于互联网的基金超市与线下基金销售渠道将有相互补充、融合的趋势，基金代销机构的核心竞争力亦将随之大大提高。

综合以上内容，可以看出我国开放式证券投资基金的发行主要通过代销和直销途径。代销机构主要有商业银行、证券公司、保险公司、证券投资咨询机构、独立基金销售机构以及期货公司。直销主要是通过基金公司本身、基金公司的直销中心及其网上交易系统进行。而基金超市作为其他销售渠道的有益补充，也正处于蓬勃发展阶段。

13.2.3 我国证券投资基金的销售监管

2007年10月，中国证监会正式发布《证券投资基金销售机构内部控制指导意见》和《证券投资基金销售适用性指导意见》两项规章，这是继2007年3月《证券投资基金销售业务信息管理平台管理规定》出台之后，中国证监会在基金销售监管方面的又一重要举措。

《证券投资基金销售业务信息管理平台管理规定》的主要目的是明确证券投资基金销售业务信息管理的各项技术标准，对基金销售机构的市场准入和日常行为进行严格监管，并设计出保证投资人资金安全性的三层监控架构。

《证券投资基金管理公司内部控制指导意见》从基金销售机构出发，要求建立有效的内部控制制度，内容至少应包括内部环境控制、业务流程控制、会计系统内部控制、信息技术内部控制和监察稽核控制等。这意味着，基金销售将从销售机构的决策程序、风险评估、授权控制、分支机构管理等方面得到实质性改善。

《证券投资基金销售适用性指导意见》旨在建立健全基金销售适用性管理制度，做好销售人员的业务培训工作，加强对基金销售行为的管理，加大对基金投资人的风险提示，降低因销售过程中产品错配而导致的基金投资人投诉风险。之后关于证券投资基金宣传推介材料、销售资金结算以及开展第三方电子商务平台业务等事项，中国证监会也做了补充或暂行规定，至2013年《证券投资基金销售管理办法》修订完成，我国基金销售监管框架已基本形成，走向基金销售业务的规范化、专业化。

《证券投资基金销售管理办法》（2013）涵盖基金销售机构、基金销售支付结算、基金宣传推介材料、基金销售费用、销售业务规范等内容，自2013年6月1日起施行。"总则"首先明确了该办法所称的基金销售包括基金销售机构宣传推介基金，发售基金份额，办理基金份额申购、赎回等活动，也界定了基金销售机构和销售结算资金的范围，指出基金销售活动不得损害国家利益、社会公共利益和基金投资人的合法权益，应遵守基金合同或销售协议的约定，遵循公开、公平、公正的原则。

对于商业银行、证券公司、期货公司、保险机构、证券投资咨询机构、独立基金销售机构以及中国证监会认定的其他机构申请注册基金销售业务资格的，"基金销售机构"一章分别提出了具体要求，主要包括内部治理制度与结构的健全、技术设施与系统的达标、历史营业记录的合规，以及销售人员的专业性等。

商业银行或者支付机构从事基金销售支付结算业务，应当有安全、高效地办理支付结算业务的信息系统并制定有效的风险控制制度。该信息系统应当具有合法的知识产权，且与合作机构及监管机构完成联网测试，测试结果符合国家规定标准。另外，基金销售支付结算业务账户应当与公司其他业务账户有效隔离。

该办法规定，基金宣传推介材料必须真实、准确，与基金合同、基金招募说明书相符，应当含有明确、醒目的风险提示和警示性文字，以提醒投资人注意投资风险。在推介货币市场基金和保本基金时，应当提示基金投资人这并不等于将资金作为存款存放在银行或者存款类金融机构，基金管理人不保证基金一定盈利，甚至在极端情况下依然存在本金损失的风险。

关于基金销售费用，基金管理人应当在基金合同、招募说明书或者公告中载明收取销售费用的项目、条件和方式，在招募说明书或者公告中载明费率标准及费用计算方法。另外，基金销售机构还可根据提供的增值服务向投资人收取增值服务费，或向管理人依据销售基金的保有量提取一定比例的客户维护费。

基金销售的核心原则是基金销售适用性。基金销售机构应恪守该办法规定的业务规范，在销售基金和相关产品的过程中，坚持投资人利益优先原则，注重根据投资人的风险承受能力销售不同风险等级的产品，把合适的产品销售给合适的基金投资人。基金销售机构建立的基金销售适用性管理制度，应当至少包括以下内容：

（1）对基金管理人进行审慎调查的方式和方法；

（2）对基金产品的风险等级进行设置、对基金产品进行风险评价的方式和方法；

（3）对基金投资人风险承受能力进行调查和评价的方式和方法；

（4）对基金产品和基金投资人进行匹配的方法。

我国监管层除完善基金销售监管框架外，还于2008年9月开始举办专门面向基金销售从业人员的考试，以进一步规范基金销售行为，提高基金销售人员业务水平和执业素质。2015年中国基金业协会实施从业资格管理后，将只针对销售业务的基金销售从业考试一并纳入基金从业资格考试，为我国不断壮大的基金销售队伍培养了更多合格的专业人才。

13.2.4 我国证券投资基金的市场服务

针对不同投资人和不同的基金管理形式，基金管理人需要提供不同内容、不同重点的市场服务，其核心在于加强与现有投资人之间的沟通和信任，同时吸引潜在投资人的新增投资。

基金管理人所提供的市场服务主要包括以下几个方面的内容：

1. 信息披露

全面、及时、客观、公正的信息披露是基金管理人所提供的市场服务中最基本的一项，它可能采用公开和特定渠道进行，其内容包括历史业绩与风险状况、目前投资方向与投资内容、对市场的预期等。此外，包括基金管理人的重大变更等内容在内的可能影响投资人利益的信息也需要及时披露。在这里，客户需要了解短期和长期投资中每个投资项目和每个资产类别的收益预期，其中最重要的是将来与过去有多大差别。客户可以从历史数据中获知收益与风险的历史数据，此外，长期投资的平均收益率是多少？长期投资期限内风险事件发生的频率是多少？也就是说，投资的风险是什么？不确定因素是什么？历史数据对未来的预见作用有多大？这些信息也是客户需要了解的重要内容。

良好的信息披露对于基金管理人来说具有重要意义。现有客户可以从信息披露中获取关于投资的全部有关信息，了解目前状况，即使在不利的市场条件下，良好的信息披露也有助于基金管理人获取投资人更多的信任和支持；提升基金管理人的市场形象，扩大基金管理人的管理规模和管理范围。

《证券投资基金信息披露XBRL标引规范（Taxonomy）》由中国证监会于2008年8月发布。国际化的基金信息披露规范不仅有利于提高我国证券投资基金的信息披露质量和行业规范运作的水平，更有力地推动了基金信息披露和相关信息服务的规范、有序发展，保证了投资人能够获得关于基金的全面客观的信息，有效防止了基金管理人利用自身优势损害投资人的利益。

2. 客户理财顾问服务

基金管理人在面对大型的机构客户时，需要针对客户特征进行深入研究并提出相应的投资理财方案，以适应客户需求。在以基金等形式面对一般的中小投资者时，同样需要提供一定的客户理财顾问服务。例如，协助客户分析自身的资产状况与风险承受能力，提供包括多种金融产品的综合性投资方案，并在实施过程中给予客户及时支持。一般来说，对于那些需要直接面对中小投资者的基金管理人来说，一个高效运转的客户服务中心对于其业务的发展和公司形象的树立是极为重要的，它将处理客户的投资咨询、申购与赎回、转换基金投资形式等各项日常工作，同时加工处理所获得的关于客户的全面信息，为基金管理人的产品设计、经营管理等提供信息支持。

3.更广泛、更低成本的投资选择

基金管理人的市场服务还可以表现为向客户提供更广泛、更低成本的投资选择。例如，基金管理人可以提供多种不同风险与收益状况的基金产品，并允许投资人在不同基金产品之间实现无成本或低成本的转换，或者保险公司允许投保人选择个人账户准备金的投资方向等。投资人从更广泛、更低成本的投资选择中可以获得更好的财务保障，从而更有效地满足自身的理财需求。

4.投资者教育活动

为了保护社会公众的投资热情，维护资本市场长期持续稳定发展，基金管理人开展投资者教育工作已成为基金业的重要部分。根据中国证监会于2007年2月2日发布的《关于证券投资基金行业开展投资者教育活动的通知》，开展投资者教育活动的主要内容包括：

（1）帮助投资者了解证券投资基金。基金管理公司和基金代销机构应说明基金份额与储蓄存款、债券等投资产品的差异，引导投资者充分认识基金产品的风险特征。

（2）帮助投资者了解自己。投资者应对自己的投资目的有清醒的认识，要从自己的年龄和收入、所能承担的风险和期待的收益等方面出发，选择适合自己的产品。

（3）帮助投资者了解市场。明确基金的价值决定于其投资标的物的价值，是由其投资标的的基本面决定的。

（4）帮助投资者了解基金发展历史。

（5）帮助投资者了解基金管理公司。让广大投资者充分意识到公司所宣传的业绩一般不可能代表未来的收益，对那些片面宣传、不充分揭示风险、做误导广告的基金管理公司要保持高度的警惕。

值得重视的是，基金销售并不是简单的一次性买卖行为，销售机构应提供持续性的基金服务来满足客户的要求。比如，及时并持续向客户提供重要的市场资讯、持仓品种信息及最新的投资报告；当基金公司、基金产品发生变动时及时披露信息并通知客户；定期进行投资者回访，对回访中发现的异常情况进行持续跟踪等。与客户保持长时间的、主动的互动交流，有利于提高客户的忠诚度与密切客户关系，实现更为稳定深入的合作。

13.3　证券投资基金的费率设置

证券投资基金费用并没有确切的定义，其含义是投资者为获得基金投资服务而支付给相关服务提供者的费用，在英文中一般用Fees和Expenses表述基金费用。证券投资基金的费用一般用资产（或市值）的百分比表示，所以一般称为费用率（或费率）。

证券投资基金的费率直接关系到投资者的投资成本，是基金销售过程中影响客户投资决策的重要因素。所以，费率设置是证券投资基金特别是开放式基金营销设计中一个非常核心的问题，直接关系到能否吸引到投资者以及相关各方面的收益状况。

本节主要以开放式基金为主，介绍基金的费率设置情况。

13.3.1 证券投资基金的费率结构

开放式基金在存续和运作中发生的全部费用统称为基金持有成本，主要由基金份额持有人费用和年度运营费用构成。

我们将所有一次性由投资人直接支付的费用划为基金份额持有人费用，将其余周期性按年支付的费用划为年度运营费用。

1. 基金份额持有人费用

基金份额持有人费用是由基金投资者自己承担的费用，主要包括申购（认购）费、赎回费以及基金转换费等。这部分费用直接从投资者的申购（认购）、赎回或转换的金额中收取。

（1）申购（认购）费用

基金管理人发售基金份额、募集基金时向投资者收取的为认购费，办理基金份额的申购时收取的则为申购费。认购费和申购费可以采用在基金份额发售或者申购时收取的前端收费方式，也可以采用在赎回时从赎回金额中扣除的后端收费方式。后端收费佣金一般随持有期增长而递减。对某些基金而言，若持有期超出一定期限，后端收费佣金可免除。因此，后端收费佣金有时又称为或有延缓的销售费用。但对于持有期低于3年的投资人，基金管理人不得免收其后端收费佣金。另外，不能将后端收费与赎回费混为一谈。后端收费属于销售佣金，只不过在形式、时间上不是在申购或认购时收取而是在赎回时收取。赎回费是针对赎回行为本身而收取的一次性费用。后端收费由投资者支付给基金公司，赎回费是由投资者支付给基金本身。

各国基金市场的申购费率并不相同。在美国，已兴起许多无申购费基金（免收费基金），出于促销考虑，手续费也会有些优惠。我国基金的申购费率设置已进入市场化阶段，《证券投资基金销售管理办法》（2013）已取消了申购费（认购费）的费率不得超过申购金额5%的规定。目前的申购费率一般不超过1.5%，并根据申购金额分档计算，申购费率随申购金额的增加而递减。通过网上银行、基金超市等网络渠道办理申购业务申购费率可享受更多的折扣优惠。预计未来随着市场的充分竞争，基金申购费率有望进一步降低。

表13.2是华夏复兴混合型证券投资基金的申购费率。

（2）赎回费

赎回费是在投资者赎回时向投资者收取的略带惩罚性质的费用。在国外，赎回费一般并不常见，多数基金并不收取赎回费，最多象征性地收取手续费。若收取赎回费，一般不超过净资产值的1%，且在持有超过一定期限后（譬如2年或3年）可以免除。但在我国，由于可供基金进行对冲保值的衍生工具和做空机制相对缺乏，当股价指数在一个相对高位时，如果出现大量的回购而基金的现金持有不足，则必然要抛售股票才能满足回购所需现金，持仓股票价格势必受到影响，基金单位净资产也就会随

表13.2   华夏复兴混合型证券投资基金的申购费率

申购金额（M，单位：万元）	前端申购费率
M<100	1.5%
100≤M<500	1.2%
500≤M<1 000	0.8%
M≥1 000	每笔1 000元

之"缩水"，这对没有赎回基金的长期持有者是不公平的。所以，目前我国的开放式基金一般要收取一定的赎回费，而且费率比国外更高一些。

2013年6月修订的《开放式证券投资基金销售费用管理规定》，对持续持有期少于6个月的赎回行为强制收取一定比例的赎回费，同时将该费用按照不同比例计入基金财产。考虑到不同基金产品的交易特性和收益特征，强制性惩罚性赎回费规定只适用于除ETF基金、LOF基金、分级基金、指数基金、短期理财产品基金等之外的股票基金或混合基金。此项调整虽然增加了短期投资人的交易成本，但所增成本主要用于补偿基金财产，是对长期投资人权益的有效保护。

表13.3是长城优化升级混合型证券投资基金的赎回费率。

表13.3   长城优化升级混合型证券投资基金赎回费率

持有期（Y，单位：年）	费率
Y<1	0.5%
1≤Y<2	0.25%
Y≥2	0

（3）转换费

转换费指投资者按基金管理人的规定在同一基金管理公司管理的不同开放式基金之间转换投资所需支付的费用。基金转换的费用实际上包含了赎回费补差和申购费补差。赎回费补差和申购费补差是转入和转出基金的赎回及申购费率差值。简单来说，就是由申购（赎回）费率低的基金转到申购（赎回）费率高的基金时，收取申购费差价；由申购（赎回）费率高的基金转到申购（赎回）费率低的基金时，不收取差价。

转换费也指投资者在同一伞形基金中转换基金品种时产生的转换费用。目前在我国，投资者在子基金之间的转换一般会收取一定的费用（包括转换费和转出基金的赎回费），即便是免费转换的伞形基金，对一定时间内转换的次数也有限制。

（4）红利再投资费用

若投资人选择红利再投资，则存在一个红利再投资费用问题。目前，绝大多数基金均不收取红利再投资费。我国已推出的开放式基金均不收取该费用。

2. 基金运营费用

基金运营费用是基金运营过程中发生的费用，包括基金管理费、基金托管费、或有业绩表现费、销售服务费、基金交易费、基金运作费等，由基金资产承担，其种类和计提标准一般都在基金合同及基金招募说明书中明确规定。

（1）基金管理费

基金管理费通常与基金规模成反比，与风险成正比。各国（地区）收取比例不同，美国一般为1%左右，我国香港一般不超过2%，我国台湾一般不超过1.5%，而大陆（内地）大部分开放式基金的管理费率在1.5%左右，债券基金的管理费率一般低于1%，货币市场基金的管理费率为0.33%。浮动管理费在我国大陆（内地）仍处于探索阶段。

（2）基金托管费

基金托管费是基金资产中支付给托管银行的费用，托管费收取的比例与基金规模、基金类型有一定关系。通常基金规模越大，基金托管费率越低，积极管理的偏股型基金托管费率较高。我国开放式基金根据基金合同所规定的比例计提托管费，基金托管费率一般低于0.25%。

（3）或有业绩表现费

有的基金为了进一步激励基金管理人，在正常的基金管理费外又设置了与业绩挂钩的业绩表现费，又称或有业绩表现费。国内私募基金一般都收取业绩报酬，其计提模式主要有定期（高水位法）和不定期（赎回或清盘法）两种。如紫晶1号私募证券投资基金采用不定期方式，在基金分红权益登记日、投资者退出日或基金终止日，根据投资者的期间年化收益率，对期间年化收益率大于0的部分按照10%的比例收取管理人业绩报酬。

（4）销售服务费

销售服务费主要用于支付销售机构的佣金以及基金管理人的基金营销广告费、促销活动费、持有人服务费等。并不是所有基金都有销售服务费，通常是货币基金或申购费为零的债券基金收取销售服务费。收取方式一般是在基金资产中按日计提，通常收取的比例是每年0.25%，但也会因基金合同的规定而发生变化。

（5）基金交易费

基金交易费是进行证券买卖交易时所发生的相关费用。目前，我国证券投资基金的交易费用主要包括印花税、交易佣金、过户费、经手费、证管费。交易佣金由证券公司按成交金额的一定比例向基金收取，印花税、过户费、经手费、证管费等则按照登记公司和证券交易所的规定收取。

（6）基金运作费

基金运作费是基金正常运作所发生的应由基金承担的费用，包括审计费、律师费、上市年费、信息披露费、分红手续费、持有人大会费、开户费、银行汇划手续费等。按照有关规定，上述费用如果影响基金单位净值小数点后第四位的，即发生的其他费用大于或等于基金净值的1‰，应采用待摊或预提的方法，待摊或预提计入基金损益。发生的其他费用如果不影响基金单位净值小数点后第四位的，即发生的其他费用小于基金净值的1‰，应于发生时直接计入基金损益。

3.总费用率

由于我国现行的金融市场制度和环境不利于投资者树立长期投资理念，基金投资周期普遍偏短，因此在基金申购、持有以及赎回过程中产生的各种一次性费用在基金总体费用中占有相当比例。我们将各种一次性费用率，按投资年限年金化后，再加上基金运营费用率，就得出一个反映全部投资成本的指标——总费用率。其计算公式如下：

总费用率=基金运营费用率+（基金份额持有人费用率÷投资年限）

由公式可以看出，基金投资者的总费用率是随着其持有基金年限的增加而减少的，如果持有的年限足够长，则其总费用率就等于基金运营费用率。所以，长期投资者最关心的是基金的年运营费用率。但对短期投资者而言，基金份额持有人费用率也是需要考虑的重要方面。

【知识链接13-1】　　华夏复兴混合型证券投资基金招募说明书（节选）

1.基金费用的种类

基金运作过程中，从基金财产中支付的费用包括：

（1）基金管理人的管理费。

（2）基金托管人的托管费。

（3）因基金的证券交易或结算而产生的费用（包括但不限于经手费、印花税、证管费、过户费、手续费、券商佣金、权证交易的结算费及其他类似性质的费用等）。

（4）基金份额持有人大会费用。

（5）基金合同生效后与基金相关的会计师费、律师费和信息披露费用。

（6）基金的资金汇划费用。

（7）基金收益分配中发生的费用。

（8）按照有关法律法规规定或经中国证监会认定可以列入的其他费用。

在中国证监会允许的前提下，本基金可以从基金财产中计提销售服务费，具体计提方法、计提标准在招募说明书或相关公告中载明。

2.基金费用的费率、计提标准、计提方式与支付方式

（1）基金管理人的管理费

在通常情况下，基金管理费按前一日基金资产净值的1.5%年费率计提。计算方法如下：

H=E×1.5%÷当年天数

其中，H为每日应计提的基金管理费；E为前一日基金资产净值。

基金管理费每日计提，按月支付。由基金管理人向基金托管人发送基金管理费

划付指令，基金托管人复核后于次月首日起5个工作日内从基金资产中一次性划付给基金管理人。

（2）基金托管人的托管费

在通常情况下，基金托管费按前一日基金资产净值的0.25%年费率计提。计算方法如下：

H＝E×0.25%÷当年天数

其中，H为每日应计提的基金托管费；E为前一日的基金资产净值。

基金托管费每日计提，按月支付。由基金管理人向基金托管人发送基金托管费划付指令，基金托管人复核后于次月首日起5个工作日内从基金资产中一次性划付给基金托管人。

（3）第1项中第（3）至第（8）项费用由基金管理人和基金托管人根据有关法规及相应协议的规定，按费用实际支出金额支付，并列入或摊入当期基金费用。

3.不列入基金费用的项目

基金管理人和基金托管人因未履行或未完全履行义务导致的费用支出或基金资产的损失，以及处理与基金运作无关事项发生的费用等不列入基金费用。

4.基金管理费和基金托管费的调整

基金管理人和基金托管人可协商酌情调低基金管理费和基金托管费的费率，无须召开基金份额持有人大会。

资料来源 《华夏复兴混合型证券投资基金招募说明书》（2018年第1次）

13.3.2 美国基金费率的变动趋势

我国证券投资基金的历史太短，不足以支撑研究其费率的变动趋势，在此利用美国的数据来分析基金费率在近几十年来的变动趋势。

从1980年到2000年，美国家庭中持有共同基金的比例增长了8倍，该比例在2000年之后的16年间亦稳定在45%左右。截至2016年年中，持有共同基金的美国家庭数达到约9 400万户。在此期间，美国共同基金资产发生爆炸性增长，但基金费率水平是否过高的争论一直伴随着共同基金资产规模的增长。投资者希望基金规模的扩大能够带来规模经济效益，使投资者从中获利。我们将在下面介绍美国基金费率20多年来的变动趋势及现状。

基金总费用率是评价基金运作效率的重要指标，在资产规模、基金类型等因素相同或相近的前提下，费用率越低说明基金的运作效率越高。

在过去的20多年间，美国共同基金的平均费用率[1]呈显著下降趋势。从2000年到2021年，股票型基金的平均费用率从0.99%下降到0.47%，混合型基金的平均费用率从0.90%下降到0.57%，债券型基金的平均费用率则从0.76%下降到0.39%。1990—2021年美国股票型基金、混合型基金以及债券型基金费用率变动趋势见表13.4。

---

1 如无特别说明，此小节所指的平均费用率是以基金资产比重为权数计算出的加权平均年费用率。

表13.4   **美国股票型基金、混合型基金和债券型基金费用率变动趋势**

年份	股票型基金（%）	混合型基金（%）	债券型基金（%）
2000	0.99	0.90	0.76
2001	0.99	0.89	0.75
2002	1.00	0.88	0.74
2003	1.00	0.90	0.75
2004	0.95	0.84	0.72
2005	0.91	0.80	0.69
2006	0.88	0.78	0.67
2007	0.86	0.76	0.64
2008	0.83	0.77	0.61
2009	0.86	0.84	0.64
2010	0.83	0.82	0.63
2011	0.79	0.80	0.62
2012	0.77	0.79	0.61
2013	0.74	0.80	0.61
2014	0.70	0.78	0.57
2015	0.67	0.77	0.54
2016	0.63	0.73	0.51
2017	0.59	0.70	0.48
2018	0.54	0.66	0.47
2019	0.51	0.63	0.46
2020	0.50	0.59	0.42
2021	0.47	0.57	0.39

资料来源   美国投资公司协会 Fact Book（2022）。

美国共同基金总费用率逐年下降的原因主要有：

（1）基金费用率与基金规模反向变化。美国基金规模的不断增大使基金的固定成本，如过户代理费用、会计及审计费用被摊薄，从而使基金费用率下降。

（2）投资者购买的基金类别向无负担类型[1]转变，特别是机构投资者。无负担类型基金较其他类型基金有更低的平均总费用率。

（3）规模经济和行业内的激烈竞争使基金总费用率减少。

（4）在选购基金时，投资者倾向于投资费用率较低的基金

以2016年为例，资本市场上流通的股票型基金的简单平均费用率为1.28%，而按照规模加权平均的费用率仅为0.63%。1998—2021年美国资本市场上流通的股票型基金的简单平均费用率和投资者购买股票型基金所支付的平均费用率（规模加权费用率）变化趋势见表13.5。

表13.5 **美国股票型基金的简单平均费用率和投资者购买股票型基金所支付的平均费用率变化趋势**

年份	投资者支付的平均费用率（%）	股票型基金简单平均费用率（%）
1998	0.95	1.57
1999	0.98	1.59
2000	0.99	1.60
2001	0.99	1.65
2002	1.00	1.66
2003	1.00	1.68
2004	0.95	1.59
2005	0.91	1.53
2006	0.88	1.51
2007	0.86	1.46
2008	0.83	1.46
2009	0.86	1.5
2010	0.83	1.46
2011	0.79	1.42
2012	0.77	1.40
2013	0.74	1.36
2014	0.70	1.33

---

1 无负担类型基金是指投资者在认购和赎回时不需缴纳费用，只需每年以基金资产的0.25%或更少缴纳12b-1费用（该费用是基金持有人为补偿在基金投资过程中证券经纪人或金融中介所提供的专业服务而缴纳的费用）。与无负担类型基金相对应的是有负担类型基金，后者不但要缴纳12b-1费用，还要缴纳认购或者赎回费用，因此后者的总费用率相对较高。

续表

年份	投资者支付的平均费用率（%）	股票型基金简单平均费用率（%）
2015	0.67	1.30
2016	0.63	1.28
2017	0.50	1.25
2018	0.54	1.21
2019	0.51	1.20
2020	0.50	1.16
2021	0.47	1.13

资料来源　美国投资公司协会 Fact Book 2022。

与普通商品和服务的价格类似，共同基金费率也千差万别。基金的费率是综合衡量多个因素而设定的，对共同基金而言，费率的差别主要源于投资目标的不同；对指数基金而言，则与资产类别和相关服务机构的费用更加相关。

以共同基金2016年的数据为例，若用资产加权平均费用率来衡量某类基金的总费用率，股票基金的费用率要高于债券基金和货币基金。而在股票基金中，专注于某一行业，如医疗保健或者房地产的特定投资方向基金，或者国际市场基金，由于管理成本较高，倾向于要求较高的总费用率。然而，即使在某一特定类型的基金中，基金费用率的差别也十分明显。例如，在成长型基金中，有10%的基金费用率低于0.71%，同时有10%的基金费用率高于1.97%。费率的显著波动，主要是因为有些基金投资于管理成本较低的大盘股，而有些则投资于管理成本较高的中盘股或小盘股。

2021年不同类型基金的费用率参见表13.6。

综上所述，美国基金业整体费用率从20世纪90年代以来呈下降趋势。但就单个基金而言，其规模和费率又将呈现怎样的关系？下面就中美基金展现出的资产规模及其费率的变动关系进行介绍与比较。

13.3.3　基金资产规模与费率变动关系

一般来说，基金资产规模的增长可以为投资顾问的基金管理工作带来规模经济效益，从而降低基金运营的费用率。当基金资产规模扩大时，投资顾问的收入也同比例增加，因为其收入占基金平均净资产的一定比例（假设管理费用比例不变）。在管理基金资产的过程中，基金经理提供了多种服务，如研究各种证券的预期收益、风险，管理投资者账户、处理账户交易以及提高基金的吸引力，这些服务都需要付出成本。基金向投资顾问支付的管理费用与投资顾问的成本之间的差额是投资顾问的利润。如果投资顾问的收入增长速度超过其成本的增长速度，说明投资顾问的管理行为具有规模经济效益。

表13.6　　　　　　　　　　　　　　不同类型基金的费用率（2021年）[1]

投资目标	10分位数值（%）	中位数（%）	90分位数值（%）	资产加权平均（%）	简单平均（%）
股票型基金	0.56	1.04	1.89	0.47	1.13
成长	0.62	1.00	1.78	0.65	1.08
行业	0.70	1.17	2.01	0.66	1.27
价值	0.61	1.00	1.79	0.57	1.08
混合策略	0.28	10.88	1.70	0.27	0.94
全球	0.66	1.10	1.95	0.60	1.18
混合型基金	0.47	1.05	1.99	0.57	1.16
债券型基金	0.35	0.72	1.55	0.39	0.82
投资级	0.27	0.60	1.39	0.28	0.70
全球	0.50	0.90	1.73	0.45	0.98
应税债券	0.57	0.86	1.72	0.63	0.97
市政债券	0.39	0.65	1.51	0.45	0.78
货币市场基金	0.06	0.12	0.26	0.12	0.14
注：目标日期基金	0.25	0.62	1.23	0.33	0.69
股票指数基金	0.04	0.29	1.58	0.06	0.56

备注：按照全部基金份额类别计算10分位数、中位数和90分位数，数据包括普通指数基金但不包括ETF基金。

资料来源　美国投资公司协会 Fact Book 2021。

根据学者的研究以及美国审计署（GAO）对基金行业人士的调查，在美国，基金投资顾问在基金资产规模扩大的过程中确实提高了运作效率或规模经济效益。基金资产规模的扩大当然会带来管理成本绝对额的增加，但单位管理成本呈下降趋势，效率提高所节省的管理成本超过了规模扩大带来的管理成本上涨。

推销费用也是基金费用的重要组成部分。基金有许多分销渠道，如通过电话和信件销售，通过专门的销售机构如证券商、经纪商销售等，当基金资产规模增长时，基金的平均推销成本会下降。例如，如果基金目前雇用10个顾客服务代表，当基金资产增加1倍时，基金需要增加的顾客服务代表可能是2个、5个或8个，而不是需要同样增加10个，因而可以降低平均推销费用。

1　统计时包含了基金中基金，但剔除了由可变年金持有的基金。97%的目标日期基金为基金中基金。

基金资产规模的增长来源于两部分：一是投资组合价值的增长，如组合中某些证券市场价格的上升；二是原有和新的投资者向基金注入新的资金。

如果基金投资组合的证券价格上升，基金资产规模随之增加，投资顾问的收入也会增加。但投资顾问并没有为增加的收入多支付成本。如果是新流入的资金导致基金资产增加，投资顾问的收入也会增加，但他必须为这笔流入的资金选择投资对象，从而付出成本。这也可以解释为何投资顾问的管理会产生规模经济效益。在美国20世纪90年代基金业规模急速膨胀的过程中，各类证券价格的升高作出了巨大的贡献。根据GAO的统计，从1990年到1998年，基金规模的增长56.1%来源于组合的增值，43.9%来源于新资金的流入。股票和债券基金规模增长的来源参见表13.7。

表13.7　　　　　　　　　　　股票和债券基金规模增长的来源

基金类型	组合价值增长（%）	投资者认购新的股份（%）	合计（%）
股票基金	56.5	43.5	100
债券基金	54.2	45.8	100
合计	56.1	43.9	100

自开放式基金在2001年9月首次在我国面世以来，由于其可随时申赎的特点，其数量与种类都得到了飞速的发展，受到公众关注。不少学者也开始对我国开放式基金的费率影响因素展开研究。多数学者认为，开放式基金在我国最初发展的十年间并未表现出明显的规模经济，费率的差别仅与基金类型和投资区域有关。其主要原因是我国开放式基金在发展之初呈现出费率结构单一、缺乏弹性的明显缺陷，而随着费率制度的改革与行业竞争的加剧，同类型基金中出现了差异化费率，规模经济逐步显现。

但是，基金规模的过度增长也未必带来成本的持续下降，主要原因是超大型基金在调整投资组合时缺乏灵活性，所谓牵一发而动全身，为超大规模资金寻找投资方向时带来的管理成本上升可能使费率不降反升。一般而言，证券投资基金有一个适度规模，规模过大或过小都会导致总费用率的上升，进而影响基金业绩。

在适度竞争中，规模经济的优势比较明显，但在竞争过度激烈时，投资顾问的成本可能不会因为基金规模的增加而下降，反倒呈现上升趋势，原因在于激烈的竞争迫使基金提供越来越多的新服务项目。为了在激烈竞争中取得优势，基金公司往往提供新的或成本高昂的服务，并提高原有服务的水平，这必然带来管理费用的增加。这些成本高昂的服务包括：24小时电话服务、语音识别系统和互联网在线服务等，它们在为投资者带来方便、快捷的同时，也增加了管理费用。

根据GAO的调查，投资顾问的成本上升是以间断、跳跃的方式进行的，而并不是以人们通常认为的连续、平缓的方式进行的。这是因为基金资产规模在一定区间变化时，基金不需要增加相关的人力成本，只有当基金规模突破某一临界点时，基金才不得不增加人力成本。

推销费用也在加剧的竞争中逐渐增长。在美国，许多经纪商（交易商）的销售代表减少了他们销售的基金股份种类，或者将不同基金发行的份额标明优先级别，级别高的将被重点、优先向投资者推销。当一家基金的份额被标明高级别时，该基金就必须向销售代表付出更高的推销费用。

目前来看，投资顾问公司的数目远远超过推销公司的数目，后者在决定销售基金股份佣金的水平上居于主动地位。当基金股份通过基金超市销售时，也会增加基金的推销费用。大部分（包括与基金顾问有关联关系的）经纪商（交易商）允许其客户通过经纪账户购买基金股份，同时也要求基金根据投资者的投资额支付一定比例的推销费用。

在我国，基金公司层面的推销费用主要指客户维护费，它是基金管理人与代销机构在销售协议中约定好的，按基金销售保有量的一定比例提取的费用。与销售服务费不同，它由基金公司从管理费中而非基金财产中列支。

证监会于2020年8月发布《关于实施〈公开募集证券投资基金销售机构监督管理办法〉的规定》，对客户维护费比例上限做出差异化规定：对于向个人投资者销售所形成的保有量，客户维护费占基金管理费的约定比率不超过50%；对于向非个人投资者销售形成的保有量，客户维护费占基金管理费的约定比率不得超过30%。尽管如此，激烈的销售竞争还是使得该项费用的占比逐年上升。根据Wind的数据统计，2015年基金年报数据显示，各类型公募基金客户维护费总额超过百亿元，占当年管理费的比例接近18%，而到2021年该总额突破300亿元，占比超过28%。高客户维护费占比多出现在新基金公司或小基金公司，因为它们竞争力稍弱，面对银行、券商等缺乏议价能力，只有以高客户维护费获得代销机构的支持。

基金管理人员的成本支出也是竞争中不可忽视的因素。投资者往往愿意为业绩好的基金支付更高的费率，而作出好的业绩需要高水平的投资管理人才。为了吸引和留住高水平的基金经理，投资顾问公司付出的成本越来越高。在美国，基金经理和职员居于金融业中薪水最高的人士之列。共同基金高级投资管理人员的工资水平也在逐年上涨，高素质的投资人才缺乏并且大量流向对冲基金。为了留住人才，共同基金不得不提供更高水平的薪酬。

另外，如果投资者新开账户资金额（或投资额）较小，将会使得投资顾问的平均账户管理费用升高，这是因为无论账户的规模有多小，基金一定要保证一定的服务水平。但这只是对部分基金而言，因为整个基金业平均账户规模呈现上升趋势。

综上所述，存在规模经济的基金可采取成本领先的竞争策略，通过适当降低管理费率来获取投资者青睐。但激烈的竞争可能使规模经济带来的成本下降显得微乎其微，基金公司需在压缩利润率和扩大规模之间作出有效权衡，力争在控制成本的条件下设定符合自身实际情况的费率水平。

13.3.4　我国基金费率设置的改革

基金费用结构的设计是由基金发起人（在我国一般是指基金管理公司）进行的，其初衷是为了实现管理费等收入的最大化。这就必须考虑两个因素：一是尽可能多地募集资金；二是采取尽可能高的费率结构。显然，这两个因素是相互矛盾的，低费率结构容易吸收资金，高费率结构难以募集资金，所以必须在这两者之间寻求平衡点。同时，这里还涉及投资者的费率结构偏好和基金管理公司管理基金的成本。

一般而言，费用结构必须与基金收益波动水平挂钩。不同种类的基金的收益波动水平是不一样的，如货币市场基金和债券基金的收益波动水平较低，管理难度小，费率应较低；股票基金、对冲基金的收益波动水平较高，管理难度大，费率应较高。费用结构还与市场竞争程度有关。在基金供不应求的情况下，对于较高费率的费用结构，投资者也会接受。在投资者对基金投资热情不高的情况下，应设计较低的费率。当然，基金费率水平与基金业整体收益水平有很大关系。当基金业整体收益水平高于同期银行存款或国债利率水平时，即使基金费率高一些，投资者也乐于接受。当基金业整体收益水平低于银行同期存款或国债利率水平时，投资者对基金费率就会比较敏感。

我国基金行业经历了20余年的发展，规模不断扩大，正逐步迈入一个更加成熟、规范的发展阶段。与美国相同，我国基金规模不断扩大的同时，基金费率总体呈现出下降态势。根据中国证券投资基金业协会发布的《中国证券投资基金业年报（2024）》，我国开放式基金资产总规模从2004年的2 436.63亿元上升到2023年的27万亿元。整体来看，除了赎回费呈现上升趋势外，其他如管理费、托管费、销售服务费和认（申）购费的费率都稳中有降。高赎回费与鼓励投资者长期持有相关，而总体费率的下降则是市场化程度加深的体现，也有利于投资者成本的降低。

2023年7月证监会发布《公募基金行业费率改革工作方案》，分阶段推进费率改革。截至2023年底，共有5 593只存量基金（以基金份额统计）下调了管理费率。此外，为配合落实费率改革工作方案，2023年8月25日证监会注册公募行业首批20只实施浮动管理费率试点产品。

浮动模式的提出旨在消除基金经理与投资者间的代理问题，将业绩表现与管理费收入挂钩，提高基金管理人与基金份额持有人利益的一致性，但从实际操作来看仍存在几点瑕疵：一是对于不定期提取附加管理费的基金而言，其计提起始日和计提日的设置相对复杂，透明度不高，同时计提方法对基金管理人的清算水平也提出了较高要求，易造成基金份额持有人预期所得与实际所得的差异。二是对于定期计算浮动费率的基金而言，存在收益水平与管理费收入水平的错位，即未来的管理费率由过去的业绩表现来决定，并不受未来业绩表现的影响。同时，从已成立的采用浮动管理费机制的基金业绩来看，并未有显著超越市场水平的表现，浮动管理基金仍有很长一段路要走。

【知识链接13-2】 开放式证券投资基金销售费用管理规定（2013）（节选）

第一章 总则

第一条 为维护开放式证券投资基金销售的市场秩序，保护开放式证券投资基金投资人的合法权益，促进证券投资基金业的健康发展，根据《基金法》、《证券投资基金销售管理办法》（证监会令第91号），制定本规定。

第二条 本规定所称基金是指依据《基金法》并经中国证监会注册的公开募集开放式证券投资基金。

本规定所称基金销售机构是指办理基金销售业务的基金管理人以及经中国证监会注册取得基金销售业务资格的其他机构。

本规定所称基金销售费用，是指基金销售机构在中华人民共和国境内，发售基金份额以及办理基金份额的申购、赎回等销售活动中收取的费用。

创新型封闭式基金以及中国证监会规定的其他基金品种，参照本规定执行。

第三条 基金管理人应当依据有关法律法规及本规定，设定科学合理、简单清晰的基金销售费用结构和费率水平，不断完善基金销售信息披露，防止不正当竞争。

第四条 基金销售机构应当依据有关法律法规及本规定，建立健全对基金销售费用的监督和控制机制，持续提高对基金投资人的服务质量，保证公平、有序、规范地开展基金销售业务。

第二章 基金销售费用结构和费率水平

第五条 基金销售费用包括基金的申购（认购）费、赎回费和销售服务费。

第六条 基金管理人发售基金份额、募集基金，可以收取认购费。

基金管理人办理基金份额的申购，可以收取申购费。

认购费和申购费可以采用在基金份额发售或者申购时收取的前端收费方式，也可以采用在赎回时从赎回金额中扣除的后端收费方式。

基金管理人可以对选择前端收费方式的投资人根据其申购（认购）金额的数量适用不同的前端申购（认购）费率标准。

基金管理人可以对选择后端收费方式的投资人根据其持有期限适用不同的后端申购（认购）费率标准。对于持有期低于3年的投资人，基金管理人不得免收其后端申购（认购）费用。

第七条 基金管理人办理开放式基金份额的赎回应当收取赎回费。

对于除本条第三款规定之外的股票基金和混合基金，基金管理人应当在基金合同、招募说明书中约定按照以下费用标准收取赎回费：

（一）收取销售服务费的，对持续持有期少于30日的投资人收取不低于0.5%的赎回费，并将上述赎回费全额计入基金财产；

（二）不收取销售服务费的，对持续持有期少于7日的投资人收取不低于1.5%的赎回费，对持续持有期少于30日的投资人收取不低于0.75%的赎回费，并将上述赎回费全额计入基金财产；对持续持有期少于3个月的投资人收取不低于0.5%的赎回费，并将不低于赎回费总额的75%计入基金财产；对持续持有期长于3个月但少于6个月的投资人收取不低于0.5%的赎回费，并将不低于赎回费总额的50%计入基金财产；对持续持有期长于6个月的投资人，应当将不低于赎回费总额的25%计入基金财产。

对于交易型开放式指数基金（ETF）、上市开放式基金（LOF）、分级基金、指数基金、短期理财产品基金等股票基金、混合基金以及其他类别基金，基金管理人可以参照上述标准在基金合同、招募说明书中约定赎回费的收取标准和计入基金财产的比例。

第八条　基金管理人可以从基金财产中计提一定的销售服务费，专门用于基金的销售与基金持有人的服务。

第九条　基金销售机构可以对基金销售费用实行一定的优惠。

资料来源　《开放式证券投资基金销售费用管理规定》（2013）。

● **本章小结**

基金销售是证券投资基金管理运作的重要环节之一，在目前基金市场销售竞争激烈的情况下，基金销售状况甚至成为影响基金公司经营的最为关键性的因素。

不同的投资人具有不同的风险承受能力、投资限制和税收状况，进而具有不同的客户特征和客户需求，这是判断投资管理是否成功的标准所在。基金管理人应面向现有与潜在客户提供全方位的市场服务，获取客户信息，满足客户需求。

证券投资基金的客户类型包括机构投资者和个人投资者。机构投资者主要包括保险公司、养老基金、QFII、证券公司、基金公司、信托公司和投资公司等。

针对不同投资人和不同的基金管理形式，基金管理人需要提供不同内容、不同重点的市场服务，其核心在于加强与现有投资人之间的沟通和互信，同时吸引潜在投资人的新增投资。基金管理人所提供的市场服务主要包括信息披露，客户理财顾问，更广泛、更低成本的投资选择和投资者教育活动。

证券投资基金的费率直接关系到投资者的投资成本，是基金销售过程中影响客户的重要因素。所以，费率设置是证券投资基金特别是开放式基金营销设计中一个非常核心的问题，直接关系到能否吸引到投资者以及相关各方的收益状况。

开放式基金在存续和运作中发生的全部费用统称为基金持有成本，主要由基金份额持有人费用和年度运作费用构成。

● 思考题

1. 为什么目前我国证券投资基金对基金营销空前重视?

2. 证券投资基金的主要机构投资人有哪些? 你认为它们中的哪几个在未来应该成为基金关注的重点?

3. 证券投资基金的主要销售方式有哪些? 它们各有什么特点? 你认为我国开放式基金的销售方式在未来将会有什么转变?

4. 投资者投资证券投资基金需交纳哪些费用?

5. 结合美国共同基金费率的变化, 你认为我国基金费率今后将会有怎样的发展变化趋势?

第5篇

发展展望篇

第14章 国内外证券投资基金监管

◇学习目标
- 掌握证券投资基金监管的内涵和目标
- 了解证券投资基金监管的对象
- 了解中国证券投资基金监管的主要内容
- 掌握三种证券投资基金监管体制模式并比较其优劣
- 了解美、英、德、日与我国的基金监管法律体系

证券投资基金市场是证券市场的一个子市场，对证券投资基金的监管，无论是其监管模式、监管内容、监管机构，还是其监管的法律体系，都属于证券市场监管的范畴，这在各个国家对证券投资基金的监管实践中都有充分的体现。不同国家基金行业的发展轨迹造就了不同的基金监管体制。本章主要回答什么是证券投资基金监管、为什么要监管、如何监管以及监管什么的问题，同时对证券投资基金的监管体制和法律体系进行国际比较。

14.1 证券投资基金监管概述

14.1.1 证券投资基金监管的内涵和目标

证券投资基金产品是集中众多投资者资金并委托基金管理公司或是投资顾问进行证券投资的投资工具，在其运行过程中存在复杂的委托代理关系，在每一种代理关系中都可能存在道德风险，如基金管理公司、基金托管人或其内部人侵害证券投资基金持有人的利益，基金管理公司经理层或基金经理侵害基金管理公司的利益，证券投资基金大投资者侵害小投资者的利益等。这就要求政府必须制定法律法规来规范各证券投资基金主体的行为，督促各证券投资基金主体按规定履行自己的权利和义务，以促进基金市场公平、有序运行，这就是证券投资基金监管的主要内涵。因此，证券投资基金的监管就是对证券投资基金行为的监督管理，是相关管理部门运用法律的、经济的以及必要的行政手段，对基金的发起设立、基金产品的发行、基金的上市交易、基金的申购与赎回、基金清算等行为，以及基金管理人、托管人等与基金运作相关的机构的行为进行监督和管理。

证券投资基金相关法律中一般都规定了制定该法律的目的，这种目的就构成了监管的主要目标。例如，《基金法》第一条规定："为了规范证券投资基金活动，保护投

资人及相关当事人的合法权益，促进证券投资基金和资本市场的健康发展，制定本法。"结合国际证监会组织（IOSCO）提出的证券市场三项监管目标——保护投资者，保证市场公平、有效和透明，减少系统风险（Systemic Risk），我们可以得出证券投资基金监管的最终目标：建立公平、高效的证券市场，促进证券投资基金和证券市场健康发展。

14.1.2 证券投资基金监管的对象

基金监管的对象是产生基金行为的主体，即基金管理人、基金托管机构和基金投资者。就我国而言，基金的监管对象包括基金管理公司、基金托管人、基金承销人、基金选择的券商、基金投资者等。在上述监管对象中，基金管理公司是监管的重点对象。基金管理公司是基金运作的核心，基金的投资、发行、赎回以及基金的内控制度都在基金管理公司的控制之下，如果基金发生违法或不正当交易行为，最可能的直接责任方就是基金管理公司。

14.1.3 我国证券投资基金的监管内容

证券投资基金是基于"委托-代理"的信托原理建立起来的。在这样的信托关系中，委托者将资金交付给代理者后即基本履行了义务，后续便要求代理者履行契约或协议约定的义务。因而，代理人是否有能力履行义务和如何履行义务成了基金监管的核心内容，即基金监管的核心内容是资格监管和行为监管两个方面。

资格监管主要分为对基金管理公司及其从业人员的监管和对基金托管人及其从业人员的监督。基金管理公司的设立须经国务院证券监督管理机构核准。对基金管理公司从业人员的监管和对基金管理公司行为的监督主要依据《基金法》《证券基金经营机构董事、监事、高级管理人员及从业人员监督管理办法》《证券投资基金管理公司管理办法》（2020年修订）等。基金托管人由依法设立的商业银行或者其他金融机构担任。取得基金托管人资格应符合法定条件，担任基金托管人应履行相关职责。

行为监管主要是对证券投资基金运行的监管，即对证券投资基金代理人行为的监管和对基金运行程序的监管。中国证监会及其派出机构根据《基金法》和《公开募集证券投资基金运作管理办法》，对证券投资基金资金的募集、设立、交易，基金份额的申购和赎回，基金财产的投资，基金收益的分配，运作与信息披露，变更与清算，以及其他基金运作活动进行监管。

【知识链接14-1】 **基金管理公司的设立条件**

《基金法》第十三条明确规定了基金管理公司的设立条件：

设立管理公开募集基金的基金管理公司，应当具备下列条件，并经国务院证券监督管理机构批准：

（一）有符合本法和《中华人民共和国公司法》规定的章程；

（二）注册资本不低于一亿元人民币，且必须为实缴货币资本；

（三）主要股东应当具有经营金融业务或者管理金融机构的良好业绩、良好的财务状况和社会信誉，资产规模达到国务院规定的标准，最近三年没有违法记录；

（四）取得基金从业资格的人员达到法定人数；

（五）董事、监事、高级管理人员具备相应的任职条件；

（六）有符合要求的营业场所、安全防范设施和与基金管理业务有关的其他设施；

（七）有良好的内部治理结构、完善的内部稽核监控制度、风险控制制度；

（八）法律、行政法规规定的和经国务院批准的国务院证券监督管理机构规定的其他条件。

14.1.4　证券投资基金监管的主要方式

行政监管和自律监管是证券投资基金监管的两种主要方式。行政监管是指行政监管部门根据法律法规的相关规定对证券投资基金市场进行干预性监管。行政监管部门一般由证券监管部门、中央银行等有关机构组成。《基金法》第十一条明确规定："国务院证券监督管理机构依法对证券投资基金活动实施监督管理；其派出机构依照授权履行职责。"中国证监会一般会授权其派出机构对当地的基金市场履行监管职责，授权证券交易所对在交易所上市的基金履行一线监管的职责。

然而，法律法规并非万能的，诸多方面（如道德范畴内的事项）还需法律体系之外的标准辅助，因此，自律监管便应运而生，即通过行业自律组织来规范证券投资基金的运作。法律法规与自律要求相辅相成，构成了完善健全的监管体系。《基金法》第十条明确规定："基金管理人、基金托管人和基金服务机构，应当依照本法成立证券投资基金行业协会，进行行业自律，协调行业关系，提供行业服务，促进行业发展。"尽管中国证券投资基金发展时间较短，中国证券投资基金业协会成立不久，但是近年来中国证券投资基金业的自律监管方式在持续发挥应有的作用。

14.2　证券投资基金监管体制的国际比较

综观世界各国基金市场的发展史可以看出，基金市场之所以能够成为各国金融市场中不可缺少的组成部分，一方面是由于证券投资基金产品作为一种投资工具所固有的特点和独特优势；另一方面也是各国加强对基金市场监管的结果。基金市场由小到大，由不规范走向规范化发展，并非一帆风顺，曾经有过因监管不力而带来的沉痛教训。目前基金市场较为发达的英、美、日、德等国无不得益于其基金监管水平的不断提高，而监管水平的高低在很大程度上取决于其基金监管体制的完善程度。

由于各国的国情及所处的具体条件和状况以及对基金市场发展的目标要求不同，它们对基金市场监管主体的选择和监管手段的运用也存在明显的差异，因而在实践中形成了各具特色的投资基金市场监管体制模式。概括起来，其有三种监管体制模式：一是以英国为代表的"基金行业自律"模式，这是自律型监管体制的典型，没有专门的基金管理机构，也不制定单行法律，以市场参与者的自律管理为主；二是以美国为代表的"法律约束下的企业自律管理"模式，这是集中监管体制与自律监管体制相结合的中间型监管体制的典型，政府注重立法，通过制定专门的法律法规对市场进行管理；三是以日本为代表的"政府严格管制"模式，这是集中监管体制的典型，政府的基金管理部门对基金市场采取严格的管理。英、美、日三国是世界上投资基金市场发展相对较早，效果也较为显著的国家，它们在长期的实践中形成了相对成熟和完善的基金市场监管体制模式，并成为其他国家仿效的对象。

14.2.1　美国证券投资基金业的监管体制

美国是实行集中监管体制和自律监管体制相结合的中间型监管体制的典型。它既强调中央政府的统一监管，又强调各州政府对证券市场的监管和行业自律组织的管理。美国的各大证券交易所既受美国证券交易委员会的统一监管，相互之间又存在激烈的竞争。这种集中与自律适度统一的监管理体制使得美国的证券市场和投资基金市场成为世界上最大、最发达的证券市场和投资基金市场，也有人认为美国证券市场既是运行最为自由的市场，也是监管最为严格的市场。

美国证券投资基金业的监管体制由两级机构组成：第一级是美国证券交易委员会（SEC）作为美国证券主管机关对基金业进行行政监管；第二级是联邦级证券交易所、投资公司协会（ICI）、投资管理和研究协会（AIMR）以及美国金融业监管局（FINRA）等行业自律性组织在维护基金行业的职业道德、督促会员机构及基金从业人员规范经营方面进行监管。

1. 美国证券交易委员会

美国证券交易委员会是美国联邦政府的一个独立的金融管理机构，管理和控制着联邦级的证券交易所，是美国管理证券市场活动的最高机构。根据1934年《证券交易法》，美国证券交易委员会具有一定的立法权和司法权，其主要职责是：管理、监督全国证券发行与交易活动；检查投资银行、投资顾问、证券发行公司和大股东的经营活动；作为全国证券发行和证券交易的信息中心，组织并监督证券市场收集和输送各种有关证券发行和证券交易的信息。该委员会建立的目的，是监督执行美国1933年《证券法》、1934年《证券交易法》、1939年《信托合同法》、1940年《投资公司法》、1940年《投资顾问法》、1935年《公共事业持股公司法》，以维护证券发行者、投资者和交易者的正当权益，防止证券活动中的过度冒险、投机和欺诈活动，维护稳定的物价水平，配合联邦储备委员会以及其他金融管理机构，建立一个公平、公开、公正的投资信息系统，形成一个明确、灵活、有效的金融体系。

2. 联邦级证券交易所

美国证券交易委员会下属的联邦级证券交易所是一种半管理半经营的机构。它们要执行美国证券交易委员会的部分管理职能，管理的主要对象是全国各证券交易所，即各证券交易市场。同时，它作为有形证券市场，要维持、组织证券市场活动，独立核算、自主经营，因此它也是一个以股份制企业形式存在的经营机构。美国共有18

个联邦级的证券交易所，其中纽约证券交易所（NYSE）是规模最大的一个。

3. 美国金融业监管局

美国金融业监管局的前身是美国全国证券交易商协会（NASD），它是根据1938年美国国会在《证券交易法》中增加的新条款（15A）以及1939年美国证券交易委员会的建议成立的。美国全国证券交易商协会是一个半官方半民间的非营利行业自律性组织，依法在美国证券交易委员会注册，全权管理全国场外交易市场上的所有证券交易（包括基金交易）活动。2007年，在美国证券交易委员会的协调下，美国全国证券交易商协会与纽约证券交易所的有关会员监管、执行和仲裁的部门合并成为美国金融业监管局，并于当年7月获美国证券交易委员会批准，开始发挥其监管职能。

4. 投资公司协会

投资公司协会是美国共同基金的行业组织，成立于1940年，当时的名称为"投资公司全国委员会"，1941年10月更名为"全国投资公司协会"，1961年又改为现在的名称。目前，投资公司协会不但参与有关投资公司的立法，监督州和联邦有关的立法，充当基金业与美国证券交易委员会的联系人，还有广泛的行业自律任务和推广基金业的职能。在行业自律方面，投资公司协会采取组织和宣传手段严格执行法规，以使基金业保持良好发展势头；在推广基金业方面，该协会主要是向公众传播基金方面的知识，介绍投资共同基金的方法，宣传投资基金的好处。

在上述监管机构中，美国证券交易委员会拥有最高的权威和最大的影响力，它直属美国政府，其主席由美国总统任命，直接对国会负责，独立行使职权。该委员会对联邦和各州的证券发行公司、证券交易所、投资银行等拥有法定的行使全国证券交易管理和监督的权力，不受总统和政府部门的干涉。与此同时，美国证券交易委员会把美国分为九个证券交易区，每个区设一个地区证券交易委员会，协助美国证券交易委员会完成对证券交易所、证券发行公司、投资银行的注册以及财务报告公布等方面的管理事宜，并负责对该地区的证券活动的具体调查、检查工作。

美国证券交易委员会管理和控制着联邦级证券交易所（经过申请在美国证券交易委员会注册的、可以进行全国性的乃至世界性证券交易的证券市场），这些证券交易所在管理、组织证券交易，制定各自的证券交易所规章制度，提供证券交易的通信、服务设施等方面，必须无条件地服从美国证券交易委员会的管理。美国证券交易委员会还通过美国金融业监管局、投资公司协会监督和管理场外证券市场和基金市场。美国证券交易委员会有权审核、检查、修改乃至废除美国金融业监管局所做的各种管理规定，有权指导其管理政策，有权取消经其注册的经纪公司和证券代表的资格。

由此可见，美国形成了以美国证券交易委员会为核心、以若干行业自律性组织为基础的双层次管理证券活动的组织体系。美国的基金监管体系是"法律约束下的企业自律管理"双层监管模式，是集中监管与自律监管相结合的一种典型。

14.2.2　英国证券投资基金业的监管体制

英国是自律型监管体制的典型代表，其他一些资本主义发展较早的欧洲国家，如意大利、爱尔兰、荷兰、芬兰、挪威等也都采取了自律型的监管体制。英国基金业的监管形式有两种:自律机制和立法管制。

1. 自律机制

英国的证券市场更倾向于非政府管理,就是交给懂市场规律的专业人士来进行管理。英国对投资基金业的管理以自律为主,实行"自我管理""自我约束""自我规范"的"三自"政策。政府除了适当进行宏观调控外,不干预基金的具体业务,基金行业自己制定运行规则进行监管。英国的自律监管系统包括两个层面:其一是证券交易所,它是非官方的证券市场监管核心,具备证券管理和证券交易运行的双重职能;其二是证券交易商协会、证券业理事会、企业收购与合并专门研究小组三个非政府管理机构。

证券交易商协会由证券市场的4 200名会员直接选举产生,委员总数46名,每年改选其中1/3,主要管理伦敦及其证券交易所内的业务,它所制定的《证券交易所管制条例和规则》是各种证券交易的主要依据,也是基金交易应遵循的依据。

证券业理事会是1978年由英格兰银行提议成立的一个自我管理机构,是一个私人组织,由10个以上的专业协会的代表组成,这一机构在英国证券业自我管制体系中占中心地位。它成立后,对《伦敦城收购与合并准则》《公司法》进行了修改,制定推行了一些新的规则,如《证券交易商行为准则》《基金经理人交易指南》《大规模收购股权准则》等,同时负责解释和监督实施。

英国的三个自我管理机构与政府机构是相对独立的,它们在一定程度上开展非正式合作。政府机构主要采用立法手段参与基金管理,而自我管理机构是以非立法方式实施其行为准则,但当后者发现基金违法时,也可报请贸易部等政府部门进行调查和提出诉讼。

2. 立法管制

尽管英国对基金实行自我管理制度,但政府的作用也不容忽视。政府的监管主要体现为立法管制,一系列证券法案和与基金相关的法案既是自我管理的指导,又是自我管理的补充。

英国资本市场的放松管制自1986年的"金融大爆炸"(Big Bang)[1]得到进一步加强。此前英国资本市场的一个重要特点是伦敦证券交易所控制着英国资本市场。此次金融变革降低了交易所的地位,并诞生了新的管理体制。放松管制极大地促进了英国证券市场的发展和效率的提高,促进了英国国际股权市场的发展,使得伦敦的国际金融中心的地位得到了成功维护,但也带来了投资顾问、经纪人为了自身的利益而丧失开展业务的客观性和独立性的潜在问题。1997年,英国证券与投资委员会更名为英国金融服务管理局(FSA),并逐渐接管原属自律性机构的证券经营管理组织、个人投资管理局以及证券与期货管理局的部分监管部门,基金业监管的集中性有所加强。

---

1 指英国在1986年由撒切尔政府领导的伦敦金融业政策变革。该变革旨在大幅度减少监管。(编者注)

根据英国《金融服务与市场法》的规定，从2001年起，英国证券期货局、投资管理监管组织、私人投资管理局等机构的职能并入英国金融服务管理局。

14.2.3　日本证券投资基金业的监管体制

日本证券投资基金业的监管体制是"政府严格管制"模式，是集中监管的典型，政府机构采取行政手段对基金发展的方向及基金的运行和管理进行引导和调节。参与基金监管的机构主要有四个：

（1）大藏省证券局。它是日本主管全国证券业务的政府机构。1950年前担任这一职能的机构是证券管理委员会，1950年日本修改法案，这一职能改由大藏省证券局负责。它对基金及证券经营事项进行注册登记、批准、认可、检查以及对一切证券法令的执行情况进行监督管理。

（2）证券交易审议会。该机构于1962年由大藏省设立，是主要负责对基金及有关证券的发行、买卖及其他交易等重要事项进行调查审议的最高行政机构。

（3）日本银行。它是日本的中央银行，代表国家对证券市场进行直接或间接的行政指导和干预，对基金托管银行进行监督管理。

（4）投资信托协会。该协会成立于1957年7月，是为促进证券投资信托业的发展而经大藏省许可成立的，该协会致力于制定有关证券投资信托营运的自律规范。为防止证券投资信托的募集和信托财产的运用越出常规而影响股市，投资信托协会于1966年进行改组，改组后的协会由10家基金管理公司及6家专门办理受益凭证买卖及其他交易的证券公司组成。协会设立董事会为其决策机构，其下还有6个常设委员会，另外还成立了对会员违规给予纪律处置的公正交易委员会。协会的主要任务和职能是：防止在信托财产运用上违反受益人利益的事件发生，对公正恰当地运用信托财产进行调查、指导及劝告；防止投资信托公司对同业的诽谤或违法行为；为实现协会其他目的而进行调查、劝说与指导等。

14.2.4　三种监管体制的比较和发展趋势

集中型监管体制、自律型监管体制、集中与自律相结合的中间型监管体制是不同国家证券投资基金监管的三种典型体制，由于中间型监管体制具有的特殊优势，很多国家的监管体制开始向中间型监管体制发展。

集中型监管体制和自律型监管体制各有其特点和优缺点，具体见表14.1。

中间型监管体制既强调立法管理又强调自律管理，可以说是集中型监管体制和自律型监管体制互相协调、渗透的产物，它是中央政府和地方政府及自律组织相结合的管理体制，也是证券投资基金监管体制的发展趋势。那么，中间型监管体制的优点体现在哪些方面呢？

（1）有利于更好地保证证券投资基金市场运行的效率和公平目标。由政府出面成立全国统一的证券投资基金监管组织，并颁布专门的有关基金的法律，既能使证券投资基金市场监管具有更高的权威性，又能使证券业参与者在同一条起跑线上进行公平的竞争。

表14.1　　　　　集中型监管体制和自律型监管体制的特点和优缺点

	集中型监管体制	自律型监管体制
特点	• 有一套全国性的证券投资基金市场管理法规 • 设有全国性的管理机构负责监督、管理证券投资基金市场，这类机构由于政府充分授权，通常具有足够的权威来维护证券投资基金市场的正常运行	• 没有制定专门的证券投资基金市场法规，而靠一些相关的法规来制约证券投资基金市场的行为 • 一般不设立全国性的证券管理机构，而以市场参与者的自我管理和专家管理为主
优点	• 充分发挥政府在证券投资基金发展初期的特殊推动作用 • 具有专门的证券投资基金市场管理法规，统一了管理口径，使市场行为有法可依，并增强了证券投资基金监管的权威性 • 管理者具有超脱地位，能够更好地体现和维护证券投资基金市场管理的公开、公平和公正的原则，更注重保护投资者的利益，并协调全国证券投资基金市场 • 能使基金的发展与国家经济发展的宏观目标保持一致，基金能有效地为国家亟须发展的行业融资	• 它允许基金管理公司、券商等参与制定证券投资基金市场管理条例，使市场管理更切合实际，并且有利于促进基金管理公司、券商等机构自觉遵守和维护这些条例 • 由市场参与者制定和修订证券管理条例，具有更大的灵活性、针对性 • 自律组织能对市场违规行为迅速作出反应，并及时采取有效措施，保证市场的有效运转 • 自律协会实施会员制，能保证从事基金业务的机构和个人的业务素质，同时，有助于消除行业内的无序竞争
缺点	• 容易产生对证券投资基金市场过多的行政干预，政府部门不仅制定基金发展的总体方针，还监管具体的实施细节，使行业自律组织难以发挥作用 • 政府行政干预过多使基金市场得不到充分的竞争，也不利于推动证券投资基金的国际化发展进程 • 当市场行为发生变化时，有时不能作出迅速反应，并采取有效措施	• 自律组织通常不能对投资者提供充分的保障 • 管理者不具有超脱地位，市场的公正原则难以充分体现 • 缺少强有力的立法作后盾，管理手段软弱，导致基金管理公司等市场参与者的违规行为时有发生 • 没有专门的管理机构协调全国证券投资基金市场的发展，区域市场之间很容易互相产生摩擦，导致混乱局面 • 行业协会权限过大，容易导致垄断和较高的市场进入壁垒，市场开放程度较低，不利于吸引外资和基金市场的国际化发展

（2）比自律组织更有利于保护投资者利益。中间型监管体制强调由中央政府授权的全国性证券监管部门对证券投资基金市场进行全面监管，因而其更注重从整体利益出发，从市场可持续健康发展出发，而不是从某个行业组织出发，来进行证券投资基金市场的管理，有利于加强对中小投资者的利益保护。

（3）可避免集中型监管下的"竞争失灵"。美国证券交易委员会虽然有很高的权威性，但它的权力范围仍受到许多因素的制约。这就避免了集中型监管对证券投资基金市场给予过多干预，使得各证券交易所等组织之间的竞争仍能充分地进行，促使证券投资基金在竞争中不断发展和完善。

（4）充分发挥地方政府和行业自律组织对证券投资基金市场实行监管的积极性，加强了对证券投资基金市场的一线监管。在美国，州政府和行业自律组织更接近证券投资基金市场的第一线，一旦证券投资基金市场暴露问题，它们往往更能迅速作出反应，采取有效措施遏制问题扩散，保护更多的市场参与者。而在集中监管模式下，从问题暴露到汇报再到反馈，反应链长，时滞性强，显然不及各一线监管主体灵活迅速。

由于中间型监管体制较好地结合了集中型监管体制和自律型监管体制的优点，避免了两者的缺陷，因此，除了美国、德国、泰国等较早实行中间型监管体制的国家外，越来越多的国家逐渐向中间型监管体制过渡，如英国、法国、意大利等。而一些新兴市场国家往往一开始就倾向于采取集中与自律适度统一的中间型监管体制。但是，对于在多大程度上实行集中监管、在多大程度上实行自律的问题，要结合具体情况，根据监管的成本-效益比来确定。

14.2.5　我国基金业的监管情况

在我国，基金的整个运作流程涉及基金管理公司、证券公司、银行、保险、信托投资公司、证券交易所、证券登记公司等金融机构，以及股票市场、债券市场、银行间同业拆借市场、国债回购市场、票据市场等。目前我国执行的是混业经营、分业监管的金融体制，所以基金的运行过程要接受中国证监会、国家金融监督管理总局等机构的监管。由于我国基金业的自律组织相对较弱，因此就目前而言，我国基金业的监管体制主要是由中国证监会、国家金融监督管理总局、证券交易所、证券业协会等机构组成的集中型的监管体制。

1. 政府行政监管

我国的金融监管最初实行的是"一行三会"模式，即中国人民银行、银监会、证监会和保监会。在多头管理下，监管效率低下，容易出现监管"真空"。2018年，银监会和保监会合并为银保监会，负责银行业和保险业的监督管理。2023年，在银保监会的基础上组建国家金融监督管理总局，由其统一负责除证券业以外的金融业监管，形成"一行一局一会"的新监管格局。此次金融监管改革，可以避免之前存在的多重监管、监管真空等问题，有助于提升监管效率，有效防范化解重大金融风险。

2. 行业自律监管

由于法律法规具有滞后性，对于基金行业来说，自律监管也是非常重要的。2002年12月4日，中国证券业协会证券投资基金业委员会成立。随着基金业规模不断扩大，证券投资基金业委员会全揽基金管理行业自律实务显得力不从心。2012年6月6日，中国证券投资基金协会成立，这标志着我国证券投资基金业在自律方面迈出了一大步。

3.社会监督机制

社会监督机制即第三方监管，可以有效地规范基金管理人和托管人的行为。完善审计、会计报告体系有助于提升基金信息披露的准确性和规范性。媒体报道能够强化对基金信息披露的监督。建立权威的基金业绩评级体系，不仅有助于投资者科学地选择基金，而且可以对基金管理人形成一种外在的约束。2009年11月，中国证监会发布《证券投资基金评价业务管理暂行办法》，规范基金评价业务，次年基金评价迎来"正规军"，共有四家证券公司（银河证券、海通证券、招商证券、上海证券）、三家证券投资咨询机构及独立基金评价机构（晨星资讯（深圳）、天相投资顾问、北京济安金信科技）和三家媒体（深圳证券时报社、中国证券报社、上海证券报社）成为具备评级、评奖资格的机构。

14.3 证券投资基金监管法律体系的国际比较

法律是指反映统治阶级意志的、由国家制定或认可并以国家强制力保证实施的行为规范的总和。法律规范、法律概念、法律原则和法律技术性规定是法律的四个构成要素。法律原则虽非法律规范，但有助于理解和适用法律规范。按照一般意义的划分，一国法律的形式主要有宪法、法律、行政法规和部门规章、地方性法规和地方政府规章等。具体到证券投资基金的法律体系框架，它主要分为法律和行政法规、部门规章两个层次。证券投资基金监管机构必须依照法律法规的规定对证券投资基金市场进行有效监管，也就是说，证券投资基金的法律框架是基金监管的基础和前提。随着基金市场的发展，各国不断推出多层次的基金监管法律框架，以促进基金市场的有序发展。

14.3.1 国际基金监管的法律体系

1.美国基金监管法律体系

美国投资基金法律包括两种类型：联邦法律和州法律。联邦法律主要包括1933年《证券法》、1934年《证券交易法》、1940年《投资公司法》和1940年《投资顾问法》。州法律主要是各州制定的《蓝天法》（Blue Sky Law）。因此，美国的共同基金由州和联邦双重监管。

20世纪30年代，美国的共同基金业损害投资者利益的事件频出，投资者丧失了对共同基金的信心，这导致了共同基金业的萎缩。基金管理公司在管理基金时不遵守职业操守，严重损害投资者利益。投资者在对基金进行投资前后没有获得充分的信息披露。尽管基金有特定投资目标和策略，投资顾问经常在短期内严重偏离原有的投资目标和策略，使得基金资产暴露在投资者未预期的风险中。

《投资公司法》和《投资顾问法》是两部直接对共同基金进行监管的法律，构成了美国共同基金法律的主体。从法律渊源上看，它们起源于1935年《公共事业持股公司法案》。该法案授权SEC对当时投资公司在运作中暴露出来的问题进行调查和研究。SEC 的调查报告《投资信托研究》表明，当时美国共同基金的管理人不是从投资者的利益出发管理基金，而是通过损害投资者利益的行为为自身或关联公司牟取利益。同时，基金管理公司向投资者披露的信息往往是不充分和不真实的。

正是根据 SEC 的这份研究报告，美国国会在 1940 年通过了《投资公司法》和《投资顾问法》，开始以强有力的法律手段对基金业进行监管，并为共同基金的监管搭建了基本框架。另外，SEC 根据基金业出现的新情况，对这两部法律提出了许多修正案（Amendments）和新规则（Rules），这些也可以列入这两部法律的范围。

《证券法》和《证券交易法》构成了基金法律体系的第二个层次，这两部法律对基金发行股份的资格认证、信息披露和交易作出了详细规定。基金在公开发行股份之前必须满足《证券法》的信息披露要求，基金股份如果要在证券交易所上市必须满足《证券交易法》的定期信息披露要求（年报、中报等）。

根据《投资公司法》，美国的共同基金都采取公司制，因此各州关于公司的法律也适用于在该州注册的共同基金。各州的公司法对共同基金的各方当事人的权利和义务进行了规定。另外，1996 年之前各州的《蓝天法》对基金发行股份进行了详细规定，《蓝天法》对共同基金的监管发挥着重要作用。1996 年，美国国会通过了《全国证券市场改善法案》。该法案规定，根据 1940 年《投资公司法》注册的共同基金在许多方面可以只受联邦法律的监管，同时在这些方面可以免受州的监管。例如，该法案规定联邦法律在监管基金股份时，其效力高于各州的《蓝天法》，但是在处理与经纪商-交易商相关联的基金股份欺诈案件和欺骗行为时，各州仍然拥有调查和强制实施的权力。现在，共同基金受各州法律的监管较少，各州的法律构成了共同基金监管的第三个层次。

以上的基金法律都是成文法，作为典型的英美法系国家，美国的基金法律还包括许多判例法（由已发生的基金法律诉讼判例组成）。事实上，成文法主要是规定基金禁止的行为，判例法则是规定基金面临法律诉讼时应如何判决。这些判例法构成了美国基金法律的第四个层次。

2. 英国基金监管法律体系

英国对证券市场的监管以自律为主，其基金监管法律体系较美国宽松。随着经济的发展变化，为规范市场和保护广大中小投资者的利益，英国政府意识到单靠市场这只"看不见的手"来调节经济也有缺陷，因此加大了对证券市场和基金市场的监管力度，1986 年出台了第一部全国性的投资基金监管法律——《金融服务法》，全方位地规范投资基金市场运作，使英国投资基金业更趋法治化。

英国有关证券投资基金的法律法规主要有：1939 年和 1958 年的《反欺诈（投资）法》，1944 年的《投资业务管理办法》，1948 年、1967 年和 1985 年的《公司法》，1973 年的《公平交易法》，1976 年的《限制交易实践法》，1986 年的《破产法》，1987 年实施的《金融服务法》，1991 年的《金融服务条例》，2000 年的《金融服务与市场法》，以及 2004 年的《东京证交所（威尔士）（修订）规例》等。

3. 德国基金监管法律体系

德国虽是联邦制国家，但与大多数英美法系国家的法律制度不同，根据其宪法的规定，民事和商事法律是属于联邦政府立法权的部分，与投资基金有关的法律也是如此。

由于德国一直实施的是金融混业经营制度，因此与美国、日本等实施分业经营制度的国家不同，德国没有建立起统一的证券法，也没有建立起对证券市场进行全面广泛管理的联邦机构和州权力机构。德国关于证券市场的法律，除1896年制定的《证券交易法》外，散见于《股份公司法》《德国商典法》《银行法》《证券交易所法》《贸易法》《关于一些公司与分公司的财务报表及其公布的法律》《有限责任公司法》《对外贸易法》中，关于投资基金的专门立法主要有《投资公司法》和《外国投资公司法》。

德国《银行法》规定了对投资公司业务的一般性要求。《投资公司法》于1957年实施，是规范德国基金业的主要法律，对投资公司的设立条件、基金类型、投资行为、投资限制、信息披露等进行了明确规定。20世纪60年代，境外基金在德国的崩溃使成千上万的德国投资人遭受损失，《外国投资公司法》应运而生，以规范国外基金销售业务。除以上三大法律外，德国基金业还要遵守欧盟可转让证券集合投资计划（UCITS）中有关基金业务的原则规定。

4. 日本基金监管法律体系

日本对证券投资基金的法律监管框架体现为三个层次：一是专门规范证券投资基金业务的法律，如《证券交易法》《证券投资信托法》《担保债券信托法》；二是其他法律中涉及基金的法律，如《商法典》《民法典》《外汇和外贸管理法》；三是行政法规或规章，如关于基金上市的政府条例，关于基金募集、发行和登记的政府条例，关于基金认购要约的登记等事项的政府条例，关于信托投资公司、证券公司的政府条例等。

14.3.2　我国基金监管的法律体系

按层次分，我国证券投资基金的法律监管框架主要分为两个层次，即法律层次和行政法规、部门规章层次。

1. 法律层次

从法律层次上说，我国基金监管的法律主要包括《中华人民共和国证券法》《中华人民共和国公司法》《中华人民共和国合伙企业法》《中华人民共和国刑法》《中华人民共和国信托法》《中华人民共和国民法典》《中华人民共和国会计法》《中华人民共和国证券投资基金法》和有关税收方面的法律。

《中华人民共和国证券法》对证券发行、上市、交易、清算、信息公开、禁止的交易行为、法律责任的有关规定，同样适用于基金管理公司。

《中华人民共和国公司法》《中华人民共和国合伙企业法》对有限责任公司、合伙企业的设立，组织机构，财务、会计制度，公司合并、分立、破产、解散和清算，以及法律责任的规定，对基金管理公司具有法律约束力。

《中华人民共和国刑法》中有关证券犯罪的规定主要涉及该法"第三章　破坏社

会主义市场经济秩序罪"。

《中华人民共和国信托法》《中华人民共和国民法典》调节基金当事人之间形成的信托、合同关系。

《中华人民共和国会计法》主要从内控制度和会计处理的角度对基金管理公司作出规范。

《中华人民共和国证券投资基金法》将散落在上述法律中和一些专门性的部门规章中的有关条款,以法律形式作出了专门的规定。在中华人民共和国境内,通过公开发售基金份额募集证券投资基金,由基金管理人管理,基金托管人托管,为基金份额持有人的利益,以资产组合方式进行证券投资活动,适用本法。

2. 行政法规和部门规章层次

1998年,国务院证券委员会并入中国证监会,之后,中国证监会相继以通知、指导意见、实施细则等法规、规章和规范性文件的方式制定并颁布了一系列基金方面的法规,主要包括《证券投资基金管理公司管理办法》(2020年修订)、《证券基金经营机构董事、监事、高级管理人员及从业人员监督管理办法》《公开募集证券投资基金销售机构监督管理办法》《证券投资基金托管业务管理办法》(2020年修订)、《证券投资基金评价业务管理暂行办法》《公开募集证券投资基金信息披露管理办法》等,它们分别对基金的设立、募集、交易、上市、当事人职责、基金运作、基金评价、信息披露、监管以及违规处罚作出了相应规定。

综上所述,包括我国在内的各国基金的法律框架都是随着市场经济和基金市场的发展而不断完善的,并呈现出法律和行政法规、部门规章两个层次。基金市场高度发达的国家如美、英、日、德,对基金都在法律层面上作出了专门的规定,而不是融合在其他法律中,美国尤其明显。如美国制定了《证券交易法》《投资公司法》《投资顾问法》《蓝天法》来规范证券投资基金的行为,这些法律具有极强的约束力,为基金市场的诚信建设奠定了良好的基础。也正是有了上述法律的约束,投资者的权益得到了较好的保护,从事证券投资基金业务的个人和机构都相当自律。所以,美国证券投资基金得到了长足发展,基金的市值超过了银行的资产,推动了经济的快速发展。

从我国证券投资基金的法律层次看,《基金法》的出台标志着我国也完成了基金监管方面的法律体系的建设,对我国证券投资基金的健康发展起到了保驾护航的作用。

【知识链接14-2】　　美国1940年《投资公司法》与基金监管

美国是世界上证券投资基金最发达的国家,它的法律基础是基金市场快速发展的助动力,因此美国在基金法律监管方面的经验和知识是值得我们学习和借鉴的。例如,1940年《投资公司法》是与1940年《投资顾问法》同等重要的基金法律,它对投资公司(即基金)提出了严格的监管要求,对我国基金监管具有一定的借鉴意义。从中,我们可以明确从哪些方面来规范证券投资基金的行为,同时也可借鉴其运作的方法。

1.基金的注册

依据联邦和州法律设立的基金都应向SEC提交注册通知书进行注册，SEC在收到注册通知书时，基金的注册生效。SEC还规定，为避免基金名称误导投资者，基金的名称应表明其重点投资对象，基金要将至少80%的资金投资于这些对象。如某基金是免税债券基金，则它必须将80%以上的资金投资于免税债券。

2.基金投资组合的分散性

1940年《投资公司法》的第5条对基金投资分散性进行了规定：如果基金在注册时为"多样性"投资公司，那么至少其总资产的75%要投资于现金、现金等价物、政府债券、股票以及其他投资公司的证券。任何一个发行人的证券都不得超过基金资产的5%，并且不得超过该发行人发行在外的有投票权证券的10%。"非多样性公司"不受此限制。

3.基金的信息披露

（1）基金广告

1933年《证券法》和美国金融业监管局制定的广告规则对基金广告施加严厉的管制。1933年《证券法》的规则482规定，在正式公布招募说明书之前，基金广告中出现的信息仅限于招募说明书和附加信息声明（Statement of Additional Information，SAI）中的信息。在广告发布前的10天内，基金应在美国金融业监管局登记备案。美国金融业监管局负责监督基金的广告活动，防止基金广告宣传出现误导性和夸张的内容。

（2）对基金潜在投资者的信息披露

为了使基金的潜在投资者了解基金的目标、风险以及费用等，以及便于潜在投资者比较不同的基金，基金必须依据1933年《证券法》第5部分的规定以及SEC规定的招募说明书的NA-1格式编制发行文件。

（3）对正式投资者和监管部门的信息披露

在联邦级证券交易所注册的基金，应在每年度向SEC提供1934年《证券交易法》13（a）部分以及之后相关规则要求的文件和信息。

注册基金应每半年或每季度按注册登记表的格式向SEC提供最新的信息。如果表中的某项内容有变化，应填写最新的信息。同时，注册基金还必须将发送给投资者的定期报告或临时报告的副本提交给SEC。

注册基金应每半年向股东提交包括下列信息的报告：资产负债表、利润表、基金支付的报酬表以及报告期内基金购买和出售证券（政府证券除外）的总金额表。报告还应阐明可能在未来对基金投资有重大影响的事件。

4.投资顾问的受托人责任

1940年《投资公司法》的36-（b）部分规定，投资顾问在管理基金时要承担"受托人"的责任，如果违反了该规定，投资顾问应承担相应的民事责任。从投资顾问的"受托人"责任看，它具有相当大的弹性。SEC要从主观出发判断投资顾问是否违反了"受托人"责任。SEC的投资管理部门有权对基金违反"受托人"责任的行为进行处罚。

5.关联交易

基金与其关联人（基金的投资顾问、主承销商以及投资顾问和主承销商的关联人）之间的"自我交易"是被禁止的，但事先取得SEC的同意除外。这意味着基金的投资顾问及其他关联人不能作为委托人从基金买进或向基金卖出证券或某项资产。这意味着除非得到SEC的同意，否则投资顾问等关联方不能作为基金从事证券买卖时的交易对手。

自我交易包括双方有意买卖某种证券、基金向关联方借出款项以及双方联合买卖某种证券等。我国基金中曾出现的"倒仓"行为可以看作"自我交易"的一种形式。

6.单位资产净值

在1940年《投资公司法》出台之前，投资顾问及其关联方可以低于单位资产净值的价格购买基金股份，这样严重损害了基金股东的利益。固定价格规则要求各方当事人必须以相同的价格买进基金股份。另外，投资者还有要求投资顾问赎回基金股份的权利。对投资顾问或基金业绩不满的投资者有权利以单位资产净值（NAV）赎回基金股份并进行其他投资。

基金在确定资产净值时，投资组合中交易活跃的证券应采用市场报价，不活跃的证券应采用公允价值。基金股份在申购和赎回时还应该遵循"未知价"原则，即基金在T日收到的申购或赎回请求以T+1日计算的资产净值成交（以第二天计算的资产净值作为成交价格，称为"Forward Pricing"），这样可以防止某些投机者利用已知的历史资产净值稀释股东的基金资产。另外，为确保投资者可随时赎回基金单位，基金必须至少每天计算一次资产净值。

从上面我们可以看出，1940年《投资公司法》注重规定投资顾问与基金之间的关系、基金的内控制度以及基金的信息披露等内容。而1933年《证券法》规定了基金在注册和定期报告中应披露的信息，如投资目标、风险和其他信息。基金股票的承销商受到1934年《证券交易法》中的"经纪商－交易商"条款的限制，该法对承销商的资格条件、最低资本要求和美国金融业监管局的自我监管规则作出了规定。

资料来源　根据美国1940年《投资公司法》、1933年《证券法》相关内容整理。

● 本章小结

证券投资基金的监管就是对证券投资基金行为的监督管理，是证券监管的一个子范畴，是指基金的相关管理部门运用法律的、经济的以及必要的行政手段，对基金的发起设立、基金单位的发行、基金资金的募集、基金的上市交易、基金的申购与赎回、基金清算等行为，以及基金管理人、托管人等与基金运作相关的机构的行为进行监督和管理。

证券投资基金相关法律中一般都规定了制定该法律的目的，这种目的就构成了监管的主要目标。证券投资基金监管的最终目标是建立公平、高效的证券市场，促进证券投资基金和证券市场健康发展。

证券基金监管对象其实就是基金的行为，而产生基金行为的主要有基金管理人、基金托管机构以及基金投资者，因此，基金监管部门主要对上述三方面的机构和个人进行监督管理。

行政监管和自律监管是证券投资基金监管的两种主要方式。基金监管的主要内容是对基金管理人、托管人的设立及其从业人员的资格要求进行监管和对证券投资基金的运行（代理人的行为）进行监管。

证券投资基金监管体系涉及监管的法律体系、基金监管的机构体系、基金监管的内容体系、基金监管的对象体系等多个方面内容。各国由于体制不同和经济及资本市场发展的阶段不同，其基金监管体系体现出不同的特点。

由于各国的国情及所处的具体条件和状况以及对投资基金市场发展的目标要求不同，它们对基金市场监管主体的选择和监管手段的运用也表现出明显的差异，因而在实践中形成了各具特色的投资基金市场监管体制模式，概括起来主要有三种监管体制模式：一是以英国为代表的"基金行业自律"模式，是自律型监管体制的典型；二是以美国为代表的"法律约束下的企业自律管理"模式，是集中监管体制与自律监管体制相结合的中间型监管体制的典型；三是以日本为代表的"政府严格管制"模式，是集中监管体制的典型。由于中间型监管体制的优点较明显，现在许多国家的监管体制开始向中间型转化。

包括我国在内的各国的基金法律框架都是随着市场经济和基金市场发展而不断完善的，并呈现出法律与行政法规、部门规章两个层次。基金市场高度发达的国家，如美、英、日、德，对基金都在法律层面上作出了专门的规定，而不是融合在其他法律中，美国尤其明显。正是有了上述规范证券投资基金行为的法律约束，投资者的权益得到了较好的保护，所以，美国证券投资基金得到了长足发展，基金的市值超过了银行的资产，推动了经济的快速发展。

● 思考题

1.试论述证券投资基金监管的目标与原则。

2.证券投资基金监管的主要方式有哪些？

3.请阐述我国证券投资基金监管的主要内容。

4.试论述证券投资基金行政监管和自律监管的关系。

5.试比较三种基金监管体制的优劣势。我国应如何完善基金监管体制？

6.我国目前对证券投资基金的监管体制如何？今后的发展方向是什么？

7.简述我国当前基金监管的法律体系。通过各国基金监管法律体系的比较，论述我国基金法律体系的建设框架。

第15章　我国证券投资基金发展历程与展望

◇学习目标

- 了解我国证券投资基金的发展历程
- 了解我国证券投资基金的资金来源市场
- 了解我国证券投资基金的资产投资市场
- 了解我国证券投资基金运行模式的发展
  趋势

随着我国经济总量的不断上升以及市场化程度的不断提高，资本市场尤其是证券市场迎来快速发展的新时期。与此同时，证券投资基金业也迈入新的历史阶段。2012年12月，《基金法》经修订后顺势推出，给我国证券投资基金业的发展提供了法律保证；2015年4月《基金法》经修正后为我国证券投资基金业提供了更加合理的规范。本章在回顾我国证券投资基金发展历程的同时，对其发展趋势作了全景式的展望。

15.1　我国证券投资基金的发展历程

从我国证券投资基金的发展时间序列、规范程度及品种创新和法律法规健全角度来看，我国证券投资基金的发展轨迹可分为封闭式证券投资基金试点阶段，开放式证券投资基金试点阶段，基金市场化、法治化、国际化发展阶段。

1991年至2001年9月为封闭式证券投资基金的试点阶段。以1997年11月《证券投资基金管理暂行办法》（简称《暂行办法》，现已失效）出台为界线，封闭式证券投资基金的试点阶段又可分为两个大的阶段，即《暂行办法》颁布前的不规范封闭式证券投资基金（通常称作老基金）试点阶段和《暂行办法》颁布后至2001年9月首只开放式基金"华安创新"设立前的规范封闭式证券投资基金（通常称作新基金）的试点阶段。以《开放式证券投资基金试点办法》（2000）颁布为契机，以2001年9月20日首只开放式基金"华安创新"正式宣告成立为标志，证券投资基金进入了开放式证券投资基金试点阶段。2004年6月《基金法》正式施行，宣告证券投资基金试点阶段的结束，证券投资基金进入市场化、法治化、国际化发展阶段。2013年6月1日，修订后的《基金法》正式实施，基金行业发展的空间被大大拓宽，证券投资基金的发展进入了一个新时代。2015年4月24日《基金法》经十二届全国人大常委会第十四次会议修正，标志着我国基金发展的法治环境更加向好。

15.1.1 不规范封闭式证券投资基金的试点阶段（1991年至1997年10月）

1991年我国相继诞生了两家证券交易所，这标志着我国证券市场试点工作的全面启动。以此为契机，我国证券投资基金也进入了试点阶段，其标志是1991年10月"武汉证券投资基金"和"深圳南山风险投资基金"的设立。此时，由于对证券市场到底是姓"资"还是姓"社"的问题争论不休，证券市场和基金发展都还比较缓慢。1992年春邓小平南方谈话，明确指出股份制和股票市场并不只是姓"资"，也可以姓"社"。此后，我国证券市场和基金业才进入快速发展阶段。其中1992年就有57只基金设立，大部分基金在1993年上市。因此，我们又把1992年称为基金发行年，把1993年称为基金上市年。

基金业的大规模上市是1993年基金发展中的亮点，但从1993年下半年起，基金的发展遭遇了前所未有的寒冬。鉴于基金的投资行为极其混乱，特别是对当时经济生活中普遍存在的房地产热起到了推波助澜的不良作用，基金的整顿势在必行。1993年5月19日，中国人民银行总行发出紧急通知，要求省（自治区、直辖市）级分行负责审查我国基金的发行和上市、基金管理公司的设立、我国金融机构在境外设立的基金和基金管理公司，然后报总行批准；未经总行批准，任何部门一律不得越权审批。紧急通知发布后，除了中国人民银行总行批准的金龙、宝鼎和建业三只基金外，在相当长的时间内国内再没有新的基金发行。《证券投资基金管理暂行办法》出台前，我国共发行契约型封闭式基金72只，募集资金66亿元。

这一阶段，政府相关职能部门对基金的作用、地位及运作模式等的认识还不清楚，我国基金和基金市场体现出了明显的试点特征。

15.1.2 规范封闭式证券投资基金的试点阶段（1997年11月至2001年9月）

1997年11月，我国颁布了《证券投资基金管理暂行办法》；1998年3月5日经中国证监会批准，第一批两家基金管理公司——国泰基金管理有限公司和南方基金管理有限公司——分别在上海和深圳成立。1998年3月23日，第一批两只规范的封闭式证券投资基金获准发行，标志着我国规范的证券投资基金试点阶段的到来。

规范封闭式证券投资基金试点阶段实际上包含两方面内容：一方面是规范的新封闭式证券投资基金（以下简称新基金）的发行上市；另一方面是老基金的规范、扩募和重新上市。

1. 新基金的发行上市

1997年中央对国有企业的改革提出了新的任务，即在三年内完成国企脱困目标，并从这一视角出发，重新审视了证券市场的功能，提出要充分发挥证券市场的融资功能，为国企脱困、改制上市服务。证券市场的发展需要资金的支持，但又不能让银行和三类企业的资金进入股市，这也就是说要尽可能地让个人投资者的资金成为股市资金的主要来源，即将储蓄资金导向直接投资，转化为产业资金，而证券投资基金最重要的一个功能就是将社会闲散资金集聚起来，转化成产业投资基金。所以，中央认为发展证券投资基金是我国证券市场和经济发展的需要，是为国企解困的需要。正是在这样一种背景下，我国出台了《证券投资基金管理暂行办法》，从上至下推动证券投资基金业的发展。

2. 老基金的规范、扩募和重新上市

老基金的规范是这个阶段中国证券投资基金业发展的重点之一，规范老基金既是出于保护投资者利益的考虑，也是出于规范发展我国基金业的需要。

1999年3月，中国证监会发布逐渐对老基金进行清理规范的方案，各证券交易中心交易的基金逐步摘牌，在两大证券交易所上市的基金也将进行清理与规范。这既标志着老基金的发展到了尽头，又预示着老基金将获得涅槃重生的机会。

经过各方面将近两年的努力，老基金的清理、规范终于顺利完成。老基金的清理结果分为三种：封闭期满清盘、转为金融债券和转为新基金。净资产超过2亿元或净资产不超过2亿元但经过合并规范的老基金均交由新设的基金管理公司管理，基金经过扩募后可继续存在并在上海证券交易所或深圳证券交易所上市交易。清理规范后仍无法纳入正常监管范围并且不能按规定转为金融债券的老基金，应在一年内清盘。从最终结果来看，大部分老基金经过清理、合并、上市和扩募等程序后被改造成与《证券投资基金管理暂行办法》要求一致的基金，仅有少数基金被清盘。

15.1.3 开放式证券投资基金的试点阶段（2001年9月至2004年5月）

以2000年10月《开放式证券投资基金试点办法》出台为契机，以2001年9月首只开放式证券投资基金即"华安创新"基金设立为标志，中国开放式证券投资基金试点的序幕拉开了，并得到了快速发展。

开放式基金具有按净值交易、可随时赎回等特性，对基金管理人的约束力较大，运作起来比较规范，深受投资者特别是机构投资者的喜爱，因此开放式基金成为各发达国家基金的主要形态。经过多年封闭式证券投资基金的试点和实践，我国已经认识到封闭式证券投资基金对基金管理人约束力差、容易引发道德风险的劣势。尤其是在"基金黑幕"事件曝光后，我国管理层更坚定了进行开放式证券投资基金试点的决心。

1999年10月，国务院批准保险公司通过购买证券投资基金间接进入证券市场，保险公司自此成为基金市场上最重要的力量，其行为对基金市场影响巨大。2000年5月23日，时任中国证监会主席的周小川提出采用超常规、创造性的思路加快发展证券投资基金。证券投资基金的理论探索和模式创新的新热潮由此掀开，开放式基金的试点工作也提上了议事日程。

15.1.4 证券投资基金规范化发展阶段（2004年6月至2013年5月）

《基金法》于2003年10月获得通过，并于2004年6月1日正式施行。该法在总结我国证券投资基金的试点经验的基础上，根据我国基金发展的趋势和方向，前瞻性地对证券投资基金的发展作出了法律性的规范。

截至2012年12月，我国共有77家基金管理公司，基金总数达到1 174只，其中开放式基金占比95.06%，而2004年底我国仅有45家基金公司，基金总数为168只。从基金规模来看，至2012年底，我国全部基金规模达到2.8万亿元人民币，约为2004

年的9倍。

15.1.5 证券投资基金创新发展新阶段（2013年6月至今）

《基金法》于2012年12月修订，于2013年6月1日施行，基金行业发展的空间被大大拓宽，证券投资基金的发展进入了一个新时代。由此，我国证券投资基金进入了市场化、法治化、国际化的规范发展阶段。2015年4月24日，《基金法》经十二届全国人大常委会第十四次会议修正，在维持《基金法》（2012年修订）的精神内涵的基础上，做了更加合理的调整，删去了其中的第十七条。这标志着我国基金发展的法治环境更加向好。

1. 确认了私募证券投资基金的合法地位

《基金法》在第三条第三款中明确了私募基金（非公开募集基金）的法律地位，同时在第十章用10个条款详细规定了合格投资者制度、基金托管制度、基金管理人资格的协会登记制度、基金募集的宣传推介禁令、基金合同范本制度与资金募集的事后协会备案制度等内容。与此同时，《基金法》首次明确了私募基金的法律责任。这使得私募基金面对市场失灵时，监管机构和司法机构可以有法可依，迅速恢复市场机制和市场秩序。

2. 大幅完善了基金管理人制度

《基金法》第十二条放宽了基金管理人的组织形式，允许管理人由依法设立的公司或者合伙企业担任。《基金法》降低了基金管理人的市场准入门槛，鼓励不同所有制和不同资本规模的企业参股或者控股基金管理公司，目的在于完善基金管理人市场的竞争机制。

与此同时，《基金法》大力推动基金管理人诚信建设。为预防和打击基金经理的老鼠仓行为，《基金法》第十八条禁止公开募集基金的基金管理人的董事、监事、高级管理人员和其他从业人员泄露因职务便利获取的未公开信息，利用该信息从事或者明示、暗示他人从事相关的交易活动。

3. 加大了对基金持有人的权益保护力度

《基金法》除了在第九章规定"公开募集基金的基金份额持有人权利行使"之外，还体现了对投资者权益的尊重与保护。为保护投资者权益，该法在第七十三条第二款要求运用基金财产买卖基金管理人、基金托管人及其控股股东、实际控制人或者与其有其他重大利害关系的公司发行的证券或承销期内承销的证券，或者从事其他重大关联交易的，应当遵循基金份额持有人利益优先的原则，防范利益冲突，符合中国证监会的规定，并履行信息披露义务。该条规定有望从根本上遏制违规的关联交易对投资者权益的不法蚕食。此外，对于首次纳入法律体系的私募基金，为遏制私募基金管理人的道德风险，《基金法》第九十三条引入了承担无限连带责任的基金份额持有人兼任私募基金管理人的制度。

4. 夯实了行业自律机制

《基金法》在"总则"第十条明确要求基金管理人、基金托管人和基金服务机构成立证券投资基金行业协会进行行业自律，协调行业关系，提供行业服务，促进行业发展；还在第十二章专门明确了基金行业协会的法律地位、治理结构和自律职责等内容。

15.2　我国证券投资基金运作环境展望

证券投资基金运行的外部环境主要指基金资金的来源市场、基金资产的投资市场、基金交易市场和基金的外部监管环境。

15.2.1　我国证券投资基金的资金来源展望

对投资者来说，证券投资基金是一种投资工具，因此，基金管理公司在设计证券投资基金品种时，主要分析潜在投资者的收益和风险偏好，并分析不同类型投资者持有可供投资资本的多少。我国基金市场的主要投资者分为个人投资者和机构投资者两类，从图15.1来看，2014年以前个人投资者占比超过70%，2014年后机构投资者占比不断提升。2022年底个人投资者占比为52.5%，机构投资者占比为47.5%。

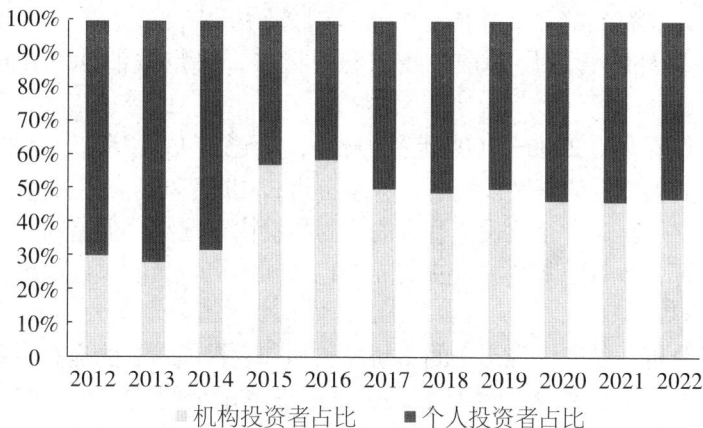

图15.1　2012—2022年基金市场投资者结构

党的二十大报告提出，到2035年，人民生活更加幸福美好，居民人均可支配收入再上新台阶，中等收入群体比重明显提高。这意味着人们的人均可支配收入大量增加，当下以及未来居民的投资水平相比于过去几年会有较大幅度提升。当前，居民的投资状况相比于过去有所改善，但是个人职业市场化、住房货币化、福利社会化、教育产业化等改革措施的推进，增加了居民未来收入的不确定性和支出的不可预见性，从总体上看，居民投资仍然趋于保守状态，对风险的承受能力有待进一步提高。

随着居民收入的增加，居民的养老保险意识越来越强，寿险资金也就不断增长，这部分资金因有内在增值的要求，对具有一定风险的投资工具的需求较大。1999年10月，国务院批准保险公司可通过购买证券投资基金间接进入证券市场，目前保险公司已经成为基金市场上最重要的力量，其行为对基金市场产生了巨大影响。

随着社会保障体系的不断完善，社保基金也呈快速增长态势，这部分资金也有较强烈的保值增值要求，也是资本市场的重要资金来源。根据全国社会保障基金理事会2021年的年报数据，截至2021年底，我国社会保障基金资产总额达到30 198.10亿元，其中社保基金直接投资资产达 10 213.08 亿元，占 33.82 %，委托投资资产达19 985.02 亿元，占 66.18 %。

值得注意的是，我国个人养老金制度已经启动实施。从海外的基金发展实践情况来看，养老资金、保险资金等机构资产占据基金资产非常重要的位置，如美国的养老基金投资计划资产即占整个共同基金资产的46%左右。2022年4月21日，国务院办公厅发布《关于推动个人养老金发展的意见》，明确参加人每年缴纳个人养老金的上限为12 000元，并可享税收优惠。2022年11月4日，五部门联合发布《个人养老金实施办法》，此后从试点城市推广到全国实施。

基金市场的另一重要投资者就是合格境外机构投资者（Qualified Foreign Institutional Investors，QFII）。2002年11月5日，中国证监会、中国人民银行联合发布了《合格境外机构投资者境内证券投资管理暂行办法》（现已废止），自2002年12月1日起开始施行，启动了中国证券市场对外国机构投资者开放的进程。2019年9月10日，国家外汇管理局宣布，经国务院批准，决定取消 QFII/RQFII 投资额度限制。

股权分置改革后，2006—2007年我国股票市场投资收益率随着股指的上涨而增加，除了上述五类主要的基金投资者，许多上市公司或者非上市企业也成为了基金资金来源的构成之一。这种企业投资基金的行为尽管由来已久，但是由于目前我国股票市场还不稳定，企业对于基金的投资实际上也必须承担较大的系统风险，故此类投资行为引发的争议较大。

根据上述分析，随着证券市场的不断成熟和基金管理水平的提高，我国证券投资基金的潜在投资者将继续大幅度增长，为证券投资基金的发展壮大提供了广阔的空间，但部分投资者的风险承受能力相对较差，因而对证券投资基金的收益期望也不是很高，他们更关注的是证券投资基金对风险的管理。由此可知，债券基金、货币市场基金、指数基金、价值型基金和平衡型基金将是上述投资者的主要选择，换而言之，我国上述类型的基金将会得到较快的发展。

15.2.2　我国证券投资基金的资产投资展望

我国证券投资基金资产运作市场主要包括股票市场、债券市场，同时我国证券投资基金也投资了大量的货币市场资产。

1.我国股票市场展望

我国股票市场是我国证券投资基金资产最主要的运作场所。2023年2月17日中国证监会发布全面实行股票注册制相关制度规则，内容涵盖发行条件、注册程序、保荐承销、信息披露和投资者保护等多方面，我国股票市场迎来重大变革。

（1）注册制推动投资者保护制度和信息披露制度不断完善

2019年6月，注册制在科创板试点，拉开我国注册制改革序章。经历科创板、创业板和北京证券交易所注册制成功试点运行后，2023年2月我国启动全面注册制，中国证监会发布了一系列制度规则。新制度规则以信息披露为核心，将核准制下的发行条件尽可能转化为信息披露要求，并对信息披露质量作出要求，提升招股说明书的可读性、相关性和针对性。

投资者保护制度也在不断完善。近年来，中国证监会围绕投资者保护基础制度建设开展大量工作，持续推进全链条的投保制度体系完善，推动在《证券法》中增设"投资者保护"专章，落实《关于依法从严打击证券违法活动的意见》等，将投资者保护理念嵌入各环节制度安排中。此外，中国证监会推动证券纠纷特别代表人诉讼成功落地，支持投资者保护机构依法接受投资者的委托，代表投资者参加特别代表人诉讼，为投资者争取最大权益。

（2）多层次资本市场建设不断完善

经过多年的建设，我国多层次资本市场体系已经基本建立。在上市公司层面，主要由上海、深圳设立的主板、创业板、科创板以及2021年成立的北京证券交易所共同组成。除此之外，非上市公众公司层面，主要是在全国中小企业股份转让系统即新三板进行挂牌交易，而区域性股权市场则主要服务于私募市场。总的来说，交易制度逐步完善，产品品种不断丰富，居民、企业投资渠道大幅拓宽，资本市场服务实体经济、防控金融风险、深化金融改革的能力得到有效提升。截至2023年底，沪深主板市场上市公司共3 208家，创业板上市公司共1 333家，科创板上市公司共566家，北京证券交易所上市公司共239家，其中创业板、科创板和北京证券交易所上市公司占比合计约为40%。

与此同时，股票市场退市制度加快推出。2014年2月7日，中国证监会第24次主席办公会议审议通过了《关于改革完善并严格实施上市公司退市制度的若干意见》（以下简称《退市意见》），自2014年11月16日起施行。《退市意见》在改善资本市场环境、维护市场秩序上发挥了一定作用，如创业板的欣泰电气（300372.SZ）和博元投资（600656.SH）分别因欺诈发行、重大信息披露违法被强制退市。2018年3月9日，为贯彻落实中国证监会《关于修改〈关于改革完善并严格实施上市公司退市制度的若干意见〉的决定》，健全资本市场功能，沪深证券交易所分别发布了各自的《上市公司重大违法强制退市实施办法（征求意见稿）》，并向社会公开征求意见。2020年12月31日，沪深证券交易所发布一系列退市新规，规则自发布之日起施行，标志着新一轮退市制度改革正式落地。

（3）股票市场做空机制进一步完善

长期以来，由于我国股票市场只有"做多"机制，没有"做空"机制，投资者想在我国股票市场中取得资本利得，只能通过低位购买股票、高位卖出股票的方式来获得，不能反向操作，也就无法进行风险"对冲"。因此，大规模资金如投资基金即使知道股市即将下跌，也无法适当规避系统风险，从而无法在跌市中获利，使得基金在股票市场低迷或调整中表现不佳。针对上述情况，一方面，2010年4月6日我国股指期货开始上市交易，标志着我国股票市场做空机制的形成；另一方面，2012年11月初6家券商获批转融通业务试点资格，总授信额度超过百亿元，股票市场做空机制进一步完善。依据《转融通业务监督管理试行办法》（2020年修正），转融通业务是指证券金融公司将自有或者依法筹集的资金和证券出借给证券公司，以供其办理融资融券业务的经营活动。它包括转融券业务和转融资业务两部分。

2. 我国债券市场前瞻

我国债券交易市场由沪深证券交易所债券市场（为债券场内交易市场）和全国银行间债券交易市场、银行柜台市场（均为债券场外交易市场）组成。目前，在银行间债券交易市场上交易的债券品种为政府债券、中央银行债券、金融债券、短期融资券、中期票据、资产支持证券、企业债、国际机构债券等，在证券交易所市场上交易的品种为国债、公司债券、企业债券、分离交易的可转换公司债券中的公司债券。截至2023年末，债券市场托管余额为157.9万亿元，接近一半为政府债券，其中国债托管余额为28.6万亿元，地方政府债券托管余额为40.6万亿元，金融债券托管余额为55.1万亿元，公司信用类债券托管余额为32.1万亿元。

近十年来，我国处在大力发展企业债、公司债以及其他新型债券品种的大好时期，尽快建立个人和企业的公用数据库，将个人和企业的经济行为、纳税行为等输入公用数据库，在此基础上继续加强信用评级市场的发展和监管成为市场发展的助力之举。事实上，不论是什么样的企业，在市场经济环境下，只要经过评级，都可以申请对外发行债券，只是获得不同信用级别的公司，其发行的债券利率不同而已，这正是美国的垃圾债券存在的基础。就目前情况来看，我国初步建立的评信制度尚需进一步成熟完善。2020年2月29日国务院发布《关于贯彻实施修订后的证券法有关工作的通知》，要求公司债实行注册制，随后国家发改委发布《关于企业债券发行实施注册制有关事项的通知》，公司债、企业债发行全面实行注册制。国家发改委进一步下放受理及审核权限，企业债受理及审核流程简化，发行效率提高。此外，随着我国债券市场规模的不断扩大，债券市场的扩容也为债券衍生品的发展提供了广阔的空间。

15.2.3　我国证券投资基金的监管环境展望

未来我国证券投资基金监管主要应解决好如下两个问题：

1. 监管与自律问题

法律法规在国家经济事务中一般用于调整经济运行中的基本行为和利益关系，不可能将所有特殊关系和行为都涵盖进来，而且，事物是在连续不断发展变化的，而法律法规则具有相对稳定性，因此，对新出现的关系和行为，现有的法律法规一般无法事先作出规定，也就是说法律法规具有滞后性。基金运行过程中的许多行为就无法用监管来解决，这就要求加强基金市场主体的自律性。

2. 基金治理的外部约束机制问题

基金治理主要包括基金运行的内部治理结构和外部对基金运行的约束。基金治理的实质就是要做好基金的约束与激励，其好坏与否决定于基金运行的机制是否合理和有效。关于基金运行的内部治理机制已在本书第11章进行了阐述，这里主要对基金治理的外部约束机制进行探讨。基金治理的外部约束机制主要指的是基金市场的竞争约束机制。

有序的市场竞争是对基金市场主体最大的约束。任何主体参与市场竞争的目的都是获得利润。市场主体要在市场竞争中长期发展，获得持续的收益，就要构建自己的核心竞争力，对于金融机构而言，其中很重要一点就是诚信和声誉。因此，我们就要构建一个让各市场主体主动自律的市场竞争约束机制。具体应从以下几个方面构建：

(1) 建立宽松的基金设立准入机制

目前我国在公募基金和公募基金管理公司设立方面实行的是严格的审批制，这使得基金设立市场的竞争性不足，基金的创新性、多样性及个性化受到了压制，因此，在法律法规完善的情况下，要逐步放宽基金设立的准入条件，向注册制过渡。美国实行的就是注册制。

与公募行业不同，我国在私募基金和私募基金管理公司设立方面，实行的是强制备案制，并要求穿透核查投资者。与审批制相比，备案制简化了监管审批环节，加强了信息披露，促进了私募基金行业竞争，引导私募基金行业高质量发展。

(2) 建立巨额违规机会成本机制

市场主体为了追求利润最大化，总会想尽一切可能的办法来获取利润，因此任何国家都不可能完全避免市场主体的不道德行为，只是对这种行为的处理力度存在差异而已。如美国政府对市场主体不讲诚信的不道德行为的惩处力度是非常大的，不管多大的公司，如果被发现有上述行为，其面临的命运都是倒闭。安然造假案就是个很有代表性的例子。因此，我国要从立法上对违背市场竞争规则，特别是不讲诚信的违规行为设立严厉的惩罚性条款，建立巨大的违规机会成本机制来约束市场主体的不道德行为，其中很重要的一点是要建立市场退出机制。

(3) 加强基金管理公司内部治理机制

基金管理公司和其他行业公司一样，也存在委托代理问题，因此需要加强基金管理公司的内部治理机制。基金管理公司内部应该建立股东大会、董事会、经理层等的公司治理结构，健全独立董事制度，明确各方职责边界、履职要求，完善风险管控、制衡监督和激励约束机制，降低公司代理成本，不断提升公司内部治理水平。2022年，中国证监会发布《证券基金经营机构董事、监事、高级管理人员及从业人员监督管理办法》，对证券基金管理公司的内部管理人员的任职管理和执业行为进行了明确的规定。

(4) 加强基金管理公司外部治理机制

权威的基金评价体系不仅有助于投资者选择基金，而且可以对基金管理人形成一种外在的约束。目前，国内主要存在三种类型的基金评价机构：第一类是第三方独立的外资评价机构，如晨星等资深评价机构；第二类是以上海证券、银河证券、海通证券、招商证券等为代表的券商评价体系；第三类是国内独立的投资咨询研究机构，如天相投资顾问、济安金信基金评价中心等基金评价机构。我国市场上知名度较高、影响较大的基金评价体系主要有银河证券和海通证券等的基金评价体系。从评价方法上看，这些机构基本均采用收益评价指标、风险评价指标和风险调整后收益指标这三类指标来综合衡量基金业绩，再根据风险调整后收益指标对基金进行评级，但在具体方法上有一些差异。

在选择基金时，许多投资者习惯参考各大基金评价体系的评级结果，然而这种"数星星，选基金"的方法并不一定可靠。原因是：第一，各大评级体系由于基金分类方法、评估指标的选择、比较基准等方面的差别，导致同一只基金在不同的评级体系中具有不同的评级结果，会使投资者困惑于选择哪种基金评级体系。第二，基金评价机构的评级，采用的数据基于基金过去的表现，因此只能反映基金过去的绩效，并不能对未来获利作出保证。基金评级是否对基金投资具有参考意义仍存在争议。第三，由于基金评级是根据风险调整后收益在同类基金中排序得出的，因此从基金星号的多寡不能观察出基金的实际波动风险。举例来说，保守稳健投资人想选择风险波动较低的基金，但星号较多的基金并不一定就是低风险基金，有可能是高报酬但同时也是高风险的基金。因此，投资人在选择基金时除了观察星号的多寡之外，也要注意该基金的波动风险是否过大，自己有无相应的风险承受能力。

对比国内外基金评级体系，可谓各有所长，孰优孰劣目前难下定论。何种基金评价体系最适合中国基金或者如何制定最贴合中国基金实情的基金评价体系仍是国内学界和业界讨论的重点。显然，建立独立、公正、客观、科学、透明的基金评价体系，是我国基金评级业走向成熟的必经之路。

【知识链接15-1】　　　　银河证券基金评价体系

银河证券是国内最早开展基金业绩评价研究的券商，在基金研究与基金评价方面居国内领先地位，所独立开发的基金研究业务规则、基金评价指标、基金分类体系已经成为国内基金行业的标准。2001年，银河证券基金研究中心推出基金评级服务。

在进行基金评级及评价之前，首先要对基金进行分类。不论是对基金的收益、风险以及风险调整后的收益等业绩指标进行评价，还是对基金进行评级，都是在同一类基金中进行的，国内外的基金评价体系也都建立在基金分类的基础之上。基金的分类方法有"事前法"和"事后法"。"事前法"依据基金契约或基金章程来确定基金类别，不考虑基金正式运作之后的投资组合特征表现。"事后法"以基金投资组合实际状况为依据对基金进行类别划分，注重当前基金的资产配置状况。银河证券采用"事前法"对基金进行分类，体现了资产管理行业的诚信准则，这样的分类方法在操作上更为简便。银河证券在"事前法"之外单独建设了一套"事后法"分类体系，但不对外公开，用于与"事前法"相互验证。

在基金评级范围方面，除了货币型基金和指数型基金不参与星级评价之外，银河证券要求参与评级的基金成立至少满3年（156周），且建仓期（统一假设为13周）业绩数据不纳入评级范围。因此，参与评级的基金必须具有169周的净值增长率数据。

在基金评级原理方面，银河证券以5个不同的星级来评定优秀基金。理论基础包含：（1）以风险调整收益为基础评价依据，仅依赖净值增长率的高低不能对基金管理公司的投资能力作出较好的判断，因此采用风险调整收益的方法进行基金评级，排除风险因素对绩效评价带来的不利影响。（2）考察评价期内收益的综合表现，综合考虑基金在评价期内不同时间长度的业绩表现，如期间净值增长率、月度平均净值增长率、季度平均净值增长率。为了方便比较与评价，基金在每个阶段的净值增长率会被转换为标准分。合计标准分分值越高，基金的收益评价越高。（3）根据基金收益分布规律确定合理的风险评价指标，主要有两个原则：一是综合考虑考察精确性与实现成本，采用三层风险评价指标；二是对考察期内不同区间长度进行多维考察。

标准分的计算公式如下：

$$\text{收益评价标准分} = \text{评价期内净值增长率的标准分} + \text{月平均净值增长率的标准分} + \text{季平均净值增长率的标准分}$$

资料来源　根据《中国银河证券股份有限公司2021年度基金评价业务信息披露公告》相关内容整理。

如果我国能从上述四个方面加强基金市场的建设，就能建立一个较为有序的基金竞争市场，这个市场必然会对基金的运行产生强大的约束力。

总之，经过规范的证券投资基金的多年试点，不管是从理论上还是从实践中，社会各界都已充分认识到，证券投资基金的健康、有序、规范、快速发展必须依托于一个有序、充分竞争的市场环境，这就要求切实加强基金运行的外部监管环境建设。

15.3　我国证券投资基金运行模式展望

证券投资基金对投资者来说是一种投资工具，但对证券市场来说是一种投资组织，是规模庞大的机构投资者，是一个新兴的行业。根据经办基金业务性质的不同，基金业又可细分为基金管理业、基金托管业、基金营销业三个子行业。相应地，证券投资基金的运行模式又可分为基金管理模式、基金托管模式和基金营销模式。

15.3.1　我国证券投资基金管理模式展望

证券投资基金的管理模式是指证券投资基金由谁来管理，如何进行管理。证券投资基金的管理又包含两层含义：一是证券投资基金的宏观管理，主要是基金市场和市场主体的监督管理，这在上文中已经进行了表述；二是证券投资基金的内部管理。基金内部管理的主要内容有基金治理结构、基金投资管理和基金运营管理三个方面。本节主要对基金治理结构和基金投资管理进行一些探讨。

1. 基金治理结构模式展望

公司型基金治理结构的优点之一是，有自己的董事会，基金管理公司和托管人由董事会选择，从而保障了基金持有人权利的行使，同时使基金管理公司与托管人的地位对等起来，摆正了托管人的位置，使其敢于监督基金管理人的行为。由此可见，公司型基金的治理模式在一定程度上要优于契约型基金的治理模式。在前文中，我们在分析封闭式基金向开放式基金转变的过程时指出，开放式基金治理结构的优点是其具有持续申购与赎回机制，这种机制实际是一种优胜劣汰的市场竞争机制，由市场来自动淘汰不合格的基金管理人。在这一层面上，开放式基金的治理模式要优于封闭式基金的治理模式。因此，根据上述分析，从优化基金治理结构角度出发，我国未来的基金将以开放式基金为主。我国的基金都是契约型的，存在结构性缺陷，其治理的关键和薄弱之处在于基金持有人和托管人的双重软约束作用，未来随着整个市场的逐步成熟和立法的健全，我国基金的治理结构也可以借鉴美国的公司型基金的模式。

2. 基金投资管理模式展望

基金投资管理模式主要是指基金进行资产配置的模式，如集中持股模式、分散投资模式、行业投资模式、债券专项投资模式等，不同的资产配置模式对应于不同投资风格的基金品种。随着基金品种的不断丰富，收益目标已经不再是基金运作的单一目标，满足投资者的其他需求已成为部分基金设计的重要方向。具体而言，从资产配置角度出发，可以将基金分为三类：第一类就是为投资者熟悉的传统型基金，其特征是基金管理人具有充分的组合管理权利，通过积极的投资策略（包括资产配置策略和品种选择策略）获取超额收益，因而也可称为理财型基金；第二类主要包括系列基金和指数基金，其特征是基金管理人具有受限制的组合管理权利（如资产配置权利或品种选择权利受到制约），其运作目标除了收益目标外，还包括为投资者提供良好资产配置工具，如指数基金、行业基金，可称为配置型基金；第三类基金受到非常严格的组合管理技术的制约，实现事先严格制定的收益和风险目标，如保本基金，可称为结构型基金。

不同类型的基金所要实现的投资目标是有所区别的。理财型基金追求的是超额投资收益，其目标能否实现主要取决于基金管理公司管理能力的高低；配置型基金是为投资者提供一种资产配置的工具，其投资目标能否实现主要取决于配置工具的有效性；结构型基金追求的是事先设定好的收益风险目标。其中，配置型基金作为流动性良好的配置工具，对于机构投资者，特别是有直接入市限制的保险公司来说，意义较大，其作为配置工具的稳定性非常重要。

目前市场中比较突出的是两类基金：一类是指数基金。指数基金管理费率低，申购赎回费率低，冲击成本低，而且完全跟踪指数操作，仓位稳定，不受人为因素干扰（基金管理人道德风险、管理风险、人员变动风险低），因而体现出低成本、高稳定性的优势。另一类是投资范围较为固定的基金，如行业基金、债券基金，配置效果直接，在特定的市场阶段中可能有突出的业绩表现。

随着基金市场竞争的加剧，基金管理人将会根据投资者的风险收益偏好程度，不断细分投资者，从而设计出不同资产配置模式的基金种类。前文对我国基金的潜在投资者进行了分类，并指出这些投资者心理偏向风险低、收益适中的投资工具，因此价值投资型、指数型、行业投资型、债券投资型、避险增值型基金比较受欢迎。也就是说，配置型基金和结构型基金将是我国今后一段时间内发展的主流基金。

15.3.2　我国证券投资基金托管模式展望

证券投资基金的托管分为基金资产的托管和投资者基金单位的托管两方面内容。

1. 基金资产托管模式展望

证券投资基金实际上是一个实力庞大的机构投资者，它的资产由两部分组成，一部分是证券，另一部分是现金。证券资产一般由证券登记公司负责保管，因此基金托管人只负责基金的现金保管和证券账户的保管及业务信息的记录。由此可见，基金托管人实际上是基金的出纳和会计。基金管理公司只负责基金的资产运作，其账面可以理解为业务台账。这与证券公司的自营部门和会计部门的关系是差不多的，自营部门负责资产运作，会计部门负责对自营业务单独核算、分账管理，并监督自营运作是否符合公司和国家的规定，两部门分别对公司和股东负责。因此，设立基金托管人的目的是保证基金资产的独立性和监督基金资产运作的合理性与合规性。基金管理人和基金托管人都对基金持有人大会或基金董事会（公司型基金）负责。从这个意义上说，证券投资基金的托管机构其实不一定要由银行来担任，但为了防止托管机构出现道德风险，挪用基金资金，将基金资金委托银行保管是最合适的。其原因在于，无论由哪个机构或者个人担任基金资产的保管人，该项资金都存储在银行，并且银行不具备挪用该项资金的可能性和必要性。如果交给其他机构去保管，则意味着需要再增加一层监管措施，基金的运行成本也就相应提高了。因此，从基金的运行成本考虑，基金资产托管人由银行担任是最合适的。截至2024年9月，我国具有托管资格的证券投资基金托管人有66家，银行和券商各占一半。

基金托管人除了保管基金资产外，更重要的一个职能应是会计监督。现在的做法是，基金会计由基金管理公司负责，对外披露会计信息时，要经托管人复核。这种做法使得基金托管人的监督很被动，加上基金托管人由基金管理人选聘，基本上是基金管理人说谁就是谁。因此，基金托管人的选择要有一个公正的程序，取消基金管理人全权决定的权利。若实在没有足够完善的办法，抽签制亦不失为一种好的解决措施。同时，基金的会计应由托管人负责，会计信息披露的责任人应为基金托管人，这样可增强基金托管人监管的主动性，同时加大托管人的监督责任，增强对托管人的约束性。

2. 基金单位托管展望

基金资产托管的相对人是证券投资基金，而基金单位托管的相对人是基金持有人。封闭式基金单位的托管与股票的托管一样，都由证券登记公司统一托管。开放式基金单位的托管则比较复杂，目前基本是由各基金管理公司负责。开放式基金单位各自独立的托管模式降低了基金市场的运行效率，提高了基金的运行成本，因此需要加快改革的步伐。要尽可能地利用现代网络信息技术和已有的集中托管经验，成立专门的开放式基金单位托管机构，或者也可以选择委托现在的证券登记公司托管，从而建立一个统一的基金单位登记系统，为基金单位的登记过户提供快捷的网络平台服务。这个网络平台建成后，银行、券商就都可以成为"基金百货店"，提升投资者进行开放式基金的认购和赎回的方便程度。

15.3.3　我国证券投资基金营销模式展望

证券投资基金营销主要是指如何吸引投资者认购基金。我国目前的基金品种基本上是由基金管理公司设计并推出的，因此，基金管理公司的品牌好坏，对基金的营销效果影响甚大。基金管理公司的品牌可细分为人才品牌、股东背景品牌、绩效品牌、创新品牌、个性化服务品牌等。各基金管理公司在营销基金时，都会将自己的优势加以推销，以获取市场的认同。

在各种营销模式中，最有效的就是绩效营销、投资理念营销和服务营销的"三合一"营销模式，因为这种模式是以客户为中心的营销模式，而且是经过也经得住历史考验的。投资理念反映的是客户的投资目标需求，绩效反映的是基金管理公司历史的资产管理能力，服务则是满足投资者个性化、人性化的需求，因而这种营销模式具有很强的说服力。近年来，基金管理公司为了增强旗下基金的竞争力、吸引投资者购买，不断下调管理费率和基金销售费率，降低投资者投资成本。中国证监会2013年修订发布的《证券投资基金销售管理办法》和2020年8月发布的《公开募集证券投资基金销售机构监督管理办法》及配套规则，均旨在促进基金销售机构诚信、合法、有效开展基金销售业务，维护基金投资人权益。当下监管机构对基金销售的监管力度不断提升，相关机构在开展基金业务的时候应当遵守相关规定，不得以伪造或者虚假的信息引诱投资者投入资金、损害投资者的利益。

而基金营销的另一关键问题是如何构建营销体系和营销网络。从基金销售各渠道认/申购金额来看，当前以直销渠道和商业银行、独立基金销售机构的代销渠道为主。目前各大基金管理公司官网直销已普及，正在布局手机App直销。直销有费率低、同公司基金转换便捷等优势，但由于只能买一家公司的产品，所以投资者选择范围有限。而商业银行的优势是其网点多，具有客户优势，但银行职员的资本市场知识较欠缺，客户服务工作的质量有较大的提升空间。独立基金销售机构的代表性机构如蚂蚁基金、天天基金，其与国外的"基金超市"模式类似，代销产品丰富，投资者选择空间大。在此方面，中国证监会于2013年3月发布《证券投资基金销售机构通过第三方电子商务平台开展业务管理暂行规定》，于2018年5月发布《关于进一步规范货币市场基金互联网销售、赎回相关服务的指导意见》，对基金互联网销售业务进行规范，有效保护投资者合法权益。

● **本章小结**

从我国证券投资基金的发展时间序列、规范程度及品种创新和法律法规健全角度看，我国基金的发展轨迹可分为封闭式证券投资基金试点阶段，开放式证券投资基金试点阶段，基金市场化、法治化、国际化发展阶段。

我国证券投资基金的潜在投资者主要包括居民、寿险基金、社保基金、个人养老金、QFII以及部分企业，这些投资者将继续大幅度增长，为证券投资基金的发展壮大提供广阔的空间。但部分投资者的风险承受能力相对较差，因而对证券投资基金的收益期望也不是很高，他们更关注的是证券投资基金对风险的管理。由此可知，债券基金、货币市场基金、指数基金、价值型基金、平衡型基金将是上述投资者的主要选择。

随着全面注册制的实行，我国股票市场迎来了重大变革，投资者保护制度和信息披露制度、多层次资本市场和股票市场做空机制均不断完善。我国债券市场已经建立了评级制度，企业债和公司债的发行已经全面实行注册制。我国债券市场朝着多层次、多级别的方向发展，也为证券投资基金，尤其是债券投资基金提供广阔的运作空间。

未来我国证券投资基金监管应主要解决监管与自律问题、基金治理的外部约束机制问题，如建立宽松的基金设立准入机制、建立巨额违规机会成本机制和加强基金管理公司内外部治理机制等。

● **思考题**

1. 我国证券投资基金的发展一般而言可以分为哪几个阶段？

2. 通过对我国证券投资基金的资金来源市场的分析，你认为我国证券投资基金未来的发展趋势如何？什么类型的基金将会获得更多投资者的青睐？

3. 对我国股票、债券和货币市场未来的发展，你有何建议和看法？

4. 你对我国证券投资基金的管理模式、托管模式和营销模式未来的发展有何看法？

[1] 丁明发，李思雨，王昊，等，有限注意力如何影响盈余公告后漂移异象：基于中国A股市场的实证研究 [J]. 中央财经大学学报，2021 (6)：27-38.

[2] 李志冰，刘晓宇. 基金业绩归因与投资者行为 [J]. 金融研究，2019 (2)：188-205.

[3] 林兢，陈树华. 我国开放式基金业绩持续性、经理选股和择时能力——基于2005～2009数据 [J]. 经济管理，2011 (2)：132-138.

[4] 龙先文. 我国指数型基金与股票型基金投资业绩比较分析 [J]. 法制与经济（中旬），2009 (3)：2.

[5] 罗荣华，田正磊，方红艳. "和而不群"还是"卓尔不群"？——基于基金网络信息使用的视角 [J]. 金融研究，2020 (8)：188-206.

[6] 王一鸣，王建卫. 对冲基金理论与实践 [M]. 北京：中国发展出版社，2013.

[7] 席龙胜，赵辉. 企业ESG表现影响盈余持续性的作用机理和数据检验 [J]. 管理评论，2022 (9)：313-326.

[8] 许年行，于上尧，伊志宏. 机构投资者羊群行为与股价崩盘风险 [J]. 管理世界，2013 (7)：31-43.

[9] 张琳琳，李建宇，许索耳，等. 中国基金投资中"笨钱"现象的实证检验与判别 [J]. 管理世界，2023 (1)：92-108.

[10] 张永冀，李天雄，苏治，等. 基金规模、投资者关注与基金业绩持续性 [J]. 中国管理科学，2022 (7)：1-12.

[11] 赵宇龙. 会计盈余披露的信息含量——来自上海股市的经验证据 [J]. 经济研究，1998 (7)：42-50.

[12] 朱菲菲，李惠璇，徐建国，等. 短期羊群行为的影响因素与价格效应——基于高频数据的实证检验 [J]. 金融研究，2019 (7)：191-206.

[13] 庄云志，唐旭. 基金业绩持续性的实证研究 [J]. 金融研究，2004 (5)：

20-27.

[14] BAKER M, WURGLER J. Investor Sentiment and the Cross-Section of Stock Returns [J]. The Journal of Finance, 2006, 61 (4): 1645-1680.

[15] BARBERIS N C. Psychology-Based Models of Asset Prices and Trading Volume: 24723 [R]. National Bureau of Economic Research, 2018.

[16] BENDER J, SUN J L, THOMAS R. Asset Allocation vs. Factor Allocation - Can We Build a Unified Method? [J]. Journal of Portfolio Management, 2019, 45 (2): 9-22.

[17] BERGSTRESSER D, CHALMERS J M R, TUFANO P. Assessing the Costs and Benefits of Brokers in the Mutual Fund Industry [J]. The Review of Financial Studies, 2009, 22 (10): 4129-4156.

[18] BERK J B, GREEN R C. Mutual Fund Flows and Performance in Rational Markets [J]. Journal of Political Economy, 2004, 112 (6): 1269-1295.

[19] BERRY M A, BURMEISTER E, MCELROY M B. Sorting Out Risks Using Known APT Factors [J]. Financial Analysts Journal, 1988, 44 (2): 29-42.

[20] BRINSON G P, FACHLER N. Measuring Non-US. Equity Portfolio Performance [J]. The Journal of Portfolio Management, 1985, 11 (3): 73-76.

[21] BRINSON G P, HOOD L R, BEEBOWER G L. Determinants of Portfolio Performance [J]. Financial Analysts Journal, 1986, 42 (4): 39-44.

[22] BROWN P, BALL R. Empirical Evaluation of Accounting Income Numbers [J]. Journal of Accounting Research, 1968, 6 (2): 159-178.

[23] BROWN S J, GOETZMANN W N. Performance Persistence [J]. The Journal of Finance, 1995, 50 (2): 679-698.

[24] BRUNNERMEIER M K, PEDERSEN L H. Market Liquidity and Funding Liquidity [J]. Review of Financial Studies, 2009, 22 (6): 2201-2238.

[25] BUSSE J A, JIANG L, TANG Y. Double-Adjusted Mutual Fund Performance [J]. The Review of Asset Pricing Studies, 2021, 11 (1): 169-208.

[26] CARHART M M. On Persistence in Mutual Fund Performance [J]. The Journal of Finance, 1997, 52 (1): 57-82.

[27] CHANG E C, LEWELLEN W G. Market Timing and Mutual Fund Investment Performance [J]. The Journal of Business, 1984, 57 (1): 57-72.

[28] CHEN H L, JEGADEESH N, WERMERS R. The Value of Active Mutual Fund Management: An Examination of the Stockholdings and Trades of Fund Managers [J]. Journal of Financial and Quantitative Analysis, 2000, 35 (3): 343-368.

[29] CHEN N F, ROLL R, ROSS S A. Economic Forces and the Stock Market [J]. The Journal of Business, 1986, 59 (3): 383-403.

［30］CHOI N, FEDENIA M, SKIBA H. Portfolio Concentration and Performance of Institutional Investors Worldwide ［J］. Journal of Financial Economics, 2017, 123 (1): 189-208.

［31］CORNELL B. Asymmetric Information and Portfolio Performance Measurement ［J］. Journal of Financial Economics, 1979, 7 (4): 381-390.

［32］CHOUL S E. CUEDHAMI O. KIM Y. Country-Level Institutions, Fim Value, and the Role of Corporate Social Responsibility Initiatives ［J］. Journal of International Business Studies, 2017, 48 (3): 360-385.

［33］EDELEN R M. Investor Flows and the Assessed Performance of Open-End Mutual Funds ［J］. Journal of Financial Economics, 1999, 53 (3): 439-466.

［34］FAMA E F, FRENCH K R. Common Risk Factors in the Returns on Stocks and Bonds ［J］. Journal of Financial Economics, 1993, 33 (1): 3-56.

［35］FAMA E F, FRENCH K R. A Five-Factor Asset Pricing Model ［J］. Journal of Financial Economics, 2015, 116 (1): 1-22.

［36］FAMA E F, FRENCH K R. Choosing Factors ［J］. Journal of Financial Economics, 2018, 128 (2): 234-252.

［37］FERSON W E, SCHADT R W. Measuring Fund Strategy and Performance in Changing Economic Conditions ［J］. The Journal of Finance, 1996, 51 (2): 425: 961.

［38］FUNG W, HSIEH D A. Empirical Characteristics of Dynamic Trading Strategies: The Case of Hedge Funds ［J］. Review of Financial Studies, 1997, 10 (2): 275-302.

［39］GIBBONS M R, ROSS S A, SHANKEN J. A Test of the Efficiency of a Given Portfolio ［J］. Econometrica, 1989, 57 (5): 1121-1152.

［40］GROSSMAN S J, STIGLITZ J E. On the Impossibility of Informationally Efficient Markets ［J］. The American Economic Review, 1980, 70 (3): 393-408.

［41］HIRSHLEIFER D. Investor Psychology and Asset Pricing ［J］. The Journal of Finance, 2001, 56 (4): 1533-1597.

［42］HIRSHLEIFER D. Behavioral Finance ［J］. Annual Review of Financial Economics, 2015, 7 (1): 133-159.

［43］HIRSHLEIFER D, SHUMWAY T. Good Day Sunshine: Stock Returns and the Weather ［J］. The Journal of Finance, 2003, 58 (3): 1009-1032.

［44］HOU K, XUE C, ZHANG L. Replicating Anomalies ［J］. The Review of Financial Studies, 2020, 33 (5): 2019-2133.

［45］HUBERMAN G, KANDEL S. Mean-Variance Spanning ［J］. The Journal of Finance, 1987, 42 (4): 873-888.

［46］DAVIS J L. Mutual Fund Performance and Manager Style ［J］. Financial

Analysts Journal, 2001, 57 (1): 19-28

[47] JIANG G, LEE C, ZHANG Y. Information Uncertainty and Expected Returns [J]. Review of Accounting Studies, 2005, 10: 185-221.

[48] KAMSTRA M J, KRAMER L A, LEVI M D. Winter Blues: A SAD Stock Market Cycle [J]. American Economic Review, 2003, 93 (1): 324-343.

[49] KOTHARI S P, WARNER J B. The Econometrics of Event Studies [J]. Ssrn Electronic Journal, 2004, 1: 304, I

[50] LEE C M C, SHLEIFER A, THALER R H. Investor Sentiment and the Closed-End Fund Puzzle [J]. The Journal of Finance, 1991, 46 (1): 75-109.

[51] M VAISSIE, AMENC N, MARTELLINI L, et al. Benefits and Risk of Alternative Investment Strategies [J]. Post-Print, 2007, 4 (23): 96-118.

[52] OHLSON J A. Earnings, Book Values, and Dividends in Equity Valuation [J]. Contemporary Accounting Research, 1995, 11 (2): 661-687.

[53] OIKONOMOU I, BROOKS C, PAVELIN S. The Impact of Corporate Social Performance on Financial Risk and Utility: A Longitudinal Analysis [J]. Financial Management, 2012, 41 (2): 483-515.

[54] SASSEN R, HINZE A K, HARDECK I. Impact of ESG Factors on Firm Risk in Europe [J]. Joural of Business Economics, 2016, 86 (8): 867-904.

[55] SAUNDERS E M. Stock Prices and Wall Street Weather [J]. The American Economic Review, 1993, 83 (5): 1337-1345.

[56] SHILLER R J, FISCHER S, FRIEDMAN B M. Stock Prices and Social Dynamics [J]. Brookings Papers on Economic Activity, 1984, (2): 457-510.

[57] SHLEIFER A, VISHNY R W. The Limits of Arbitrage [J]. The Journal of Finance, 1997, 52 (1): 35-55.

[58] STEIN J C. Presidential Address: Sophisticated Investors and Market Efficiency [J]. The Journal of Finance, 2009, 64 (4): 1517-1548.

[59] WERMERS R. Mutual Fund Performance: An Empirical Decomposition into Stock-Picking Talent, Style, Transactions Costs, and Expenses [J]. The Journal of Finance, 2000, 55 (4): 1655-1703.